普通高等教育"十三五"国防教育课程规划新形态教材

大学军事理论教程

主　编　赵克锋

副主编　万军林　王新年　宋建勇

编　委　赵克锋　万军林　王新年　宋建勇

　　　　彭慧兰　王小敏　邓金平

北京理工大学出版社

BEIJING INSTITUTE OF TECHNOLOGY PRESS

图书在版编目（CIP）数据

大学军事理论教程/赵克锋主编. —北京：北京理工大学出版社，2011.2
（2018.9 重印）

ISBN 978 – 7 – 5640 – 4178 – 6

Ⅰ．①大…　Ⅱ．①赵…　Ⅲ．①军事理论 – 高等学校 – 教材
Ⅳ．①E0

中国版本图书馆 CIP 数据核字（2011）第 005331 号

出版发行／北京理工大学出版社

社　　址／北京市海淀区中关村南大街 5 号

邮　　编／100081

电　　话／（010）68914775（办公室）　68944990（批销中心）　68911084（读者服务部）

网　　址／http：//www.bitpress.com.cn

经　　销／全国各地新华书店

印　　刷／三河市天利华印刷装订有限公司

开　　本／787 毫米×1092 毫米　1/16

印　　张／19

字　　数／442 千字

版　　次／2011 年 2 月第 1 版　　**2018 年 9 月第 15 次印刷**　　责任校对／周瑞红

定　　价／39.80 元　　　　　　　　　　　　　　　　　　　　责任印制／边心超

前　言

　　为了全面贯彻我国《国防法》《兵役法》《国防教育法》等法律法规的有关规定和要求，进一步做好大学生的军事理论课的教学工作，我们以教育部、总参谋部、总政治部2007年颁布的《普通高等学校军事课教学大纲》文件为指导思想，并结合军事理论课教学实际，在认真总结教学经验的基础上，编写了这本《大学军事理论教程》。

　　在高等学校开设军事理论课、组织在校学生进行军事训练、开展国防教育，是我国法律赋予高等学校的神圣职责。实践证明，通过军事训练和军事理论课教学，使广大学生掌握了基本军事理论与军事技能，培养了国防观念和国家安全意识，增强了努力学习的责任感和使命感，强化了爱国主义、集体主义观念，有效地促进了学生综合素质的全面提高。

　　本教程结合我国军事变革的新形势，适应我国人才培养的战略目标和加强国防后备力量建设的需要，结合我校多年教学的经验，既注重其思想性、理论性、教育性，也注重其基础性、知识性、趣味性。在编写过程中，我们主要立足于本校军事理论课教学经验及研究成果，同时，借鉴与参考吸收了部分已经出版的军事专著及兄弟院校军事理论教材的精华，在此表示衷心的感谢。

　　由于我们水平有限，资料有所欠缺，加之时间仓促，在编写教程中有不妥之处，敬请广大读者和同行专家给予批评指正。

编　者

2011年1月

目　　录

第 一 章

中 国 国 防

　　国家、战争、国防三者是互相联系、互为一体的。当人类社会到了有国家形成之后，战争就开始了，并且已经延续了5 000多年的历史。据瑞典与印度学者统计，从公元前3200年到公元1964年，在5 164年的时间内，全世界共发生了14 513场战争，夺去了36亿4千万人的生命。在这期间，只有329年没有战争。损失的物质财富若折成黄金，可以围绕地球筑一座长4万公里、宽150公里、高10米的黄金城。据美国人士统计，从公元前1496年至公元1861年，在这3 357年中，世界上共发生过3 130次战争，只有227年的和平时期。据法国史学家统计，从1740至1974年，在这234年中，世界上共发生过366次战争，平均每年1.6次。据联合国统计，"二战"后四十年间，世界上共发生过140次局部战争和地区武装冲突，夺去了2 100万人的生命。据中国有关数据统计，从1945至2000年的54年中，世界上又爆发了500多起局部战争和地区武装冲突，大约有200万人死于战火，无战争的日子只有26天。历史的经验教训告诉我们，国不可一日无防，必须高度重视国防问题。党的十六大报告明确指出："建立巩固的国防是我国现代化建设的战略任务，是维护国家安全统一和全面建设小康社会的重要保障。"

第一节　概　　述

一、国防的基本概念

（一）国防的含义

　　《中华人民共和国国防法》中将国防概念界定为："国防是国家为防备和抵抗侵略，制止武装颠覆，保卫国家的主权、统一、领土完整和安全而进行的军事及与军事有关的政治、经济、外交、科技、教育等方面的活动。"

　　国防伴随国家的产生而产生，服务于国家利益。丘吉尔有一句名言："我们没有永恒的朋友，也没有永恒的敌人，只有永恒的利益。"此言一语中的。国防直接关系国家的安全、民族的尊严、社会的发展。

（二）国防的基本要素

1. 国防的主体

　　国防的主体，是指国防活动的实行者，通常指国家。国防随着国家的产生而产生，是国家赖以生存和发展的根本保障，没有国防功能的国家政权是不可能长久的。一个国家的防务，事关国家安全与发展大局，是国家的根本利益之所在。和平时期，人们容易产生一个极其错误的想法，认为国防只是军队的事情，与其他人、其他部门关系不大。其实，军队只是国家工具的一部分，国防的职能绝不仅仅由军队单独承担。国防建设和斗争的主体是国家，一切国家机构都应当按照有关法律、法规的要求，履行其职责；每一位公民也必须依照法律规定自觉履行公民的国防义务。国家以立法的形式，对国防行为进行保护和规范，也只有通过国家、依靠全民，才能完成真正意义上的国防行为。

可见，国家是国防的基础，国防是国家的保障。两者互为一体，密不可分。国防必然随着国家的产生而产生，随着国家的发展而发展，也将随着国家的消亡而消亡。

2. 国防的目的

国防的目的主要是捍卫国家的主权、统一、领土完整和安全。

（1）捍卫国家主权

国家主权不可分割，主权是国家存在的根本标志。如果一个国家的主权被剥夺，其他一切，包括国家的独立、领土完整、传统的生活方式、基本的政治制度、社会准则和国家荣誉等都无从谈起了。因此，捍卫国家主权，是国防的首要目的和任务。

（2）保卫国家统一

国家统一是指国家由一个中央政府对领土内一切居民和事务行使完整的管辖权，不允许另立政府或分割国家的管辖权。从国际法的角度来说，保卫国家统一、反对分裂，历来是一个国家的内部事务，绝不允许外国干涉，这是一个原则性的问题，不能有丝毫含糊。因此，保卫国家统一历来是国防的重要任务。当外国敌对势力插手我国民族事务，破坏我国的民族团结，危及国家统一和领土完整时，国防力量必须予以坚决打击，以发挥其维护国家统一和稳定的积极作用。

（3）保卫国家的领土完整

领土是位于国家主权支配下的地球表面的特定部分，包括领土疆界以内的陆地、水域及其上空和底土，即由领陆、领海和领空组成。领土是一个国家和民族存在和发展的自然物质前提，是构成国家的基本要素之一。国家主权与国家领土有着密切的联系，领土既是国家行使主权的空间，也是国家行使主权的对象。没有领土，主权就失去了存在的空间和行使的对象。所以，凡属本国的领土，绝不能丢失，绝不允许被分裂、肢解和侵占。任何国家不得破坏别国的领土完整；任何集团或个人不得搞旨在分裂本国（或别国）领土完整的活动。国家的领土被侵占，主权必然要遭到侵犯。国防捍卫国家主权的独立，必然要保卫国家领土的完整。

（4）维护国家安全

国家要正常地生存与发展，必须有一个和平安全的外部环境和稳定的内部环境。如果一个国家没有和平、稳定的环境，不仅难以建设和发展，甚至连生存也会受到威胁。因此，维护国家安全与稳定，国防就必须履行自己的职能，抵御和挫败外来侵略和颠覆，确保国家的和平与稳定；当国内敌对分子勾结外国敌对势力进行武装暴乱，危及国家安全与稳定时，国防力量就要采取一切措施，坚决制止与平息，保卫国家的安全和稳定。

3. 国防的手段

（1）军事手段

军事手段是国防的主要手段，现代国防的根本职能是捍卫国家利益，防备和抵御外来的各种形式和不同程度的侵犯，防备和平息内部和外部敌对势力相互勾结所发动的武装暴乱。对付武装入侵和武装暴乱最根本和最有效的手段就是军事手段。这是因为：第一，军事手段是最具有威慑作用的手段。它可以对可能的各种形式的外来侵犯进行最有效地阻止或遏制；第二，军事手段是唯一能够有效对付武装侵略的手段。它可以用军事力量所拥有的巨大即时打击能力给侵略者造成物质和精神的严重损害，从而迫使他们中止侵略行动，以至放弃侵略企图；第三，军事手段是解决国家之间矛盾冲突的最后手段。当国家之间主权、利益的矛盾积累达到极限时，就只有通过最高的斗争形式——武装冲突或战争进行彻底解决。同时，军事手段还能够作为各种非军事手段的有力后盾，可以强化各种非军事手段的国防功能。因此，军事手段成为国防活动中的主要手段。

（2）政治手段

政治手段是国防的主要手段之一，指的是"与军事有关的"政治活动，而不是政治本身的全部含义。政治与国防关系密切。一方面，国防直接保卫国家主权，是政治的第一需要；国防直接保卫国家领土，是政治的物质前提；国防直接保卫国家安全利益与发展利益，是政治的根本要求。国家政权、政治制度也要靠国防力量来捍卫。另一方面，政治对国防起着决定性的支配作用：国家的政治需要，决定国防的根本性质和基本类型；国家的政治指导思想和路线，决定国防的方向、方针和原则；国家的政治制度，决定国防的根本体制。国家的政治素质，制约国防的客观效应。

（3）经济手段

经济是国家的物质基础，社会经济制度决定国防活动的性质，社会经济状况决定国防建设的水平。现代条件下，无论是国防建设还是国防斗争，都要广泛采取经济手段，这些手段主要有国防经济活动、经济动员、经济战、经济制裁等。国防经济活动是为国防而进行的生产、分配、交换、消费及其管理的实践活动。如军品的生产与开发、武器装备的研制与更新、国防设施的建设与维护等；经济动员是指国家将经济部门及相应的体制有组织、有计划地从平时状态转入战时状态所采取的措施，目的是充分调动国家经济能力，提高生产水平、扩大军品生产，保障战争需要，如由平时转为战时军事的生产与调拨、后勤保障、国家经济结构的调整等；经济战是敌对双方为争夺战略优势和战争胜利而进行的经济斗争，其根本目的是给敌人造成经济恐慌，动摇其进行战争的物质基础，使敌人经济陷于崩溃或瘫痪。经济战在现代世界经济一体化、全球化的今天，正在被一些国家所重视，成为一种重要的国防手段，而且往往会起到比军事手段更加明显的效果。

（4）外交手段

国防外交主要是指国家与国家之间为了国防目的而展开的外交领域的活动。这种外交主要涉及军事领域，所以又称"军事外交"。从总体上讲，国防外交主要涉及国家与国家之间，军事集团与军事集团之间的军事政治关系、军队关系、军事战略关系、军事科技关系和军事经济关系等。具体可划分为：军事双边往来、多边军事交往、非官方军事交往、军事科技交流和军事合作、军事结盟、军事援助、军事经济合作、边防管理等。

除上述因素外，与军事有关的科技、教育等，也是国防的重要手段。

4. 国防的对象

国防的对象是指国防所要防备、抵抗和制止的行为。这是一个涉及国家在什么情况下可以使用国防力量的重大问题。根据《中华人民共和国国防法》的界定，国防的对象，一是侵略；二是武装颠覆。

抵抗外敌侵略是国防的首要任务，包括武装侵略和非武装侵略，都属国防的对象范围。对付武装侵略，国防使用战争手段进行制止；对付非武装侵略，国防使用非战争手段予以反击。另外，从我国的国防法可以看出，国防的对象除了抗敌"侵略"之外，还有制止"武装颠覆"。我国宪法明确规定"社会主义制度是中华人民共和国的根本制度，禁止任何组织或者个人破坏社会主义制度"，"中国人民对敌视和破坏我国社会主义制度的国内外的敌对势力和敌对分子，必须进行斗争"。这就是说，国内任何企图分裂国家、颠覆国家政权、推翻社会主义制度的武装叛乱或者武装暴乱，对国家的主权、统一、领土完整和安全，对我们的社会主义制度构成严重威胁，都是国防的对象。

二、国防的基本类型

国防的性质是由国家的性质决定的，不同社会制度的国家其国防性质也不同。按照不同的国防概念和标准，世界各国的国防归纳起来可划分为以下几种类型。

（一）侵略扩张型

它是指某些经济发达国家为了维护本国在世界许多地区的利益，奉行霸权主义侵略扩张政策，打着"防卫""人道主义"和"维护人权"的幌子，对别国进行侵略、颠覆和渗透，其特点是把本国的"安全"建立在别国屈服的基础之上。把"国防"作为侵犯别国主权和领土、干涉他国内政的代名词。如美国推行霸权主义政策，在世界各地建立了300多个军事基地，把本国的国防延伸到其他国家和地区，为其称霸全球战略实现而服务。

（二）自卫防御型

自卫防御型在国防建设上以防止外敌入侵为目的，主要依靠本国的力量，广泛争取国际上的同情和支持，以达到维护本国的安全、周边地区和世界的和平与稳定。是第三世界国家通常采用的一种国防类型。

（三）互助联盟型

即以结盟形式，联合一部分国家来弥补自身力量的不足。在联盟型国防中，也可以分为扩张型和自卫型两种情况。从联盟国之间的关系来看，还可分为一元体联盟和多元体联盟，前者有一个大国处于盟主地位，其余国家则从属于他。后者基本处于伙伴关系，通过共同协商确定防卫大计。

（四）自主中立型

主要是指一些中小发达国家为了保障本国的繁荣、发展和安全，所奉行的和平中立的国防政策。执行中立型国防的国家，有些采取完全不设防的形式；有的则全民防卫通过高度武装来确保中立。目的是使潜在的侵略者不敢轻易发动侵略战争，并且制定了总体防御战略和寓兵于民的防御体系。

我国是社会主义国家，在对外关系上一贯奉行"和平共处"五项原则，公开向世界承诺：永远不称霸，不做超级大国，不首先使用核武器或以核武器相威胁，不对无核国家和地区使用核武器，不侵略别国。我国的国防宗旨是反对侵略战争，维护世界和平，保卫国家的安全与发展。在国防力量的运用上，我国坚持自卫立场，实行积极防御的战略方针。因此，我国的国防属于自卫型国防。

三、国防的基本特征

现代国防又称为社会国防、大国防、全民国防，它是对传统国防内容、对象、手段的继承和发展，是一种全新的观念和国防实践活动，其基本特征主要有以下几个方面。

（一）现代国防与国家安全和发展紧密相连

自古以来，战争和军事就与国家的安危联系在一起。现代国防的出现，把国家的安全和发展联系得更加紧密了，国防已不单是军队的事，它渗透于国家的各个领域，各行各业，贯穿于平时和战时的全过程，成为党政军民的共同大事。它不仅是为了打赢战争，也是为了制约战争，防止战争，推迟战争，维护和平。国家安全需要加强国防来捍卫，国家建设和发展同样需要加强国防来保障。

（二）现代国防是国家综合国力的抗衡

现代国防已经成为综合国力的对抗。现代国防力量虽以军事力量为主体，但不单纯指军事力量，还包括与国防相关的政治、经济、外交、科技、文化等非军事力量。它不仅依靠国家的现有实力，还依靠国家的综合潜力，以及将潜力转化为作战的能力。总之，现代综合国力是由人力、自然力、政治力、经济力、科技力、精神力和军事力等组成，涉及国家的各个方面。建设现代国防，就是要把整个国家的综合国力建设好、运用好。

（三）现代国防既是一种国家行为又是一种国际行为

一个国家想要持续发展，首要的条件是巩固国防，只有国防巩固了，政府才能集中精力制定正确的政策，才能调动一切人力物力进行经济建设，人民也才能安居乐业。然而，经济全球化的发展趋势，使得一个国家的发展也离不开国际环境，世界的和平与战争、经济的繁荣与衰退，都是一个国家持续发展的相关因素，也涉及国防的方方面面，世界尤其是周边国家局势动荡，该国就得在国防方面给予更多的关注，如果别国武力相加，该国就必须进行国防动员，以迎接外来挑战。由此可见，现代国防作为一种国家基本行为的同时，也日益成为一种国际行为。

（四）现代国防具有多层次的目标

国际政治、经济在现代国防上打下的烙印越来越深刻。由于各国的国家利益不同，特别是经济利益不同，因此，所制定的战略也各有千秋，再加上各国军事实力和综合国力的差异，就使得现代国防呈现出多层次的目标体系。

（1）从范围上，可分为自卫目标、区域目标和全球目标。一些国家由于本国在国土之外的经济利益有限，加上自身实力不足，因此，只能将国防目标定位于最基本一个层次上，即自卫目标的国防，着眼于维护国家主权和领土完整。一些国家虽然在世界范围都有自己的经济利益，但不奉行扩张政策，或者军事实力达不到全球范围，所以，将防卫目标锁定在本国及周边区域，也就是说，区域目标国防在维护本国安全利益这个层次上再提高一步，努力为本国的发展创造一个良好的周边环境，并扩大自卫的纵深和弹性。少数实力雄厚的国家，国家利益遍及全球，或者出于保护本国利益的目的，或者出于称霸世界的企图，将国防的目标对准世界，以维护世界和平、稳定和消除战争危险，或进行侵略扩张，将自己的意志强加给别国。

（2）从内涵上，可分为生存目标和发展目标。一种是基于保证国家生存、民族独立型的国防，称为生存目标；另一种是国家生存无忧，民族独立无虑，国防的目标在于争取一个适合国家发展的空间，称之为发展目标。

（五）多种斗争形式的角逐

现代国防斗争，不仅继续以双方在战场上进行较量为基本形式，还经常通过多种非武力斗争形式角逐，如政治斗争、心理斗争、经济斗争、科技斗争以及外交谈判、国际会议、军备控制等。以达到限制和削弱对手，实现自身的国防目的。此外，以武力为后盾，主要通过非武力手段较量，把武力和非武力结合运用的威慑形式，也越来越多地被各国所采用。所谓威慑，其要旨不是进行战争，而是运用既有力量和多种手段，发挥最大的影响力，给敌人造成巨大的心理压力，使其不敢贸然动用武力。在制止战争中，显示国防力量比使用国防力量有更大的意义。威慑理论和实践的出现及其多样化的运用，进一步丰富了国防斗争形式。

（六）现代国防对国家经济建设既依赖又促进

国防的强弱从根本上讲要看国家的经济实力。本国的经济建设和科学技术迅猛发展，能使自己在国际竞争中占据充分主动地位，同时，对敌国的经济技术系统构成的威胁和损害同样能达到武力角逐的效果。因此，各国在国防建设过程中，往往突出抓好本国的经济建设和科学技术发展，以此拉开与别国的距离，并将本国的经济力和科技力迅速转化为国防实力。

（七）现代国防具有威慑作用的功能

威慑是和平时期国防的主要功能。其以不通过战争，直接展示和运用强大的国防力量，采用多种手段，给对方造成巨大的压力，迫使敌人不敢运用和动用武力，以达不战而屈人之兵，或保证本国获得最大利益为目的。

总体来说，国防因国家性质、制度、国力及其推行的政策不同而具有不同的特征。所有国防的着眼点都是捍卫和扩大国家利益。

四、国防的地位和作用

一个国家，一个民族没有强盛的国防是不能屹立于世界民族之林的。任何一个国家，从它诞生之日起，首要的任务，就是固疆强边、抵御外来的侵略，巩固新生的政权，保证国家的生存与发展。国防在国家职能中的地位和作用十分重要，它与国家利益休戚相关，关系到国家的安危、荣辱和兴衰。

关于国防的地位和作用，主要应从以下几个方面来认识。

（一）国防关系着国家的安危和兴衰，是国家安全的重要保障

"民无兵不安，国无防不立。"没有强大的国防，就没有国家的主权和独立，人民的幸福和民族的兴旺也就没有保障。几千年来，国防与国家的存亡兴衰紧密联系在一起，有国必有防，防强则国安。为了保障国家安全、促进国家发展，世界各国都从本国的实际出发，努力加强国防建设，同时在国民中普遍推行维护国家安全的国防教育，使国民树立爱国主义和维护国家根本利益的观念，为国家的独立、统一和发展创造更加有利的环境和条件。世界各国的发展历史反复说明了这一点，特别是近代中国的历史更加说明了这一点。

19世纪中叶，世界资本主义迅速发展，殖民主义侵略浪潮席卷全球。而当时的中国清朝政府腐败无能，有国无防，帝国主义列强乘虚而入，自1840年的鸦片战争开始，对中国进行了轮番侵略，胁迫清政府签订了一系列丧权辱国的不平等条约。中华民族沦为一个被人侮辱的民族，中国长期沦为半殖民地半封建社会。中国近代的国防史，是一部中华民族的耻辱史。从新中国成立之日起，我们就把建立足以抵抗侵略的强大国防，作为维护国家和民族

尊严，树立国家形象的重要手段。从此，中国人民告别了被人随意轻侮，任意践踏的历史。中国近代国防的深刻教训使中国共产党人痛切地感到"中国人民必须建设自己强大的国防"，才能使新中国屹立于世界民族之林。

（二）强大的国防是国家建设与发展的重要条件

当今世界，加强国防建设已成为一条立国的基本规律。国家无论大小，无论何种制度或政体，都少不了国防。尽管国家的性质不同，但国防建设是相同的。我们要建设强大的社会主义国家，也必须加强国防建设。加强国防建设不仅是捍卫国家主权和领土完整的需要，也是国家经济建设与发展的需要。我国《宪法》明确规定："今后，国家的根本任务是集中力量进行社会主义现代化建设。"进行社会主义现代化建设，需要一个安定的和平环境，而这个和平环境的赢得，主要靠建设一个强大的国防。强大的国防不仅可以赢得战争的胜利，而且可以遏制战争。在和平时期国防具有强大的威慑力量，使帝国主义和霸权主义者不敢轻举妄动；一旦战争爆发，要能够打赢战争，制约战争规模的扩大，从而为经济建设提供和平的环境。另外，要实现我国现代化建设的宏伟目标，不仅需要和平安全的外部环境，而且需要安定团结的内部环境。只有人民团结、社会稳定，才能有国家的经济繁荣，也才能使国家在处理外部事务中具有坚强的实力和后盾。

（三）强大的国防是巩固我国的国际地位、维护世界和平的重要力量

一个国家在国际上地位的高低，除了具有强大的经济实力外，还必须有强大的国防实力，仅靠政治、经济、外交等来维持国家的地位是不够的。尽管国富是兵强的物质基础，但国富不等于兵强，如果不加强国防建设，国家富裕了，同样还会受人欺负。我国作为一个大国，是联合国安理会的常任理事国，要在国际事务中掌握主动权，表达国家意志，对世界局势发挥应有的影响和作用，必须要有强大的国防实力作后盾。另外，强大的国防也能为维护世界和平作出我们的贡献。当今世界，霸权主义和强权政治依然存在，世界的和平不会自动实现，更不能靠乞求得来。和平环境的争取与维护，必须靠强大的国防力量。

五、公民的国防义务和权利

（一）公民的国防义务

1. 履行兵役义务

兵役义务是公民在参加国家武装力量和以其他形式接受军事训练方面应当履行的责任。我国《兵役法》第3条规定："中华人民共和国公民，不分民族、种族、职业、家庭出身、宗教信仰和教育程度，都有义务依照本法的规定服兵役。"公民履行兵役义务的主要形式有三种。

（1）服现役

现役是公民在军队中服兵役，包括参加中国人民解放军和武装警察部队。按照《兵役法》的规定，每年12月31日以前，年满18岁的男性公民应当被征集服现役。当年未被征集的，在22岁以前，仍可以被征集服现役。根据军队需要，也可以征集18岁至22岁的女性公民服现役。如有特殊需要，在自愿的原则下，也可征集少量在18岁以下的男女公民服现役。

《兵役法》还规定，应征公民是维持家庭生活的唯一劳动力或者是正在全日制学校就学的学生，可以缓征。除了征集新兵，军队平时还采取其他一些方式从适龄公民中选拔人员：

军事院校从青年学生中招收学员,部分普通高等学校招收国防生,军队招收高等学校毕业生入伍,军队从非军事部门具有专业技能的公民中招收志愿兵。符合服兵役条件的公民,可以通过以上途径参加人民解放军或武警部队服现役。

另外,《兵役法》规定,士兵包括义务兵和志愿兵。义务兵服现役时间为2年。

战时,预备役人员应随时准备应召服现役,在接到通知后,必须准时到指定的地点报到。遇有特殊情况,国务院和中央军事委员会可以决定征召36至45岁的男性公民服现役。应征公民拒绝、逃避征集构成犯罪的,依法追究刑事责任。

(2)服预备役

预备役是公民在军队以外所服的兵役,是国家储备后备兵员的形式。根据《兵役法》规定,预备役分为军官预备役和士兵预备役,并分别区分为第一类预备役和第二类预备役。公民服士兵预备役的年龄为18至35岁。

① 登记服预备役。每年9月30日之前,兵役机关要对到年底满18岁的男性公民进行兵役登记。

② 参加民兵组织。民兵是不脱离生产的群众武装组织,是国家武装力量的重要组成部分,是中国人民解放军的助手和后备力量。民兵分为基干民兵和普通民兵。28岁以下退出现役的士兵和经过军事训练的人员,以及选定参加军事训练的人员,编为基干民兵;其余18~35岁的男性公民,编为普通民兵。根据需要,吸收部分女性公民参加基干民兵。我国实行民兵与预备役相结合的制度,所有的民兵同时都是预备役人员,参加民兵组织也是服预备役。

③ 预备役部队。预备役部队是以现役军人为骨干,以预备役军人为基础,按照军队的编制体制建立起来的军事组织。是战时成建制快速动员的重要形式。公民编入预备役部队担任预备役军官或士兵,都是服第一类预备役。

(3)参加学生军事训练

《兵役法》规定:"高等院校的学生在就学期间,必须接受基本军事训练。""高级中学和相当于高级中学的学校,配备军事教员,对学生实施军事训练。"这就是说,接受军事训练是学生必须履行的兵役义务。学生军事训练依据国家教育部和解放军总参谋部、总政治部联合制定的《高等院校学生军事训练大纲》《高级中学和相当于高级中学军事课教学大纲》组织实施。高等院校将军事训练作为必修课纳入教学计划,将学生军事训练考核成绩载入本人档案,考核不合格的,按高等院校学籍管理办法和有关规定处理。

2. 接受国防教育的义务

国防教育是国家对全体公民所进行的一种具有特定目的和内容的国防教育活动,是国家整体教育事业的组成部分,是建设和巩固国防、增强民族凝聚力、提高全民素质的重要途径。

我国《国防教育法》第3条规定:"国家通过开展国防教育,使公民增强国防观念,掌握基本的国防知识,学习必要的军事技能,激发爱国热情,自觉履行国防义务。"

《国防教育法》第4条规定:"国防教育贯彻全民参与、长期坚持、讲求实效的方针,实行经常教育与集中教育相结合、普及教育与重点教育相结合、理论教育与行为教育相结合的原则,针对不同对象确定相应的教育内容分类组织实施。"

国防教育的内容主要包括:国防理论教育、国防精神教育、国防知识教育和国防技能教育，以及战备形势教育、国防任务教育等。

3. 保护国防设施的义务

国防设施是指国家直接用于国防目的的建筑、场地和设备，包括军事设施、人民防空设施、国防交通设施和其他用于国防目的的设施。国防设施是国防活动的依托，是抵抗侵略、保卫祖国的物质条件，在巩固国防、维护国家安全利益方面具有重要作用。

1990 年 2 月 23 日颁布的《中华人民共和国军事设施保护法》规定，国家对军事设施实行"分类保护、确保重点"的方针，根据军事设施的性质、作用、安全保密的需要和使用效能的要求，将军事设施的保护分为三类：一是划定军事禁区予以保护；二是划定军事管理区予以保护；三是没有划入军事禁区、军事管理区的军事设施，如通信线路、铁路和公路线路、导航和助航标志等，采取有效措施予以保护。

公民在从事经济、文化和其他社会活动时，应当遵守法律法规的规定，自觉保护国防设施；公民对于破坏、危害国防设施的行为，应当检举、控告或制止；破坏、危害国防设施的，要承担相应的法律责任。

4. 保守国防秘密的义务

国防秘密是指关系国家安全利益，在一定时间内只限一定范围人员知悉的军事或与军事有关的政治、经济、外交、科技、教育等方面的事项。保守国防秘密事关国家的安危，公民应当遵守《中华人民共和国保守国家秘密法》以及有关的保密规定，严格保守国防方面的国家秘密。发现国防方面的国家秘密已经泄露或者可能泄露时，应立即采取补救措施并及时报告。

5. 支持国防建设、协助军事活动的义务

我国的国防是全民国防，公民应当积极参与和支持国防建设。支持国防建设的形式是多种多样的，公民所做的一切有利于国防建设的事都是支持国防建设。军事活动是国防活动的核心内容。公民和组织应当根据自己的能力和条件，自觉地提供便利和协助。

（二）公民的国防权利

我国国防相关的法律法规规定了公民的国防权利主要有以下三个方面。

（1）《国防法》规定，公民和组织有对国防建设提出建议的权利；公民和组织有对危害国防的行为进行制止或者检举的权利；公民和组织因国防建设和军事活动在经济上受到直接损失的，可以依照国家有关规定取得补偿。

（2）《宪法》规定，国家和社会保障残废军人的生活，抚恤烈士家属，优待军人家属。

（3）《预备役军官法》规定，国家依法保障预备役军官的合法权益。预备役军官享有法律法规规定的因服军官预备役而产生的权利，享受国家规定的有关待遇。民兵、预备役人员和其他人员依法参加军事训练，担负战备勤务、防卫作战，国家和社会保障其享有相应的待遇，按照有关规定实行抚恤优待。

第二节　国防历史

我国国防的历史源远流长。公元前 21 世纪，伴随着奴隶制国家夏的出现，作为抵御外来入侵和讨伐他国的工具——国防便产生了。在人类社会的历史长河中，神州大地先后经历了奴隶社会、封建社会、半殖民地半封建社会和社会主义社会。国防也经历了无数个强盛与衰落的交替，从而给我们留下了宝贵的国防遗产和深刻的历史教训。

一、古代国防

我国古代的国防是指从公元前 21 世纪夏王朝的建立到 1840 年鸦片战争期间的国防，共经历了近四千年的漫长历史。其间，中华民族经历了无数次战争的锤炼，形成了强大的民族凝聚力，培育出了自强不息、前仆后继、不畏强暴、卫国御敌的民族精神，最终成为一个多民族的大疆域国家。

（一）古代的国防政策和国防理论

大约公元前 21 世纪，中国古代社会开始由原始氏族公社制社会进入奴隶制社会，出现了国家。从此，作为抵御外来侵犯和征伐别国的武备——国防的雏形便开始产生了。随后的几千年征战中，为保家卫国，逐渐形成了我国古代的国防政策和国防理论。

春秋战国时期，各诸侯国之间连年征战，使国防观念迅速得到强化，虽然当时的诸子百家在政治和哲学主张方面各放异彩，但在国防方面却基本一致，形成了诸如“义战却不非战”“非攻兼爱却不非诛”“足食足兵”“以正治国，以奇用兵”“富国强兵”“文武相济”“尚战、善战、慎战”“不战而屈人之兵”等思想，表明春秋战国时期各国对武备和国防的重视，而且国防思想已经上升到理论的高度，全面奠定古代军事思想的基础，标志着我国古代军事思想在这个时期已经基本成熟。主要体现在：军事学术极为活跃。现存最早、影响最深的奠基之作《孙子兵法》就是这个时期的杰出代表作。其他影响较大的还有《吴子》《孙膑兵法》《司马法》《尉缭子》《六韬》等十多部。在几千年的军事历史中一直被视为兵学经典的 7 部著作中，就有 5 部产生在这个时期。诸子百家的大量军事论述，共同形成了我国军事学术史上的第一个高峰，为我国国防理论打下了坚实的基础。在此基础上，形成较为完整的战争观，并提出了普遍的战争指导原则。如孙子的“知彼知己，百战不殆”“示战先算”“伐谋伐交，不战而胜”“以智使力”等指导原则。这些指导原则概括精辟，到现在仍具有极为重要的指导意义；总结出一整套治军方法，形成了比较合理的军队编制结构；重视改善武器装备，研制出种类繁多的兵器装备，明确提出把军队的教育训练当做治军的首要任务，以此来提高部队的素质。

历史进入秦、汉、隋、唐、五代时期，中国国防建设有了进一步的发展。

公元前 230 年至公元前 221 年，秦国经过 10 年的统一战争，先后兼并六国，结束了历史上长期的分裂局面，第一次建立起中央集权的封建国家，标志着中国封建社会进入了一个新的历史阶段。随后的汉、唐两代是中国封建社会的盛世，军事上也处于开疆拓土的鼎盛时期。公元前 230 年至公元 10 世纪中叶的近 1 300 年间，中国古代国防政策和国防理论得到了进一步的丰富和发展。主要表现在：开始全面整理兵书，初步形成古代军事学术体系。通过三次大规模的整理，形成了研究军事战略的“兵权谋”，研究战役、战术的“兵形势”，研究军事天文、气象的“兵阴阳”，研究兵器、装备的制造和运用技巧的“兵技巧”，共四大类，构成了一个较为完整的军事学术体系。另外，战略思想趋于成熟，战略防御思想得到进一步完善。

宋朝至清朝前期，是中国封建地主阶级没落的时期，但军事上进入冷、热兵器并用时代，因此，国防政策和国防理论上也有相当的发展。武学开始纳入国家教育体系。北宋初期采用了以文制武，将中从御，结果导致了重文轻武，国防衰落。宋仁宗时期，开办了“武学"，后又设武举，为军队培养、选拔了大批军事人才，同时也繁荣了军事学术。明清两朝将武举推向更深层次，甚至出现文人谈兵、武人弄文的局面，大量军事著作面世，军事思想研究向体系化发展。

从总体上来说，我国古代国防理论主要有："以民为体"，"居安思危"的国防指导思想；"富国强兵"，"寓兵于农"的国防建设思想；"爱国教战"，"崇尚武德"的国防教育思想；"不战而胜"，"安国全军"的国防斗争策略等。在这些思想和策略的指导下，华夏大地消除了无数次外敌入侵带来的战祸，为中华民族的繁衍生息，国家的发展提供了基本的生存条件，甚至使国防曾出现过"中国既安，四夷自服"的辉煌。

（二）古代的兵制建设

兵制即我们常说的军事制度，也称军制。是国家或政治集团组织、管理、维持、储备和发展军事力量的制度。我国古代的兵制建设主要包括军事领导体制、武装力量体制和兵役制度等内容。

在军事领导体制上，夏、商、西周时期，一般由帝王亲自掌握和指挥，没有形成专门的军事领导机构。春秋末期，实现将相分权治国，以将（将军）为主组成军事指挥机构。战国时期，将军开始独立统兵作战。秦国一统天下之后，设立了专门管理军事的机构，太尉为最高的军事行政长官。隋朝设立了三省六部制，设兵部专门主管军事。宋朝则设置枢密院作为军事领导的最高机构，主官用文官担任，主要目的是防止"权将"拥兵自重。枢密院有权调兵却无权指挥，将军有权指挥却无权调兵，形成枢密院和将军相互牵制的局面。各朝代在军事领导体制方面的做法虽各有千秋，但皇权至上，军队的最终调拨使用大权始终是掌握在皇帝手中的。

在武装力量体制上，秦朝之前武装力量结构单一，一个国家通常只有一支国家的军队。从秦朝开始，国家的政治制度逐渐完善，生产力不断发展，因而，各个朝代根据国家的状况和国防的需要以及驻防地区和担负任务的具体情况，将军队区分为中央军、地方军和边防军三种，并对军队的编制体制、屯田戍边、兵役军赋、军队调动、军需补给、驿站通道、军械制造和配发等都做了具体的规定，并以律法的形式颁布执行，如唐代的《卫禁律》《军防令》等。

在兵役制度上，随着各个历史时期的政治、经济、人口状况和军事需要而发展变化。奴隶社会时期，生产力低下，人口稀少，战争规模小，主要实行兵民合一的民军制度。封建社会时期，民军制度逐渐演变为与当时历史条件相适应的兵役制度，如秦汉时期的征兵制、三国两晋南北朝时期的世兵制、隋唐时期的府兵制、宋朝的募兵制、明朝的卫所兵役制等。

（三）古代的国防工程建设

我国古代为抵御外敌的侵犯，巩固边海防，修筑了数量众多、规模庞大的国防工程。如城池、长城、京杭运河以及海防要塞等。

我国古代国防工程建设中，城池的建设时间最早、数量最多。城池建筑最早始于商代，随后，城池建设规模不断扩大，结构日益完善，一直延续到近代。因此，在我国古代战争中，城池的攻守作战成为主要的样式之一。

长城是城池建设的延伸和发展。春秋战国时期长城的建筑已经开始，秦始皇统一六国之后，为了巩固国防，防御北方匈奴的南侵，于公元前214年开始将秦、赵、燕三国北部的长城连为一个整体，形成西起临洮（今甘肃岷县），北傍阴山，东至辽东的宏伟工程。后经各朝代多次修建连接，至明代形成了西起嘉峪关，东至山海关，全长 12 700 余里的万里长城。

京杭大运河是我国古代兴建的伟大水利工程。隋炀帝时期，其征调大量人力物力，将原有的旧河道拓宽和连贯，形成北起通州（今北京通州区）、南至杭州，全长 1 794 公里的大运河，把南北许多州县连成一线，成为军事交通和"南粮北运"的大动脉，具有重大的军事和经济作用。

古代海防建设是从明朝开始的。14 世纪，倭寇频繁袭扰我沿海地区，明朝在沿海重要地段陆续修建了以卫城、新城为骨干，水陆寨、营堡、墩、台、烽堠等相结合的海防工程体系，对抗击倭寇的入侵起到了重要作用。

（四）古代国防的兴衰

古代国防的兴衰是与各朝代的政治、经济、军事状况密切相关的。纵观我国几千年的国防史，不难发现，当统治阶级处于上升时期，政治开明，经济繁荣，军事强大，民族团结，国家统一的时候，国防就强盛；当统治阶级走下坡路，政治腐败，经济衰落，军事羸弱，民族分裂，国内混乱的时候，国防就削弱，就崩溃。

从整个历史来看，我国古代前期，即从春秋战国到秦汉、盛唐，国防日趋发展，不断强盛以至于发展到鼎盛。其后期，即从中唐到两宋、到晚清，我国国防便日趋衰败，以至于一触即溃，不可收拾。其间，虽然盛唐之前有两晋的萎靡，中唐以后有明清中前期的振作，但从整体上来看，我国古代国防事业的基本趋势是由弱到强，再从强盛走向衰落。

从汉、唐、明、清等几个大的历史朝代看，国防事业也都是由兴而盛，由盛及衰。其间固然不乏极盛之前的短暂衰落，衰败之后的一时复兴，但终其一朝由盛及衰的基本趋势是没有改变的。

二、近代国防

我国近代的国防是羸弱、衰败和屈辱的。1840 年西方殖民主义者凭借船坚炮利的优势，攻破了清王朝紧锁的厚重国门，对中华民族实行残酷的殖民统治。在西方殖民主义者的侵略面前，腐朽的统治者奉行的国防指导思想却是"居安思奢""卖国求荣"；执行的国防建设思想乃是"以军压民""贫国臃兵"；倡导的国防教育思想却是"愚兵牧民""莫谈国事"；制定的国防斗争策略甚至是"不战而败""攘外必先安内"。其结果是有国无防，国家沦为殖民地半殖民地，人民惨遭蹂躏和屠杀。

（一）清朝后期的国防

1644 年，清军大举入关，问鼎中原，最终建立大清王朝。从顺治开始，经康熙、雍正、乾隆和嘉庆五代，先后 177 年是清朝的兴盛时期。但是经过"康乾盛世"之后，政治日趋腐败，国防日益疲弱。1840 年鸦片战争爆发，西方殖民主义者大举入侵，从此清王朝一蹶不振，江河日下，有国无防，内乱丛生，外患不息，逐步沦为半殖民地半封建社会。

1. 清朝的武备

清朝的武备包括军事领导体制、武装力量体制和兵役制度等方面。

在军事领导体制方面，1840 年以前，大清王朝先后设立了议政王大臣会议、兵部和军机处，作为高层军事决策和领率机构。鸦片战争后，开始实施"洋务新政"，成立了总理衙门。八国联军入侵中国后，清朝统治者深感军备落后，企图通过改革军制来强军安国，遂改总理衙门为外务部，撤销原有的兵部，成立陆军部。

在武装力量体制方面，清军入关之前，军队是八旗兵；入关后为弥补兵力的不足，将投降的明军和新招募的汉人单独编组，成立了绿营；1851年以后，为镇压太平天国运动，咸丰号召各地乡绅编练乡勇，湘军和淮军逐渐成为清军的主力；中日甲午战争之后，开始编练新军。

在兵役制度方面，八旗兵实行的是兵民合一的民军制。清朝规定：所有十六岁以上的满族男子都是兵丁，不满十六岁的则编为养育兵，作为后备兵源。绿营兵虽是招募而来，但入伍后即编入兵籍，其家属随营居住，实际上绿营兵是职业兵，直到年满五十岁才解除兵籍。湘军和淮军是由地方乡勇逐渐发展起来的部队。太平天国运动被镇压后，湘、淮军取代八旗兵和绿营兵，成为清军的主力。甲午战争中，湘、淮军大部分溃散，清朝开始"仿用西法，编练新兵"。新军采用招募制，在入伍的年龄、体格及识字程度方面均有比较严格的要求。

2. 清朝的疆域和边海防建设

清朝初期重视边海防建设。在同国内割据势力的斗争中，制止了分裂，促进了国内各民族的团结，维护了国家的统一；在与外部侵略势力的斗争中，捍卫了国家的领土主权。这一时期疆域西到今巴尔喀什湖、楚河、塔拉斯河流域、帕米尔高原；北到戈尔诺阿尔泰、萨彦岭；东北到外兴安岭、鄂霍茨克海；东面到黄海、东海，包括台湾及其附属岛屿；南到南海诸岛，包括南沙群岛、曾母暗沙；西南到广西、云南、西藏，包括拉达克，建立了一个空前统一、疆域辽阔的多民族的封建专制国家。从道光年间开始，政治日益腐败，边海防逐渐废弛。清军的精华北洋水师"日久玩生，弁兵于操驾事宜，全不练习，遇放洋之时，雇佣舵工，名为舟师，不谙水务"（《清史稿》）。边防废弛，海防要塞火炮年久失修，技术性能落后，炮弹威力很小，而且射程相当近。西方殖民主义者乘虚而入，以坚船利炮打开了中国封闭的国门。19世纪中叶以后，香港、澳门、台湾、澎湖被英、葡、日占领，东北乌苏里江以东、黑龙江以北及西北今国界以外的广大地域被沙俄侵占，帕米尔地区被俄、英瓜分，拉达克则被英国属克什米尔所吞并。

3. "五次"对外战争

1840年，英帝国主义以清王朝禁烟为由，对中国发动了战争，史称鸦片战争。1842年，战败的清王朝被迫在英国的军舰上签订了我国历史上第一个丧权辱国的不平等条约——中英《南京条约》。中国的领土和主权遭到破坏，开始沦为半殖民地半封建社会。

1856—1860年，英国不满足它已获得的利益，联合法国，分别以"亚罗号事件"和"马神甫事件"为借口，对中国发动了第二次鸦片战争。战败的清王朝被迫与英、法、俄、美四国分别签订了《天津条约》，与英、法、俄分别签订了《北京条约》。此时的沙俄趁火打劫，强迫清政府签订了《瑷珲条约》。中国的领土主权进一步遭到破坏，半殖民地程度加深。

19世纪80年代初，法国殖民主义者在完全占领越南后，开始觊觎我国西南地区。1884年至1885年中法交战。爱国将领冯子材率领的清军奋勇杀敌，在刘永福黑旗军的配合下痛击法军，取得了镇南关大捷，由此导致法国茹费里内阁的倒台。但是腐败的清政府却一味苟且偷安，李鸿章认为法国船坚炮利，强大无敌，中国即便一时而胜，难保终久不败，不如趁胜而和。因此，清政府和法国签订了《中法新约》，将广西和云南两省的部分权益出卖给了法国，使中国不败而败，法国不胜而胜。清政府的腐败无能暴露无遗。

1894年日本以清朝出兵朝鲜为由发动了甲午战争。北洋水师全军覆没，1895年清政府被迫与日本签订了《马关条约》，中国被进一步肢解，中国半殖民地程度加深，民族危机加剧。

1900年，英、美、德、法、俄、日、意、奥八国，以保护在华侨民"利益"为借口，组成联军，发动侵华战争。1901年9月，以上八国及西、比、荷11个国家胁迫清政府签订了《辛丑条约》。这个条约从政治、经济、军事各方面都扩大和加深了帝国主义对中国的统治，并表明清政府已完全成为帝国主义统治中国的工具。中国完全沦为半殖民地半封建社会。

从1840年鸦片战争到1911年辛亥革命这70多年间，清政府与列强签订了大大小小数百个不平等条约，割让领土近160万平方公里，共赔款2 700万元，白银7亿多两（不含利息）。如把利息计算进去，仅《辛丑条约》中规定的"庚子赔款"本息就达9亿8千多万两。当时，在1.8万多公里的海岸线上，大清帝国竟找不到自己享有主权的港口。国家有海无防，有边不固，绝大部分中国领土成了帝国主义的势力范围：俄国在长城以北；英国在长江流域；日本在台湾、福建；德国在山东；法国在云南。中华民族美丽富饶的国土被蹂躏得支离破碎。

（二）民国时期的国防

1911年爆发的辛亥革命，虽然推翻了清朝的统治，彻底废除了封建专制制度，建立了"中华民国"，但并没有改变中国任人宰割的历史。帝国主义通过扶植各派军阀作为自己的代理人，加紧对中国的控制掠夺；各派军阀争权夺利，混战不已，中国依然是有边不固，有海无防，人民有家难安。

1. 军阀混战与中华民族的觉醒

1911年的辛亥革命，终于推翻了几千年的封建君主专制统治，但由于革命的不彻底，仍没有使中国摆脱半殖民地半封建的状况，帝国主义依然在华夏大地上横行无忌，他们为维护其在华利益，纷纷扶植自己的代理人：先有袁世凯称帝，后是张勋复辟，各派军阀以帝国主义为靠山，割据称雄，混战不休。直、皖、奉三大派系军阀先后窃取中央政权，贿选国会议员和总统，出卖国家和民族利益。"二十一条"的签订和"巴黎和会"中国外交的失败，充分暴露出北洋政府的腐败无能，使中国面临被帝国主义进一步瓜分的命运，激起了中华民族同仇敌忾、共御外侮的决心和勇气。以"五四"运动为标志，中国反帝反封建的资产阶级民主革命发展到新阶段。1921年7月，中国共产党的成立，把中国人民的救亡图存斗争推向新的阶段，中国工人阶级开始以自觉的姿态登上了历史舞台。

2. 日本的入侵及中国人民的抗战

1931年9月18日，日本发动了"九·一八事变"。面对日本帝国主义的野蛮侵略，蒋介石却奉行"攘外必先安内"的方针，一味奉行不抵抗政策，出卖民族利益，使东北大片国土迅速沦陷。1937年7月7日，日本发动"卢沟桥事变"，进一步扩大了对中国的侵略，中华民族到了生死存亡的紧要关头。中国共产党高举团结抗日的旗帜，肩负起救民族于危难的神圣使命，领导全国各族人民进行了艰苦卓绝的八年抗战，终于取得了我国近代历史上第一次抗击外敌侵略的完全胜利。

三、新中国成立后的国防建设及取得成就

（一）新中国成立后，我国的国防建设大体分为四个阶段

1. 第一阶段：从新中国成立到20世纪60年代初期

这一时期，中国进行了抗美援朝战争，与朝鲜人民并肩作战，打败了以美国为首的16

个国家的侵朝军队和南朝鲜军队。但是，美国和台湾国民党集团对中国大陆的安全威胁继续存在。基于这一形势，我国确定了加强人民陆海空军，巩固国防，保卫领土主权完整，保卫社会主义建设顺利进行，时刻做好解放台湾准备的国防目标。

从新中国成立之初，中共中央就提出了："一手抓经济，一手抓国防"的方针，并提出了现代化国防的概念。1956 年 3 月，中央军委就制定了积极防御的战略方针。该方针的立足点，主要是对付帝国主义可能对中国发动的大规模侵略战争。这一时期的国防建设采取了以下重大举措：一是军队精简整编，完成由陆军单一军种向诸军兵种合成军队的转变。经过 1955 年和 1958 年两次大规模裁军，军队员额由原来的 430 万减少到 240 万。二是建立了国防领导体制，明确了各部门的职能分工。三是颁布了第一部《兵役法》，取消了志愿兵役制，改行义务兵役制。四是建立国防科技和国防工业体系，为国家常规武器的发展和尖端武器的突破奠定了基础。在这一时期，我国还进行了解放江山岛渡海登陆作战、炮击金门等军事斗争，并平息了西藏上层集团发动的武装叛乱。

2. 第二阶段：从 20 世纪 60 年代初到 20 世纪 80 年代初

20 世纪 60 年代，主要是由于中国安全环境的日益恶化，加之对战争爆发危险性估计得过于严重，中国国防和军队现代化建设完全转到准备"早打、大打、打核战争"的基点上来。采取了积极防御，诱敌深入的军事战略方针，准备应付最困难的情况，立足于两面以至于多面作战。进入 20 世纪 70 年代，苏联从北、南、西三面包围中国，中国国防政策和军事战略的重点是防御前苏联的大规模入侵，这时我国实际上长期处于临战状态，经济建设服从于国防建设。

在这阶段的前期，军队进一步调整了编制和结构，增加了技术军兵种的比例。1965 年同 1958 年相比，海军增编了 51.6%，空军增编了 41.8%。后来，由于军队规模膨胀，一度曾达到 600 多万，加之"文化大革命"的影响，使军队的质量建设受到影响。

后备力量建设，采取了大办民兵师的做法，民兵队伍建设进一步规范化，但也存在数量过多，质量不高的问题。

国防工业建设，采取了加速三线建设，逐步改变工业布局的指导原则，将一大批重要的国防工业企业从沿海城市迁往内陆纵深地区，形成日后的"山、散、洞"的局面。还独立自主地进行了国防科技研究，先后研制成功原子弹、导弹、氢弹、人造卫星，并组建了第二炮兵。

为维护国家主权和尊严，我国胜利地进行了东南沿海的军事斗争，进行了中印边境、珍宝岛、西沙群岛、中越边境等自卫反击作战，还进行了援越抗美、援老抗美等军事行动。

3. 第三阶段：从 20 世纪 80 年代中期到 20 世纪 90 年代

在科学分析世界形势的基础上，邓小平做出了"在较长时间内不发生大规模世界战争是可能的"这一具有深远意义的战略判断。正是依据这一判断，1985 年，中央军委做出了国防和军队建设思想实行战略转变的重大决策，即由时刻准备"早打、大打、打核战争"的临战状态真正转到了和平时期建设的轨道上来了。战争准备的基点也由应付全面战争调整为重点应付局部战争和军事冲突，并首次将经略海洋，维护国家海洋权益确定为军事战略的重要任务。

与国防战略方针相适应，中央军委制定了国防和军队建设要服从服务于国家经济建设大局的方针。主要包括：确定了义务兵与志愿兵、民兵与预备役相结合的兵役制度；确立了中国人民解放军、中国人民武装警察部队和民兵三结合的武装力量体制；1982 年、1985 年先后进行了百万大裁军，军队员额降到了 300 万左右；按照"精兵、合成、高效"的原则，全面调整了军队体制编制，组建了陆军集团军，加强诸军兵种的合成；调整了防御部署，实施重点防御，提高部队的机动作战能力。

4. 第四阶段：从 20 世纪 90 年代至今

这一时期的基本特征仍是和平与发展，在世界范围内爆发了信息技术革命，信息时代以其前所未有的迅猛之势，席卷全球。以信息技术为核心的高新技术的发展及其在军事领域的广泛应用，深刻地改变了现代战争的面貌，也对新时期我国国防和军队建设提出了挑战。

以江泽民为核心的党中央和中央军委，重新制定了新时期积极防御的军事战略方针。主要包括：确定把军事斗争准备的基点放在打赢现代技术特别是高技术条件下的局部战争上，军队建设由数量规模型向质量效能型，由人力密集型向科技密集型转变；按照"政治合格、军事过硬、作风优良、纪律严明、保障有力"的总要求全面加强军队建设；采取国防建设和经济建设两兼顾，协调发展的方针；1997 年再次裁军 50 万，进一步优化结构，调整编制；革新战备训练思想，由全面动员、持久作战转变为提高快速反应和应急作战能力。

这一时期我人民解放军在东海、南海及台湾海峡先后进行了一系列实兵实弹演习，展示了人民解放军在高技术条件下的防卫作战能力；1997 年 7 月 1 日，中国人民解放军驻香港部队进驻香港；1999 年 12 月 20 日，中国人民解放军驻澳门部队进驻澳门。

2003 年，我军再次裁军 20 万，至此我军的军队员额基本保持在了 230 万左右。我军开始了新的军事变革，以此为标志，我军的军事战略思想由准备打赢高技术条件下的局部战争向打赢信息化条件下的信息化战争转变。

（二）新中国成立后，在党中央和中央军委的领导下，适应国家根本利益的需要，遵循独立自主、自力更生的方针，学习和借鉴其他国家的先进技术。经过 60 多年的努力，国防建设取得了举世瞩目的巨大成就

1. 建立和完善了有中国特色的武装力量领导体制

中国的武装力量领导体制，是在长期的革命战争中形成和发展起来的。新中国成立后，根据中央人民政府 1949 年 10 月 19 日的命令，成立了中央人民政府人民革命军事委员会，作为全国武装力量的最高统帅机关。国家的中央军委设立后，中共中央军委同时存在，为避免机构重叠，中共中央决定，国家军委与党的军委是"一个机构，两个牌子"，其组成人员完全相同，而且全体军委委员都由共产党员担任。党的中央军委与国家中央军委并存，同时向中央和全国人大及人大常委会负责。这种领导体制，体现了中国共产党作为唯一的执政党在国家政治生活中的领导地位和作用。

2. 中国人民解放军的现代化、正规化和革命化建设有了突破性的进展

新中国成立后，人民解放军在毛泽东关于建设现代化革命武装力量的战略思想和邓小平新时期军队建设思想的指引下，不断向现代化、正规化和革命化迈进。特别是改革开放以来，我国国防实力得到进一步加强，国防现代化建设，尤其是军队的建设，有了突破性的进展，取得了一系列重大成就。

走进 21 世纪的人民解放军将按照胡锦涛主席提出的"忠诚于党、服务人民、英勇善战"的总要求，继续优化体制编制，更新教育训练内容和手段，改善武器装备，加强军队的质量建设，提高诸军兵种的合成化水平，向"精兵、合成、高效"的方向发展。

可以预见，人民解放军将以新的面貌勇敢地面对任何挑战而不辱使命。

3. 形成了门类齐全综合配套的国防科技工业体系

国防科技是衡量一个国家综合国力的重要标志之一，也是国防现代化建设的一个重要方面。新中国成立以来，在党中央、国务院、中央军委的关怀和领导下，经过50多年的建设和发展，中国的国防科技工业从无到有，从小到大，从落后到先进，建立起了包括电子、船舶、兵器、航空、航天和核能等门类齐全、综合配套的科研实验生产体系，取得了一大批具有国内或国际先进水平的科研成果，为现代化建设和切实增强我国的综合国力作出了重要贡献。

4. 国防后备力量建设取得了长足的发展

党和国家历来十分重视国防后备力量建设。中国国防后备力量建设，经过几代人的努力，形成了一整套制度和优良作风，打下了坚实的基础。党的十一届三中全会以来，尤其是从1985年，党中央、国务院、中央军委明确提出"精干的常备军和强大的后备力量相结合，是建设现代化国防的必由之路"这一基本指导方针之后，作为一支伟大战略力量的我国国防后备力量，越来越受到党和国家的高度重视，并在全国范围内形成了一个各级地方党政领导关心后备力量建设，各级军事机关狠抓后备力量建设，社会各界和广大人民群众积极支持后备力量建设的可喜局面。中国国防后备力量建设，经过一系列的调整改革，各项工作均取得了明显的成绩。

四、国防历史的启示

数千年的国防历史带给我们的启示主要有以下几点。

（一）经济发展是国防强大的基础

经济是国防的物质基础，国防的强大要依赖于经济的发展。早在春秋时期齐国的政治家管仲就提出"富国强兵"的思想，孙子则更直接指出：兵不强则不可以摧敌，国不富不可以养兵，富国是强兵之本，强兵之急。这一观点抓住了国防强大的根本所在。我国古代凡是有作为的政治家、军事家和王朝，无不强调富国强兵。秦以后的汉、唐、明、清各代前期国防的强盛，都是与民休养生息、发展经济的结果；与此相反，以上各朝代的衰败，也都由于经济的衰落导致国防的孱弱所至。无数历史史实证明经济发展是国防强大的基础。

（二）政治昌明是国防巩固的根本

政治与国防紧密相关，国家的政治是否开明，制度是否进步，直接关系到国防能否巩固，只有良好的政治才是固国强兵的根本。

纵观我国数千年的国防历史，我们不难发现，凡是兴盛的时期和朝代，都十分注意修明政治，实行较为开明的治国之策。原本西陲小国的秦国，从商鞅变法开始，修政治，明法度，发展生产，繁荣经济，国防日渐强大，为并吞六国奠定了坚实的基础；大唐初建之时，满目疮痍，百废待兴，正是由于制定并实施了一系列开明的政治制度，使国家很快从隋末的战争废墟中恢复过来，很快成为国力昌盛、空前统一的大唐帝国。凡是衰落的时期和朝代，无不因为政治腐败导致国防虚弱。唐朝中期以后，两宋乃至于晚清都是如此。

（三）巩固国防必须建设质量高、数量足的军队

实践证明，没有一支数量足够、质量高的常备军，就没有国防的起码保证。我国历史上重视军队建设从而使国防巩固和强盛的事例很多，春秋战国时期，在弱肉强食的激烈兼并战

争中，诸侯们十分重视军队的建设，崇尚武备，演武练兵，奖赏军功；激励士气，提高军队战斗力，并不断革新军制，使过去单一的车兵发展成为车兵、步兵、骑兵、舟师的多兵种军队。古今中外史学家论及唐王朝兴衰时，无不与其军队建设的强弱相联系。唐代前期统治者对军队训练十分重视，特别是唐太宗李世民深通武学，注重讲武，常亲自主持将士的技艺、阵法的考核，激励士卒苦练，而且还常亲率将卒在野外进行近似实战的教战，把诸卫府兵训练成了将强兵勇、能征善战的精锐，从而把我国封建时代的国防发展到鼎盛阶段。

当然，军队数量同国防强弱并不总是成正比的，相比之下，军队的质量更为重要。古人说"兵贵精，不贵多"，而"精兵之要，首在选练"，使之训练有素，管理良好，始终保持旺盛的战斗意志和强盛的战斗力。

由此可知，建立和保持一支训练有素、管理良好的军队，确实是国防建设上的一个根本性的问题。因此，必须做到：和平时期，要科学判断国际环境的变化趋势，正确处理文治与武备的关系，注重军队建设，教育人民群众增强国防观念，建立关心国防事业，支持军队建设，尊重军事职业的长期行为；坚持"兵可百年不用，不可一日不练"，鼓励军人敬业乐业，爱军习武。

（四）武器装备的优劣是决定国防强弱的重要因素

人驾驭着战争的命运，是战争胜负的决定因素。但是实行战争，光有人是不行的，还必须要有武器，二者缺一不可，只有二者结合才能构成战争的力量。国防史表明，武器装备以及由此决定的兵种战法对于战争胜负，对于国防强弱历来有着很重要的作用。

唐朝以前，武器装备的优劣对战争、对国防的影响主要反映在车、马、骑兵地位的变化上。唐朝国势强盛，四夷咸服，这同"秦汉以来，唐马最胜"也是一致的。从宋朝到晚清之前，是冷热兵器并用而以冷兵器为主的时期，在这期间，成吉思汗及其子孙学习军事技术，运用新式装备最为成功，因此，其战果辉煌。

"落后就要挨打"，这是历史的沉痛教训，所谓"落后"，除了政治、经济、科学文化落后外，当然包括武器装备的落后。清军一败再败的一个重要因素，就是清军大刀长矛加少量老式大炮武器装备低劣，而列强坚船利炮武器装备精良。

强大的武器装备是与雄厚的经济基础和先进的科学技术紧密联系在一起的，我国是举世闻名的四大发明的故乡。早在宋代，火药就运用于军事。北宋初期，在朝廷设置的兵器作坊中，就有专门制造火药的工场，一次即可出火箭等3万多件。我们的祖先制造了世界上第一支管状火器和第一门金属火炮。明初的造船业居于世界先进水平。郑和率领庞大的船队七下"西洋"，比欧洲航海家哥伦布、达伽马的海上活动早得多。但是，后来我国封建统治者闭关自守，发展缓慢，新技术推广应用不力，作用发挥不大，以致西方资本主义国家后来居上，远远超过我们，并用我们祖先发明（当然经过西方技术加工改造）的武器装备打败了我们。这一历史教训，我们应当永远吸取。

（五）国家的统一和民族的团结是国防强大的关键

翻开几千年的国防史，我们会发现这样一个规律：凡是国家统一、民族团结的时期，国防就巩固、就强大；凡是国家分裂、民族矛盾尖锐的时期，国防就虚弱、就颓败。

晚清时期，在西方列强的进攻面前，不仅不敢发动反侵略战争，不依靠、不支持人民群众进行战争，反而认为"患不在外而在内""防民甚于防火"。对人民群众自发组织的反侵略斗争实行残酷的镇压，最终造成对外作战中屡战屡败，割地赔款，逐步沦为半殖民地半封建社会。

我国国防史给予我们的另一个重要启示就是，在面临外敌入侵、危亡的关头，只有国家统一、民族团结、共同抵抗，才能筑起一道坚固的国防长城，取得反侵略战争的胜利。

历史证明，国家的统一，民族的团结，全国军民一致共同抵抗侵略的精神和意志，才是国防的真正的钢铁长城。这是造成淹没一切侵略者的人民战争汪洋大海的基础；这是一切侵略者都望而生畏的真正的铜墙铁壁；这是民族自强的根本，国防力量的源泉。历史的教训最为深刻，经验弥足珍贵，值得我们永远记取。

（六）国防意识是国防赖以确立的精神根基

历史表明，国防的昌盛、民族的振兴离不开举国军民强烈的国防意识，包括居安思危的国防警觉和一旦强虏压境全民族同仇敌忾战胜敌人的精神准备。国防意识的强弱是民族精神素质高低、国防发展潜力大小的重要标志之一。

然而，在历史长河中，由于思想麻痹、民族无国防意识而导致战败甚至亡国的教训也不乏其例。近代中国在两次鸦片战争、中日甲午战争、八国联军侵华战争中，一败再败，除清朝政府腐败之外，很重要的一个原因，即从上到下均无防卫御敌之念，思想上"一盘散沙"，以致军队遇敌一触即溃，望风而逃。抗日战争中，就在全国军民与日寇浴血奋战、用血肉筑起长城的同时，竟有人投降敌寇，充当伪军，为虎作伥，屠杀同胞。

由此可见，强烈的国防意识、高度的爱国主义精神可使民众站在国家安危、民族兴衰的高度，关心和支持国防建设，增强"天下兴亡，匹夫有责"的爱国心和责任感；可使军人提高对战争的警惕，加深对国防事业的热爱，更加自觉地加强"武德"修养。这样，就会增强整个民族的凝聚力和向心力，筑起"精神上的长城"，和平时期就可保持巨大的威慑力，战时就可以产生强大的战斗力。

第三节　国防动员

国防动员，是指国家或政治集团由平时状态转换为战时状态的国防行为或国防活动。其中包括国家体制的转换、国家资源的重新配置以及把国防潜力转化为战争实力。从战略上讲，国防动员是指为捍卫国家利益，达成国家防务目的而进行的动员。国防动员是国家军事战略和社会经济发展战略的重要组成部分。国防动员的主体是国家，是国家采取措施由平时状态转入战时状态时，统一调动人力、物力、财力为战争服务，其目的是保障战争的需要。

一、国防动员的地位和作用

国防动员属于战略问题，直接影响到战争的进程和结局，关系到国家的安危。无论是古代战争，还是现代战争，无论是全面战争，还是局部战争，无论是常规战争，还是非常规战争，都离不开动员。现代战争是立体战争，人力、物力和财力的消耗巨大，不仅是军事力量的竞赛，而且是交战双方综合国力的较量，战争动员具有重要的战略地位。

（一）国防动员是确定战略目的的重要依据

确定战略目的，必须考虑国家的动员能力。从而使加强平时的动员准备，开发和积蓄战争潜力，增强战争实力，显得尤为重要；使国家和军队领导机关，了解和掌握动员能力，尤为必要。

（二）动员是国家迅速实现平战转换的根本措施

动员能使军队迅速转为战时体制，实施战略展开，使国家政治、经济、科技、文化等各个领域迅速转入战时轨道，把战争潜力转化为战争实力，将人力、物力和财力集中使用于战争。

（三）动员是保障战时军需民用的主要手段

动员能重新分配和合理使用人力、物力、财力，统筹安排军需民用，既使军事需求得到优先保障，也使民众生活必需品得到基本保障，其重点是保障军队所需要的兵员和扩大军工生产所需要的劳动力和原材料等。

（四）兵员动员是实现军队兵力扩充的桥梁

在现代条件下，战争是综合国力的全面较量，但大部分的国力并不能直接用于战争，必须经过一个由战争潜力向战争实力转化的过程。其中，对战区人力资源的有效利用，没有兵员动员这一条件，后备兵员就不可能转化为现实的作战力量。后备兵员在没有转化为现役军人之前，只是作为战争的潜力而存在的。这种潜力仅仅是军队扩充的可能条件。要使兵员潜力转化为军队实力，必须通过兵员动员来完成，即在战争爆发前后极短暂的时间内和战争过程中，迅速按战时编制将后备兵员补充到作战部队或组建新的作战部队。兵员潜力转化为军队作战实力不仅表现为军队员额的扩大，同时又表现为整体作战实力的增强。尤其在高技术局部战争条件下，后者更为突出。

（五）兵员动员是确保战争初期主动和夺取战争胜利的关键

由于技术兵器的不断发展和战争消耗的日益增大，使得挑起战争的一方，都把战争指导放在突然袭击、先发制人、以战迫和这个基点上，并将突然袭击、先发制人、速战速决奉为军事信条，作为战争指导的一个重要原则。同时，由于战争中，高技术兵器的大量使用，使快速反应能力、兵器杀伤破坏能力和机动能力得到极大提高，使战争的突然性增强、节奏加快、进程更为短促。于是，交战双方首次打击力量的强弱和释放对战争的成败起着至关重要的作用。因此，通过及时有效的兵员动员，迅速完成军队补充和扩编任务，可以保证部队适时的战略展开，对粉碎敌人的战略企图，迅速扭转战争局势，争取战争初期的主动权，具有极其重要的作用。

战争是力量的竞争，任何军事家都无法离开兵员动员而企求战争的胜利。谁的后备多、谁的人力多、谁的兵员动员能力强，谁就能赢得战争。因兵员枯竭而造成被动乃至战争失败和因兵员雄厚而加速战争胜利的实例，在古今中外战争史上并不少见。高技术局部战争，是作战双方精兵利器的高强度对抗，作战部队成员的伤亡加剧时，为了保持和增强作战能力，必须在战争的各个阶段根据需要及时补充兵力。因此，兵员动员是顺利进行战争，夺取最后胜利不可缺少的战略性措施。

（六）兵员动员是威慑敌人发动战争的重要手段

和平时期兵员动员建设的目的，不仅着眼于通过战时军力的扩充以赢得战争胜利，同时也致力于通过加强国防建设来制约战争的爆发。这是国家军事战略的根本职能所决定的，军事战略的根本职能是维护国家利益、保障国家安全。为此，军事战略一要发挥威慑功能，遏制战争发生；二要发挥军事战略的实战功能，以便在威慑失灵时以战争制止战争。威慑与实战是辩证的统一。威慑的目的是遏制战争爆发，或限制战争的规模与升级，立足点是制止战争，使不战而达到战略目的。实战则是通过作战实现战略目标，立足点是打赢战争或以战争制止战争。它们的共同目标都是挫败敌人的企图，达到自己的战略任务。威慑的力量来源于国家的综合实力或战争潜力。因此，无论实行进攻战略还是实行防御战略的国家军事战略目标的确定，无一例外地将平时开发、积累战争潜力，以及将潜力转化为战争实力的能力作为重要依据。

军事威慑力主要来自国家的武装力量，而强大的后备兵员动员能力是实现威慑战略的基本条件之一。

人力资源是战争潜力的重要组成部分。兵员动员既可开发、积蓄用于战争的人力资源，也可把这种潜力转化成战争的实力。对方兵员动员能力的大小，是战争发动者必须考虑的重要因素。兵员动员能力越大，对战争爆发的抑制作用就越大。和平时期，把充分挖掘人力资源，加强战时人力动员的强大基础并健全完善动员机制，作为国防威慑战略的组成部分，是世界大多数国家的共同选择。一些军事强国，尽管他们都拥有相当庞大的战争机器，但仍然注重把战争动员，包括兵员动员作为增强威慑能力的一项措施。而一些中小国家，没有能力与超级大国进行军备竞赛，所以更加注重加强国防后备力量的建设，做好动员准备，增大国防威慑力。由此可见，兵员动员平时开发、积蓄兵员潜力的能力和战时转化兵员潜力能力，是国家威慑力量的重要内容。因此，强大的兵员动员潜力不仅是敌国不敢轻易发动战争的因素之一，而且在敌国发动战争后，还有可能慑止敌人扩大战争规模。

江泽民总书记曾多次指出，要进一步完善国防动员体制，重点解决现代技术特别是高技术条件下局部战争的快速动员问题。在新时期军事斗争准备中，加强国防动员工作，不仅对锻造全民的国防精神，增强我国综合国力具有重要意义，更可为开展高技术条件下的人民战争打下牢固基础。只有在加强军队建设的同时抓紧国防动员建设，才能在未来的反侵略战争和保卫祖国、统一祖国的战争中万众一心，集各方之力，扬国力之威，决战决胜。

二、国防动员的主要内容

（一）武装力量动员

武装力量动员是指国家将军队及其他武装组织由平时体制转为战时体制所采取的措施。通常包括：解放军现役部队、预备役部队、武装警察部队、民兵和预备役人员以及相应的武器装备和物资等。它是战争动员的核心，对战争的进程和结局，特别是对战争初期军队的迅速扩编和战略展开，掩护国家转入战时体制，争取战略主动，具有重要意义。

武装力量动员的主要做法：一是扩编现役部队。临战前军队迅速转入战时状态，现役军人一律停止转业和退伍，外出人员立即归队；迅速组建、扩建新的作战部队和保障部队，实施战略展开。二是征召预备役人员。重点是预备役军官和专业技术兵，按战时编制补充现役部队，使之达到齐装满员，随时处于临战状态。三是预备役部队调服现役。预备役部队平时寓兵于民，需要时一声令下，整师、整团转为现役部队。四是将地方部队升为野战部队。地方部队是执行地区性军事任务的部队，包括武装警察部队、生产部队在内。平时主要担负内卫、守护、维护社会治安、生产建设等任务。在需要时，地方部队可迅速升级为野战部队，开赴战区，投入战斗。五是动员和组织民兵参军参战。六是征用急需的物资。主要是运输工具、工程机械、医疗器材、修理设备等，以满足军队扩编的需要。七是健全动员机构，加强组织领导。战时要加强动员机构的力量，保持持续不断的动员，直至战争结束。

（二）国民经济动员

国民经济动员是指国家将经济部门、经济活动和相应的体制由平时状态转入战时状态所采取的措施。它是战争动员的基础，目的是充分调动国家的经济能力，保障战争的需要，通常包括工业、农业、交通、运输、财政金融、邮电通信、医疗卫生等。

国民经济动员的主要做法：一是改组国民经济动员各部门，集中管理和使用战争潜力。二是调整国民经济比例，重新分配人力、物力、财力，统筹安排军需和民用。三是调整经济建设布局，搬迁、疏散重要工厂和战略物资。四是改组工业结构和产品结构，实施工业转产，扩大军工生产。五是调整科研和军工试验部门的任务，加速研制新式武器装备。六是调集交通运输、邮电通信、医疗卫生以及财贸、商业等各行各业的力量，为战争服务。七是加强能源生产和资源管理。改组农业，提高农业产量，加强粮食生产和储备，保障粮食供给；加强经济资源的开发利用，保障战争需要。

（三）科学技术动员

科学技术动员是指国家在战时统一组织调整科学研究部门，组织专家和工程技术人员从事战时所需要的科学技术开发和研究所采取的措施。科学技术动员主要任务是：开发应用新兴科学技术，利用科研设施和成果，研制先进的武器装备，为军队培养输送专业技术人才，使军队在战争中保持科学技术和武器装备方面的优势。

科学技术动员的具体做法是：战时，科学技术动员通常根据国家发布的动员令组织实施，按照科学技术动员计划，有组织、有步骤地将全国科技力量转入战时轨道，强化国家对科技领域人力、物力、财力的投入，将科学技术转化为军事实力和战斗力；充分运用先进的科技成果和各种先进手段，迅速改进和更新现在武器装备，使军队的武器和技术装备在整个战争进程中保持领先地位；加速为军队输送各类专业技术人才，保证战时扩编需要，保持参战人员与武器装备的有机结合，使之发挥更大效能；及时总结战争的经验教训，分析敌我双方的战时态势，针对战争的发展趋向，研究提出新的对策，开拓新的研究领域，充分的发挥科学技术在战争中的作用。

（四）人民防空动员

人民防空动员是指国家战时发动和组织人民群众防备敌人空袭所采取的措施。也可简称为"人防动员"，有的国家称为"民防动员"。其主要任务是：依据国家有关法律法令，动员社会力量进行防空设施建设，组建防空专业队伍，普及防空知识教育，组织隐蔽疏散，配合防空作战，消除空袭后果，以保护居民、经济设施及其他重要目标安全，减少国家和人民群众的生命财产的损失，保存战争潜力。

人民防空动员主要包括人防预警动员、群众防护动员、重要经济目标防护动员、人民防空专业队伍动员等。

1. 人防预警动员

人防预警动员是为了及时获取防空斗争所必需的情报，为组织民众防护和进行抢救抢修提供信息保障。其主要任务是：建立和完善人防警报网，确保战时按规定适时发放防空警报；组织群众开展对空侦察，协助有关部门掌握和传递空中情况。

2. 群众防护动员

群众防护动员是为了保护人民生命安全、保存后备兵员和劳动力资源，保证人心安定和社会稳定，维持战时生产和生活秩序。主要任务是：开展人民防空教育，组织城市人口疏散，构筑人民防空工程和组织掩蔽，组织城市防空管制。

3. 重要经济目标防护动员

重要经济目标防护动员是为了减轻战争破坏程度，保护关键的生产能力。近期几场局部战争表明，空袭经济目标、摧毁国防潜力对战争的进程和结局具有决定性的影响，搞好重要经济目标防护动员十分重要。主要采取搬迁疏散、转入地下、伪装欺骗、示假隐真、空中设障、多方拦截等，提高整体防护能力。

4. 人民防空专业队伍动员

人民防空专业队伍动员是根据战时消除空袭后果的需要，按照专业系统组成的担负抢救、抢修等防空勤务的群众性组织。其主要任务是：平时组建各种人防专业队伍，进行必要的训练和演练，有针对性地落实抢修器材、装备和物资；战时适当扩充专业队伍，组织开展抢救、抢修行动，消除空袭后果，维护社会秩序。

（五）国防交通动员

国防交通动员，包括交通运输动员和通信动员，是国家统一管制各种交通线路、设施、工具和通信系统，组织和调动交通、通信专业力量为战争服务的活动。交通和通信是人员、物资和信息流动的物质载体，交通动员对于保障军队的机动和其他人员、物资的前送后运，保障作战指挥和通信联络的畅通，具有重要作用。

交通运输动员，是指在全国或部分地区调集交通力量，全力保障战争需要的紧急行动。它主要包括铁路、公路、水路和航空运输方式的动员。

交通动员的主要任务：一是平时制定完备的国防交通动员法规和计划，健全国防交通机构和机制，建立国防交通保障队伍，储备必要的国防交通物资和器材。二是根据战争规模和作战需要，有计划地将平时国防交通领导机构迅速按方案扩编为战时交通运输指挥机构，政府交通运输部门随即转入战时体制。三是根据作战保障需要，动员、征用社会运输力量，必要时对交通运输系统实行不同范围不同形式的军事化管理。四是动员、组织各交通保障队伍和交通保障物资器材迅速到位，遂行运输、抢修和防护任务。五是根据统帅部的规定，做好对弃守地区的交通遮断准备，保障及时遮断。

通信动员，是指国家为了适应战争需要，统一组织调动通信资源和力量，综合运用多种通信手段，保证通信联络安全、稳定、畅通所进行的活动。在信息化条件下，战时指挥协同的通信量大大增强，通信动员的任务十分繁重。通信动员涉及面广、内容复杂。动员对象既有通信技术人员，也有通信装备和器材；涉及的行业，既有政府部门的业务管理人员，也有军队系统的相关管理人员，还有通信网络确保经营商和通信装备生产商。要做到各类人员有机协调、统一行动，实现各类通信网络兼容互通、系统集成，确保通信畅通，必须加强对通信动员的集中统一领导和指挥。通信动员由军队通信部门、地方通信部门和通信动员部门共同组织实施。其主要包括：对国家通信网络实行管制，征集和调用民用通信资源和力量，组织通信防卫，抢修抢建通信线路和设施，确保军队指挥顺畅，军地联络通畅。

（六）政治动员

政治动员，是指国家从政治上、组织上、思想上发动人民和军队参加战争所采取的措施。通过动员激发全体军民的爱国热情，动员军队英勇作战，动员人民踊跃参军，努力增加生产，厉行节约，全力支援战争。

政治动员主要包括国内政治动员和国际政治动员。

国内政治动员。平时，由政府、军队与社会团体等对全国各族人民进行国防教育，增强国防观念。战时，运用各种宣传教育手段，鼓舞人民斗志，增强胜利信心；鼓励参军参战，拥军优属，参加战时勤务工作；动员人民增加生产、厉行节约，积蓄财力、物力支援前线，为夺取战争胜利贡献一切。

国际政治动员是通过各种外交活动和对外宣传，揭露敌人，团结盟友，瓦解敌军，争取国际援助。

三、国防动员的要求

现代国防斗争复杂多样，尖锐激烈，对动员工作提出了更高的要求。因而，在现代条件下，要做好国防动员工作，尤其是做好应付局部战争和突发事件的动员准备，必须做到几个方面的要求。

（一）动员速度要快

现代战争越来越体现出其突发性、短促性、速决性的特点，从发现战争到实施动员的时间十分短暂，可供动员利用的时间越来越短。如第一次世界大战，各参战国军队完成动员的时间为 5 到 21 天；第二次世界大战中，各主要参战军队完成首批动员的时间为 2 到 9 天；1973 年的第四次中东战争中，以色列在战争爆发后 15 分钟就通过电台向全国发布动员令，1 小时后征用了大批民用汽车投入军事运输，48 小时内动员了 30 万人开赴前线。

由此可见，战争动员所能利用的时间不断缩短，动员的速度比以往要求更高，即使在战争爆发之前进行动员，其时间也是极其有限的。因此，只有快速完成动员任务，才能获得战争的先机，取得战争的主动权。从另一方面来说，高速度的战争动员可在一定时期内弥补兵员数量上的不足，改变作战力量的对比关系，夺取战场主动权。反之，基础再雄厚、力量再强大，也将受到压制，失去战争主动权。

（二）动员数量要多

所谓数量多，就是动员的兵员和物资要有足够的数量，首先要保障战争初期的需要，同时还要保持持续的动员能力，以保障战争中后期的需要。从近期发生的几次局部战争来看，尽管规模有限，但战争中物力、财力消耗巨大。如历时 42 天的海湾战争，多国部队的战争物资消耗总量达 800 余万吨，耗资高达 600 多亿美元，平均每天耗资 14 亿美元；美军弹药日消耗为朝鲜战争的 20 倍，为越南战争时的 4.6 倍；单兵日均消耗物资量达 200 余公斤，是第二次世界大战的 10 倍，越南战争时的 4 倍。

在现代高技术战争中，作战物资处于高强度、高速度的消耗状态，这就要求提高持续动员能力，并且在平时就必须打好动员的基础。

（三）动员质量要高

现代战争，由于高技术武器装备的大量使用，使一线直接参战的士兵和指挥人员减少，而后方技术保障、设备维护人员成倍增加，这必然导致军队中专业技术兵员比例不断上升。据有关资料记载，第一次世界大战时军队的技术种类仅有 20 多种，第二次世界大战时发展到 160 多种，现在世界一些发达国家军队中的专业技术种类已达到几千种。

由此可见，现代战争对专业技术兵的要求量越来越大。例如，在海湾战争中，美军征召的后备役人员，大都是专业技术兵，英军在海湾战争中动员的 1 500 名后备役人员，全部是专业技术兵。战争的现代化程度越高，参战的军兵种越多，专业技术兵比例就越大，对动员的整体质量要求就越高。质量重于数量，已成为信息化战争动员的基本要求。

（四）动员范围要广

局部战争的实践证明，在高技术条件下，无论是进行小规模的局部战争，还是进行中等规模的局部战争，动员的范围非常广泛。如海湾战争中，美军在陆、海、空三军都征召了后备役人员，动员的范围几乎涉及全国各个方面。除兵员动员外，还动员征用了大批民船、车辆和大型民用运输机以及作战和生活物资达数万种。伊拉克为对付以美国为首的多国部队，同样地也进行了全国总动员，动员的范围涉及政治、经济、外交、民防等各个方面。

可见，现代战争规模虽有所不同，但动员中却要涉及整个国家的各个方面、各个领域、各种力量，其内容和范围十分广泛，组织工作也极其复杂。任何一个方面发生变化，都会对其他方面带来直接或间接的影响。因此，动员工作必须全面筹划，整体协调，从多方面做好准备，才能适应现代战争中对动员的需要。

（五）动员要力求安全隐蔽

现代战争侦察手段先进，远程兵器打击精度高，破坏力大。战争初期，敌人必将依仗其先进的技术装备，采取各种手段，破坏和阻止对方的动员及战争准备。因此，在组织实施动员时，特别是兵力的集结与机动，军用物资的储备与运输，都应力求隐蔽安全。在平时，要根据战时可能出现的情况进行必要的演练，以适应战时复杂情况下实施的快速动员。

四、国防动员的准备和组织实施

（一）动员的准备

1. 加强全民国防教育，打牢思想动员的基础

做好动员准备，有赖于精神和物质两个方面的努力。加强全民的国防教育，是动员准备不可或缺的一部分，要通过教育使全体人民认识到我国正在进行社会主义现代化建设，需要一个和平环境，但和平环境需要强大的国防来维护。

2. 发展国家经济建设，打牢物质动员的基础

国防动员能力取决于动员包括国家的人力资源、国家经济部门的生产能力、战略原材料的储备、财政金融等方面的实力。在经济建设过程中要把军事目的、军事用途与国民经济各部门、各方面的工作结合起来，在不影响国民经济发展的情况下，赋予各部门、各方面一定的动员职能。

3. 搞好后备兵员储备，打牢兵员动员的基础

民兵预备役是常备军的后备兵员，是现役部队组编补充兵员的主要来源，也是战时动员的组织基础，在整个动员中具有举足轻重的地位。因此，必须从提高质量入手，做好现代战争条件下的兵员动员准备工作。要着眼未来诸军兵种协同作战的特点，积极开辟有效途径，扩展专业技术兵储备量。

4. 健全完善动员体制，打牢动员的组织领导基础

动员体制是动员领导机构、动员计划与动员法规体系的总称，是国家准备、实施动员的组织保证和法律保证。健全的动员体制，对提高动员效能具有决定性的意义。

（二）动员的实施

1. 准确把握动员时机

正确把握住动员时机，就能掌握战争主动权，反之就会处于被动挨打的境地。过早动员会打乱自己的计划，影响国民经济正常发展，还可能成为敌人的借口；过迟动员，军事上被动，并将造成损失。要依据国际战略环境、敌国战争准备的变化和兵员工作的特点来确定兵员动员的时机。为准确把握动员时机，应注意以下几点：一是加强战略预测；二是加强战略侦察，做到知己知彼；三是综合情况分析，果断决策。必须审时度势，从猎取情报、分析情况到动员令的下达，都要快速决断、及时反应。

2. 动员程序

实施动员的程序，是指按时间先后的流程顺序，对兵员动员的实施过程所安排的工作步骤。一般程序有：发布动员令；调整和加强动员机构；修订战时动员计划；落实动员计划等。总之，各行各业都要动员起来，落实战争动员计划，有组织、有计划地转入战时体制，为战争服务。

第四节 国防政策

中国政府坚定不移地奉行防御性的国防政策。《中华人民共和国宪法》以及根据宪法所制定的《中华人民共和国国防法》明确规定，中华人民共和国武装力量的任务是巩固国防，抵抗侵略，保卫祖国，保卫人民的和平劳动，参加国家建设事业，努力为人民服务。中国的国家利益、社会制度、对外政策和历史文化传统，决定中国必然实行防御性的国防政策。

中国始终把维护国家的主权、统一、领土完整和安全放在第一位。1840 年鸦片战争以后，中国逐渐变成半殖民地半封建国家，中华民族屡遭帝国主义列强的侵略、压迫和欺凌。中国人民经过长期前赴后继的英勇奋斗才取得国家独立和民族解放，因而极为珍惜来之不易的独立自主权利。保卫祖国，抵抗侵略，维护统一，反对分裂，是中国国防政策的出发点和立足点。

中国的发展需要一个长期的国际和平环境特别是良好的周边环境。中国始终不渝地奉行独立自主的和平外交政策，主张从中国人民和世界人民的根本利益出发来处理国际事务，不同任何大国或国家集团结盟；主张通过协商和平解决国家间的纠纷和争端，反对诉诸武力或以武力相威胁，反对霸权主义和强权政治；主张在和平共处五项原则的基础上，建立公正合理的国际政治经济新秩序，同所有国家发展友好合作关系。中国永远是维护世界和平和地区稳定的重要力量。中国即使将来强大了，也决不走对外侵略扩张的道路。

中国实行防御性的国防政策，还渊源于中国的历史文化传统。中国是一个有五千年文明历史的国家，有爱好和平的传统。中国古代思想家曾提出过"亲仁善邻"的思想，反映了自古以来中国人民就希望天下太平、同各国人民友好相处。这种思想表现在军事上，就是主张用非军事手段来解决争端、慎重对待战争和战略上后发制人。在几千年的历史进程中，爱和平，重防御，求统一，促进民族团结，共御外侮，始终是中国国防观念的主题。新中国的国防政策，继承和发扬了中国优良的历史文化传统。

国防政策，是国家在一定时期所制定的关于国防建设和国防斗争的行动准则。我国的国防政策是在坚持中国共产党和国家对国防活动的统一领导的基础上，从维护国家安全和发展利益的需要出发，依据宪法和法律，着眼国际安全形势的特点和发展变化，立足于我国的政治、经济、军事、科技、文化、地理等方面的客观实际，在科学总结中国革命战争和国防建设历史经验的基础上制定的，对国防建设和军事斗争具有全面的指导作用。它包括以下主要内容。

一、维护国家安全统一，保障国家发展利益

我国坚持走和平发展的道路，奉行防御性的国防政策。我国国防的基本目标是：维护国家安全统一，保障国家发展利益，建立符合中国国情和适应世界军事发展趋势的现代化国防。坚持科学统筹发展，运用多元化手段应对传统和非传统安全威胁，防范和打击一切恐怖主义、分裂主义和极端主义，谋求国家政治、经济、军事和社会的综合安全。

（一）巩固国防，防备和抵抗侵略

建立强大巩固的国防是我国现代化建设的战略任务，是维护国家安全统一和保证实现全面建设小康社会目标的重要前提。在霸权主义、强权政治和多种威胁依然存在并有新的发展的情况下，我国保持与国家安全需求相适应的国防力量，增强运用军事手段捍卫国家主权的能力，确保领海、领空和边境不受侵犯，为维护国家发展的重要战略机遇期提供坚强的安全保障，为维护国家利益提供有力的战略支撑。

（二）制止分裂，维护国家统一

我国政府始终如一地坚持一个中国原则，积极推进祖国和平统一，坚决反对和遏制"台独"分裂势力及其活动，反对任何形式的外来干涉，绝不允许任何人以任何方式把台湾从中国分裂出去。如果台湾当局铤而走险，胆敢制造重大"台独"事件，我国人民和武装力量将不惜一切代价，坚决彻底地粉碎"台独"分裂阴谋。

（三）制止武装颠覆，维护社会稳定

我国宪法和法律禁止任何组织或个人策划、实施武装叛乱或武装暴乱，颠覆国家政权，推翻社会主义制度。我国武装力量把依法维护社会秩序作为重要职责，严厉打击敌对势力的渗透和破坏活动，打击危害社会稳定的各种犯罪活动，保障人民群众的政治、经济、文化权益，促进社会的安定团结，为中国共产党巩固执政地位提供重要的力量保证。

二、坚持全民自卫，独立自主地建设和巩固国防

我国在国防活动中实行全民自卫原则，依靠全体人民进行国防现代化建设。一旦发生战争，动员全体人民进行防卫作战。新世纪新阶段，信息技术的发展和广泛运用，为人民群众参与和支持国防活动提供了更多手段，开辟了更多的途径。我国继续支持人民战争思想为指导，动员和依靠人民群众加强以综合国力为基础的国防建设。搞好全民国防教育，增强人民群众的国防观念；重视民兵和预备役建设，实行精干的常备军与强大的后备力量相结合的武装力量体制；发挥民兵和广大群众的作用，在边海防前线建立军警民结合的联防体系；完善国防动员体制机制，形成集中统一、结构合理、反应迅速、权威高效的现代国防动员体系，提高国防动员能力，保证一旦发生战争能够充分动员广大人民群众进行自卫，以信息化条件下的新型人民战争战胜强敌。

我国立足于依靠自己力量保障国家安全，不与任何国家或国家集团结盟，不参加任何国际军事集团。坚持从本国的国家利益出发，根据本国的安全需求，独立自主地进行国防决策和制定国防发展战略，独立自主地处理对外军事关系，开展国际军事交流与合作，保持国防事务的自主权。坚持以自力更生为主，建设相对完整的国防工业体系，加强国防科学技术研

究，努力提高自主技术创新的能力，改善武器装备，推进国防现代化建设。在国防活动中坚持独立自主并不意味着闭关自守，自力更生也不意味着排斥外援。我国在坚持"以我为主"的前提下，有选择、有重点地引进武器装备，开展国防科技和军工领域的国际交流与合作，吸收利用国外先进技术，提高武器装备研制的起点和自力更生的能力，加速国防现代化建设的进程。

三、坚持积极防御的军事战略方针和自卫防御的核战略

我国在战略上实行防御自卫和后发制人的原则，贯彻积极防御的军事战略方针。和平时期，采取积极的措施遏制危机、遏制战争，灵活运用政治、经济、军事、外交等手段，改善国家的战略环境，减少不安全、不稳定因素，尽量使国家建设免遭战争的冲击；战争爆发之后，实行战略上的防御、战役战斗上的进攻，以积极的攻势作战行动来达成战略防御的目的。新的历史时期，海洋安全、太空安全、信息安全、电磁安全等领域的安全问题对国家生存和发展的影响日益突出，国家的利益空间逐步扩展。我国根据新时期军事战略方针，针对国家在各个领域所面临的新威胁，努力建设与我国的国际地位和国家利益相称的军事力量。立足于打赢信息化条件下的局部战争，加紧做好军事斗争准备。创新发展人民战争的战略思想，坚持军事斗争与政治、经济、外交、文化、法律等各领域的斗争密切配合，综合运用各种手段和策略，主动预防和化解危机，遏制冲突和战争的爆发。以诸军兵种联合作战为基本作战形式，建立能够充分发挥武装力量整体效能和国家战争潜力的现代作战体系。陆军逐步由区域防卫型向全域机动型转变，提高空地一体、远程机动、快速突出和特种作战能力；空军加快由国土防空型向攻防兼备型转变，提高空中打击、防空反导、预警侦察和战略投送能力；第二炮兵逐步完善核常兼备的力量体系，提高信息化条件下的战略威慑和常规打击能力。

我国的核战略贯彻国家的核政策和军事战略，根本目标是遏制他国对我国使用或威胁使用核武器。我国始终奉行在任何时候、任何情况下都不首先使用核武器的政策，无条件地承诺不对无核国家和无核地区使用或威胁使用核武器，主张全面禁止和彻底销毁核武器。我国的核力量由中央军事委员会直接指挥，坚持自卫反击和有限发展的原则，建设一支精干有效的核力量，增强核武器的安全性、可靠性，保持核力量的战略威慑作用。我国对发展核武器采取极为克制的态度，过去没有、将来也不会与任何国家进行核军事装备竞赛。

四、推进国防和军队建设全面协调可持续发展

贯彻落实科学发展观，实现国防建设与经济建设协调发展。在相对稳定的和平时期，经济建设是国家的中心任务，国防建设服从和服务于国家经济建设大局；国家在集中精力进行经济建设的同时，高度重视国防建设，使国防和军队现代化进程与国家现代化进程相一致。坚持"平战结合，军民结合，寓军于民"的方针，在经济基础设施建设中兼顾平时和战时的需要，积极开发军民两用技术和产品，实行军地设施共用、人才通用，以一项投入同时获得经济效益、社会效益和国防效益，形成国防建设和经济建设协调发展的机制，使国防建设融入经济社会发展体系之中，在发展经济的同时增强国防实力。

坚持以毛泽东军事思想、邓小平新时期军队建设思想、江泽民国防和军队建设思想、胡锦涛同志关于国防和军队建设的重要论述为指导，全面加强军队的革命化、现代化和正规化

建设。科学统筹中国特色军事变革与军事斗争准备，机械化建设与信息化建设，诸军兵种作战建设，当前建设与长远发展，主要战略方向建设与其他战略方向建设。深化体制编制和政策制度调整改革，注重解决体制机制上的制约军队发展的深层次矛盾和问题，着力推进军事组织体制创新和军事管理创新，提高军队现代化建设的效益，加强部队的严格管理。弘扬革命英雄主义，大力培育战斗精神，继承和发扬优良传统，保持我军的政治本色。

适应世界新军事变革的发展趋势，大力加强以信息化为主要标志的军队质量建设。坚持以机械化为基础，以信息化为主导，推进信息化机械化复合发展，实现军队火力、突击力、机动能力、防护能力和信息能力整体提高。实施科技强军战略，依靠科技进步加快战斗力生成模式的转变。充分利用最新的科技成果，跨越发达国家军队发展进程中的某些步骤，加快赶超步伐，尽快缩小与世界军事强国差距。实施人才战略工程，培养大批适应军队信息化建设、胜任信息化条件下作战任务的高素质新型军事人才。提高国防科研能力，力争在一些基础性、前沿性、战略性技术领域取得重大突破，加速高新技术武器装备发展，改造现役武器装备，形成系统配套的武器装备体系。提高训练的科技含量，创新训练内容、方式和手段，推动军事训练向更高层次发展。加紧构建适应信息化战争需要的联合作战指挥体制、训练体制和保障体现，加强诸军兵种的综合集成建设，优化军队结构，发展信息化条件下的作战理论，不断提高应付多种安全威胁、完成多样化军事任务的能力，确保在各种复杂形势下能够有效地应对危机，维护和平，遏制战争，打赢战争。

五、维护世界和平，反对侵略扩张

我国奉行独立自主的和平外交政策，反对霸权主义和强权政治，反对一切侵略和扩张行为，反对任何国家以任何方式把自己的政治制度和意识形态强加于别国，反对以任何借口干涉别国内政，支持国际社会为维护世界和地区和平、安全、稳定所做的努力。积极倡导"互信、互利、平等、合作"为核心内容的新安全观，强调以对话增进相互信任，以合作谋求共同安全，建立适应时代要求的国际政治、经济新秩序，努力构建和谐世界，营造有利于国家和平发展的安全环境。

我国高度重视并积极参与国际安全合作。坚持在和平共处五项原则基础上发展与世界各国的友好合作关系，开展各种形式的国际安全对话，加强与主要大国和周边国家的战略协作和磋商，推动建立公平、有效的集体安全机制和军事互信机制，共同防止冲突和战争。我国坚持与邻为善、以邻为伴，奉行睦邻、安邻、富邻的周边外交政策，积极推动亚太地区安全对话合作机制的建设，维护周边地区的安全与稳定。我国重视与各国在非传统安全领域的合作，逐步加大参与国际反恐合作的力度，支持联合国特别是安理会发挥主导作用，主张采取综合措施，标本兼治，共同应对非传统安全威胁。

我军贯彻国家对外政策，开展多种形式的军事交往，发展不结盟、不对抗、不针对第三方的军事合作关系。参与联合国维和行动、国际反恐合作和救灾行动，建立军事安全对话机制，营造互信互利的军事安全环境。参加非传统安全领域的双边或多边联合军事演习，提高共同应对非传统安全威胁的能力。学习和借鉴外军的有益经验，有选择地引进先进技术装备和管理方法，促进军队现代化建设，努力为维护世界和平与促进共同发展发挥重要作用。

六、积极参与军控、裁军和防扩散

中国反对军备竞赛，主张根据公正、合理、全面、均衡的原则，实行有效的军备控制和裁军。中国支持国际社会采取的有利于维护世界和地区和平、安全、稳定的活动，支持国际社会为公正合理地解决国际争端、军备控制和裁军及防扩散所做的努力。

中国重视防扩散问题，奉行不支持、不鼓励、不帮助别国发展大规模杀伤性武器的政策，坚决反对大规模杀伤性武器的扩散，积极参与国际社会解决有关防扩散问题的外交努力。2003 年 12 月，中国政府发表了《中国的防扩散政策和措施》白皮书。中国已建立起一整套涵盖核、生、化和导弹等各类敏感物质和技术的出口控制法规体系，采用了出口经营登记管理制度、最终用户和最终用途保证制度、许可证管理制度、清单控制方法、全面控制原则等国际通行的出口管制措施，明确了有关违法、违规行为的处罚措施。中国的防扩散控制与国际通行做法基本一致。中国积极发展与有关多边出口控制机制的关系，正式加入"核供应国集团"，注重加强与有关国家的防扩散出口多边控制情报交流和执法合作。

中国致力于推动国际军控与裁军进程。中国支持国际社会就核裁军问题展开实质性讨论，主张国际社会尽快采取行动，谈判缔结一项防止外空武器化和军备竞赛的国际法律文书，确保外空的和平利用。中国主张在多边军控机制内讨论和处理"恐怖主义与大规模杀伤性武器""放射性武器"以及"遵守国际裁军、军控与防扩散条约"等问题。

中国坚决履行《不扩散核武器条约》，一贯主张维护条约的权威性，努力促进条约的普及。中国支持和参与国际原子能机构的保障监督活动。中国是现有的核武器国家中第一个完成保障监督协定附加议定书生效所需国内法律程序的国家。中国政府坚决支持《全面禁止核试验条约》，支持条约尽快生效。中国认真履行《禁止化学武器公约》各项义务。

中国积极参与军控领域的人道主义努力，在支持联合国打击武器非法贸易方面发挥主导作用，重视并认真落实联合国武器大会通过的《行动纲领》，支持谈判缔结一项"识别和追查非法武器"的国际文书，并以建设性态度参与谈判工作。

第五节　武装力量建设

武装力量是国家或政治集团各种武装组织的总称，是国家机器的重要组成部分。一般以军队为主体，由军队和其他正规的和非正规的武装组织构成。武装力量建设，是指为建立和加强国家武装力量所采取的一系列举措，它以军队建设为主体，是国防建设的重要组成部分，目的在于提高武装力量的作用能力，为国家的根本利益服务。

一、我国武装力量的组成与体制

（一）我国武装力量的组成

《中华人民共和国国防法》和《中华人民共和国兵役法》规定：中华人民共和国的武装力量，由中国人民解放军现役部队和预备役部队、中国人民武装警察部队和民兵组成。

1. 中国人民解放军现役部队和预备役部队

中国人民解放军是中国武装力量的主体和骨干，它创建于 1927 年 8 月 1 日，是抵抗侵略、保卫祖国、维护国家主权和安全的主要力量。由现役部队和预备役部队组成。

中国人民解放军现役部队是国家的常备军，由陆军、海军、空军和第二炮兵组成。主要担负防卫作战任务，必要时可以依照法律规定协助维护社会秩序。

中国人民解放军预备役部队是国防后备力量的重要组成部分，组建于1983年，是以现役军人为骨干，以预备役军官、士兵为基础，按规定的体制编制组成的部队。预备役部队实行统一编制，师、旅、团授予番号、军旗，执行人民解放军的条令、条例，列入人民解放军序列，平时隶属于省军区（卫戍区、警备区）建制领导，战时动员后归指定的现役部队指挥。

预备役部队的基本任务是：努力提高部队的军政素质，不断增强现代条件下快速动员和作战能力；切实做好战时动员的各项准备工作，随时准备转为现役部队，执行作战任务；积极参加社会主义建设，在物质文明和精神文明建设中发挥骨干带头作用。

2. 中国人民武装警察部队

中国人民武装警察部队是国家武装力量的重要组成部分，是保卫社会主义现代化建设的一支重要力量，是人民民主专政的重要工具之一。在国务院、中央军事委员会的领导指挥下，担负国家赋予的安全保卫，维护社会秩序的任务。根据中国人民解放军的建军思想、宗旨、原则，按照中国人民解放军的条令、条例和有关规章制度，结合武警部队的特点进行建设。

中国人民武装警察部队由内卫、黄金、森林、水电、交通等部队组成，其前身是1950年组建的中国人民公安部队。1982年，中国人民解放军将担负看押劳改犯、守护地方重要目标和省级党政机关，以及外国使馆警卫任务的部队移交公安部门，与公安部实行义务兵制的武装、边防、消防警察合并，统一组建了中国人民解放军武装警察部队。1983年4月，武警总部成立。1984年5月，正式纳入武装力量新体制。

武警部队的基本任务是：维护国家安全和社会稳定，保卫国家重要目标，保卫人民生命财产安全，战时协助人民解放军进行防卫作战。平时担负固定目标执勤、处置突发事件、反恐怖任务，并支援国家经济建设。

中国人民武装警察部队的任务决定了它具有军事性、公安性、地方性的特点，也决定了武警部队必然有不同于人民解放军的组织领导体制。人民武装警察部队属于国务院编制序列，由国务院、中央军委双重领导，实行统一领导管理与分级指挥相结合的体制。人民武装警察部队设总部、总队（师）、支队（团）三级领导机关。各级机关设司令部、政治部、后勤部。

武警总部是武警部队的领导指挥机关，领导和管理武警内卫部队的军事、政治和后勤工作，对列入武警部队序列的其他部队的军事、政治、后勤工作进行指导。各省、自治区、直辖市设武警总队，地区（地级市、州、盟）设支队，县（旗、县级市）设中队或大队、站、所。部分武警总队编有直属支队，按支队、大队、中队、排、班的序列编制。

武警部队的武器装备轻便、精良，以步兵轻武器为主，装备有少量的重型武器和特种武器。

3. 中国民兵

民兵是由不脱产的人民群众组成的武装组织，是中华人民共和国武装力量的组成部分，是中国人民解放军的有力助手和强大的后备力量，是进行现代条件下人民战争的基础。

民兵按年龄可分为普通民兵和基干民兵；按专业可分为普通兵和技术兵；按预备役可分为

一类预备役和二类预备役。28 岁以下退出现役的士兵和经过军事训练的人员以及选定参加军事训练的人员编入基干民兵组织。其余 18 岁至 35 岁符合服兵役条件的男性公民，编入普通民兵组织。女民兵编为基干民兵，人数控制在适当的比例内。陆海边疆、少数民族地区和城市有特殊情况的单位，基干民兵的年龄可适当放宽。民兵必须是身体素质好，政治可靠的人员。

《中华人民共和国兵役法》规定："实行民兵与预备役相结合的制度，把参加民兵组织和服预备役的年龄、政治、身体条件一致起来。有民兵组织的地方，在基层工作上把两者结合起来，使基层民兵组织成为预备役的基本组织形式。对于未编入民兵组织，但符合民兵条件的，进行预备役登记。"

全国民兵工作在国务院、中央军委领导下，由总参谋部主管；各大军区按照上级赋予的任务，负责本区域的民兵工作；各省军区、军分区和县（市）人民武装部是本地区的民兵领导指挥机关；乡、镇、部分街道和企事业单位人民武装部，负责民兵和兵役工作。地方各级人民政府对民兵工作实施原则领导，对民兵工作实施组织和监督。

民兵在军事机关的指挥下，战时担负配合常备军作战、独立作战、为常备军作战提供战斗勤务保障以及补充兵员等任务，平时担负战备执勤、抢险救灾和维护社会秩序等任务。主要表现在三个方面：积极参加社会主义现代化建设，带头完成生产和各项任务；担负战备勤务，保卫边疆，维护社会治安；随时准备参军参战，抵抗侵略，保卫祖国。

（二）我国武装力量的领导体制

我国武装力量的领导体制是中央军委领导下的总部对各军区、各军兵种、武装警察部队和民兵实施领导指挥的领导体制。

1. 中央军委

中央军事委员会，简称中央军委，是中华人民共和国武装力量的最高领导机关和最高统帅部。其职权是：统一指挥全国武装力量；决定军事战略和武装力量的作战方针；领导和管理中国人民解放军的建设，制定规划、计划并组织实施；向全国人民代表大会或全国人民代表大会常务委员会提出议案；根据宪法和法律，制定军事法规，发布决定和命令；决定中国人民解放军的体制和编制，规定总部以及军区、军兵种和其他军区级单位的任务和职责；依照法律、军事法规的规定，任免、培训、考核和奖惩武装力量成员；批准武装力量的武器装备体制和武器装备发展规划、计划，协同国务院领导管理国防科研生产；会同国务院管理国防经费和国防资产。

中国共产党中央军事委员会与中华人民共和国军事委员会是一个机构，组成人员和对武装力量的领导职能完全一致，实行这种领导体制既能保证党对武装力量的领导，又能通过国家机构加强武装力量的建设，有利于加强国防现代化建设。中央军委由主席、副主席若干人、委员若干人组成，实行主席负责制。

2. 总部机关

中国人民解放军总参谋部、总政治部、总后勤部、总装备部是中央军委的日常办事机构，同时又是中国人民解放军的领导机关。其基本职能是：保障中央军委的战略决策和各项方针、政策的实现。

总参谋部是全国武装力量军事工作的领导机关。其职能是负责组织领导全国武装力量的军事建设，组织指挥全国武装力量的军事行动。总参谋部设有作战、情报、训练、军务、通信和动员等业务部门。

总政治部是全军政治工作的领导机关。其基本职能是：负责管理全军党的工作，组织进行政治工作。总政治部设有组织、干部、宣传、保卫等部门。

总后勤部是全军后勤工作的领导机关。其基本职能是：负责组织领导全军后勤建设和后勤保障工作。总后勤部设有财务、军需、卫生、军交运输、物资油料和基建营房等部门。

总装备部是全军武器装备的领导机关，组建于1998年4月。其基本职能是：负责组织，领导全军武器装备的建设和管理工作。总装备部设有综合计划、军兵种装备、陆军装备科研订购、通用装备保障和电子信息基础等部门。

3. 各大军区及军委直属的其他单位

（1）大军区

大军区是根据国家的行政区划、地理位置和战略战役方向、作战任务等设置的军队一级组织。军区机关是战略区域内合成军队的军事领导指挥机关。其主要职能是：在中央军委、总部的领导指挥下，根据总的战略意图，负责组织辖区内陆、海、空三军部队的联合作战行动和演习，直接领导所属陆军部队的组织建设、军事训练、行政管理、政治工作和后勤保障等；领导辖区内的民兵、兵役、动员、人民防空和战场建设等工作。军区设有司令部、政治部、联勤部、装备部等领导指挥机关，下辖若干陆军集团军和省军区（卫戍区、警备区）。中国人民解放军军区的设置进行过多次调整，目前，全国共设有七个大军区，即北京、沈阳、兰州、济南、南京、广州、成都军区。

省军区（卫戍区、警备区）是我国行政区划的省（自治区、直辖市）的军队一级组织。它是中国共产党省（自治区、直辖市）委员会的军事工作部门和政府的兵役工作机构，受军区和省（自治区、直辖市）党委、政府的双重领导。设有司令部、政治部、后勤部、装备部等领导机关。其主要任务是：负责所在省（自治区、直辖市）的军事工作；领导预备役、民兵、兵役、动员工作和主要城市的警备工作。有的还担负边防、海防守备任务。省军区下辖若干个军分区和一定数量的部队。军分区是在行政区划的地区（省辖市、自治州）所设立的军队一级组织。其主要任务是：负责所在地区（省辖市、自治州）的军事工作以及民兵、兵役和动员工作。军分区下辖若干人民武装部。人民武装部既是中国共产党同级地方委员会的军事工作部门，又是军队的民兵、兵役和动员工作部门。

（2）军委直属的其他部门

① 军事科学院。军事科学院是中央军委领导下的全军高级军事研究机关，是全军军事科学研究的中心，是中央军委和总部机关从军事理论高度指导军队建设的助手。其任务是：进行军事基础理论和国防建设、军队建设重大问题的研究；为军委和总部决策提供战略性建议和咨询；组织协调全军的军事学术研究工作等。

② 国防大学。国防大学是中央军委直属院校。主要负责培养高级指挥人员、高级参谋人员和高级理论研究人员。

③ 国防科学技术大学。国防科学技术大学是直属中央军委领导的综合性院校。主要负责培养高级科学和工程技术人才与专业指挥人才，培训军队高级领导干部，从事先进武器装备和国防关键技术研究。

二、中国人民解放军军兵种体制及编成

军兵种体制是指军队按军种、兵种构成的组织体系。中国人民解放军区分为陆军、海

军、空军三个军种和第二炮兵。每个军种都是一个多系统和多层次有机结合的整体,不仅有战斗兵种、战斗保障兵种及专业部队,而且设有各级领导机构、后勤保障系统和院校培训体系。

(一) 中国人民解放军陆军

陆军是指在陆地上作战的军种,是军队的主要组成部分。它具有强大的火力、突击力和高度的机动能力;既能独立作战,又能与海军、空军合同作战,是决定陆战场胜负的主要力量。

中国人民解放军陆军由步兵、炮兵、装甲兵、防空兵、陆军航空兵、电子对抗兵、工程兵、通信兵、防化兵、侦察兵和测绘兵、汽车兵等兵种组成。主要装备步兵武器、坦克、步兵战车、装甲输送车、火炮、导弹、直升机、汽车等武器装备。

陆军的基本组织层次为:集团军、师(旅)、团、营、连、排、班。团以上大多采用合成编组。集团军通常辖若干个步兵师(旅)、装甲(坦克)师(旅)、炮兵旅、防空旅、直升机大队、工兵团、通信团及各种保障部(分)队等。陆军按任务可以划分为野战机动部队、海防部队、边防部队、警卫警备部队等。

陆军没有设置独立的领导机关,领导机关职能由四总部代行。集团军至团的各级领导机关通常设置司令部、政治部(处)、后勤部(处)、装备部(处)。

1. 步兵

步兵是以轻武器、小口径火炮、反坦克导弹、防空火器、汽车、装甲输送车和步兵战车、保障车辆为基本装备,主要遂行地面突击任务的兵种,担负着直接歼灭敌人、坚守和夺取重要目标和地区的作战任务。步兵由摩托化步兵、机械化步兵、山地步兵组成,按师、团、营、连、排、班编成。

步兵的特点是:武器装备简单、轻便,具有夜战、近战和独立战斗的能力。受地形的限制、气象的影响较小,能在各种艰险困难的条件下独立持久地作战,具有很强的灵活性和顽强性;又能在其他军兵种的协同下实施合同或联合作战。

现代条件下,我军步兵的机动能力有了很大的提高,火力、突击力、防护力较过去大大增强,改变了由过去单纯的徒步冲击为徒步和乘车冲击相结合,甚至还能从空中垂直加入战斗。在火力方面,既有能打摩托化步兵的能力,又有较强的打装甲目标的能力,还有一定的对敌空中目标攻击的能力。

2. 装甲兵

装甲兵是以坦克及其他装甲战车、保障车辆为基本装备,主要遂行地面突击任务的兵种,是陆军中的一支重要的突击力量。在合成作战中,它可协同其他军兵种作用,也可在其他军兵种的协同下或单独遂行战斗任务,按师(旅)、团、营、连编成。在坦克师(旅)、团中,还编有装甲步兵、炮兵等部(分)队及其他勤务保障分队。

装甲兵的特点是:具有较强的火力,较好的通行能力,快速的机动能力和一定的夜战能力,良好的装甲防护能力。但其战斗行动受天气、气候和地形的影响;车辆多,目标大,难以隐蔽和伪装;物资供应和技术保障较为繁重和复杂。

3. 炮兵

炮兵是以各种压制火炮、反坦克火炮、反坦克导弹和战役战术导弹为基本装备,遂行地面火力突击任务的兵种,是陆军的重要组成部分和主要火力突击力量。它通常与其他军兵种协同作战，也单独地遂行火力突击任务。炮兵由地面炮兵、高射炮兵和战术导弹部（分）队组成，按师（旅）、团、营、连编成。

炮兵的特点是：具有强大的火力、较远的射程、良好的射击精度和较高的机动能力。火炮射程远、射面广，能及时广泛地实施火力机动，杀伤敌人，摧毁敌武器装备和工程设施，适时机动，且能在短时间内集中火力对敌实施猛烈突击。但是，炮兵也有机动易受气象、地形、道路等条件的限制和影响，装备复杂、补给困难，射击准备时间长等弱点。

4. 防空兵

防空兵是以高射炮、地空导弹武器系统为基本装备，遂行野战对空作战任务的兵种，是陆军对空作战的主要力量。防空兵由高射炮兵、地空导弹兵和雷达兵等部（分）队组成，以队属高射炮兵为主的体制，按旅（团）、营、连编成。

防空兵的特点是：具有较强的火力，较远的射程，良好的射击精度，较高的机动能力和快速的反应能力，能在昼夜和复杂气象条件下，持续地打击来自高、中、低空的敌飞行器。

5. 陆军航空兵

陆军航空兵是装备攻击直升机、运输直升机和其他专用直升机及轻型固定翼飞机，具有空中机动、空中突击和空中保障能力，主要遂行以航空火力支援地面作战和机降作战任务的陆军兵种。我军的陆军航空兵是20世纪80年代组建的一个新的兵种。它既可担负战勤运输和机降作战任务，也可以实施强有力的近距离火力支援或突击。按团、大队、中队编成。

陆军航空兵的特点是：具有较强的攻击火力、广泛的机动能力和快速的反应能力，且隐蔽性好，不受地形的影响，具有超低空、"贴地"飞行的本领，能在地形复杂的条件下远离机场遂行多种作战任务，能快速地从各个方位将兵力集中于主要作战方向，令敌人防不胜防。它在侦察、运输、空降作战、反坦克、布雷、电子战等方面，将发挥愈来愈大的作用，是名副其实的"空中铁骑"，为坦克、装甲目标的"天敌"、步兵的"克星"。

6. 电子对抗兵

电子对抗兵是对敌实施电子战的主要力量。通常协同其他兵种作战，有时也可以单独地遂行电子侦察、电子干扰和电子摧毁任务。按团（大队）、营、连编成。

电子对抗兵的特点是：以电子设备或器材为武器，以电子斗争为主要作战形式，作战双方通过电磁波在空间的传播进行斗争，因而通常双方并不接触，斗争具有很强的技术性、谋略性和欺骗性。

7. 防化兵

防化兵是担负防化学保障任务的兵种，是对核、生、化武器防护的技术骨干力量。它既是军队对核、生、化武器防护的一支专业技术力量，又是一支可能直接杀伤敌人的战斗力量。由防化（观测、侦察、洗消）、喷火和发烟等部（分）队组成，按团、营、连编成。

防化兵的特点是：专业性、技术性和完成任务的时效性强，执行任务分散，保障条件下的目标多，具有较强的独立性、机动性和灵活性。现如今，防化兵增强了野战条件下的群防能力和快速侦察能力，成为我军一支技术程度较高的专业力量。

8. 通信兵

通信兵是担负军事通信联络任务、保障军队指挥的专业兵种，具有在各种战斗情况下遂行通信保障任务和提高指挥效率的能力。主要由通信、通信工程、无线电通信对抗、航空兵导航和军邮勤务等专业部（分）队组成，按团（站）、营、连编成。

通信兵的特点是：装备复杂，通信联络手段多，技术性、专业性、保密性和时效性强。

（二）中国人民解放军海军

中国人民解放军海军是以舰艇部队为主体，在海洋上作战的军种。海军具有在水面、水下、空中和岸上实施攻防作战和战略袭击能力，既能独立在海上作战，又能协同陆军、空军作战，具有常规作战能力和战略核打击能力，是海上作战的主力。

中国人民解放军海军的前身是1949年4月23日组建的中国人民解放军华东军区海军。目前，它已成为一支装备复杂、技术密集、由多兵种合成、具有现代化作战能力的近海防御力量。

中国人民解放军海军主要由水面舰艇部队、潜艇部队、海军航空兵、海军岸防兵、海军陆战队等兵种及各种专业保障部队组成。

1. 水面舰艇部队

水面舰艇部队是指在水面遂行作战任务的兵种，是海军的基本作战兵力，主要包括战斗舰艇部队和勤务舰船部队，具有在广阔海域进行反舰、反潜、防空、水雷战和对岸攻击等作战能力。主要用于攻击敌方海上兵力和岸上目标，支援登陆、抗登陆作战，保护或破坏海上交通线，进行海上封锁、反封锁作战，运送作战兵力和物资，参加夺取制海权和海洋制空权的斗争等。

水面舰艇部队由驱逐舰、护卫舰（艇）、导弹艇、鱼雷艇、猎潜艇、扫（布）雷舰（艇）等战斗舰艇部队组成，按舰艇支队、大队、中队编成。勤务舰船部队编成大队，根据专业性能和担负的任务分别组成不同专业性质的勤务舰船大队。

水面舰艇部队的特点是：装备种类多，武器和技术装备复杂，装载力较大；执行任务范围广；可遂行多项作战和保障任务，可以担任攻击、保障、防御任务，也可执行海上运输任务，可以对沿海目标、水面目标和水下目标实施攻击，还可以反击空中目标；既可单独编成舰队独立遂行作战任务，又可以与其他军兵种协同进行作战任务；航速高，续航力大，航海性能好；既可长期在远洋活动，又可在近岸、浅水、岛礁区活动。

2. 潜艇部队

潜艇部队是海军在水下遂行作战任务的兵种，是海战场的重要突击力量。携带战略导弹的核潜艇是国家战略核反击力量的重要组成部分。

潜艇部队按潜艇动力可分为常规动力潜艇部队、核动力潜艇部队；按武器装备可分为鱼雷潜艇部队、导弹潜艇部队和战略导弹潜艇部队。

潜艇的主要战术技术特点：一是有良好的隐蔽性。潜艇主要活动在水下，有较大的下潜深度，不易被水面舰艇、飞机和卫星侦察发现，这是潜艇区别于其他舰艇的主要特点和优点。由于作为探测潜艇最有效的器材——声呐，其作用距离有限，故难以探测到在大洋深处活动的潜艇。相反，潜艇却能对水面和空中的反潜兵力实施隐蔽的搜索观察，做到先发现敌目标，及早主动采取避防措施。一旦被敌发现，还可以使用各种伪装和干扰器材欺骗和迷惑敌人。二是有较强的突击威力。潜艇可在水下发射鱼雷、导弹和布放水雷，突然地对敌各种舰船和岸上目标实施攻击，命中精度高，破坏威力大，并可实施多次攻击。三是有较大的续航力和自给力。潜艇在水下航速高，续航时间长，常规动力潜艇续航力在5 000～10 000海里，自给力可达60昼夜；核动力潜艇的续航力和自给力更大。因此，潜艇可远离基地到中、远海区长时间游弋，独立地遂行作战任务。

3. 海军航空兵

海军航空兵是在海洋上空遂行作战任务的一个重要兵种，是海军重要的突击和保障力量之一。海军航空兵可以单独地、也可以协同海军其他兵种完成海上多种作战任务。

海军航空兵通常由轰炸航空兵、歼击轰炸航空兵、歼击航空兵、强击航空兵、侦察航空兵、反潜航空兵部队和执行预警、电子对抗、运输、救护等保障任务的部队组成。它是夺取和保卫海洋战区制空权的重要力量，能对海战的进程和结局产生重大影响。其编制层次为舰队航空兵、航空兵师、团、大队（营）、中队（连）。

海军航空兵具有反应快速、机动性强、突击猛烈、遂行任务种类多等特点。

4. 海军岸防兵

海军岸防兵是指海军部署于沿海重要地段、岛屿，以火力遂行海岸防御任务的兵种，是海岸防御的主要火力。它能充分利用岛、岸的有利条件，预先构筑多种阵地，储备大量作战物资，进行持久作战，是近岸坚守防御战中的主要力量之一。

海军岸防兵通常由海岸导弹部队和海岸炮兵组成。其基本任务是：封锁海峡、航道，消灭敌方舰船，掩护近岸海区的己方交通线和舰船；支援海岸、岛屿守备部队作战，保卫基地、港口和沿海重要地段的安全。其编制有独立团、营、连等，分属于海军基地或水警区。

5. 海军陆战队

海军陆战队是指海军中担负渡海登陆作战任务的兵种，是实施两栖作战的快速突击力量。它是一支由诸兵种合成的，能实现快速登陆或担任海岸、岛屿任务的两栖作战部队。是海军对岸作战的重要力量，是国家海上力量的重要组成部分之一，是实现国家海洋战略的重要兵力。通常由陆战步兵、炮兵、装甲兵、工程兵及侦察、通信等部（分）队组成。其基本任务是：独立或协同陆军实施登陆作战、抗登陆作战。其编制序列为旅、营（团）、连、排、班。

海军陆战队的特点是：具有两栖化、装甲化、自动化、轻型化的特点，具有强大的火力，较强的机动能力，很强的突击力和较强的保障能力。

（三）中国人民解放军空军

中国人民解放军空军是主要进行空中作战的军种，是军队的重要组成部分。具有快速反应、高速机动、远程作战和猛烈突击的能力，既能协同其他军种作战，又能独立遂行战役、战略任务，是现代立体作战的重要力量，能对战争的进程和结局产生重大影响，在现代国防和现代战争中具有重要的地位和作用。

中国人民解放军空军成立于1949年11月11日，主要由航空兵、地空导弹兵、高射炮兵、空降兵及雷达、通信、电子对抗、气象等部队组成。其编制序列为军委空军、军区空军、空军军（空军基地）、师（旅）、团（站）、飞行大队（营）、飞行中队（连）。空军领导机关设有司令部、政治部、后勤部、装备部。军区空军根据任务辖一至数个航空兵军（基地）或航空兵师，一至数个防空混成师、地空导弹师（旅、团）、雷达旅（团）或高炮旅（团）。

1. 航空兵

航空兵是指装备军用飞机在空中遂行作战任务的兵种，是空军的主体。按照任务及装备飞机的不同，可分为歼击航空兵、轰炸航空兵、强击航空兵、侦察航空兵和运输航空兵等。主要装备歼击机、轰炸机、歼击轰炸机、强击机、侦察机、运输机、直升机及特种飞机等。

歼击航空兵是担负歼灭敌空中飞机和飞航式空袭兵器任务的兵种。其任务是：争夺制空权，掩护和保障各军兵种的作战行动，对保障航空兵本身各机种的战斗行动均具有特殊的意义。

强击航空兵是担负攻击敌地面部队或其他目标任务的兵种。其任务是：压制敌战场目标；消灭敌有生力量；阻滞敌交通运输；突击敌航空基地，压制敌防空兵器，争夺制空权；必要时，实施航空侦察和歼灭空中目标。

轰炸航空兵是担负对地面、水面目标实施轰炸进攻任务的兵种。其任务是：破坏敌纵深政治、经济、军事等目标；消灭敌有生力量；突击敌航空兵基地，夺取制空权；阻滞敌交通运输；遂行航空侦察、空中布雷及反潜等任务。

侦察航空兵是以侦察机为基本装备，担负从空中获取情报任务的兵种。其任务是：查明敌兵力部署；查明敌政治、经济、军事、交通等重要目标情况；查明敌电子技术设备的性能和配置；发现敌实施突然袭击和使用核武器的征兆；检查我军的伪装情况和对敌突击的效果。

运输航空兵是装备军用运输机和直升机，遂行空中输送任务的兵种。具有远程、快速的运输能力和广泛的机动能力，对保障军队机动和补给具有重要的作用。其任务是：保障地面部队实施空中机动；协同其他航空兵转场；输送空降兵实施空降作战；空运武器装备和物资器材；实施空中求援。

除侦察航空兵按团、大队、中队编成外，其他航空兵均是按师、团、大队、中队编成。

2. 地空导弹兵

地空导弹兵是装备地空导弹（也称防空导弹）武器系统，遂行防空作战任务的兵种。它是国土防空的重要力量，具有较强的战斗力、较高的射击精度和一定的机动能力，能在昼夜间各种天气和气候条件下遂行作战任务，通常与歼击航空兵、高射炮兵共同行动。

地空导弹兵与高射炮兵是空军两个地面防空作战的兵种，两者既有分工，又密切协同，通常在要地周围，按远、中、近（程）和高、中、低（空）构成严密的防空火力网。按师、团、营或旅、营编成。

地空导弹兵的主要任务是：歼灭来袭的敌空袭兵器，掩护国家要地；歼灭敌侦察机，制止敌航空侦察；歼灭敌运输机，制止敌空运、空投和空降；必要时，掩护陆、海军的主要部署。

3. 高射炮兵

高射炮兵是以高射炮为基本装备，遂行防空作战任务的兵种，是国土防空的重要力量。具有迅猛的火力和较强的机动能力，能在昼夜间各种天气和气候的条件下持续地进行战斗，特别是对于中低空目标，更能发挥其战斗威力。通常按旅、团、营、连编成。

高射炮兵的主要任务是：歼灭来袭的敌空袭兵器，掩护国家要地；歼灭敌侦察机，制止敌航空侦察；歼灭敌运输机和伞降、机降的空降兵；必要时，掩护陆、海军的主要部署和歼灭敌地面、水面目标。

4. 空降兵

空降兵是以伞降或机降方式投入地面作战的兵种。具有作战空间范围大，可大范围超越地理障碍，全方位机动能力强，行动隐蔽、速度快，应急作战能力强和遂行作战任务及作战式样多等特点，是一支具有空中快速机动，能实施远程奔袭、全纵深作战的突击力量。

我军的空降兵主要由空降步兵、装甲兵、炮兵、工程兵、通信兵及其他专业部（分）队，以陆军为基础，按军、师、团、营、连编成。

其主要任务是：夺取敌方纵深区域的重要目标或地域，断敌后路，阻敌增援，配合当面进攻部队歼敌或夺取登陆场，配合登陆部队登陆；摧毁或破坏敌指挥机构、导弹、核武器、电子设备、机场、交通枢纽和后方供应设施等重要目标；应急部署，掩护当面部队的机动和展开；支援敌后作战的部队和游击队；参加反空降作战和担负其他特殊作战任务。

5. 雷达兵

雷达兵是以雷达获取空中情报的兵种，是国土防空预警系统的主体和指挥、引导的主要保障力量。具有全天候搜索、探测和监视空中目标的能力。随着装备的不断更新，探测范围不断扩大，现在已构成了覆盖全国的雷达预警网，在保障国土防空、飞行管制、航空兵的作战和训练等方面均发挥着巨大的作用。通常按旅（团）、营、连编成。

雷达兵的主要任务是：实施对空警戒侦察，及时提供防空作战和协同登陆、海军作战以及人民防空所需的空中情报；提供空中敌、我机的活动情况，保障空军各级指挥所指挥引导我机的战斗活动，保障航行管制部门实施飞行管制，并将有关违反飞行规划、偏航、迷航、遇险等情况及时通知有关部门，对经批准在我国领空飞行的一切飞行器进行监察。

（四）中国人民解放军第二炮兵

第二炮兵，也称"地地战略导弹部队"，是中国人民解放军中装备地地战略导弹武器系统，遂行战略核反击任务的部队，是实施积极防御战略任务的重要核反击力量。该部队始建于20世纪60年代，受党中央、中央军委直接领导和指挥。它与海军潜艇战略导弹部队和空军战略轰炸机部队构成我国"三位一体"的战略核力量。

第二炮兵的建立和不断发展壮大，是我国综合实力和国防现代化的重要标志之一。它不仅展示了我国拥有强大的军事实力和尖端科学技术，同时也标志着我军现代化进入了新的阶段。它对于提高我国的国际威望、遏制超级大国对我国发动战争、争取一个和平稳定的国际环境都具有重要作用。

1. 第二炮兵的编成

第二炮兵由地地战略导弹部队、常规战役战术导弹部队以及工程、情报、侦察、测地、计算、气象、通信、防化、伪装等专业部队组成。编制序列为第二炮兵导弹基地（相当于军）、旅、营。第二炮兵领导机关设有司令部、政治部、后勤部、装备部。

2. 第二炮兵的主要任务

第二炮兵的主要任务是：平时发挥威慑作用和遏制敌人可能对我国发动的核战争；战时协同其他部队作战或独立作战；遏制将常规战争升级为核战争，遏制核战争升级，实施核反击；打击的目标包括敌方的战略导弹基地、战略轰炸机基地、海军基地、核武器制造工厂和储备库等重要军事、政治、经济中心目标。

目前，第二炮兵已建成了一批不同型号和不同发射方式的作战阵地，初步形成了多种型号的导弹武器装备系统，快速机动作战能力和准确打击目标能力有了进一步的提高。

三、我国武装力量建设与发展的指导原则

21世纪中叶，是中华民族全面振兴的重要时期，也是人民军队发展的重要时期。党中央及时地提出了军队现代化建设"三步走"的战略，即：第一步打好基础，第二步加快发

展,第三步实现目标。这一战略构想充分反映了我党在军事战略上的深谋远虑和强军兴军的雄心壮志,是指引军队跨世纪建设与发展的宏伟纲领。实现跨世纪发展构想,加速军队的现代化建设,应当坚持以下指导原则。

(一)坚持质量建军

任何一支军队,其战斗力的强弱,不但取决于兵力数量的多寡,而且取决于兵力质量的高低。在现代战争条件下,兵力数量要素在军队作战能力构成比重逐渐下降,军队战斗力的强弱越来越主要地取决于兵力质量的高低。因此,必须坚持质量建军,走有中国特色的精兵之路。在军队建设的指导思想上,必须实现由数量规模型向质量效能型、由人力密集型向科技密集型的根本性转变。

(二)坚持科技强军

没有先进的科学技术,既不可能有现代化的武器装备,也不可能有现代化的军事人才和科学的编制体制,也就不可能建设出一支高质量的现代化军队。中国人民解放军是一支攻无不克、战无不胜,具有强大战斗力的军队。然而,毋庸讳言,在这支军队战斗力的总体构成中,也存在着许多薄弱环节。其中突出一点就是科技基础薄弱。因此,在中国人民解放军的建设与发展中,必须增强科技意识,提高用"科技强军"思想指导质量建设的自觉性。现代技术特别是信息化条件下的局部战争,对军队的科学技术素质提出了更高要求,只有走科技强军之路,不断增强军队战斗力构成中的高科技含量,才能使人民解放军成为一支适应未来战场环境并在未来战争中立于不败之地的强大军队。

(三)坚持勤俭建军

勤俭建军是中国人民解放军的优良传统,也是建军的基本原则之一。在革命战争年代和相对和平时期的军队建设中,人民解放军依靠勤俭建军、艰苦奋斗的精神,克服了重重困难,取得了战争的胜利和军队建设的巨大进步。在新世纪,军队现代化建设任务十分繁重,而军费有限,供需矛盾突出。在这种情况下,继承和发扬勤俭建军、艰苦奋斗的优良传统尤为重要。

勤俭建军,就是要发扬江泽民同志提出的 64 个字的艰苦创业精神,以此作为战胜困难、夺取胜利的精神支柱;要坚持勤俭节约办一切事情,坚决反对铺张浪费,注重效益、精打细算,做到少花钱多办事,花小钱办大事;树立计划的节约是最大的节约的思想,搞好军队建设的宏观谋划和长远规划,做到统筹规划、协调发展;要严格执行有关条令条例、规章制度,加强检查、监督,从各个方面堵塞漏洞,防止贪污、盗窃、经济诈骗等案件的发生;要通过加强科学管理,运用新的科学技术成果、改进工作方法、提高工作效率等,节约人力、物力和财力,丰富勤俭建军的内容和成果。

(四)坚持依法治军

依法治军是贯彻邓小平法制思想和中共中央"依法治国,建设社会主义法制国家"方针的基本要求,是实现跨世纪军队建设发展目标的重要保证。

随着社会主义市场经济体制的建立和民主法制建设的加强,社会生活、军队活动的各个方面都要逐步纳入法制轨道,传统的治军方法必将越来越紧密地同法律手段有机地结合起来。人民解放军在长期的革命实践中积累了丰富的治军经验,形成了一系列卓有成效的治军方法和手段。依法治军并不排斥也不取代其他治理军队的方法和手段,而是在这些方法和手段中引入法律机制,使之规范化、制度化,从而更有效地发挥各种治军方法和手段的综合效益。

坚持依法治军的原则应把军队建设的各个方面、各个环节纳入法制轨道，做到有法可依、有法必依、执法必严、违法必究，实现军队建设的法制化和规范化。要重点抓好依法行政，通过制定军事组织和军事行政法规，把各级领导和机关的职责、权限、行政责任、监督办法等纳入法制轨道。要在健全军事法规体系的同时，提高军事法规的可操作性，使法规内容具体化。要深入持久地开展法制教育，提高广大官兵，特别是各级领导干部守法、执法的自觉性。要加强法制监督，建立有效的监督体系，保证法规制度的全面遵守。

（五）坚持改革创新

改革创新是新时期对军队建设的客观要求，是军队自身矛盾运动的必然结果，也是军队建设的自我完善和发展。

时代在发展，历史在前进，军队建设同样在不断发生着深刻变化，人民军队的一些传统，包括在历史上曾经发挥过重要作用的东西，将可能与新的形势不再适应，有的甚至被淘汰。这是不以人的意志为转移的客观规律。站在世纪之交重要关头的人民解放军，需要有改革创新的精神，迎接世界军事领域深刻变革的挑战，必须要研究世界军事发展的特点及发展趋势，探索信息化战争的特点和规律，研究在建设信息化军队过程中自身存在的重大现实问题，寻求解决问题的办法，在保持人民军队特色的基础上，博采众长，走有中国特色的精兵之路。

思　考　题

1. 现代国防的基本要素。
2. 简述国防的基本内容。
3. 我国公民的国防权利和义务是什么？
4. 简述我国国防历史给我们有哪些重要启示。
5. 国防动员的基本要素是什么？
6. 国防动员有哪些具体要求？
7. 在新世纪、新阶段我国的国防政策主要内容是什么？

第 二 章

军 事 思 想

第一节 概 述

一、军事思想的基本概念

（一）军事思想的含义

军事思想是关于战争、军队和国防基本问题的理性认识，是人们长期从事军事实践的经验总结和理论概括，是军事科学的重要组成部分。军事思想来源于人类的军事实践，又给军事实践以理论指导，对于军事实践具有宏观的和根本的指导作用，并接受军事实践的检验，伴随着战争和军事实践的发展而发展。军事思想作为一种独立的意识形态是从奴隶社会开始的。战争的产生及对人类社会产生的重要影响，迫使人们很早就开始对军事领域的基本问题进行思考，逐渐形成了不同的军事思想。

军事思想是以战争这一特殊社会现象作为研究的基本对象的，是从总体上考察和回答军事领域的普遍性、根本性问题，揭示战争的本质、战争的基本规律以及进行战争的指导规律，提出军事斗争和军队建设的基本方针及基本指导原则，为人们研究和解决军事问题提供总体理论指导，从总体上反映研究战争和军事问题的成果。

（二）军事思想的内容

军事思想的内容可以分为两个层次：一是军事哲学问题，主要内容包括战争观、军事问题的认识论和方法论；二是军事实践的基本方针和原则问题，主要内容包括军事斗争指导的基本方针和原则、军队建设的基本方针和原则、国防建设的基本方针和原则等。

军事是指一切与战争或军队直接相关的事项的统称。军事活动的内容很多，主要包括：武装力量特别是常备军的组织、训练管理和作战行动，武器装备的研制、生产和使用，战略战术的研究与运用，战争物资的储备和供应，国防设施的建造，后备力量的动员、组织和建设等。

战争是国家、民族、阶级和政治集团之间为了达成一定的政治、经济目的而进行的武装斗争，是人类社会发展到一定历史阶段出现的特殊的社会现象。

（三）军事思想的特点

军事思想是一种社会意识形态。它产生于一定的社会物质生产和战争实践基础上，同时受其他社会意识形态的制约和影响，反映一定阶级和集团利益的政治观念，决定军事思想的阶级性质，制约其发展方向。

1. 具有鲜明的阶级性

军事思想作为人类思想体系的组成部分，阶级性是军事思想的本质属性。战争是阶级社会中特有的现象，它反映一定阶级和集团利益的政治观念，代表统治阶级的利益，是为统治阶级服务的，这就决定了军事思想的阶级性质。事实上，军事思想总是以阶级利益为目的来研究战争问题的。任何一种军事思想都是一定的阶级利益在军事问题上的反映，不同的阶级奉行或推崇的军事思想，体现各个阶级对战争的不同认识和立场。

我们说，所有的统治阶级，为了维护本阶级的利益，都在制定为本阶级服务的军事思想。如奴隶主阶级为维护其统治地位，制定了为其服务的军事思想；资产阶级为维护其统治地位制定了资产阶级军事思想。因此，不同阶级、国家或政治集团必然有不同的军事思想。

2. 具有突出的时代性

军事思想是一个历史范畴。它总是处在人类社会发展的一定历史阶段上，是特定社会条件下的产物。不同的历史时期，人们的物质文化生活水平不同，认识能力的差异，加上各个时期生产力的发展，科学技术进步的不同，使得不同历史时期产生的军事思想具有自己的特征。这种特征往往最能反映当时的物质生产水平和军事实践活动的总体水平。由于受到一定社会历史条件的限制，任何时代的军事思想都具有局限性。军事思想随着人类社会的发展而不断演变。时代环境的改变，会使军事思想的内容发生根本性的改变，从而使得军事思想具有突出的时代特征。

3. 具有丰富的实践性

理论来源于实践这是公认的真理。任何军事思想都是对战争实践的经验总结和升华。军事思想由军事实践产生，受军事实践的检验，并随着军事实践的发展而发展。正如毛泽东所指出的："一切带有原则性的军事规律或军事理论，都是前人或后人做的关于过去战争经验的总结。"军事实践不仅是军事思想的来源和基础，而且是军事思想发展的动力。

4. 具有明显的继承性

战争的特性之一，是强制人们必须使自己的主观认识同客观实际相一致才能取胜。所以，历史上前人总结的许多军事原则、概念和范畴，因其反映了军事活动的共同规律而流传下来为后人继续使用，并不断得以丰富和发展。可以说，军事思想的每一次发展，都离不开对以往军事思想的扬弃，是人们对以往军事实践认识成果中正确理论的继承和发展。军事理论发展史所总结提出的许多原理、原则，是不分阶级、不分社会发展时期而普遍适用的，是人类社会发展中的共同财富。

5. 具有突出的创造性

时代在进步，生产力在发展，作为军事思想要适应新形势下的新要求，必须进行创新。作战本身就要求创新军事理论和作战方法。毛泽东关于集中三倍、五倍于敌的兵力；实行阵地战与运动战作战形式等军事思想，都是在中国革命战争实践中创造出来的。如果没有创造，军事思想就要落后，作战就难以胜利。第二次世界大战初期，法国沿用第一次世界大战阵地战的经验，过分依靠马其诺防线，最后导致战争失利。这就是说，生搬硬套，因循守旧，必然吃败仗。

（四）军事思想的分类

军事思想可按照社会历史阶段、阶级、国家和不同历史时期主导性兵器的特征来进行分类。

按照阶级来划分，军事思想可分为奴隶主阶级军事思想、封建地主阶级军事思想、资产阶级军事思想和无产阶级军事思想。

按照国家来划分，可分为外国军事思想和中国军事思想。

按照时代来划分，可分为古代军事思想、近代军事思想和现代军事思想；也可以划分为冷兵器时代军事思想、火器时代军事思想、核武器时代军事思想和信息化时代军事思想。

二、军事思想的发展规律

军事思想的发展同其他任何事物一样，有其自身内在的变化规律。这些规律决定着军事思想发展的走向和趋势。所以，学习和研究这些规律，对于深化对军事思想的认识，掌握军事思想的发展趋势，推进军事思想的变革，具有重要的理论和实践意义。

（一）军事思想的发展以新的生产力和新的社会关系为前提

人类军事思想的发展史证明，社会生产力水平的提高特别是科学技术的进步，为军事活动创造了新的物质技术基础。当社会生产力和科学技术的进步，尤其是新技术成果运用到军事上时，带来的是一场军事上的革命。例如，人类冶炼技术的成熟与广泛应用，使战争进入了冷兵器时代，从而促进了中国先秦军事思想和古希腊、古罗马时代军事思想的繁荣。

发达的工场手工业是拿破仑作战思想的物质前提。第二次世界大战时期确立的机械化战争理论和战后形成的核战争理论，分别是现代大工业和核技术发展的产物。近代科学技术的进步对军事思想的深刻影响还表现在，它帮助人们冲破了神学观念的长期统治，为军事思想成为一门科学开辟了道路。20 世纪以来，相对论、量子力学、信息论、系统论、控制论等的出现，为人们研究和回答军事领域的基本问题提供了新的思维方式。进入 70 年代以来，随着新技术革命的成果应用于军事目的，军事思想的更新步伐越来越快。因此，研究和发展军事思想，必须密切关注生产力发展特别是科学新发现和技术新成果的军事意义及在军事上的应用。

在阶级社会中，社会关系主要表现为阶级关系，阶级关系的变化对军事思想的发展具有巨大的影响作用。中国春秋战国时期，奴隶主阶级统治日益衰败，新兴地主阶级成为政治舞台上的主导力量，他们为争夺和扩大统治权进行了长期的战争。以《孙子兵法》为代表的先秦军事思想就是这种社会条件的产物。支配中世纪欧洲各国军事活动的根本原则曾经是封建领属关系，作为大贵族的国王给中小贵族封授采邑，中小贵族则必须为国王出兵打仗。自中世纪后期起，掌握国家财源的工商市民阶级和资产阶级贵族在社会关系中的地位不断上升，他们能够靠金钱去购买职业雇佣兵为自己打仗。随着这种阶级关系的变化，买卖雇佣关系逐渐成为近代欧洲军事活动中的基本准则。阶级关系变化对军事思想发展的作用，在社会政治革命时期表现得格外突出。18 世纪末法国大革命把广大农民从封建土地的依附关系中解放出来，从而激发了人民群众为保卫祖国而战的献身精神，使拿破仑作战体系的产生有了可能。马克思主义军事理论是在欧洲无产阶级作为一支独立的政治力量登上历史舞台的社会条件下产生的，列宁主义军事理论和毛泽东军事思想则分别是在俄国十月社会主义革命和中国新民主主义革命的社会条件下产生的，在阶级社会中，各种军事思想具有鲜明的阶级属性。因此，研究军事思想必须特别注意研究社会关系，尤其是阶级关系的变化。

（二）军事思想的发展依赖于军事实践特别是战争实践

军事思想来源于军事实践。一切反映军事规律的军事思想，都是军事实践经验的正确总结和升华。古今中外著名的军事家和军事理论家的军事思想，或者是自身的军事实践经验的概括和总结，或者是从间接的军事实践经验中抽象提炼，或者兼而有之。克劳塞维茨的《战争论》和若米尼的《战争艺术概论》，虽然也融进了他们自身军事实践的经验，但主要是总结了拿破仑战争的经验。毛泽东军事思想，是毛泽东和中国共产党长期领导中国人民进行革命武装斗争经验的科学总结，同时也大量吸取了古今中外军事实践的有益经验。军事思想的发展对于军事实践的依赖关系，还表现在军事实践需要新的思想去指导，从而推动军事思想不断发展。军事领域发生重大变革，原有的军事思想难以完全适应新的军事实践时，军事实践对新的军事思想的呼唤格外强烈，并往往成为军事思想发生重大变化的契机。军事实践在军事思想的发展过程中，还具有检验作用。军事思想只能通过军事斗争或军事建设的实践，才能得到检验。接受军事实践检验的过程，也就是军事思想得以发展的过程，正确的得以丰富和深化，不完善的加以修正和补充，过时的必将被抛弃。科学意义上的实践检验不是个例的验证，一种军事思想是否反映了客观军事规律，必须经过军事实践的多次检验。仅凭某一次军事行动的结果就做结论，很容易陷入片面性。只有坚持实践、认识、再实践、再认识，如此循环往复，才能推动军事思想不断向前发展。在军事实践对军事思想的检验过程中，战争实践具有最高的权威性。一种军事思想科学与否，只有通过战争实践的发展而发展，并不意味着军事思想是在军事实践中自发产生的。军事思想的发展需要通过人们的总结加工，特别是杰出人物的总结加工。离开这个条件，军事思想也是难以向前发展的。

（三）军事思想在激烈尖锐的相互对抗竞争中发展

为在战争中取得胜利，敌对双方总是竞相抢占军事思想发展的制高点，以便在军事实践的主观指导上高于对手。从这个意义上说，人类军事思想史就是一部在相互竞争中不断发展的历史。中国春秋战国时期军事思想的高度繁荣，17世纪到19世纪初期欧洲军事思想大量涌现，都与当时激烈的军事斗争密切相关。敌对双方的对抗与竞争在和平时期也同样存在，有时还相当尖锐。20世纪50年代至80年代，美、苏两大军事集团在冷战中互为对手，不断推出各自新的军事思想。经验证明，在敌对双方的对抗竞争中，谁的军事思想落后，谁就会在军事斗争中处于被动地位，甚至招致严重的挫折或失败。因此，对于一切爱好和平的国家来说，在和平时期也应高度重视军事思想研究，善于随着情况的变化提出新的军事思想，为正确进行军事斗争提供理论指导。对于曾经在以往战争中赢得过许多重大胜利的军队和国家来说，只有充分认识和平时期军事思想发展中的对抗性和竞争性，防止和克服自满情绪和保守倾向，积极探索军事领域出现的新情况和新问题，努力使军事思想适应新的历史条件，才能在未来的战争中实施正确指导，立于不败之地。

（四）军事思想在继承和借鉴优秀成果中发展

各种军事思想都是在一定历史条件下产生的，具有各自的时代特征；各种军事思想又都是在一定的民族土壤上形成与发展起来的，带有明显的民族色彩。一般存在于特殊之中。凡是具有较高科学价值的军事思想，除反映本时代、本民族、本阶级军事活动的特殊规律外，还能反映军事领域的一些一般规律。知彼知己，集中兵力，目标与手段的一致，主动性、计划性和灵活性，突然性和机动性等，都是古今中外的军事思想中具有一般意义的战争指导原则。这就使后人可以继承前人的军事思想财富，同一时代的不同民族和不同阶级之间也可以相互借鉴有益的军事思想成果。军事思想发展史表明，重视并善于继承前人优秀的军事思想成果，借鉴和汲取异域军事思想中的合理成分，对促进自身军事思想的发展具有重要作用。

毛泽东军事思想的形成和发展，首先就是继承了马克思列宁主义军事理论的基本观点和基本原则，并结合中国的实际情况加以创造性运用；同时也广泛借鉴了来自其他方面的军事思想精华。其他著名军事思想家的军事思想的形成和发展，也都离不开继承和借鉴，只不过有范围大小和具体内容不同。正确的继承和借鉴，需要有科学的态度，要把反映军事领域一般规律的认识同现实条件联系起来，在坚持"以我为主"的原则下，吸收其精华，摈弃其糟粕。通过继承和借鉴，博采众长，创造和发展具有自己特色的军事思想。

（五）军事思想在与哲学思想的相互促进中发展

科学的军事思想从来都是与科学的世界观和方法论相联系的，哲学的进步往往是军事思想变革的先导。14—16 世纪前期文艺复兴到 18 世纪启蒙运动期间出现的人本主义哲学思潮，为欧洲军事思想的近代化提供了世界观和历史观基础。拿破仑一世是伏尔泰、卢梭等人哲学思想的崇拜者。克劳塞维茨《战争论》的产生，得益于德国古典哲学的辩证方法。马克思列宁主义军事理论、毛泽东军事思想之所以成为革命人民以弱胜强的制胜科学，首先就在于它们是建立在辩证唯物主义和历史唯物主义这一科学的世界观和方法论的基础之上。军事思想的发展对哲学思想的发展也有促进作用。古今中外许多著名军事理论著作本身就具有巨大的哲学成就。有的甚至成为一个时代的哲学思想精华。《孙子兵法》既是中国和世界古代著名的军事著作，也是中国和世界古代著名哲学著作。军事思想与哲学思想的这种密切联系，要求研究和发展军事思想必须时刻关注哲学领域的发展变化，从哲学思想的发展成果中汲取营养。

三、军事思想的发展趋势

20 世纪 90 年代初世界两极格局解体以来，各国军事思想的发展除继续保持各自的特点外，在相同的时代背景和普遍军事规律的制约下，也将呈现某些共同的发展趋势。

（一）军事思想将日趋活跃，新观点将不断涌现

高技术在军事领域的广泛应用，使军事斗争和军事建设不断具有了新的特点，从而导致军事思想日趋活跃。一方面，一些重要军事观念和指导原则不像以往那样长时间基本稳定不变，而因客观情况的迅速变化使其失去原有的光彩；另一方面，新军事观念和指导原则又将接连涌现，并以较快的速度在一定范围内居于主导地位。现代信息技术的高度发达，又使得发生在某一国家、某一地区的军事实践，特别是战争实践，很快成为可供世界范围共享的信息资源，迅速对各国军事思想产生影响，从而推动军事思想的发展。随着人们对军事思想研究的日益重视及新方法、新手段在研究过程中的广泛应用，又缩短了军事思想从指导军事实践到反馈效果进一步修改完善以至创新，再用于指导新的军事实践的过程。这也是军事思想将日趋活跃，新观点不断涌现的一个重要因素。

（二）信息化战争和军队质量建设问题将是军事思想研究的重点

新技术革命的影响和世界战略格局的改变，使现代军事领域的许多方面正发生深刻变革。对这一变革的研究，尤其是对变革方向、变革重点以及变革给战争和军队建设、国防建设提出的规律性要求等研究，将成为今后一个较长时期军事思想发展的趋势。其中信息化战争和军队质量建设的指导原则问题，仍将是各国军事思想界关注与探索的重点。信息化条件下的战争是当今战争的重要样式甚至是主要样式，各国将继续综合考察这种战争的基本特点与基本规律，考察这些特点与规律对战争指导和军队建设、国防建设提出的新要求，据以调

整各自的军事思想。可以预料，关于对信息化条件下的局部战争基本理论和作战指导的研究将不断深化，并将继续产生一些新的理论观点和指导原则。信息化条件下的战争需要高素质的军队，世界许多国家将把加强军队质量建设摆在突出地位。军事思想界将会对信息条件下人与武器的关系、装备发展方针、提高军人素质和优化军队结构等方面的问题进行深入研究，提出新的思想。

（三）军事思想的研究方法将更加科学化和多样化

这一趋势主要表现在：对信息论、系统论、控制论等新理论的军事应用研究将进一步深入，使用电子计算机、系统模拟等现代技术手段研究军事问题的范围将进一步扩大，定性分析与定量分析将更加有效地结合起来；将更加注重把行为学、心理学、管理学、国际法等社会科学领域的理论成果引入军事思想研究，多角度地研究和回答军事领域的基本问题；关于军事问题认识论和方法论的研究将更加普遍地受到重视。中国军事思想必将更加自觉、更加富有创造性地运用辩证唯物主义和历史唯物主义分析所面临的军事问题，确保军事思想研究的科学性和时效性。此外，对军事思想自身的研究与军事思想在实践中的应用研究结合将更加紧密，在不断深化对军事思想认识的同时，更加重视考察和回答现实问题；对军事历史经验的研究与对军事未来发展的研究联系将更加密切，更加重视从历史经验中寻找出规律，用以预测军事的发展趋向；对不同军事思想的比较研究将更加活跃，通过比较研究深化对军事问题的认识，促进军事思想的发展。

第二节 军事思想发展简史

一、中国古代军事思想

中国古代军事思想，是指中国在奴隶社会、封建社会时期，各阶级、集团及其军事家和军事论著者对于战争与军队问题的理性认识。它随着社会的前进、战争的发展而不断深化，经历了发生、发展的沿革过程。

要研究军事思想的发展史就不能抛开人类社会的发展史，因为人类对军事问题的认识，是随着生产力的发展，社会关系的变革，战争规模的扩大、激烈程度的加剧，以及科学文化水平的不断提高，经历了一个由浅入深的演进过程，所以按社会发展阶段划分为古代、近代和现代军事思想。

（一）中国古代军事思想的形成与发展

1. 中国古代军事思想的初步形成（夏、商、西周时期）

公元前 21 世纪至公元前 8 世纪，我国先后建立了夏、商、西周 3 个奴隶制王朝。这是中国奴隶社会从确立、发展到鼎盛的整个历史阶段，也是我国古代军事思想的初步形成时期。这个时期军队数量不多，没有专职的指挥将领；除甲士有铜兵器外，许多徒（步）兵仍使用木、石兵器；作战方式基本上是以密集队形进行集团肉搏正面冲杀。商代以后逐渐以车兵为主，作战中形成以车兵为核心的方阵队形。由于对战争客观规律认识的局限，战争受迷信的影响极大，经常以占卜、观察星象等来决定战争行动，产生了以天命观为中心内容的战争指导思想。军队的治理以"礼"和"刑"为基础。"礼"主要适于上层的贵族和军官，讲究等级名分、上下有序；对下级和士兵的管理主要靠严酷的刑罚。这个阶段已产生了一些萌芽形态的兵书。商代甲骨文、商周的金文中就有大量关于军事活动的记载。西周时期已出现《军志》《军政》等军事著作，虽早已失传，但这是我国古代军事思想形成的重要标志。

2. 中国古代军事思想趋向成熟（春秋、战国时期）

公元前 8 世纪初到公元前 3 世纪末，即春秋战国时期，它是我国从奴隶制向封建制的过渡时期，是我国古代政治、经济、文化、科技大发展的一个历史阶段，也是古代军事大发展的时期。阶级矛盾的不断深化，使战争连绵不断，战争规模扩大，战争频繁而形式多样。许多代表新兴地主阶级的军事家和兵书著作不断涌现，从战争论、治兵论、用兵论及研究战争的方法论等方面，全面奠定了我国古代军事思想的基础，标志着我国古代军事思想已基本成熟。

现存最早、影响最大的中国古代兵书就是春秋末期孙武所著《孙子兵法》，它是新兴地主阶级军事理论的奠基作，它标志着封建阶级军事思想的成熟，成为后世兵书的典范。其他影响较大的兵书还有《吴子》《司马法》《孙膑兵法》《尉缭子》《六韬》等著作。

3. 中国古代军事思想进一步的丰富和发展（秦—五代时期）

公元前 3 世纪初至公元 10 世纪中叶，是中国封建社会发展的上升阶段。这期间主要经历了秦、汉、晋、隋、唐等几个大的王朝，其中汉、唐两代是中国封建社会的盛世，军事思想也进一步得到了丰富和发展。

秦以后进入了以铁兵器为主的时代，骑兵成为战争力量的主角，舟师水军参战也更多了，这就要求作战指挥必须加强步、骑、水军的配合作战。从汉到隋曾多次发生像赤壁之战、淝水之战这样大规模、多兵种大集团的配合作战。在这些战争中，政治斗争与军事斗争的结合，谋略与决策的运用，以及作战指挥艺术都达到了相当高的水平。战争的发展使得战略战术的运用和指挥艺术都得到高度发展，战略思想也日臻成熟。诸葛亮的《隆中对》成为当时战略决策的一代楷模。

这个时期出现了许多总结军事斗争经验的兵书，其中汉初出现的《三略》和后来的《李卫公问对》等，是传世的重要著作。《三略》是一部从政治与军事关系上论述战争胜负的兵书，它进一步阐述了"柔能制刚，弱能制强"的朴素的军事辩证法思想，并指出最高统治者必须广揽人才，重视民众与士卒的作用。《李卫公问对》一书，联系唐代初期的战争经验，对以往的兵书进行了探讨，对《孙子》提出的虚实、奇正、攻守等原则及其内在联系，作了比较辩证的论述，而且在某些方面提出了更新的见解，发展了前人的思想，深化了先秦某些用兵原则的内涵。特别是他论从史出，以史例论兵的研究方法，开创了结合战例探讨兵法的新风，受到历代兵家的高度赞赏和效仿。

4. 中国古代军事思想形成体系化（宋—清前期）

公元 960 年到 1840 年，历经宋元明清（前期）四个朝代。这期间，中国封建社会已进入后期。火器逐渐普遍使用，使战争进入了冷、热兵器并用的时代。宋朝从建立之初，就面临着民族矛盾扩大、阶级矛盾激化和统治阶级内部矛盾加剧的局面。因此，当政者为了维护统治，确立了兵书在社会的正统地位，武学开始纳入国家教育体系。北宋中叶开始重视武事，开办武学，设立武举，发展军事教育。统治者为了教习文臣武将熟悉军事，命曾公亮等编纂《武经总要》，总结古今兵法和本朝方略，并颁布《孙子》《吴子》《司马法》《六韬》《尉缭子》《三略》和《李卫公问对》编为《武经七书》。

这个时期，是中国古代军事思想历经漫长的丰富和发展之后，走上体系化的时朔。其主要表现是兵书数量繁多，门类齐全；兵书概括性强，自成体系，成为我国古代兵书数量最多的一个时期。据《中国兵书总目》统计，宋元明清（不含近代）兵书总共有1 815种，占我国古代兵书总数的3/4以上。而且内容丰富，分门别类地概括了军事思想的各个方面，形成逻辑性较强的比较完整的体系。

（二）我国古代军事思想的基本内容

1. 战争的起源、性质和作用

关于战争的起因。《吴子》兵法认为："一曰争名，二曰争利，三曰积恶，四曰内乱，五曰因饥。"就是说引起战争的原因有五个方面：一是争夺霸主地位；二是争夺土地、财产和人口；三是积恨深怨；四是国家发生了内乱；五是国家发生了饥荒。

（1）关于战争的性质。古代有很多关于战争性的论述。《周易》中就有"师贞，丈人，吉无咎"的卦辞，意思是说，兴兵征伐要合乎正义，有德高望重的人来指挥，就能顺利取胜而无祸咎。《吴子》兵法指出："一曰义兵，二曰强兵，三曰刚兵，四曰暴兵，五曰逆兵。"即禁暴除乱、拯救危难的军队叫义兵；仗恃兵强，征伐列国的军队叫强兵；因君王震怒出师的军队叫刚兵；背理贪利的军队叫暴兵；不顾国乱民疲，兴师伐众而出征的军队叫逆兵。古代兵家总体上强调倡义战，反暴兵。

（2）关于战争的作用。《司马法》中指出："是故杀人安人，杀之可也；攻其国爱其民，攻之可也；以战止战，虽战可也。"《尉缭子》则明确指出："故兵者，所以诛暴乱，禁不义也。"

2. 战争与政治

古代关于战争与政治的关系提出了很多有价值的观点，说明了军事从属于政治，政治是战争胜利的首要因素。《孙子兵法》提出"道、天、地、将、法"，将道放在首位。还提出："善用兵者，修道而保法，故能为胜败之政。"《尉缭子》提出："兵者，以武为植，以文为种；武为表，文为里。"《淮南子·兵略训》指出："兵之胜败，本在于政……为存政者，虽小必存；为亡政者，虽大必亡。"《司马法》指出："以义治之谓正，正不获意则权，权出于战争，不出于中人。"意思是说采用合于正义的措施治理国家，这是正常的方法。用正常的方法达不到目的就采取特殊的手段。特殊手段是以战争方式表达出来的，而不是以和平方式表现出来。

3. 战争与经济

经济是战争的物质基础，战争是以巨大的物质消耗为代价的，对这一点我国古代军事家认识比较深刻。《孙子兵法》指出："凡用兵之法，驰车千驷，革车千乘，带甲十万，千里馈粮；则内外之费，宾客之用，胶漆之材，车甲之奉，日费千金，然后十万之师举矣。"因此，又指出"善用兵者，役不再籍，粮不三载，取用于国，因粮于敌，故军食可足也"。春秋时期的管仲也曾较深刻地论述："地之守在城，城之守在兵，兵之守在人，人之守在粟。"因此，他明确指出："一期之师，十年之蓄积殚；一战之费，累代之功尽。"

4. 战争与主观指导

《孙子兵法》明确指出："因利而制权……故兵无常势，水无常形，能因敌变化而取胜者，谓之神"。因为"兵无常势"，指挥者必须不断根据敌情、我情的变化修正主观指导，采取克敌制胜的有效手段。《草庐经略》中则说得更明确："夫敌情叵测，常胜之家必先翻敌之情也。其动其静，其强其弱，其治其乱，其严其懈，虚虚实实，进进退退，变态万状，烛照数计，或谋虑潜藏而直钩其隐状，或事机未发而预揣其必然。盖两军对垒，胜负攸悬，一或不审，所失匪细。必观其将帅察其才，因其形而用其权；凡军心之趋向，理势之安危，战守之机宜，事局之究竟，算无遗漏，所谓运筹帷幄，决胜千里也"。掌握客观规律，充分发挥主观指导作用，就能赢得胜利。

5. 将帅修养

古代军事家特别重视将帅在战争中的地位和作用，认为"知兵之将，民之司命，国家安危之主也"。为此，从封建统治阶级的利益出发，提出了将帅修养的标准。《孙子兵法》强调："将者，智、信、仁、勇、严也。"《吴子》中则提出："总文武者，军之将也。"故将之所慎者五："一曰理，二曰备，三曰果，四曰戒，五曰约。"怎样考核将帅呢？《武经总要·选将》提出"九验"："远使之以观其忠，近使之以观其恭，繁使之以观其能，卒然问焉以观其智，急与之以观其信，委之以货财以观其仁，告之以危以观其节，醉之以酒以观其态，杂之以处以观其色。"

6. 治军

治军思想是中国古代军事思想的重要组成部分。在《孙子》《吴子》《司马法》《孙膑兵法》《尉缭子》等著名兵书中，都阐述了有关治军的一系列重要内容。一是提出"以治为胜""教戒为先"的思想；二是强调以法治军，要求严纪律、明号令，赏罚分明；三是重视将帅的地位和作用；四是注重军队的训练。关于法规法令的建设与实施，《尉缭子》中设有《重刑令》《伍制令》《勒卒令》《经卒令》和《兵令》等等，就是为了"明刑罚，正功赏"，"鼓之，前如雷霆，动如风雨，莫敢当其前，莫敢蹑其后"。使军队"方亦胜，圆亦胜，错邪亦胜，临险亦胜"。关于教戒《吴子兵法》指出："敢用兵之法，教戒为先。一人学战，教成十人。十人学战，教成百人。百人学战，教成千人。千人学战，教成万人。万人学战，教成三军。"《兵略丛言提纲》中指出："不教则不明，不练则不习。"在训练方法上主张"教得其道"，"练心""练胆""练艺"。

7. 战略战术

古代兵书中关于战争谋略与战术的论述，有许多是很有见地的。如："上兵伐谋""必以全争于天下"的全胜论；"不战而屈人之兵"的威慑论；"度势""料势""为势"的"胜可为"论；"先人有夺人之心"的"兵贵先"的先发制胜论；"后人发，先人至"的后发制胜论；"制人者，握权也；见制于人者，制命也"，"致人而不致于人"的掌握战争主动权论；"战势不过奇正，奇正之变，不可胜穷也"，"善用兵者，无不正，无不奇，使敌莫测"的奇正用变论；"我专而敌分，我专为一，敌分为十，是以十攻一也"的"以众击寡"论；"避其锐气，击其惰归""以治待乱，以静待哗""以近待远，以佚待劳，以饱待饥""无邀正正之旗，勿击堂堂之阵"的"治气""治心""治力""治变"的四治论等等。

8. 战争保障

物质储备和后方补给。《孙子·军争》指出："军无辎重则亡，无粮食则亡，无委积则亡。"《六韬·军略》则说："三军用备，主将何忧。"因此，古代军事思想家提出："取用于国，因粮于敌。"

地形。《武经总要·九地》提出："夫顿兵之道有地利焉。我先居胜地，则敌不能以胜我；敌先居胜地，则我不能以制敌。"

此外还有用间、用谋、阵法、行军、安营、警戒等方面的论述。

（三）《孙子兵法》简介

《孙子兵法》一书，是孙武根据春秋时代中国社会由奴隶制开始向封建制转变，奴隶起义、平民暴动、诸侯争霸，兼并战争频繁的现实，总结概括而撰著的。根据考证，1972 年山东临沂银雀山汉墓出土的《孙子》竹签，和 1978 年 7 月青海大通县上孙家寨西汉木简《孙子》的出土，进一步肯定了春秋末期的孙武著有兵法。《孙子兵法》是目前世界公认的最早的"兵学圣典"，共计 13 篇，6 000 余字，篇次有序，立论有体，就其内容而言，是一部独立完整的兵书，标志着独立的军事理论著作从此诞生，在世界军事史上具有划时代的意义。

《孙子兵法》，史记为 82 卷，图 9 卷，现存仅为 13 篇，6 076 字，其他的如八阵图、战斗六甲法等已失传。十三篇可分为 3 个部分：第一部分由《计》《作战》《谋攻》《形》《势》和《虚实》组成，侧重论述军事学的基础理论和战略问题。主要强调战略速决和代谋取胜，另外包含对战争总体、实力计算和威慑力量的深刻认识。第二部分由《军争》《九变》《行军》《地形》和《九地》组成，侧重论述运动战术、地形与军队配置，攻防战术和胜败关系。具体包括奇正、虚实、勇怯、专分、强弱、治乱、进退、动静和死生等辩证关系。第三部分由《火攻》和《用间》组成，论述了战争中的两个特殊问题。

1. 孙武生平

孙武字长卿，为春秋末期齐国乐安人（今山东惠民县）。孙武出生在一个精通军事的世袭贵族家庭，从小就受到家庭的熏陶。当时齐国是春秋时代的五霸之一，一度成为政治、经济、文化、外交和军事活动的中心，豪杰荟萃（孔子、管仲、姜子牙等）。社会环境和家庭影响为孙武的成长提供了优越的条件，加之勤奋好学，青年时代的孙武就显露出卓越的军事才华。后来，齐国发生了"四姓（田、鲍、奕、高）之乱"，孙武出奔吴国。他一边潜心研究兵法，观察吴国的政治动向，一边过着自耕农式的生活。公元前 512 年，经大臣伍子胥七次推荐，吴王阖闾会见了孙武并细读了孙武兵法的十三篇，聆听了孙武对战争和时局惊世骇俗的见解，观看了孙武演兵，亲身感受到他的才华横溢，委任孙武为将。

孙武在近 30 年的戎马生涯中，为吴国的崛起和扩张立下了赫赫战功。如：公元前 506 年，吴楚柏举之战，吴军对楚国实施千里奔袭，以 3 万精兵破楚 20 万大军，连续五战五捷，攻入楚国都郢城，把一个长期雄踞江汉、称霸中原的头等大国打得落花流水；公元前 484 年，艾陵战役，吴军重创齐军，使 10 万齐兵几乎全歼；公元前 482 年，黄池会盟，吴国威逼晋国，取代其霸主地位。这些都有孙武的重大战功。

对孙武晚年的考证不详，据《越绝书》的记载，江苏吴县东门外有孙武的坟墓。《吴县县志》也有"孙子祠"的记录。由此推断，孙武最终可能隐居民间，老死于山林之中。

2.《孙子兵法》的主要军事思想

（1）重战、慎战、备战思想

① 重战思想。《孙子兵法》开篇就指出："兵者，国之大事，死生之地，存亡之道，不可不察也。"战争是国家的大事，关系到军民生死，国家存亡，是不可不认真研究的。这段关于战争的精辟概括，是孙武军事思想的基本出发点。春秋末期，诸侯兼并，战乱频繁。战争不仅是各国维持其政治统治，向外扩张发展的主要手段，而且关系到国家的存亡。孙武总结了一些国家强盛，一些国家灭亡的经验和教训，提出"兵者，国之大事"的著名论断，这对于人类认识战争的实质，无疑是一个巨大的贡献。

② 慎战思想。"亡国不可以复存，死者不可以复生，故明君慎之，良将警之"。国家灭亡了就不能再存在，人死了就不能再活。所以，对待战争问题，明智的国君要慎重，贤良的将帅要警惕。从这点出发，孙武主张："非利不动，非得不用，非危不战"。不是对国家有利的，就不要采取军事行动；没有取胜把握的，就不能随便用兵；不处在危急紧迫情况下，就不能轻易开战。

③ 备战思想。"用兵之法，无恃其不来，恃吾有以待也；无恃其不攻，恃吾有所不可攻也。"用兵的原则，不要寄希望于敌人不会来，而要依靠自己有充分的准备；不要寄希望于敌人不会来攻，而要依靠自己有使敌人无法攻破的条件。战争的立足点要放在事先做好充分准备，严阵以待，使敌人不敢轻易向我发动进攻的基点上。

（2）"知彼知己，百战不殆"的战争指导思想

"知彼知己，百战不殆；不知彼而知己，一胜一负；不知彼，不知己，每战必殆。"了解敌人又了解自己，则百战不败；不了解敌人而了解自己，可能胜也可能败；既不了解敌人，又不了解自己，那就会每战必败。

孙武用简明扼要的语言，指明了战争指导者了解敌我双方情况与战争胜负的关系，从而揭示了指导战争的普遍规律。这一思想是极富科学价值的。自有战争以来，古今中外的战争指导者，都不能违背这一规律。毛泽东对此曾有高度评价，在《论持久战》一文中指出："战争不是神物，乃是世间的一种必然运动，因此，孙子的规律'知彼知己，百战不殆'乃是科学的真理。"这条规律，从哲学意义上讲，是实事求是的朴素的唯物主义思想；从战争理论上讲，是分析判断情况的根本规律；从指导战争的意义上讲，是先求可胜的条件，再求必胜之机的重要抉择。

（3）以谋略制胜为核心的用兵思想

谋略，是指用兵的计谋。《孙子兵法》军事思想的核心是谋略制胜。它认为军事斗争不仅仅是军事力量的竞赛，而且是敌我双方政治、经济、军事和外交等综合斗争，也是双方军事指导艺术的较量，即斗智。孙武谋略制胜思想突出体现在以下几个方面。

① "庙算"制胜。"多算胜，少算不胜，而况于无算乎！吾以此观之，胜负见矣。"战前，计算周密，胜利条件多，可能胜敌；计算不周，胜利条件少，不能胜敌；而何况于根本不计算，没有胜利条件呢！我们从这些方面来考察，谁胜谁负就可以看出来。

庙算制胜，主要是指战前要从战争全局上，对战争诸因素进行分析对比，决定打不打？怎么打？用什么部队打？在什么时间、地点打？打到什么程度？如何进行战争准备和后方保障？做到有预见、有计划、有保障，心中有数，打则必胜。也就是说先求"运筹于帷幄之中"，然后才能"决胜于千里之外"。

② 诡道制胜。"兵者，诡道也"，"兵以诈立"。用兵打仗是一种诡诈行为，要依靠诡诈多变取胜。军事上的诡道是指异于常规的一些做法。"兵不厌诈"，古今常理。在战争的舞台上，如果对敌人讲"君子"之道，就必然被敌所制；如果能较好地运用诡道，造成敌人的过失，创造战机，那就会陷敌于被动。这种战例，举不胜举，如，马陵道之战，诸葛亮的"空城计"，日本偷袭珍珠港，诺曼底登陆等等。孙武将诡道归纳为十二法："能而示之不能，用而示之不用，近而示之远，远而示之近，利而诱之，乱而取之，实而备之，强而避之，怒而挠之，卑而骄之，快而劳之，亲而离之，攻其无备，出其不意，此兵家之胜，不可先传也。"

③"不战而屈人之兵"。"故百战百胜，非善之善者也；不战而屈人之兵，善之善者也"。在战争中，百战百胜，并不是最好的，不战而使敌人屈服才是最好的。所以，孙武主张"上兵伐谋；其次伐交；其次伐兵；其下攻城"。最好的是以谋制胜，使敌人屈服。其次是通过外交途径，分化瓦解敌人的同盟，迫使敌人陷入孤立，最后不得不屈服。例如，战国时，秦国采取"远交近攻"的政策，逐步灭了六国，就是以外交手段配合军事进攻而取得胜利的。再次是伐兵，即用武力战胜敌人。最下策是攻城，硬碰硬的攻坚战。孙武指出："善用兵者，屈人之兵而非战也，拔人之城而非攻也，毁人之国而非久也，必以全争于天下。故兵不顿而利可全，此谋攻之法也。"善于用兵的人，使敌人屈服不用直接交战，一定要用全胜的计谋争胜于天下。这样军队就不至于疲惫受挫，而又能获得全胜的利益。这就是以计谋攻敌的原则和孙武全胜的思想。

当然，"全胜"的思想，不战而胜，是要以强大的武力作后盾的，如果没有强大的军事力量，就不可能达到不战而胜的目的。

孙武还总结了若干作战用兵原则。如：先胜而后求战的原则；示形、动敌的原则；避实而击虚的原则；我专而敌分的原则；因敌而制胜的原则等。

3.《孙子兵法》的影响

《孙子兵法》对后世产生了巨大的影响，中国历代军事家无不重视对其研究与应用。我国历史上曾有许多兵家和文人注释《孙子兵法》，明代茅远仪曾经说过："前孙子者，孙子不遗；后孙子者，不能遗孙子。"中国现代革命的先驱孙中山先生对《孙子兵法》评价极高："就中国历史来考究，两千多年的兵书有十三篇，那十三篇兵书，便成为中国的军事哲学。"我党老一辈革命家——毛泽东、朱德、刘伯承和叶剑英等都十分重视对《孙子兵法》的学习和研究。

《孙子兵法》在国外也是久负盛名。在唐朝初期，《孙子兵法》就已传入日本，18世纪下半叶传入欧美等国。目前世界上已经有20多种语言的《孙子兵法》译本。越南战争后，以美国为首的西方国家由对武器装备的追求转而逐步重视对战略等军事理论的研究，美国非常重视《孙子兵法》中的军事原则，如"知己知彼，百战不殆"，"攻其不备，出其不意"等，列入《美国作战纲要》之中，以指导美军的作战和训练。英国著名战略家利德尔·哈特指出，在导致人类自相残杀、灭绝人性的核武器研制成功之后，就更需要新而且更加完整地翻译《孙子兵法》这本书，他称《孙子兵法》"深邃的军事思想是不朽的"，对于核时代战争是很有帮助的。美国战略研究中心斯坦福研究所主任、美国一流战略家福斯特首次提出，并和日本东京产业大学教授三好修合作研究运用《孙子兵法》，三好修称之为"孙子的核战略"。这种新核战略不仅影响了美国政府的战略政策，而且在全世界也产生了深刻影响。进入信息化战争时代后，世界各国更加注重研究《孙子兵法》，试图从中寻找制胜之道。

《孙子兵法》在许多社会领域同样有着广泛的影响。在哲学界，《孙子兵法》被公认为是一部有价值的著作，因为它全文充满了朴素的唯物观和辩证法。近年来，对《孙子兵法》的研究与应用几乎遍及各个领域。它极大地吸引着政治家、哲学家、文学家、历史学家、企业家甚至商人争相拜读。《孙子兵法》俨然成为取之不尽、用之不竭的百科宝库。军事家称之为"兵学圣典"；文学家称之为"不朽不灭的大艺术品"，哲学家颂之为"治病之法之矣"，商人称《孙子兵法》提供了商战的"全赢战略"和智慧。

总之，《孙子兵法》是人类军事思想史上的一座丰碑，不但在古代和近现代深刻影响了古今中外军事思想的发展，而且深刻影响了人类对战争的认识和实践。今天，《孙子兵法》依然是值得认真学习和研究的军事教科书，对于我们驾驭信息化战争，指导和谐社会世界的构建，都具有重要的指导价值。

二、近代军事思想

近代军事思想发展的总体特征，一是欧洲一些国家在文艺复兴运动和产业革命的推动下率先实行军事变革，资产阶级军事思想体系得到确立；二是人类军事思想发生革命性变化，以马克思主义军事理论为代表的无产阶级军事思想宣告诞生。

外国近代军事思想非常广泛，主要源于西方。资产阶级军事思想产生于欧洲，15 世纪和 16 世纪之交的文艺复兴时期，欧洲新兴资产阶级为反对教会和封建制度的统治、建立统一的中央集权的民族国家，开始注意到军事的重要性。主要代表是意大利思想家马基雅弗利为总结他领导的反对西班牙入侵的战争，于 1521 年发表的《论军事艺术》。在他的著作中提出，君主要巩固自己的权势，必须专心致力于战争，切实掌握军事力量。恩格斯称其为"第一个值得一提的近代军事著作家"。

从 17 世纪中期英国资产阶级革命战争到 19 世纪初期的拿破仑战争，是资产阶级军事思想的重要形成期。经济的迅速发展，科学技术的进步，推动着社会思想包括军事思想的不断变革。当时频繁的战争实践，又为从事军事理论著作提供了必要的条件，加之早已兴起的文艺复兴运动对意识形态的催化作用，促使战争和军队建设从形式到内容发生了巨大变革，涌现出一大批军事家和军事理论家。这一时期主要军事理论著作有普鲁士克劳塞维茨的《战争论》和瑞士若米尼的《战争艺术概论》。他们在总结历史上各次重大武装冲突活动，尤其是在总结法国大革命和拿破仑战争经验基础上，对军事的一些基本问题，如战争的本质、军队建设、战略战术等做了较全面系统的理论概括。克劳塞维茨的《战争论》和若米尼的《战争艺术概论》是资产阶级军事思想具有奠基性质的理论名著，它标志着欧洲近代资产阶级军事思想体系基本确立。

从 19 世纪中期到第二次世界大战结束，是资产阶级军事思想的丰富与发展时期。这一时期，不仅战争频繁，规模巨大，而且伴随着科学技术的进步，武器装备的巨大发展，出现了飞机、坦克、舰艇等许多新式武器和新的军种、兵种，随之而来的是战争样式和作战方法的变革。所有这些，为新的军事理论问世提供了条件，产生了一大批新的军事理论著作。如美国马汉的"海权论"、意大利杜黑的"制空权理论"、德国鲁登道夫的"总体战理论"、英国富勒的"机械化战争理论"等等。

资产阶级军事思想的主要代表人物及主要思想主要体现如下。

（一）拿破仑

拿破仑，1769 年 8 月 15 日出生在地中海科西嘉岛的阿雅克修城，1779 年 10 月进入法国东部的布里埃纳一所少年军校学习。1784 年 7 月就读于巴黎军官学校，一年后辍学，来到一个炮兵团担任少尉军官。1793 年 7 月在镇压王党叛乱的土伦战役中崭露头角，一举成名。1796 年 2 月 23 日，他被任命为法国远征意大利方面军司令，率军 4 万开赴意大利战场，控制了意大利北部，又直捣维也纳，迫使奥皇求和，第一次反法联盟被粉碎。1798 年 5 月 19 日，他再次率军 3 万远征埃及，继而进攻叙利亚。1799 年 11 月 9 日他被元老院任命为武装部队总司令，随后发动政变，推翻了督政府，建立了执政府，由他担任第一执政。

在1800—1802年两年多的时间里，拿破仑亲率法军与奥地利和英国等组成的第二次反法联盟作战，并连连获胜，迫使对方求和。

1804年法国建立帝国，拿破仑担任皇帝，称拿破仑一世。1805—1809年间，拿破仑指挥法军连续击败英、奥、俄、葡、西、普、瑞典、那不勒斯等国分别组成的第三、第四次反法联盟。1812年5月进军俄国，9月到达莫斯科，遭到俄军的顽强抵抗，迫使法军于10月19日撤出莫斯科，实施战略退却。此后，俄国乘机与奥、英、瑞典等国组成第六次反法联盟。1813年8月拿破仑率军在莱比锡与联盟军激战失利。1814年联盟军侵入巴黎，4月6日，拿破仑被迫签署了退位诏书，被流放到地中海的厄尔巴岛。1815年3月，拿破仑组织力量，再次打回巴黎，建立了政权。欧洲各封建君主国惊恐万分，立即组成第七次反法联盟，出兵100多万，向巴黎发起围攻，6月18日，拿破仑在滑铁卢战役中惨败，巴黎再次被联盟军占领。6月22日拿破仑被迫退位，被流放到大西洋南部的圣赫勒拿岛。1821年5月5日病逝。

拿破仑的一生几乎是在战火中度过的，他20多年纵横驰骋于欧洲战场，指挥过大小战役近60次，并取得了一系列辉煌的战果。他虽因长年征战和忙于国事，未能留下理论巨著，但在他大量的书信、手稿、命令、日记、批注和他人的回忆中，其杰出的军事才能表现得十分突出。后人评价他是"真正的军事艺术的巨匠"，连马克思也称赞他是"伟大的军事家"。

拿破仑的军事思想突出表现在以下几个方面。

（1）重视武力和思想的双重作用。他认为世界上只有两种强大的力量，即刀枪和思想，同时也看到思想比武力更加重要。他说："从长远来看，刀枪总是被思想战胜的。"他指出："战争中，军队的精神状态足以保障四分之三的胜利。"所以军队中他十分重视思想教育，使军队在战斗中英勇顽强，坚贞不移。

（2）十分重视军队的改革和建设。他大胆地对旧军队进行改编，将原来的步兵师和骑兵师合编成步兵、骑兵、炮兵和工兵的合成军，并特别注意对军官素质的培养和部队严格训练。他认为只有"好的将领，好的军官，好的组织，好的训练，好的纪律，才能形成一个好的部队"，才可以在战斗中取得辉煌战果。

（3）十分重视歼灭战的作战原则，把消灭敌人的有生力量作为战争的主要目的。在战争中他从来不在乎攻占多少要塞和领土，而关键是强调要大量地消灭敌人的有生力量。他指出："欧洲有很多优秀的将军，但他们希望一下子就看到很多东西，而我只看到一个东西，那就是敌人大量的军队。我力图消灭他们，因为我相信，只要把军队一消灭，其他一切就会随之而土崩瓦解。"

（4）重视集中兵力和实施机动作战。

（二）克劳塞维茨

克劳塞维茨，1780年6月1日出生在普鲁士马格德堡附近的布格尔镇。1792年作为军官候补生开始在普军中服役。1801年进入柏林一所普通军校学习。1803年8月成为普鲁士奥古斯亲王的副官。1806年底普军战败，克劳塞维茨随亲王一同被拿破仑俘获。第二年11月获释回国。1809年2月，他离开亲王被调往国防部，在香霍斯特将军手下从事军事改革工作。1812年6月到俄军中就职。1814年回归普军，曾任军参谋长和军团参谋长、柏林军官学校校长、炮兵第二监察部总监等职。1831年11月16日病逝。

克劳塞维茨 12 岁进入军营，从军 40 年。他对军事理论进行了刻苦地钻研与探索。他被西方誉为军事哲学家。他所撰写的《战争论》享誉世界，成为资产阶级军事思想具有奠基性质的理论名著之一。他从战争的性质、战争的理论、战略、战斗概论、军队编组及行动、进攻和防御、制定战争计划等庞大的体系出发研究战争，以辩证的方法揭示了战争的本质、战争规律、战争与政治的关系、战争应遵循的一系列原则等。他所提出的一些观点至今仍然被西方认为是科学真理。

克劳塞维茨认为战争是社会集团为了达到一定目的的暴力行为，是为了"迫使敌人服从我们的意志"，以武力为主的残酷的敌对冲突。他深刻地揭示了战争的属性和战争与政治的关系，明确地指出了政治是孕育战争的母体，战争是为政治服务的，"是政治通过另一种手段的继续"。

在军队建设问题上，他认为步兵、骑兵、炮兵在战争中起重要作用，应按比例配置，军队的战斗队形应随时代条件和具体情况的变化而变化，尤其是行军、宿营、供应及交通运输等，必须要适应情况，灵活处置，要重视将帅的作用和部队的训练及纪律的养成。

关于精神要素在战争中的重要作用，克劳塞维茨指出，战争是"双方精神力量和物质力量通过物质力量进行的一切较量，精神状态对军事力量具有决定性影响"，他通过强调精神要素的作用而指出了士气、民心和战争胜负的关系。

在作战理论方面，克劳塞维茨强调，防御是必要的，但决不能为防御而防御。他指出：单纯的防御是同战争的概念相矛盾的。应该把转入反攻看做是防御发展的必然趋势，应当集中优势兵力，把尽量多的军队投入战场，尤其是在主力决战中全部兵力必须都使用进去，而且要特别注意尽可能迅速地行动，要充分利用突然性和不断前进这两个最有力的翅膀，彻底战胜敌人。

（三）若米尼

若米尼，1779 年 3 月 6 日出生于瑞士的帕耶纳市。1796 年中学毕业，1798 年开始在瑞士军中服役，1804 年转入法军。由于他工作出色，能力超群，很快被上级看中而调往内伊元帅做随身副官，后又被提升为参谋长。1809 年以后，他在法军中不断受到排挤，迫使他于 1813 年 8 月单骑出走，投奔俄皇麾下。俄皇亚历山大一世对若米尼十分器重，立即任命他为自己的侍从副官，授予将军衔。后来他又成为尼古拉一世的军事战略顾问，并被授予陆军上将军衔。若米尼在俄军供职几十年，先后参加过 12 次战役和许多重要的军事会议。他还是沙俄军事学院的奠基人。晚年，若米尼重返法国定居，1869 年病逝。

若米尼一生酷爱军事，依靠自学成才。他对军事理论有着广泛而深刻的研究，撰写了不少论文和专著，他的主要著作有《论大规模军事行动》《革命战争史之批判》《战略学原理》《拿破仑的政治生涯》《战争艺术概论》等，其中最有影响的是《战争艺术概论》一书。在该书中，他对战争艺术理论的地位、作用和定义，战争与政治的关系，人民在战争中的作用，军事地理、军队统帅与司令部，战争中人的精神因素，战略战术，后方勤务及各军兵种的联合行动等都做了较系统的阐述，尤其是比较重点地研究了战略问题。

若米尼在军事思想上的主要观点：一是重视战史的研究，因为它是战争艺术原则的唯一理论基础。二是提出了战略是进行战争的科学，战术是进行战斗的科学。三是肯定了进攻的重要性，认为进攻优于防御。四是强调了要集中兵力，并及时地将主力投入到具有决定意义的地段。五是主张快速机动，果断突击，并毫不迟疑地追击敌人。他的这些观点，对资产阶级军事思想的发展有很大影响。

这一时期，世界其他一些国家的军事思想也有较快的发展。如日本通过明治维新，大力引进欧洲的军事制度和军事理论，迅速实现了军事思想的近代化。但真正把资产阶级军事思想推向顶峰的是德国资产阶级军事思想家卡尔·冯·克劳塞维茨。

无产阶级军事思想，作为一种崭新的军事思想体系，也是在近代确立的。19 世纪中后期，为适应当时工人运动发展的需要和迎接行将到来的无产阶级暴力革命，马克思和恩格斯共同创立了马克思主义军事理论。他们运用辩证唯物主义和历史唯物主义，首次正确揭示了战争和军队同社会生产方式之间的内在联系，阐明了军事领域的若干基本规律，确立了军事问题认识论和方法论的科学原则，创立了关于城市工人武装起义、无产阶级军队和人民战争及其战略战术原则的学说。马克思主义军事理论，集中反映在马克思、恩格斯的《皮蒙特军队的失败》《共产主义者同盟中央委员会同盟书》《1852 年神圣同盟对法战争的可能性与展望》《对塞瓦斯托波尔的围攻》《山地战的今昔》等一系列著作中，也反映在马克思的书信中。马克思军事理论的诞生，是人类军事思想发展史上一次划时代的伟大革命，为人们研究、解决军事领域的问题提供了科学的基本观点和基本方法，为无产阶级军事思想的发展奠定了坚实的理论基石。

中国近代军事思想有一个短暂的发展瞬间，是鸦片战争以后形成的。其体系不完备，也较为杂乱。既有古代军事思想的明显特点，又深受西方近代军事思想的影响。林则徐、魏源等有识之士提出"师夷长技以制夷"的主张，标志着变革传统军事思想的开端。以孙中山为代表的资产阶级革命党人，在共产国际和中国共产党的帮助下，提出以党治军、军队与国民相结合，进而成为群众的武力的建军方针，并在军队中建立党代表和政治工作制度，在建军思想上迈出了重大一步。从 1927 年到 1949 年，蒋介石国民党政府引进西方和日本的一些军事技术、体制编制和资产阶级军事思想，又按其所需承袭中国古代军事思想，并与法西斯的军事思想掺杂混用，从而形成其军事思想的政治特征。

三、现代军事思想

1917 年，俄国十月社会主义革命的成功及第一次世界大战以后，标志着人类文明跨入现代史时期。

19 世纪末至 20 世纪初，资本主义经济得到了迅速发展，随着许多新技术被应用于军事领域中，现代作战理论和作战原则发生了重大变革。与此同时，战争的规模愈来愈大，战争对经济的依赖程度越来越强，卷入战争的人员也越来越多，国际政治、经济、外交斗争日益复杂激烈。这些重大变化推动了资产阶级军事思想的发展，相继出现了麦金德的"大陆心脏论"、鲁登道夫的"总体战"理论、古德安的"闪击战"理论等。这些理论在后来的第二次世界大战中得到一定程度的应用和发展。

从 19 世纪后期到 20 世纪 40 年代中期第二次世界大战结束的一段时期，是资产阶级军事思想的丰富和发展时期。"制空权"理论、"小型职业军队"理论、"机械化战争"理论、"坦克制胜"理论等。尤其是"总体战"理论为希特勒发动第二次世界大战奠定了军事理论基础。

第二次世界大战后，世界范围内形成了以美、苏为首的两个集团相互对抗对持的两极格局，出现了美、苏两国长期冷战的复杂局面。由于导弹、核武器的出现和武器装备的发展，特别是主战装备的性能指标达到了物理极限，给战争和国家安全问题带来了许多新特点，西方军事理论在美国的主导下继续发展。主要体现在以下几个方面：

一是"总体战争"和"联盟战争"的思想进一步确立。经过两次世界大战后，资产阶级军事理论家普遍认为，今后战争的胜利不但取决于整个国家和全体国民的参与程度，还取决于是否有许多国家结成联盟的参与以及联盟国家的政治、经济和军事的综合力量。在这种理论指导下，资本主义国家相继成立了"北大西洋公约""东南亚条约""里约热内卢条约""美澳新条约"和"美日条约"等组织，促使资本主义国家结成了空前规模的世界性军事同盟。

二是"火箭核战略"思想。第二次世界大战时：德国研制了 V-1、V-2 火箭。"二战"后期，美国研制成核武器。核武器的出现使资产阶级军事思想发生了更为显著的变化，认为未来世界战争必然是核战争。因此，对战争的样式、作战行动和作战原则都提出了相应的理论。例如，他们认为未来的世界大战必然是核战争；核武器成为完成战略任务的基本手段；所有作战行动将围绕核突击而展开；应把核力量的建设放在军队建设的首位等。当他们单方拥有核武器时，奉行"遏制战略"；当他们的核垄断被打破时，奉行"灵活反应战略"；当他们丧失核优势时，又奉行"现实威慑战略""相互确保摧毁战略""新灵活反应战略"等。

三是重点准备"核威慑条件下的常规战争"。随着核武器库的储量趋于饱和，世界上拥有核武器国家的增多，资产阶级军事家认为，"核战争没有胜利者"，核战争已经没有意义，它只不过是互相残杀，交换自杀而已，核武器已失去了推行政治的工具作用。因此，出现了"核威慑条件下的常规战争""有限战争"理论。

人类进入 20 世纪 80 年代以来，大批高新技术的出现并在军事上的应用，已经取得了替代核武器的作用。特别是"海湾战争"之后，使资产阶级的军事思想提高到了一个崭新的阶段。资产阶级军事思想非常活跃，军事著作大量涌现，在对战争规律的认识，战争与政治、经济、科技、精神、文化等关系方面的认识，以及军队建设、战略战术理论等方面，都取得了令人瞩目的成就。相继提出了信息战、环境战、太空战等新的战争理论。新的理论断言、信息将取代表现为火力和机动力的物质和能量成为作战力量的主导要素，"信息优势"将成为赢得未来战争胜利的关键。所以在武器装备发展方面，强调要大力推进装备信息化建设，在积极发展 C4I 系统、精确制导弹药、灵巧武器、数字化单兵装具的同时，注重搞好顶层设计，使目标侦察与监视、目标信息处理与传输、精确打击与毁伤评估实现一体化，最终建成"军事大系统"。在军事组织体制改革方面，要求把适于发挥火力和机动力潜能的组织结构，逐步改造成适于信息快速流动和使用的军事体制，强调压缩军队规模，优化兵力结构，减少指挥层次，使领导指挥系统逐渐"扁平网络化"，创建新军兵种，建设数字化部队。

以信息技术为核心的高技术战争的面貌在海湾战争中毕露无遗。这场既有机械化战争色彩又有信息化战争特点的高技术战争，刺激了西方战争和战略理论推陈出新的势头，"网络中心战""非线性作战""精确打击""非接触作战"等新理论、新观点竞相涌现。不管这些看法能否准确地说明新的战争形态和作战样式的变化，正确预测现代战争的发展趋势，但是西方军事理论的这种"跨时代的跃升"，很值得人们关注。

从军事思想的发展史上看，在历史上曾经发生过三次历史性的飞跃，一次是我国古代

《孙子兵法》的诞生，标志着人们对战争和军事问题的认识，由悟性阶段跨入了理性阶段，实现了一次历史性飞跃；第二次飞跃发生在以拿破仑、克劳塞维茨、若米尼等人的军事思想为代表的近代欧洲，他们的军事理论，在相当程度上带有自然科学中的机械论和社会科学中的历史唯心论的东西，这其中鱼龙混杂，真理和偏见并蓄；以马克思、恩格斯的军事理论为启迪的第三次飞跃，为真正科学地解决战争和军事问题，首次提供了一套完整的历史唯物主义和辩证唯物主义的世界观和方法论，毛泽东军事思想就是以毛泽东为代表的中国共产党人把马克思主义的军事理论与中国革命战争实践相结合而创立的。

第三节　毛泽东军事思想

毛泽东军事思想，是以毛泽东为代表的中国共产党人，根据马克思主义的基本原理，把中国长期革命战争实践中的一系列独创性经验作了理论概括，才形成了适合中国国情的科学指导思想。它的产生，标志着马克思主义军事理论进入了一个崭新的阶段，使无产阶级军事思想大放光彩。

作为一个内涵丰富且博大精深的科学理论体系，毛泽东军事思想是我军长期以来建军和作战的指针，是我党军事理论的核心，是我们一切军事工作的指导思想，是邓小平军事理论、江泽民国防和军队建设思想、胡锦涛关于国防和军队建设的重要论述的理论基础。

一、毛泽东军事思想的科学含义和特色

（一）概念的提出

毛泽东军事思想这个概念是伴随着毛泽东思想这一概念的提出和发展而出现的，它经历了一个从提法不统一再到进一步完善的发展过程。

1941年3月，党的理论工作者张心如在《论布尔什维克的教育家》一文中，首次使用了"毛泽东同志的思想"这一提法。1943年7月，王稼祥在《中国共产党与中国民族解放的道路》中，则首次提出"毛泽东思想"这一概念，文章指出："毛泽东思想就是中国的马克思列宁主义，中国的布尔什维克主义，中国的共产主义"，并且特别强调，毛泽东思想"是马克思列宁主义与中国革命运动实际经验相结合的结果"。经过全党的较长时间酝酿，1945年6月党的"七大"在延安胜利召开，正式确定"毛泽东思想"为党的指导思想。在大会通过的党章中明确规定："中国共产党以马克思列宁主义的理论与中国革命的实践之统一的思想即毛泽东思想，作为自己的一切工作的指针。"

随着毛泽东思想概念的提出，军队系统在总结中国革命战争和军事问题经验教训的基础上，开始在一些文件和讲话中出现了"毛泽东的军事路线""毛泽东的军事学说"等概念。直到1946年，中央军委在《关于练兵和训练干部的指示》中第一次提出了作为科学用语的"毛泽东军事思想"。军委的指示说："在每一个战役或战斗结束后，应在干部及战士中进行经验的检讨与总结，以加强干部对毛泽东军事思想的学习。"但当时这一概念并没有在全军统一使用。

新中国成立后，在创建军事院校的过程中，对毛泽东军事思想的学习与研究受到了高度重视。1951年1月9日，刘伯承在《关于当前军事学术研究工作的意见》报告中指出："我们研究和介绍马克思列宁主义的军事科学，亦即斯大林军事学说，毛泽东军事思想，其目的

在使它能运用到人民解放事业中去。"1958 年中央军委扩大会议正式要求我军在建军和作战上必须以毛泽东军事思想为指针，从而使"毛泽东军事思想"这一提法在全军得到了统一。

党的十一届三中全会以后，经过思想上理论上的拨乱反正，在军事学术不断发展繁荣的条件下，毛泽东军事思想得到了进一步的完善。

（二）概念的定义

对毛泽东军事思想这一概念的定义，是随着人们认识水平的不断提高以及在广大军事理论工作者不断深入研究的基础上总结出来的。

在《中国军事百科全书》中将之定义为："毛泽东军事思想是毛泽东关于中国革命战争、人民军队和国防建设以及军事领域一般规律问题的科学理论体系。是毛泽东思想的重要组成部分。它是马克思列宁主义普遍原理与中国革命战争和国防建设实际相结合的产物，是中国共产党领导中国人民及其军队长期军事实践经验的科学总结和集体智慧的结晶，同时也多方面汲取了古今中外军事思想的精华，是中国共产党领导中国革命战争、军队建设、国防建设和反侵略战争的指导思想。"

（三）科学含义

从定义中可以看出，毛泽东军事思想这一概念具有四个方面的含义。

1. 毛泽东军事思想是马克思列宁主义普遍原理同中国革命战争具体实践相结合的产物

马克思主义是放之四海而皆准的真理，是指导世界无产阶级革命的科学。但是它所提供的原理只是一般性的，每一个国家必须结合本国家的历史条件和具体特点，才能发挥作用。马克思说过："正确的理论必须结合具体情况并根据现存条件加以阐明和发挥。"中国革命战争，是发生在占世界人口四分之一的半殖民地、半封建的东方大国，在这个以农民群众为主体的国家中，无产阶级政党怎样组织军队，怎样进行革命战争，在马克思主义著作中找不到现成的答案，在实践中也没有先例可循。以毛泽东为代表的中国共产党人，创造性地运用马克思主义的立场、观点和方法，研究中国的历史，分析中国社会具体情况，探索中国革命战争的特点和规律，最终解决了在半殖民地半封建中国的革命道路、人民军队、人民战争等一系列根本问题，创立了具有中国特色的马克思主义的军事理论——毛泽东军事思想。

2. 毛泽东军事思想是中国革命战争实践经验的科学总结

中国长期革命战争实践是毛泽东军事思想赖以产生和发展的源泉和基础。毛泽东军事思想具有鲜明的实践性。中国共产党在领导全国人民为完成民主革命而斗争的过程中，经历了国共合作的北伐战争，独立地领导了土地革命战争、抗日战争和全国解放战争，推翻了帝国主义、封建主义和官僚资本主义三座大山在中国的反动统治，建立了新中国。这场革命战争，其时间之长，规模之大，情况之复杂，道路之曲折，内容之丰富，形式之多样，歼敌数量之多，在中国历史上是空前的，在世界历史上也是罕见的。这是一场代表人民利益的，得到人民群众广泛参加和支持的人民战争。新中国成立后，又进行了将近三年的抗美援朝，以及中印、中苏、中越边界自卫反击作战，巩固了国防，维护了国家安宁和世界和平。上述这些，为毛泽东总结提出游击战争基本作战原则的"十六字诀"奠定了坚实的基础。并从各方面进行了以现代化为中心的国防建设，积累了丰富的实践经验。毛泽东军事思想就是这些实践经验在理论上的科学概括和总结。

3. 毛泽东军事思想是全党集体智慧的结晶

毛泽东军事思想是中国共产党集体智慧的结晶，说明了集体智慧和个人贡献的辩证关系，强调了毛泽东军事思想形成的集体性，它不是一个人或少数人之所为，而是党领导广大革命群众进行的集体的实践活动，是千百万烈士用鲜血写出来的。毛泽东军事思想是全党集体智慧的结晶主要表现在：它是人民群众战争经验的总结、领袖集团的集体智慧、毛泽东的贡献三个方面的结合。

毛泽东作为一名杰出的统帅和军事家，有着过人的才智。但天才来自于实践，智慧源于群众，在人类历史上起过进步作用的正确思想，从来不是某一个人的独创。毛泽东军事思想也是如此，不是他一个人的独创，是毛泽东和他的战友们共同创造的，亿万人民群众和广大指战员的斗争经验和首创精神，全党、全军和全国各族人民在规模空前的人民战争中发挥出来的聪明才智，成为毛泽东思想最宝贵的源泉。毛泽东就曾说："毛泽东思想是全体智慧的结晶，我只不过是一个代表。""毛选里的东西是群众教给我的，是付出了流血牺牲的代价的。"

在革命战争中，我们党和军队关于战争问题的许多重大决策，都是经过了党中央的集体讨论决定的，它凝聚着全党的智慧，也包含着亿万人民群众和广大指战员的斗争经验。毛泽东及老一辈无产阶级革命家、军事家，正是在从战争实践中汲取各种营养，才发展和丰富了毛泽东军事思想体系。

4. 毛泽东军事思想是毛泽东思想的重要组成部分

在整个毛泽东思想科学体系中，毛泽东军事思想占有极为重要的地位。党的十一届三中全会通过的《关于建国以来党的若干历史问题的决议》，在对毛泽东的历史地位和毛泽东思想的评价中，高度赞扬了毛泽东对马克思主义军事理论的杰出贡献。《决议》从关于新民主主义革命的理论；关于社会主义革命和社会主义建设的理论；关于革命军队的建设和军事战略的理论；关于政策和策略的理论；关于思想政治工作和文化工作的理论；关于党的建设的理论。其中第三点就是军事思想。另外，在毛泽东的全部著作中，其军事著作占有大量篇幅，他的军事思想在其整个思想体系中占有重要地位。因此我们说，毛泽东军事思想是毛泽东思想的重要组成部分。

二、毛泽东军事思想的产生、形成和发展

毛泽东军事思想的产生、形成与发展是同中国革命战争的发生、发展和胜利联系在一起的。所以说，要想弄清楚毛泽东军事思想的产生、形成和发展，就必须研究中国革命战争史。从1924年我们党从事军事活动的那一天起，直到人民解放战争的胜利，中国战争经历了一个胜利、失败，再胜利、再失败，直到最后取得胜利的一个曲折复杂的过程，同革命战争的发展过程相适应，毛泽东军事思想也经历了一个产生、成熟和发展的过程。

（一）毛泽东军事思想的产生

从1921年中国共产党诞生到党的"遵义会议"这一段时期，是毛泽东军事思想产生的时期。在俄国十月革命的影响下，中国共产党从接受马克思主义关于暴力学说开始，逐步认识到军事工作在中国革命中的重要性。第一次大革命失败的严酷现实，使中国共产党进一步认识到武装斗争和掌握军队的极端重要性。1927年8月1日的"南昌起义"，打响了武装反抗国民党反动派的第一枪，标志着中国共产党独立领导武装斗争、创建革命军队的开始。同年8月7日，毛泽东在党的"八七会议"上，提出了"枪杆子里面出政权"的著名论断，确定实行土地革命和武装起义的总方针。1927年9月9日，毛泽东亲自发动和领导了湘赣

边界的秋收起义。在起义遭受挫折的情况下，毛泽东毅然放弃了攻打长沙的计划，率领秋收起义的部队进军井冈山，建立了第一个农村革命根据地，实行"工农武装割据"，开辟了一条以农村包围城市的崭新的革命道路。

从"三湾改编"到"古田会议"，毛泽东提出并制定了一套较为完整的人民军队的建军原则。在"反围剿"的斗争中提出并实践了"动员群众、依靠群众和武装群众"的人民战争思想；总结出了游击战争的"十六字诀"（敌进我退，敌驻我扰，敌疲我打，敌退我追）和"诱敌深入、集中兵力、运动战、速决战、歼灭战"等红军的作战原则。

这一时期，毛泽东的主要著作有《政权是由枪杆子取得的》《中国红色政权为什么能够存在》《井冈山的斗争》《关于纠正党内的错误思想》《星星之火，可以燎原》和《反对本本主义》等。在这些军事著作中，毛泽东关于武装斗争思想、农村根据地思想、人民军队思想、人民战争思想、人民战争的战略战术思想均已初步产生，为其科学体系的形成奠定了坚实的基础。

（二）毛泽东军事思想的形成

遵义会议至抗日战争胜利，是毛泽东军事思想科学体系的形成时期。遵义会议是肯定毛泽东军事思想产生时期的成果并推向全面形成体系化的起点，通过抗日战争时期的丰富和发展，达到体系化的形成。1935年12月，党的瓦窑堡会议制定了抗日民族统一战线的政治策略路线和军事战略方针。1936年12月，毛泽东在《中国革命战争和战略问题》一文中，阐明了无产阶级对待战争的根本观点和研究指导战争的基本方法。随后毛泽东发表了《实践论》《矛盾论》等包含丰富的军事内容的重要哲学著作，以军事辩证法观点系统回答了中国革命战争的战略和策略问题。1938年，毛泽东在《抗日游击战争的战略问题》《论持久战》《战争和战略问题》等军事名著中，阐明了抗日游击战争的战略地位和整套人民战争战略战术原则的理论。1944年，毛泽东、周恩来主持写成了《关于军队政治工作问题》的报告，对我党我军的政治工作进行了系统总结，进一步阐明了全军政治工作的性质、方向、任务和方法。1945年，党的六届七中全会做出的《关于若干历史问题的决议》，总结了革命战争的历史经验，系统阐述了人民军队的建设和军事战略理论。毛泽东在七大的《论联合政府》报告，全面阐述了人民军队的建军宗旨和人民战争的基本内容。这个时期，毛泽东军事思想的全面展现还体现在毛泽东其他著作和其他老一辈无产阶级革命家的著作中。如毛泽东的《和英国记者贝特兰的谈话》《论新阶段》，周恩来的《目前抗战危机与坚持华北抗战的任务》《抗战军队的政治工作》，刘少奇的《抗日游击战争若干基本问题》，朱德的《论解放区战场》《论抗日游击战争》，彭德怀的《我们怎样坚持华北六月的抗战》，刘伯承的《游击战与运动战》，邓小平的《根据地建设与群众运动》等。从此，毛泽东军事思想所阐明的内容，包括了无产阶级战争观和方法论、人民军队、人民战争和人民战争的战略战术等，形成了一个比较完整的科学体系。

（三）毛泽东军事思想的发展

抗日战争胜利后，经过解放战争、抗美援朝战争以及社会主义建设时期，毛泽东军事思想得到全面发展。在指导战争问题上，毛泽东相继发表了《抗日战争胜利后的时局和我们的方针》《以自卫战争粉碎蒋介石的进攻》《集中优势兵力，各个歼灭敌人》《大举出击，经略中原》《蒋介石政府已处在全民的包围中》《解放战争第二年的战略方针》《目前的形势和我们的任务》《评西北大捷兼论解放军的新式整军运动》《关于三大战役的作战方针》

《采取远距离包围迂回方法追歼逃敌》《将革命进行到底》等大量文章和电文，不仅使战略防御和运动战理论有了发展，而且还创立了战略进攻、战略决战和战略追击的系统理论。在建军方面，为适应战略进攻的需要，毛泽东提出了加强炮兵、工程兵、装甲兵等技术兵种的建设，指明了军队现代化、正规化的方向。通过全军范围的新式整军运动，进一步激发军队的战斗意志，增强组织纪律性，发展了军队内部的政治、经济、军事民主。

中华人民共和国成立后，毛泽东又为我国国防现代化建设指明了方向。抗美援朝战争，是一场挫败现代化敌人的反侵略战争。毛泽东根据当时的情况和特点，提出了一系列在现代条件下进行反侵略战争的理论及原则。如隐蔽战略企图达成出国作战的突然性；对英美军实行战术小包围，打小规模歼灭战；创造了以坑道为骨干支撑点式的防御体系；实行战术反击作战；重视防空和反坦克作战；建立强大的后勤系统，搞好后勤保障；军事打击紧密配合政治斗争等。

毛泽东先后发表了《给中国人民志愿军的命令》《采取轮番作战的方针》《对美英军目前应实行战术的小包围、打小歼灭战》《祝贺中国人民志愿军的重大胜利》《抗美援朝的伟大胜利和今后的任务》等著作和电文，提出并阐述了现代条件下进行反侵略战争和建军的一系列理论原则。

毛泽东提出了建设现代化、正规化的国防军，发展尖端国防科技和全民皆兵的思想，指出要在大力发展国民经济，增强国家经济实力的基础上，建立完整的国防工业体系，发展现代化的技术装备，独立自主地建设强大的国防，做好反侵略战争的准备等，从而形成了毛泽东国防建设思想，构成了毛泽东军事思想的一个新的组成部分。

党的十一届三中全会后，以邓小平为核心的党的第二代领导集体，结合新的历史条件，继承和发展了毛泽东军事思想，在战争与和平的理论上，在建设有中国特色的现代化国防的理论上，在建设现代化的人民军队和新时期军事战略思想等方面，均有新的建树。

三、毛泽东军事思想的科学理论体系

毛泽东军事思想博大精深，是一个完整科学的体系，主要内容包括无产阶级的战争观和方法论、人民军队思想、人民战争思想、人民战争的战略战术和国防建设理论。无产阶级的战争观和方法论，是毛泽东研究和指导战争的基本立场、观点和方法，揭示了中国革命战争的指导规律，是毛泽东军事思想的理论基础；人民军队思想是人民军队建设的指南，是实行人民战争的骨干力量；人民战争思想是我党从事革命战争的根本指导思想，是毛泽东军事思想的核心；人民战争的战略战术是适应人民战争需要的战略原则和作战方法，是人民战争取得胜利的保证；国防建设理论是毛泽东军事思想在建国后新的历史条件下的新发展、新创造，阐明了和平时期国防建设的重要性，提出了国防建设的指导思想、方针、原则，是实现国防现代化的指南。

（一）无产阶级的战争观和方法论

1. 战争观

毛泽东的无产阶级战争观包含着战争的起源和根源、战争的本质、战争的性质、对战争的态度、战争的最终目的和消灭战争的途径等方面的内容。

（1）战争的起源和根源

马克思主义认为战争不是人类社会一开始就有的，战争起源于私有财产和阶级，私有制和剥削阶级的存在是战争的主要根源。根据历史唯物主义原理，从人类社会物质生活条件变化的分析中去寻找战争赖以产生和存在的条件，从而科学地揭示了战争的起源：即战争不是人类开始就有的，是人类社会出现私有财产、分化为不同的阶级以后所特有的社会现象，它不是由偶然因素决定的，而是由社会的必然因素导致的。

原始社会初、中期，没有剩余产品，没有私有制，没有阶级，也就没有军队，那时部落之间为了一时的争夺存在空间或复仇，发生过一些暴力冲突，但这仅是偶然发生的现象，与实质上的战争有着本质的区别。到了原始社会末期，剩余新产品出现，社会生产有了分工，形成了专门管理和分配的"特权阶层"，从而出现了私有财产，产生了阶级和阶级矛盾。此时，为了掠夺财产和奴役被征服者的暴力活动也就成为必然的现象，实质上的战争开始出现。列宁简明而深刻地指出："私有制引起了战争，而且会永远引起战争。"

战争的起源同战争的根源不是一个概念，但二者有密切的联系。只有弄清战争的起源，才能理解战争的根源。私有制是战争的起源，私有制导致了阶级的出现。压迫者阶级为了贪图更多的私有财产，使以掠夺、奴役为目的的战争变成其经常性的职业，因此，压迫者、剥削者阶级是人类战争的根源。

毛泽东对战争的起源和根源作了精辟的概括，他说："战争是从有私有财产和有阶级以来就开始了的，用以解决阶级和阶级、民族和民族、国家和国家、政治集团和政治集团之间，在一定发展阶段上的矛盾的一种最高的斗争形式。"毛泽东这一论断，一方面揭示了战争的定义；另一方面指出了战争的起源，说明了战争不是从来就有的，也不是永远存在的，而是人类社会发展到一定历史阶段的产物；三是指出了战争的四种类型，即阶级与阶级、民族和民族、国家和国家、政治集团和政治集团之间的战争；四是指明了战争是阶级斗争的最高形式。

（2）战争与政治的关系

克劳塞维茨在《战争论》中指出："战争无非是政治通过另一种手段的继续。"

战争作为人类阶级社会的一种物质运动形态，有其固有的本质，那就是战争是政治的继续。"战争无非是政治通过另一种手段的继续"，是克劳塞维茨提出的，被列宁称为"至理名言"。列宁曾指出："任何战争都是同产生它的政治制度分不开的。某个国家即该国某个阶级在战时所推行的政治，必然是而且一定是它在战前长时期内所推行的政治的继续，只不过在行动方式上不同罢了。"

毛泽东同志发展了列宁的观点，进一步论述了战争与政治的内在联系。他在《论持久战》中明确指出："'战争是政治的继续'，在这点上说，战争就是政治，战争本身就是政治性质的行动，从古以来没有不带政治性的战争。"（《毛泽东选集》第466页）同时指出："战争有其特殊性，在这点上说，战争不即等于一般的政治，'战争是政治的特殊手段的继续'。政治发展到一定的阶段，再也不能照旧前进，于是爆发了战争，用以扫除政治道路上的障碍。"并指出"政治是不流血的战争，战争是流血的政治。"（《毛泽东选集》第477页）毛泽东关于战争与政治的关系的论点，阐明了两层意思：一是战争从属于政治，服务于政治。政治处于主导和支配的地位，战争居于从属和被支配的地位。战争是达到政治目的的一种特殊手段，政治贯穿于战争的全过程；二是战争不仅是实现政治目的的手段和工具，而且反作用于政治，推动政治。毛泽东在抗日战争时指出："政治越改进，抗战越能坚持；抗战越坚持，政治就越能改进。"

（3）战争与经济的关系

马克思主义认为，战争与经济的关系有三方面的含义：一是战争作为一种暴力行为，起源于一定的生产方式；二是战争的目的是为了一定的经济利益；三是以暴力为特征的战争依赖于社会的经济力量。

毛泽东认为革命战争的出发点和目的，最终原因都是经济原因，都是为解放生产力、发展生产力和为改变生产关系的。就革命战争自身而言，经济是革命战争的物质基础。在井冈山斗争时期，毛泽东就把"有足够给养的经济力"作为工农武装割据的存在和发展的最主要的条件之一，并规定："打仗筹款子"用于解决当时红军后勤给养，并作为红军的三大任务之一。1933 年 8 月，毛泽东在苏区的十七县经济建设大会上指出："现在我们的一切工作，都应当为着革命战争的胜利，首先是粉碎敌人第五次'围剿'的战争的彻底胜利；为着争取物质上的条件去保障红军的给养和供给；为着改善人民群众的生活，由此更加激发人民群众参加革命战争的积极性；为着在经济战线上把广大人民群众组织起来，并且教育他们，使战争获得新的群众力量；为着从经济建设上去巩固工人和农民的联盟，去巩固工农民主专政，去加强无产阶级的领导。"（《毛泽东选集》第 105 页）接着，毛泽东强调："只有开展经济战线方面的工作，发展红色区域的经济，才能使革命战争得到相当的物质基础，才能顺利地开展我们军事上的进攻，给敌人的'围剿'以有力的打击；才能使我们有力量去扩大红军……也才能使我们的广大群众得到生活上的相当的满足，而更加高兴地去当红军，去做各项革命工作。"（《毛泽东选集》第 106 页）

（4）人与武器的关系

"武器是战争的重要因素，但不是决定因素，决定因素是人不是物。力量对比不但是军力和经济力的对比，而且是人力和人心的对比。军力和经济力是要人去掌握的。"（《毛泽东选集》第 437 页）毛泽东的这一论述，科学地阐明了人与武器在战争中的不同地位及其辩证统一的关系。

"人是决定因素"，是指在战争全体上，对战争的胜负经常地、长远的、普通的起作用因素，包括人力、人心和人的主观能动性。人力是物质的力量，人心和能动性是精神力量；人既有物质的属性，又有精神的属性，是物质和精神的统一体。

"武器是重要的因素"，是指武器是构成军队战斗力的重要因素之一，对战争的进程和胜负有着重大影响，是取得战争胜利的不可缺少的条件，没有武器不可能进行战争，当然也没有战争的胜利。

武器是战争的重要因素，但起决定作用的归根到底是人而不是物。既要反对过分夸大精神作用的唯意志论，又要反对过分夸大武器作用的机械论。

（5）拥护正义的战争，反对非正义的战争

毛泽东说"战争的性质是根据于战争的政治目的而定的"，由于进行战争的阶级、国家、民族不同，战争的政治目的不同，战争所表现的形态也就不同。诸如阶级压迫战争与解放战争、民族压迫战争与民族解放战争、侵略战争与反侵略战争、同阶级或同民族统治集团之间争权夺利的战争、帝国主义国家争夺势力范围的战争等。

毛泽东对战争的性质，进行了科学的划分，他说："历史上的战争分为两类，一类是正义的，一类是非正义的。一切进步的战争都是正义的，一切阻碍进步的战争都是非正义的。"毛泽东对战争性质的划分，奠定了无产阶级对待战争的根本态度。那就是反对非正义战争，拥护正义战争。毛泽东指出："我们共产党人反对一切阻碍进步的非正义的战争，但是不反对进步的正义的战争。"对于正义战争，我们不但不反对，而且积极支持和必要时直接参加。

（6）战争的目的

战争既不是从来就有的，也不是永远存在的。列宁曾经指出："无产阶级无论现在和将来都要始终不懈地反对战争，但它一分钟也没有忘记：只有完全消灭社会划分为阶级的现象，才可能消灭战争。"（《列宁军事文集》第25页）毛泽东继承和发展了列宁的观点，明确指出："我们研究革命战争规律，出发于我们要求消灭一切战争的志愿，这是区别我们共产党人和一切剥削阶级的界线。"这些都告诉我们，无产阶级研究和从事战争的出发点，区别于其他一切剥削阶级。它不是为了战争而战争，也不是为了掠夺和侵略而战争，而是为了从根本上消灭战争，实现人类永久和平。

战争目的，是进行战争所要达到的预定的战略目标。任何一场战争，都是为了达到一定的目的而进行的。战争目的，是由政治战略规定的。不同的阶级、国家，在不同的历史时期内，为实现一定的政治战略目标，而进行与其战略目标相适应的战争，并赋予一定的战争目的。所以，每一场战争敌对双方，都有它特定的目的。有的以政治目的为主，有的以经济目的为主，无论以何种目的为主，都要通过达成战争的军事目的去实现。

战争的军事目的，是"保存自己，消灭敌人"。它是战争行动的本质，是进行一切战争的根本原则。战争的军事目的之限度，由政治战略企图决定，分有限的目的和彻底的目的两种。有的战争，只是为了达到局部的军事目的，在预定的战略任务与目标实现后即停止战争。

战争的政治目的，是革命战争与反革命战争的最根本的目的。战争是政治的继续和集中表现。阶级之间、民族之间、国家之间、政治集团之间相互进行的战争，都有各自的政治目的。人民革命战争、阶级革命战争、民族解放战争的政治目的，是谋求人民、阶级、民族的彻底解放。一切剥削阶级进行的反革命战争，其政治目的，都是为了镇压革命，维护其反动统治。殖民主义、帝国主义、霸权主义进行侵略战争的政治目的，是为了瓜分殖民地、争夺势力范围、夺取地区或世界霸权，以扩大、巩固其反动的政治统治。新兴的封建势力推翻奴隶制度的战争，资产阶级推翻封建制度的战争，虽然达到了推动社会发展的政治目的，但都是新的剥削阶级取代旧的剥削阶级，仅是剥削制度的更替。只有无产阶级政党领导的革命战争，才能达到消灭剥削阶级，夺取政权，建立人民当家做主的国家的政治目的。如列宁在"十月革命"中领导的武装起义，毛泽东领导的解放战争等，都实现了这一政治目的。

战争的经济目的，是为了取得一定的经济利益。自古以来，一般战争都具有一定的经济目的。原始状态的战争，就是为争夺天然资源等生存条件引起的。到原始社会末期，氏族公社解体并向奴隶社会过渡的时期，部落对部落的战争就已经蜕变成抢劫财富和奴隶的行为。进入奴隶社会以来的战争，攻城掠地，掠夺资源财富和奴隶的行为日益加剧。英国自16世纪起推行殖民主义战争政策，到19世纪侵占了比其本国大150倍的殖民地，到处进行掠夺。从英国对中国发动鸦片战争起，在百余年中，世界上大小帝国主义国家几乎都侵略、掠夺过中国，仅两次鸦片战争，就迫使政治、军事腐败的清王朝，丧失144万平方公里的国土，等于14个江苏省的面积，并赔款银1 600余万两等。

在战争实践中，并不是所有事先预定的战争目的都能实现，由于受种种因素的制约，有的战争双方打成僵局而停战；有的战争一方失利接受停战条件而停战；有的战争一方彻底失败，胜方完全达到战争目的后结束战争。一般的规律，正义战争、革命战争最终战胜非正义战争、反革命战争的情况较为普遍。弄清一场战争的目的，是搞清这场战争的性质，正确对待和指导战争的前提。

2. 方法论

所谓指导战争的基本观点与方法，也就是如何认识和把握战争规律的问题。战争问题的方法论，就是怎样认识和运用战争规律，正确指导战争。毛泽东创造性地运用马克思主义辩证唯物论和历史唯物论的立场、观点和方法，对战争问题的认识论进行了系统地阐述。其内容主要包括如下四个方面。

（1）研究和指导战争必须认识和把握战争规律

战争规律具有客观性、重复性、必然性和普遍性的属性，是不以人的主观意志为转移的，但人们可以认识、掌握和利用它。毛泽东在总结土地革命战争的经验时指出："战争规律——这是任何指导战争的人不能不研究和不能不解决的问题。""不知道战争规律，就不知道如何指导战争，就不能打胜仗"。战争是阶级社会的必然现象，它的产生和发展具有自身的规律。所谓战争规律是战争在发生和发展过程中，战争双方在政治、经济、军事、自然地理诸方面因素的本质联系及其发展趋势，是不以人们的主观意志为转移的客观实际。人们只能认识它，不能取消它；只能运用它，不能违背它，违背客观规律终将导致失败。

毛泽东告诉我们，在认识和把握战争规律时，必须注重分析战争的一般规律与特殊规律。一般战争规律，普遍存在于一切战争之中，如战争是阶级社会的必然现象；战争是政治的继续；战争是双方人员借助武器的较量；战争的基本类型是进攻和防御；战争的直接军事目的是保存自己、消灭敌人等。这些一般战争规律，成为战争主观指导方法的依据。特殊战争规律是指具体战争中存在的反映其特殊性的规律。时代、国家、民族、对象、地域等不同点反映在具体战争的特殊性上，为制定指导战争的特殊方法提供了依据。战争的一般规律与特殊规律之间是辩证统一的关系。这是毛泽东在《矛盾论》中深刻阐明的观点，一般与特殊，共性与个性，共性寓于个性之中。在一定范围内一定条件下，一般性的规律在更大范围内成了特殊性的规律，特殊性的规律在较小的范围内成为一般性的规律。

（2）认识和掌握战争规律的基本方法

首先，应着眼于特点和发展。毛泽东指出："我们研究在各个不同历史阶段、各个不同性质、不同地域和民族的战争的指导规律，应着眼于其特点和着眼其发展。"所谓着眼其特点，就是研究和把握战争的一般和特殊的规律，尤其要把握战争的特殊规律。所谓着眼其发展，就是对战争的认识，要随着时代的发展，科技的发展，战略技术和作战方式的发展，武器装备的发展，时间、地域、性质上的差异而发展，制定正确的战争指导策略。

其次，要立足全局，掌握重要关节。战争的全局与局部的关系是辩证的统一。战争指导者必须把自己的主要精力放在战争的全局上，全面考虑战场形势，客观分析敌我，关照好各局部情况，把战争全局中的各个局部和阶段周密地组织和衔接起来，以达成总的战略目的。在照顾战争全局的同时，应当把自己注意的重心，放在那些对于他所指挥的全局来说最重要最有决定意义的问题或动作上，而不应当放在其他的问题或动作上。掌握关节，就是抓主要矛盾和矛盾的主要方面的原理在战争指导上的运用。抓住和解决了关节问题，就可以带动全局的发展。

再次，要做到"知彼知己"。这是正确解决主观和客观之间的矛盾，认识战争规律和应用这些规律于作战行动的必要前提。毛泽东指出："指挥员的正确部署来源于正确的决心，正确的决心来源于正确的判断，正确的判断来源于周密的和必要的侦察和对于各种侦察材料的联贯起来的思索。"战争指导者必须从战争的实际出发，对双方的政治、经济、军事、地理等各方面的情况，进行认真而周密的调查，从中找出规律，并确定自己的战略战术、军事行动。这种行动不但存在于战争之前，而且存在于战争开始以后，贯穿于整个战争的全过程，在战争进行中，指挥员要不断地检验、修正原来的行动计划，使主观指导尽最大可能地适应客观的要求，这是指挥员指导战争的最重要的环节。

最后，要善于学习，勇于实践。学习军事和战争，除了在书本上汲取古今中外的先进的军事理论和有益的经验外，更重要的是从战争中学习战争，在战争中总结自己的战争经验，认识战争规律，提高军事理论水平。毛泽东指出："读书是学习，使用也是学习，而且是更重要的学习。从战争中学习战争，这是我们的主要方法。没有进学校机会的人，仍然可以学习战争，就是从战争中学习战争。革命战争是民众的事，常常不是先学好了再干，而是干起来再学习，干就是学习。"

（3）尊重战争的客观规律，充分发挥主观能动性。

毛泽东曾指出："军事家不能超过物质条件许可的范围外企图战争的胜利，然而军事家可以而且必须在物质条件许可的范围内争取战争的胜利。军事家活动的舞台建立在客观物质条件上面，然而军事家凭着这个舞台，却可以演出许多有声有色的威武雄壮的话剧来。"

首先，要科学认识战争规律。这是取胜的物质基础，在客观物质条件许可的限度内，不失时机地把胜利的可能性变成现实。解放战争中，我军从战略防御转入战略反攻和进攻时机的选择，就是一例。这时战争进行了一年，在战场上我军歼灭蒋军112万，蒋介石孤注一掷，以其主力对我陕北、山东实行重点进攻，形成中部空虚，在政治上、经济上陷入全面危机。毛泽东毅然决定以我军主力打到外线去，把战争引向国民党统治区域，取得了变化全局的作用，而且是全军团千里跃进，无后方的战略反攻和进攻，这在世界战争史上也是独特的。这是毛泽东抓住战机，实施正确指导，充分发挥主观能动性，实施战略转变的一个范例。

其次，要把发挥主观能动性，建立在实事求是的基础上，要用先进的军事思想、军事理论指导战争。战争实践证明，只有先进的武器装备，没有先进的军事思想、军事理论指导战争，也还会失败的。第二次世界大战初期，英、法军队的失利，就是因为他们的军事思想落后，没有对希特勒"闪击战""总体战"理论引起重视和研究，结果法国精心构筑的"马其诺防线"一夜崩溃；英军也是节节败退，酿成敦刻尔克大逃亡，被德国法西斯战车赶着跑。

综上所述，毛泽东军事思想的战争观和方法论充满唯物辩证法的哲学思想，具有普遍指导意义，是毛泽东军事思想的理论基础，我们应结合时代的发展，进行继承和发扬。

3. 人民战争思想

人民战争是为谋求阶级解放或反抗外来侵略，组织和武装广大人民群众进行的战争。人民战争符合被压迫阶级、被压迫民族的根本利益，是推动人类历史发展的动力。无产阶级及其政党领导下的人民战争，是群众基础最为广泛的人民战争。以人民军队为骨干，依靠广大人民群众，建立农村革命根据地，进行人民战争的思想，是毛泽东军事思想的重要组成部分。

（1）人民战争思想的基本精神

人民战争从一般意义上说，就是广大人民群众为了反抗阶级压迫和民族压迫而组织和武装起来进行的战争。

人民战争具有两个基本特征：一是战争的正义性。在毛泽东看来，战争的性质既取决于它的政治目的，又取决于它的社会效果，就是能否促进人类社会的进步，而其根本标志在于是否符合广大人民群众的根本利益。战争的正义性是实行人民战争的首要条件和政治基础。二是战争的群众性。战争的群众性是指战争必须有广大人民群众的支持和参加，这是人民战争的重要标志。历史上凡是具备这两个特征的战争都可称作人民战争。但是我党领导的人民战争，较之一般意义上的人民战争，群众性更广泛，革命性更彻底，组织性更严密。

毛泽东及其战友们在中国革命战争中，极大地丰富和发展了马克思主义人民战争观，形成了完备的人民战争思想。其基本精神是：在中国共产党领导下，以人民军队为骨干，坚决依靠广大人民群众，实行主力兵团与地方兵团相结合，正规军、游击队、民兵相结合，武装斗争与非武装斗争相结合的人民战争。总之，它是中国历史上最完全、最彻底的人民战争，是"真正的人民战争"。

在毛泽东看来，战争的性质既取决于它的政治目的，又取决于它的社会效果，就是能否促进历史的进步，是否符合广大人民群众的根本利益，凡属推动历史发展和社会进步，有广大人民群众参加的正义战争，均可称为人民战争。

（2）人民战争思想的理论基础

毛泽东人民战争思想是中国共产党的群众路线在革命战争中的具体运用和发展，是人民军队建设、我军战略战术的形成和国防建设的理论基础，是中国人民以劣势装备战胜优势装备之敌的法宝。

毛泽东人民战争思想之所以成为无产阶级最先进的军事理论科学，成为我党进行革命战争的基本指导路线，就在于它有坚实的理论基础。

第一，人民群众是推动社会发展的根本动力。战争是力量的抗争，人民战争的主体是人民群众，人民群众是社会发展变革的决定力量，也是战争胜负的决定力量。毛泽东指出："人民，只有人民，才是创造世界历史的动力"。这就是毛泽东人民战争思想的根本出发点和理论基础。毛泽东还指出：革命战争是群众的战争，只有动员群众才能进行战争，只有依靠群众才能进行战争。中国革命战争的历史和实践证明，人民群众是人民军队赖以生存和发展的条件，是战争中一切力量的源泉，是战争胜负的决定力量。

第二，战争的正义性是实行人民战争的政治基础。战争的正义性和非正义性，决定着人心的背向。历史上的战争虽然千差万别，但按其性质，不外乎两大类：一类是正义战争，一类是非正义战争。正义战争是进步的，符合人民群众的根本利益，人民群众不但真心拥护，而且积极支持和踊跃参加。相反，非正义战争是退步的，是为少数利益服务的，必然要遭到人民群众的坚决抵制和反对。战争的正义性是实行人民战争的政治基础，只有正义的革命战争，才能实行广泛发动群众实施人民战争。

第三，战争伟力存在于民众之中。毛泽东从唯物史观的高度考察战争，科学地阐明了人民群众在革命战争中所起的伟大作用，他指出："战争的伟力之最深厚的根源，存在于民众之中"。革命战争如果离开了人民群众，那就是无源之水，无本之木，也就失去了进行战争的雄厚的物质基础。例如，辽沈战役中，东北翻身农民踊跃参军、参战，先后组成了一个二线兵团，约30万人，不断补充我军。陈毅同志曾形容淮海战役的胜利是人民群众用小推车推出来的。

第四，战争胜负的决定因素是人而不是物。毛泽东人民战争思想之所以成为我军以弱胜强、克敌制胜的法宝，就在于他最合理地把进行战争的人力、物力这两个最基本的因素巧妙地结合起来，构成一个有机的整体，在革命战争中发挥出最佳的作战效能。在人和物这一战争不可分割的统一体中，人的因素是战争胜负的决定因素，这是马克思主义一条重要的军事原理，也是我党进行人民战争的重要理论依据。毛泽东明确地指出："武器是战争的重要的因素，但不是决定的因素，决定的因素是人不是物。"这是毛泽东同志在战争问题上对人与武器关系的精辟论述和高度概括。人是战争胜负的决定因素，在一定的物质基础上，谁充分发挥了人的能动作用，谁就能赢得战争的胜利。武器是战争胜败的重要因素。毛泽东在强调人是战争胜败决定因素的同时，并不否定武器的重要作用。

第五，马克思主义政党的正确领导是实行人民战争的必要条件。作为战争的指导思想，人民战争不是群众起来就可以自发形成的，它必须有战争的领导条件。人民战争的领导者必须具备两个条件：一是真正代表人民群众的利益，反映人民群众的根本愿望，全心全意为人民群众谋取利益；二是懂得和掌握群众路线的指导方法，善于制定有利于调动群众积极性的方针和政策。这两个条件唯有马克思主义的政党才能具备。

（3）人民战争思想的主要内容

第一，党的领导是人民战争胜利的根本保证。综观中国历史上大小数百次的农民起义战争，之所以失败就是因为没有先进阶级政党的领导。我国的革命战争，从星星之火开始，逐步形成燎原之势，最后战胜国内外强大的敌人，取得中国革命战争的彻底胜利，从根本上说，就在于我们所进行的革命战争，有以毛泽东为代表的中国共产党的正确领导，这是实行人民战争的首要条件。

只有坚持中国共产党对革命战争的领导，才能确保战争的正确方向。我们的军队是党直接领导的军队，人民军队之所从小到大，从弱到强逐步发展壮大，并取得一个又一个的胜利，正是由于很好地坚持了党的领导。

只有中国共产党才能最广泛和深入地发动群众。中国共产党是中国人民利益的忠实代表，是为人民的利益而组织和进行战争的。所以，中国共产党是人民群众最信赖的党，是团结和组织人民群众的核心，也必然得到人民群众的拥护，也就能广泛地深入地发动群众，调动人民群众进行革命战争的积极性。

只有坚持党的领导，才能结成最广泛的统一战线。党对战争的领导，不仅表现在能够广泛地发动群众参加战争，还表现在它能最大限度地团结、调动和组织各条战线上的社会力量，紧密配合军事斗争，发挥整体威力。

第二，兵民是胜利之本。兵是指军队，民是指人民群众。兵民结合是取得战争胜利之根本。无产阶级要用暴力夺取和巩固政权，就必须建立一支强大的人民军队。毛泽东指出："从马克思主义关于国家学说的观点看来，军队是国家政权的主要成分。谁想夺取国家政权，并想保持它，谁就应有强大的军队"。"兵民是胜利之本"的思想说明，人民军队是进行人民战争的骨干力量，没有一支人民的军队，就不可能对付反革命军队的进攻和坚持长期的革命战争，就不能最后战胜强大的敌人。同时也说明人民群众中蕴藏着无穷的创造力。

第三，建立巩固的革命根据地。建立巩固的根据地和战略后方。创建革命根据地，走农村包围城市最后夺取中国政权的道路，是毛泽东指导中国革命战争的伟大战略思想，是中国革命战争的显著特点之一。

其具体内容是：在中国社会政治、经济发展不平衡的条件下，在中国共产党的领导下，在敌人统治薄弱的农村地区，依靠和发动农民群众，实行土地革命，建立和组织民主政权，进行武装斗争，实行工农武装割据，把落后的农村建成先进的巩固的根据地，造成军事上、政治上、经济上、文化上的革命阵地，并以此为依托，开展广泛的人民战争。

我党第一个革命根据地是 1927 年 10 月由毛泽东率领秋收起义的部队在井冈山建立的，这一根据地的建立点燃了"工农武装割据"的星星之火，使中国革命找到了生存和发展的立足点。抗日战争时期，在日本侵略军大举进攻，国民党军节节败退的时候，我党领导的八路军、新四军英勇地向敌后挺进，先后在华北、华中、华东、华南建立了拥有 1 亿多人口，面积达 100 万平方公里的 19 个抗日革命根据地，为夺取全国的胜利奠定了基础。

第四，广泛深入发动人民群众进行战争。毛泽东指出，革命战争是群众的战争，只有动员和依靠群众，才能进行革命战争。这是毛泽东人民战争思想最基本的理论。战争不仅仅是交战双方军力和经济力量的竞赛，而且也是人力与人心的竞赛。

第五，建立了最广泛的统一战线。实行人民战争必须团结一切可以团结的阶级、阶层和社会集团，利用一切可以利用的矛盾，结成最广泛的统一战线，最大限度地孤立和打击最主要的敌人。

毛泽东指出："这支军队之所以有力量，还由于有人民自卫军和民兵这样广大的群众武装组织和它一道配合作战。""没有这些群众武装力量的配合，要战胜敌人是不可能的。"这就说明，人民军队和群众武装，好比一车两轮，缺一不可。

第六，确立了机动灵活的战略战术。毛泽东根据中国革命战争敌强我弱的基本情况，创造了人民战争及其以弱胜强的灵活机动的战略战术，实行正确的战争指导。

4. 人民战争的战略战术思想

人民战争的战略战术，体现了毛泽东人民战争思想的战略指导原则和作战方法，是毛泽东高超的战争指导艺术的总结。它揭示了中国革命战争的指导规律，是毛泽东军事思想中十分精彩的部分，内容十分丰富。毛泽东用通俗易懂、简明扼要的语言给予了概括，其基本精神是：一切从敌我双方的实际出发，你打你的，我打我的，有什么枪打什么仗，对什么敌人打什么仗，在什么时间地点打什么时间地点的仗；灵活机动，不拘一格，扬长避短，力争主动，利用矛盾，各个击破；进攻时反对冒险主义，防御时反对保守主义，退却时反对逃跑主义，有效地达到保存自己，消灭敌人的目的。

（1）保存自己，消灭敌人

毛泽东指出："保存自己，消灭敌人这个战争目的，就是战争的本质，就是一切战争行动的根据。"进攻，是直接为了消灭敌人，同时也是为了保存自己。防御，是直接为了保存自己，同时也是辅助进攻或准备转入反攻的一种手段。在这一战争目的中，消灭敌人是主要，保存自己是第二位的。因为只有大量的消灭敌人，才能有效地保存自己。保存自己，消灭敌人是兵家公认的原则，然而真正加以辩证地认识和运用的却并不多见。

"保存自己，消灭敌人"是战争的基本原则。毛泽东指出："一切军事行动的指导原则，都根据于一个基本的原则，就是尽可能地保存自己的力量，消灭敌人的力量。"一切技术的、战术的、战役的、战略的原理，都离不开"保存自己，消灭敌人"这个原则。它普及于战争的全体，贯彻于战争的始终。

（2）实行积极防御的战略思想

毛泽东主张积极防御，反对消极防御。他指出："积极防御，又叫攻势防御，又叫决战防御。消极防御，又叫专守防御，又叫单纯防御。消极防御实际上是假防御，只有积极防御才是真防御，才是为了反攻和进攻的防御。"这不仅是毛泽东对两种不同性质的防御概念作的科学概括，同时也说明，毛泽东主张积极防御，反对消极防御。

（3）战略上藐视敌人，战术上重视敌人

毛泽东指出："从战略上看，必须如实地把帝国主义和一切反动派，都当成纸老虎。从这点上，建立我们的战略思想。另一方面，它们又是活的铁的真的老虎，它们会吃人的。从这点上，建立我们的策略思想和战术思想。"毛泽东还指出："如果我们在全体上过高估计敌人力量，因而不敢推翻他们，不敢胜利，我们就要犯右倾机会主义错误。如果我们在每一个局部上，在每一个具体问题上，不采取谨慎态度，不讲究斗争艺术……我们就要犯'左'倾机会主义错误。"毛泽东关于帝国主义和一切反动派既是"纸老虎"又是"真老虎"的论断，奠定了人民战争战略战术的基本原则——即在战略上，敌人是纸老虎，我们要藐视它；在战术上，敌人又是真老虎，我们要重视它，注意斗争的策略和方法。

（4）歼灭战的作战方针

毛泽东对于为什么要实行歼灭战做了形象的比喻："对于人，伤其十指不如断其一指；对于敌，击溃其十个师，不如歼灭其一个师。"歼灭战是指消灭敌人全部或大部的作战，消耗战是逐渐消耗敌人力量的作战，击溃战是打跑敌人迫使敌人溃退的作战。毛泽东指出："击溃战，对于雄厚之敌，不是基本上决定胜负的东西。歼灭战，则对任何敌人都立即起重大的影响。"

（5）集中优势兵力，各个歼灭敌人

所谓"集中优势兵力"，就是把主要兵力、兵器集中使用于主要作战方向，每战要造成对敌兵力的对比优势。"各个歼灭敌人"就是首先集中兵力歼灭一部敌人，再转入兵力歼灭他部敌人的作战方法。"集中优势兵力，各个歼灭敌人"是我军长期处于弱势条件下，对敌斗争的一条重要战略战术原则。

毛泽东强调，在战略上敌强我弱、敌优我劣的条件下，为了改变敌我进退、攻防和内外线的形势，将被动转为主动，要贯彻在战略上"以一当十"，在战术上"以十当一"的思想，实行"集中优势兵力，各个歼灭敌人"的作战原则。

解放战争中，我军根据毛泽东的指示，遵循"集中优势兵力，各个歼灭敌人"的作战法则，以自己的局部优势，去攻击敌军的局部劣势，并以此逐步转变了整个敌强我弱的战略形势，最终战胜了数倍于我的蒋军，取得了解放战争的最后胜利。毛泽东同志把"集中优势兵力各个歼灭敌人"视为战胜敌人的法宝。

（6）运动战、阵地战、游击战紧密结合

依据战略形势运用运动战、阵地战、游击战是战争中的三种基本作战形式。毛泽东说过："战争本质即战争目的，是保存自己，消灭敌人。然而达此目的的战争形式，有运动战、阵地战、游击战三种"。运动战、阵地战、游击战这三种作战形式，前两种属于正规战，后一种属于非正规战。在革命战争初期，红军弱小，敌人强大，红军以游击战为主。1930 年 8 月，红一方面军成立后，实施了第一次战略转变，开始以运动战为主，赢得了四次反"围剿"战役的胜利。抗日战争开始时，依据敌强我弱的形势，实施了第二次战略转变，转变为以游击战为主，把游击战争提高到战略地位。在八年抗日游击战争中，歼灭日军52.7万人、伪军118.6万人，对赢得抗日战争的胜利起了决定性的战略作用。日本宣布投降后，为粉碎蒋介石发动全面内战的阴谋，实施了第三次战略转变，转变为以运动战为主，并把运动战、阵地战、游击战紧密结合运用，四年歼灭国民党军807万人。抗美援朝战争中，指导志愿军实施了第四次战略转变，把国内正规战争转变为世界型的正规战争，五次进攻战役中，以运动进攻战为主，以后转入以坑道为主体的坚固阵地防御战为主，赢得了抗美援朝战争的伟大胜利，歼敌71.8万人。

三种基本作战形式，尽管各有其不同的作用和特点，但在实现战争目的这一点是完全一致的。三种方式相互配合，必然使敌人处于极为困难的地位。

（二）人民军队思想

人民军队是人民群众自发地或在先进阶级领导下建立的并为人民群众利益而战斗的军队。

以毛泽东为代表的老一辈无产阶级革命家、军事家，运用马克思主义的原理，把创建人民军队作为进行武装斗争的首要问题和实现革命理想的最主要手段，强调："没有一支人民的军队，便没有人民的一切。"在革命战争年代，主要的斗争形式是战争，而主要的组织形式是军队。为了把以农民为主要成分的军队建设成为无产阶级性质的新型人民军队，毛泽东在长期的战争实践中，总结和提出了一整套建军的理论和原则。

1. 确立了中国共产党对军队的绝对领导

党对军队的绝对领导权，首先体现在思想上的领导。早在井冈山和中央苏区时，毛泽东就指出："我们感觉无产阶级思想领导的问题，是一个非常重要的问题。"1927年9月底，毛泽东在"三湾改编"中，根据军队的现状和斗争的实际情况，设立了党代表制度，规定了班有党员、排有党小组、连有党支部、营有党委，使起义军严格置于中国共产党的绝对领导之下。1928年12月，毛泽东在"古田会议"上又一次强调，一定要加强党对军队的绝对领导。其次，政治上的领导。这支军队是执行革命政治任务的武装集团，政治工作是我军的生命线，必须对我军进行正确路线的教育，用马列主义武装部队，用共产主义理想教育部队，维护军队的高度统一和严格的纪律，使我军为执行党的路线、方针、政策而奋斗。再次，组织上的领导，设立了党代表制度。这是毛泽东和中国共产党人，在领导中国革命斗争中，从正反两方面总结出来的宝贵经验。1938年11月6日，毛泽东在延安指出："我们的原则是党指挥枪，而决不容许枪指挥党"。因为，只有坚持和实施党对军队的绝对领导，才能保证人民军队的无产阶级性质，才能坚持全心全意为人民服务，才能完成党交给的各项艰巨任务，才能捍卫我们的国家利益。

2. 规定了全心全意为人民服务是人民军队的唯一宗旨

全心全意为人民服务是人民军队的唯一宗旨。我军是人民的军队，来自人民，为了人民。

毛泽东指出："我们的共产党和共产党所领导的八路军、新四军，是革命的队伍。我们这个队伍完全是为着解放人民的，是彻底地为人民的利益工作的。"在井冈山斗争时期，毛泽东就指出："要教育我们军队的士兵明确为人民去打仗。""红军的打仗，不是单纯地为打仗而打仗，而是为了宣传群众、组织群众、武装群众，并帮助群众建立革命政权才去打仗的，离开了对群众的宣传、组织、武装和建设革命政权等目标，就失去了打仗的意义，也就是失去了红军存在的意义。"我军从建军之日起，就是为人民的利益而战斗的，所有参加这个军队的人，从指挥员到战斗员，都是为人民服务的。1945 年 4 月，毛泽东在党的"七大"报告中，对我军的宗旨作了最完整的概括："为着广大人民群众的利益，为着全民族的利益，而结合，而战斗的。紧紧地和中国人民站在一起，全心全意地为中国人民服务，就是这个军队的唯一的宗旨。"

我们这支军队之所以能够紧紧地团结在一起，不怕困难，不畏艰险，前赴后继，压倒一切敌人，就是因为心中时刻装着人民群众，从而赢得了群众的拥护和爱戴。战争时期是这样，和平时期更是如此，哪里有困难，哪里有危险，我们的军队就会出现在那里。如从 20 世纪 70 年代的唐山大地震、80 年代的大兴安岭大火、90 年代的"三江"抗洪及 21 世纪初的汶川地震、玉树地震等，都给我们留下深刻的记忆。所以，只要坚持全心全意为人民服务的宗旨，我军将无往而不胜。

3. 制定了服从于人民根本利益铁的革命纪律

纪律是执行路线的保证，没有铁的革命纪律就无法保证我军的高度集中和统一。毛泽东高度重视人民军队的纪律建设。在红军初创时期，就要求部队对待群众说话和气，买卖公平，不拉夫，不打人，不骂人。1927 年 10 月，在向井冈山进发的途中，毛泽东制定了《三大纪律六项注意》（三大纪律是：行动听指挥，不拿工人农民一点东西，打土豪要归公。六项注意是：上门板，捆铺草，说话和气，买卖公平，借东西要还，损坏东西要赔）；1930 年，在江西瑞金把六项注意改为十项注意（增加了洗澡避女人、大便找厕所、不搜俘房腰包、经常要做宣传工作）；1947 年 10 月 10 日，毛泽东起草《中国人民解放军总部关于重新颁布三大纪律八项注意的训令》对其内容作了统一规定。这就是我军现在执行的并谱成歌曲传唱的《三大纪律八项注意》（三大纪律：一切行动听指挥；不拿群众一针一线；一切缴获要归公。八项注意：说话和气；买卖公平；借东西要还；损坏东西要赔；不打人骂人；不损坏庄稼；不调戏妇女；不虐待俘虏）。在同一天颁布的《中国人民解放军宣言》中，要求全军指战员"必须提高纪律性，坚决执行命令，执行政策，执行三大纪律八项注意，军民一致，军政一致，官兵一致，全军一致，不允许破坏纪律的现象存在"。这种纪律是从人民的根本利益出发的，它是人民军队完成各项任务提高战斗力的重要保证。

4. 实行了军队内的民主主义

中国人民解放军内部实行的民主制度，即政治民主、经济民主、军事民主。这种民主制度，是在官兵一致原则的基础上建立起来的，是中国人民解放军政治工作的一项基本原则。

实行三大民主是党的群众路线在军队建设中的体现，是提高人民军队战斗力的重要保证。政治民主是：官兵政治上平等，只有职务和分工的不同，没有人格的贵贱，都是军队的主人，都有关心军队建设、关心国家大事的权利。干部尊重战士的民主权利，发扬民主作风，实行群众路线。战士参加连队管理，并有权批评和监督干部。经济民主，官兵有权管理和监督经济生活，主要是实行经济公开，发挥经济委员会的作用，监督经济开支，同贪污浪费、侵占士兵利益和违反经济政策等不良倾向作斗争。军事民主，是在训练中实行官兵互教、评教评学；在作战时发动战士讨论研究如何完成战斗任务，战后进行讲评总结；在战备、施工、生产、科研等项任务中，发动群众出主意想办法，充分调动群众的积极性创造性。当然，我军的民主是在集中指导下的民主。离开集中搞民主，将走向极端民主化，就有悖于我军建设的根本要求。

5. 规定了人民军队的任务

毛泽东指出:"中国的红军是一个执行革命政治任务的武装集团……"这个革命的政治任务,就是毛泽东规定的战斗队、工作队和生产队三大任务。这是军事、政治、经济三位一体的任务,是由我军的性质、宗旨和中国革命战争的特点决定的,是这支新型人民军队与一切旧式军队的显著区别。

在战争年代,我军的主要任务是打仗,消灭敌人的军事力量,即战斗队任务;还要担负宣传群众,组织群众,武装群众,帮助群众建立革命政权以及建立党组织等任务,即工作队任务;为了减轻人民群众的负担,还要在可能的情况下进行生产,即生产队的任务。其中,战斗队任务,在三大任务中居于主要地位。但也要根据不同时期,因时因地有所侧重。如红军时期,我军执行的是打仗,做群众工作,筹款三大任务;抗日战争时期,毛泽东把我军的三大任务称为三套本领,打仗、做群众工作和生产;解放战争时期,我军的三大任务发展成为战斗队、工作队和生产队。

在新时期,我军的战斗队任务主要是体现在教育训练和改进武器装备上;工作队的任务主要体现在帮助地方进行国防教育和军事训练,支援地方重点建设,以及抢险救灾等方面;生产队的任务出发点仍然是为了改善生活和减轻人民、国家的负担。因为军队的经济生活保障主要靠国家供给,所以为了减轻国家和人民的负担,部队至今仍保持着艰苦奋斗、厉行节约的好作风。

6. 政治工作是人民军队的生命线

生命线,是毛泽东和老一辈无产阶级革命家对我军政治工作重要地位和作用所作的形象概括。

政治工作应坚持以马克思列宁主义为指导,根据中国共产党在不同历史时期的总任务,以及由此规定的军队的具体任务而展开。政治工作应服务于军队的革命化、现代化、正规化建设,从思想上、政治上、组织上保证党对军队的绝对领导,保证军队内部的团结和军政、军民团结,保证军队战斗力的提高和各项任务的完成。

关于政治工作的基本原则,毛泽东在 1937 年曾明确概括为:第一,官兵一致的原则;第二,军民一致的原则;第三,瓦解敌军和宽待俘虏的原则。后来,我军把官兵一致,军民一致和瓦解敌军规定为我军政治工作的三大原则。

7. 确立了人民军队的建设方向

加强人民军队的现代化、正规化、革命化建设,是毛泽东为我军规定的新时期的建军方向。毛泽东认为:"我们现在已经进入到了建军的高级阶段,也就是进入到了掌握现代技术阶段。"很显然,随着国家经济的发展,为军队提供现代的武器装备已成为现实。因此,我军必须抛弃以往是正确但现在又是落后了的非正规性和游击性,进入掌握现代化技术装备的新阶段。

(三)国防建设思想

中华人民共和国建立后,毛泽东等老一辈无产阶级革命家,为了适应新的形势和满足任务的需要,总结了国防建设和军事斗争的实践经验,创立了国防建设的理论。它对国防现代化建设的重要性,对人民军队的革命化、正规化、现代化建设,对坚持独立自主的方针,对国防建设指导思想的战略转变,对军事改革的思想和原则,以及对战争准备等问题作了系统的阐述。这是毛泽东军事思想在建国以后的重大发展和重要组成部分。国防建设涉及政治、经济、军事、科学技术等各个学科和领域，并受到这些因素的制约。其主要内容包括以下八个方面。

（1）以适应国际背景作为国防建设的出发点，大力加强国防军和国防工程建设。毛泽东针对当时的情况，提出了从中国的国情出发进行国防现代化建设，要在现有基础上，充分发挥人的主观能动性，走出一条中国自己的国防现代化道路来。其中，在国防工程建设方面要求做到：一是要重点设防。即国防工程不能面面俱到，要选择重要的战略方向和要点。二是平战结合。即建设的工程具有双重的功能，平时适应民用，战时转入军用。三是统筹兼顾。既要确保重点，应付大战，又能应付局部战争或小型战争。

（2）根据国家安全利益的需要，以积极防御的军事战略方针作为国防建设的着眼点，加强国防建设抵御外来侵略，捍卫国家主权和领土完整，确保国家安全。我国的政策是对外永远不称霸，决不侵犯别人，也决不允许别人侵略我国。

（3）国防建设必须与国家经济建设相适应，必须服从、服务于经济建设大局，军队要积极参加、支援国家经济建设，使国防建设和经济建设协调发展。

（4）国防建设必须以现代化建设为中心，这是现代战争的必然要求，也是我军向高级阶段发展的必由之路。国防现代化最主要的标志是武器的现代化、高科技化。

（5）国防建设必须坚持改革开放，坚持四项基本原则，坚持建设具有中国特色的社会主义。要实行精干的常备军与强大的后备力量相结合，搞好军队体制改革和精简整编，加强军队的法制建设，保持武装力量的高度统一和集中。

（6）努力做好工作，避免或推迟世界大战的爆发，保持和平的国际环境和稳定的国内政治局面。国防建设要走军民兼容、平战结合、寓兵于民的道路，加强全民国防教育，提高全民国防观念。发展军事科学，发挥先进的军事理论在国防建设的主导作用。

（7）坚持共产党对军队的绝对领导，不断加强和改进思想政治工作，保持无产阶级军队的性质，把教育训练摆到战略的地位，努力提高部队的战斗力，建设一支具有中国特色的现代化、正规化、革命化的军队。

（8）加强战略后方和战场建设；加强国防后备力量建设；坚持现代条件下的人民战争，立足现有装备战胜优势装备的入侵之敌。

毛泽东指出："我们将不但有一个强大的陆军，而且还将有一个强大的空军和一个强大的海军。"并亲自领导了我军现代化、正规化建设。在他的亲自主持下，颁布了各种条令、条例；开办了各类正规的军事院校；加强了部队训练，颁布了中华人民共和国第一部兵役法，使我军实现了由步兵为主的单一陆军向诸军兵种合成军队的转变。

毛泽东指出："我们不但要有更多的飞机大炮，而且还要有原子弹。在今天这个世界上，我们要不受人家欺负，就不能没有这个东西。"在这个战略思想的指导下，在自力更生的基础上，我国实行了常规武器与尖端武器相结合发展，并优先发展尖端战略武器的方针，在很短时间内，就研制、生产出了原子弹、氢弹、卫星和导弹等一系列战略核武器和装备。

四、毛泽东军事思想的历史贡献与科学价值

20 世纪 20 年代到 50 年代，中国人民在中国共产党的领导下，进行了长达 20 多年的革命战争。这场在中国特定历史条件下，持续时间之久、规模之大、情况之复杂、影响之深远、指挥艺术之高超，在中外战争史上绝无仅有的人民革命战争，以其辉煌的胜利，彻底洗

刷了中华民族百余年遭受列强侵略与欺凌的耻辱，使中国人民重新获得自豪、自信和自尊，表明自己有能力自立于世界民族之林。驾驭这场战争的最高统帅是毛泽东，指导这场战争的理论原则是伟大的毛泽东军事思想。

中国革命的显著特点是武装斗争。在新民主主义革命时期，中国共产党的历史主要是一部武装斗争史。军事工作是党长时期的工作重心，毛泽东始终以极大的精力注重战争，研究军事，指挥作战。据统计，毛泽东仅在土地革命战争和解放战争时期组织指挥和参与组织指挥的战役战斗就达239次之多，尚存的从1927年到抗美援朝时期亲自撰写的军事论著和指挥作战的文电达5 000余篇（件），约400余万字。中华人民共和国成立之后，他仍对军事斗争倾注大量心血。毛泽东的军事实践，包括领导武装夺取政权和保卫国家安全的斗争，是他一生中最光辉、最成功、最精彩的实践；毛泽东的军事理论，也是毛泽东思想体系中最丰富、最完善、最系统化的理论。毛泽东在全党的领袖地位和在亿万人民群众中的崇高威望，是与他百战不殆的军事实践和科学的军事理论创造分不开的。

在中国历史和世界历史上，杰出的军事人物如灿烂的群星。可是，像毛泽东这样集政治领袖、军事统帅与军事理论家于一身，融实践的开拓性和理论的创造性于一体，在长期的军事斗争中始终立于不败之地的伟大人物，则是极其罕见的。毛泽东和他的战友们把马克思列宁主义创造性地应用于中国革命战争的具体实践，凭借中国革命的历史舞台，领导数亿人民群众，在广袤的中国大地上，导演了一幕幕威武雄壮的战争活剧，同时也建造了毛泽东军事思想的理论大厦。在纪念毛泽东100周年诞辰之际，重新回顾和认识毛泽东军事思想的历史贡献和科学价值，对于实现国防现代化，保障国家的安全与发展，增强民族自信心与凝聚力，振兴中华大业，具有重要意义。

（一）毛泽东军事思想是在艰苦卓绝的中国革命战争实践中形成和发展起来的，具有鲜明的中国气派和实践特色

任何理论思维都是时代的产物，任何伟大人物及其伟大思想的背后，都有与之相联系的深刻的时代背景。近代以来，特别是20世纪20年代以来，灾难深重的中华民族，在帝国主义、封建主义和官僚资本主义三位一体的反动统治下，到了兴亡继绝的危险关头。为挽救中华民族于水火，包括伟大的革命先驱孙中山在内的许多仁人志士，进行了不屈不挠的斗争和探索，但是最终都一个接一个地失败了。中国革命的道路面临着新的抉择。在俄国十月革命胜利的鼓舞和马克思主义的指引下，中国共产党成立了。这一开天辟地的大事变，使中国人民的解放事业从此有了坚强的领导。

马克思列宁主义与中国革命战争和国防建设实践相结合而产生的毛泽东军事思想，有其鲜明的气派和特色。主要表现在以下四个方面。

1. 以对中国国情的科学分析和准确把握为深厚根基

近代中国是一个历史悠久、以农民为主体的半殖民地半封建大国，国情相当特殊。没有对中国国情的透彻了解，要创造出满足中国革命战争实际需求的军事思想，是不可思议的。毛泽东是最早注重国情研究并最早认清国情的党的领导人。为了找到一条把马克思主义普遍真理与中国革命斗争实践相结合的正确途径，毛泽东早在中国共产党独立领导武装斗争之前，即对中国社会的考察倾注了大量心血。大革命期间，毛泽东深入社会最底层，广泛进行调查研究，撰写了一批研究中国社会的论著，对旧中国的社会矛盾，阶级结构和政治、经济、军事状况作了鞭辟入里的分析，《中国社会各阶级的分析》《湖南农民运动考察报告》，就是其中的两篇杰作。

2. 以丰富的直接实践为主要源泉

毛泽东军事思想也广泛吸收了古今中外战争经验之精华，但与众不同的是，它主要是来自中国革命战争的直接经验，来自毛泽东领导和指挥革命战争的亲身实践。从 1927 年秋领导秋收起义开始，毛泽东长时期战斗在军事斗争的第一线，而且于遵义会议后实际位居最高统帅达 40 多年之久。这一特殊身份，使他最有条件把军事实践斗争和军事理论创造结合起来，并从全局上实现从实践到理论、再从理论到实践的循环往复与升华。毛泽东在领导军事斗争的近半个世纪中，经历了多种作战对象、多种作战样式和不同战争规模的实践，经历了创建和发展新型人民军队的实践，经历了武装夺取政权和进行国防建设的实践。丰富多彩、蔚为壮观而又艰苦卓绝的军事实践活动，为毛泽东的军事理论创造提供了动力、源泉和检验的标准。

3. 以实事求是的创造精神为活的灵魂

毛泽东具有非凡的开拓意识和首创精神，他不迷信本本，也不囿于已有的科学模式。他不但敢于率领全党和全体人民进行翻天覆地的战斗，而且具有非凡的理论上的勇气和智慧，善于从实际出发进行大胆创造。

4. 集个人能动作用与集体智慧结合之大成

伟大的中国人民革命战争，造就了千百万群众英雄和一大批卓越的无产阶级革命家、军事家。毛泽东军事思想的形成和发展，包含了亿万人民群众和广大指战员的斗争经验和首创精神，凝聚着中国第一代无产阶级革命家、军事家们的心血和智慧。中国革命战争的实践，是群众的实践。他在全党全军和广大人民群众进行军事斗争实践的基础上，集个人能动作用与集体智慧结合之大成，完成了毛泽东军事思想的伟大工程。

（二）毛泽东军事思想全面论及军事领域的各个方面，形成了认识与指导中国革命战争和国防建设的理论体系

在长期的中国革命战争实践过程中生成的毛泽东军事思想，系统地解决了中国革命战争需要解决的指导路线、方针政策、战略战术和建设与保卫国防等一系列问题，形成了认识与指导战争和国防建设的完整的理论体系。

1. 建设新型人民军队的理论

军事斗争主要包括力量的建设和力量的运用两个方面。纵观古今中外有代表性的军事理论著述，通常放在第一位的是力量的运用而不是力量的建设。毛泽东则不然，他从中国革命的实际出发，深刻把握了没有一个人民的军队，便没有人民的一切的革命真谛，从领导武装斗争伊始，就把建设新型人民军队问题放在首位。

2. 进行人民战争的理论

在中国历史上，虽发生过一些具有人民战争性质或特征的战争，但受其历史条件和阶级的局限，广度和深度都很有限，更没有形成科学的理论。只有以毛泽东为代表的中国共产党领导的人民战争及其理论的创造，才开创了真正的全面人民战争的先河，形成了完整系统的人民战争理论。

3. 灵活机动的战略战术

战争的一般规律是强胜弱败，但力量的强与弱不是绝对的，它在一定条件下可以相互转化。毛泽东创造的"你打你的、我打我的"一整套趋利避害、灵活机动的战略战术，揭示

了由中国共产党领导的劣势装备的革命军队，战胜优势装备之敌的战争指导规律，解决了复杂艰巨的"以弱胜强"的作战指导及其方法问题。

4. 建设现代化国防的理论

中华人民共和国成立后，面对从武装夺取政权到掌握和巩固全国政权的重大变化，毛泽东在领导和筹划新中国的国防建设和国防斗争的实践中，系统地提出了中国现代国防理论。

5. 军事辩证法学说

军事辩证法是毛泽东军事理论与实践的哲学概括，是毛泽东军事思想各个组成部分的最高层次。它既是毛泽东军事思想体系的理论基础和精髓，又是一个相对独立的组成部分，是用以研究和指导中国革命战争的战争观、认识论和方法论。

（三）毛泽东军事思想是人类军事思想发展史上的重要里程碑，为军事思想全面通向真理开辟了发展道路

毛泽东军事思想是中国继两千多年前的《孙子兵法》之后，又一次在世界产生巨大影响的军事理论，闪耀着普遍的真理光芒。古代中国孙子兵学的产生，标志着人们对战争和军事问题的认识，由悟性阶段进入了理性阶段，实现了第一次历史性飞跃。以拿破仑、克劳塞维茨、若米尼等人军事思想为代表的第二次飞跃，发生在近代欧洲。它冲破中世纪的思想枷锁，开始用科学手段探讨战争和战争指导规律。不过，欧洲近代军事科学相当程度上是借助当时自然科学中的机械论和社会科学中的历史唯心论精神建立起来的，难免鱼龙混杂，真理与偏见并蓄。以马克思恩格斯军事理论为起始的第三次飞跃，为真正科学地考察解决战争和军事问题，首次提供了一套完整的历史唯物主义和辩证唯物主义世界观和方法论指南。毛泽东军事思想则代表了这次飞跃的最高成就。

（四）毛泽东军事思想在新时期继续得到丰富和发展，科学地回答和解决了和平时期国防和军队建设的基本问题

毛泽东军事思想深刻揭示了武装斗争和国防建设的基本规律，不仅指导中国革命战争和新中国的国防建设取得了伟大的胜利，而且在中共十一届三中全会以后新的历史时期的新的实践中，继续得到丰富和发展，指导我国国防和军队建设取得了一系列举世瞩目的新成就。

第四节 邓小平新时期军队建设思想

邓小平的军事生涯，在他光辉一生中占有重要位置，他对当代中国和人民军队建设最重要的贡献之一是创立了新时期军事理论。新民主主义革命时期，邓小平作为人民军队的创建者和重要领导人之一，为民族独立、人民解放和新中国的诞生，建立了不朽的功勋。进入社会主义改革开放和现代化建设时期，邓小平作为在全党全军全国各族人民中享有崇高威望的卓越领导人，以巨大的政治勇气和理论勇气，在开辟建设有中国特色社会主义道路的历史进程中，开创了一条有时代精神和中国特色的军队和国防建设道路，创造性地总结和提出了关于新时期军队和国防建设的一整套理论、方针和原则，即邓小平新时期军队建设思想。这是邓小平对当代中国及其军队和国防建设最重要的贡献之一，是当代中国军事思想的瑰宝。

一、邓小平军事理论的科学含义

邓小平军事理论是以邓小平为代表的中国共产党人，在中国社会主义建设新的历史时期，关于军队建设及有关军事问题的科学理论体系。是马克思主义基本原理同新时期军队和国防建设实践相结合的产物；是邓小平理论的重要组成部分；是在新的历史时期，对毛泽东军事思想的继承和发展；是党的第二代领导集体智慧的结晶。

（一）邓小平新时期军队建设思想是马克思主义军事理论与新时期军队和国防建设实践相结合的历史产物

邓小平新时期军队建设思想的产生，并被确定为新时期军队和国防建设的指导思想，不是偶然的，根本原因在于我国军队和国防建设所处的历史条件发生了重大变化。

一是国际环境发生了变化。这主要在于当今世界，其基本矛盾运动已由过去的革命战争转变为和平与发展的新的历史时期，经济竞争、市场开发代替了过去的战争、军队对抗。虽然战争危险还存在，但制约战争的力量却有了更大的发展，争取较长时期的和平是有希望的。这种变化对我军新时期的建设提出了新的要求、新的挑战，也提供了新的机遇。

二是国内情况出现了新的变化。粉碎"四人帮"的胜利从危机中挽救了党和国家，以党的十一届三中全会为标志，党和国家工作重心转移到社会主义现代化建设上来，确立了以经济建设为中心，实行改革开放，建立社会主义市场经济，进一步解放和发展生产力的基本方针和原则。这对军队和国防建设提出了新的更高要求。

三是军队建设的自身特点也有了新的变化。从"四人帮"的干扰破坏中走出来的军队，按照时代任务要求，开始进入一个全新的发展阶段。邓小平对军队和国防建设提出了以现代化为中心的目标和任务，建设的指导思想实行了战略性转变，从而使军队建设走上了新的征途，步入了新的发展轨道。

邓小平在领导军队和国防建设的伟大实践中，运用马列主义军事理论，毛泽东军事思想的立场、观点和方法，研究新情况，解决新问题，创造性地提出了一系列理论原则、方针和政策，形成了一个完整的科学体系。

（二）邓小平新时期军队建设思想是对毛泽东军事思想在新的历史条件下的继承和发展

邓小平作为我党的第一代领导集体的重要成员，对毛泽东军事思想的形成和发展作出了重大贡献。作为党的第二代领导集体的核心，邓小平适应新时期军队和国防建设的客观需要，以大胆创新的精神和求真务实的态度，运用马克思主义军事理论和国防建设的理论、方针和原则，揭示了新时期武装力量建设和军事斗争的基本规律，为创立新时期军队和国防建设的正确指导思想作出了重大贡献。

（三）邓小平军事理论，是邓小平理论的重要组成部分

邓小平在建设有中国特色社会主义理论体系时，也创立了新时期军队建设思想。邓小平新时期军队建设思想，是邓小平理论与中国军队建设实际相结合的产物。首先，解放思想，实事求是，是邓小平理论的精髓，也是邓小平军队建设思想的理论基础；其二，邓小平关于时代主题的理论，既是邓小平理论的重要理论基石，是我们正确认识国际战略环境，作出一系列战略决策的重要依据，同时，也是邓小平军队建设思想的重要内容；其三，以经济建设为中心，坚持改革开放，坚持四项基本原则"一个中心，两个基本点"的基本路线，是邓小平理论的核心。而正是这一点构成了邓小平新时期军队建设思想的灵魂，规定了我军以现

代化建设为中心，建设一支强大的现代化、正规化和革命化"三化"军队建设的总目标、总任务。这既是邓小平新时期军队建设思想理论体系的核心内容，也是我国社会主义建设理论的重要内容。

（四）邓小平军事理论，是新时期中国军队和国防建设实践的科学总结

邓小平作为党的第二代领导集体的核心，亲自领导了新时期军队和国防建设的伟大实践，具体研究和解决了军队和国防建设实践中遇到的一系列重大现实问题。他的许多重要论述都是针对军队的现实问题提出的，是对新时期军队和国防建设实践经验的科学总结。

（五）邓小平军事理论，是以邓小平为杰出代表的全党全军集体智慧的结晶

邓小平军队建设思想，不仅指邓小平本人，而是以邓小平为代表、为核心的党的第二代领导集体。邓小平许多重要思想都是在实践中集中了党中央、中央军委和广大指战员的集体智慧，这就使邓小平军队建设思想具备了坚实的实践基础和群众基础。

二、邓小平军事理论的形成与发展

邓小平新时期军队建设思想，是从新时期面临的国际国内形势出发，为适应军队建设和国防建设的需要，在实践中逐步形成和发展的。

（一）邓小平新时期军队建设思想形成阶段（1975—1978 年党的十一届三中全会前）

1975 年 1 月，邓小平同志被任命为中央军委副主席兼总参谋长，主持军委日常工作，并在此后举行的党的十一届二中全会上当选为中共中央副主席、政治局常委、国务院副总理。邓小平在这一时期先后发表了一系列重要讲话，就新时期军队建设问题提出了许多重要的论断和方针，指导我军各方面的工作胜利地实现了拨乱反正，为在新的历史条件下研究新情况，解决新问题，全面推进军队和国防现代化建设铺平了道路。针对"两个凡是"的错误方针，他提出了要完整准确地领会和把握毛泽东思想科学体系的论断；提出了一切从实际出发，理论联系实际，实事求是，是毛泽东思想的出发点和根本点；提出了要把军队办成一个大学校，要把教育训练提高到战略地位，以及在新的历史条件下加强思想政治工作等重要原则；针对林彪、"四人帮"对军队的破坏，高举军队要整顿的旗帜，恢复了毛泽东的建军传统，提出了一系列重要的建军思想，如抓编制，抓装备，抓战略的思想；要克服软懒散，建立"敢"字当头的领导班子的思想；要建立调整干部队伍和领导干部交流的思想；军队要建立克服派性，增强党性，加强纪律性的思想等。总之，在党的十一届三中全会之前，邓小平就在军队建设实践中总结出了一系列重要建军思想和原则，特别是对党的实事求是思想路线的恢复和提出毛泽东思想是一个完整的科学体系的论断，为新时期军队建设思想科学体系的形成做了必要准备。

（二）邓小平新时期军队建设思想成熟阶段（1978 年 12 月党的十一届三中全会至 1985 年 6 月军委扩大会议召开）

1978 年 12 月，党的十一届三中全会召开，实现了党的工作重点的转移。这次全会在思想上、政治上和组织上全面地恢复和重新确立了马克思主义的正确路线，军队建设也进入了新的发展时期。1979 年 2 月，邓小平同志亲自部署了对越自卫还击作战并取得了胜利。1980 年秋，中央军委将"积极防御，诱敌深入"的战略方针调整为"积极防御"的战略方针，使我军战略指导思想更加明确。1981 年 6 月，在党的十一届六中全会上，邓小平同志当选为中央军委主席以后，从国家发展战略的高度，本着解放思想，实事求是的精神，分析了我军建设所处的国际环境、国内条件，现代化科学技术对战争方式的影响及其军队建设的要求，在党和国家工作重心转移后就新时期军队建设进行了总体设计，提出了军队建设的总目标和总任务以及基本指导思想，使邓小平新时期军队建设思想形成了一个完整的科学理论体系。

（三）邓小平新时期军队建设思想丰富发展阶段（1985 年 6 月以后）

在这一阶段，邓小平就我军在国家改革开放不断深入的新形势下，对如何更好地履行自己的职能，提出了关于军队建设的重大理论原则并进一步明确了军队的性质、任务和地位作用。1987 年 11 月，党的十三届一中全会再次选举邓小平为中央军委主席。1989 年 6 月，邓小平接见驻首都部队军以上干部并发表重要讲话，为新时期军队建设进一步指明了方向。同年召开的党的十三届五中全会批准邓小平辞去军委主席的请求之后，邓小平仍然继续关心着国家和军队的建设。无论是在南方谈话中，还是在军队发展的重要关头，邓小平敏锐地、有针对性地提出了一些重要的思想原则。如关于社会主义本质的理论和党的基本路线一百年不动摇的思想；关于人民民主专政的历史地位和军队的作用的思想；关于在新的历史条件下必须发扬红军光荣传统的思想等，都进一步丰富和发展了新时期军队建设思想的科学体系。以江泽民为核心的中央军委组成后，全面贯彻了邓小平新时期军队建设思想，特别是在 1992 年 10 月召开的党的十四大上，江泽民正式提出"邓小平新时期军队建设思想"的概念，确立了邓小平新时期军队建设思想对军队建设的根本指导地位。

三、邓小平新时期军队建设思想的主要内容

邓小平军事理论是马列主义军事理论、毛泽东军事思想在新的历史条件下的创造性运用与发展，是中国化了的、最具有时代特色的当代马克思主义军事理论。邓小平新时期军队建设思想系统回答了新的历史条件下军队建设的一系列重大理论和实践问题，反映了新时期军队建设和军事斗争的基本规律，内容极为丰富。这些内容是一个有着内在联系和逻辑结构的理论体系。

（一）关于新时期军队和国防建设指导思想实行战略性转变

战争与和平问题，是军事领域的一个基本问题。1985 年 6 月，邓小平基于时代特征，根据对战争与和平问题的判断，适应党和国家工作重点转移，做出了军队和国防建设指导思想实行战略性转变的重大决策。这是邓小平新时期军队建设思想全面形成的一个重要标志，也是我军建设史上重要的里程碑。

1. 和平与发展是当代世界的主题

在党的十一届三中全会以前，我们党和世界共产党人认为，我们处于帝国主义与无产阶级革命的时代，其基本特征是战争与革命，得出的结论是：不是战争引起革命，就是革命制止战争。进入 20 世纪 80 年代以后，邓小平根据对国际形势长期观察和对世界主要矛盾的实事求是的分析，系统地提出了判断国际形势，认识战争与和平问题的科学方法。这一方法的实质就是：从政治、经济和军事相统一的原则出发，全面考察时代特征，据此，他提出了和平与发展是当代世界主题的科学论断。其基本思想包括：一是维护世界和平是当今世界不可逆转的历史潮流；二是促进发展成为当代世界各国面临的共同课题和紧迫任务；三是和平与发展，发展是核心问题；四是争取世界经济的发展，就必须反对霸权主义，维护世界和平，建立公正、合理的国际政治经济新秩序。

1984 年邓小平曾指出:"现在世界上的问题很多,有两个比较突出。一是和平问题。现在有核武器,一旦发生战争,核武器就会给人类带来巨大的损失。要争取和平必须反对霸权主义,反对强权政治。二是南北问题。这个问题在目前十分突出。发达国家越来越富,相对是发展中国家越来越穷。南北问题不解决,就会对世界经济的发展带来障碍。"1985 年 3 月,他在会见日本朋友时指出:"现在世界最大的问题,带全球性的战略问题,一个是和平问题,一个是经济问题或者说发展问题。和平问题是东西问题,发展问题是南北问题,概括起来就是东西南北四个字,南北问题是核心问题。"1990 年,针对国际战略格局变化他又指出:"现在旧的格局在改变中,但实际上并没有结束,新的格局还没有形成。和平与发展两大问题,和平问题没有得到解决,发展问题更加严重。"和平与发展是时代主题的论断,表明了和平与发展具有全球战略性意义,是全人类的重要战略任务。

2. 世界大战在一定条件下是可以避免的,但战争危险依然存在,局部战争成为主要形式

邓小平基于长期对世界形势和战略格局的研究,以及对世界政治、经济、军事的新特点的全面分析,提出战争危险依然存在,但世界大战在一定条件下是可以避免的论断。一是和平力量的增长和各种制约战争的因素的作用,世界大战是可以避免的;尤其是占世界人口四分之三的第三世界,大都贫穷落后,要和平不要战争,迫切希望有个和平环境来发展经济。第三世界国家也都不希望爆发世界战争。如邓小平所说:世界很大,复杂得很,但你一分析起来,真正支持战争的没有多少。发达国家的大多数人涉及有关战争与和平问题,自觉不自觉地站在和平一边,使霸权主义有所收敛。随着时代的发展,反对战争,维护和平的呼声将愈来愈高,有力地制约了战争的发生。二是世界大战避免是有前提的,它的前提就是我们的工作做得好,世界人民共同为和平努力奋斗,使和平力量的增长超过战争力量的增长;三是世界大战可以避免,并不是一切战争都可以避免,在大仗打不起来的情况下,局部战争和地区性冲突却此起彼伏,局部战争成为当今战争的主要作战形式。关于局部战争之所以成为当代战争的主要形式,有其深刻的现实根源:首先,在世界性大战受到扼制的情况下,作为当代战争根源的霸权主义国家,为推行其扩张政策的需要,谋求最大限度的经济、政治利益,不惜挑起战端。其次,局部战争风险小,消耗低,效益高,可操作性强等特点,使它更容易成为解决某些争端的重要方式。再次,局部战争是高技术武器装备的试验场,一些国家特别是霸权主义国家往往运用局部战争来试验、改进其新式武器,为其在未来的作战中奠定坚实的物质技术基础。

3. 霸权主义是当代战争的主要根源

邓小平根据新的形势指出:对外奉行霸权主义的帝国主义是现代战争的根源,某些社会主义国家,如果奉行霸权主义的对外政策,同样也是现代战争的策源地。同时,还把霸权主义区分为世界霸权主义和地区霸权主义,明确指出:某些地区性强国,如果推行对外侵略扩张的霸权主义政策,也会成为地区战乱的根源。战争根源问题是马列主义战争观一个重要问题,马克思主义战争观认为,私有制和阶级存在是战争的社会根源。列宁曾提出"现代战争产生于帝国主义"的科学论断。邓小平通过对世界形势的分析,指出:"战争是同霸权主义联系在一起的""霸权主义是战争的根源",他的这一论断,是马列主义战争根源理论在当代条件的继承和发展,是无产阶级战争观的新拓展,具有深刻的时代意义。

4. 反对霸权，维护和平，努力制止战争

邓小平强调，我们的政策一切着眼于反对霸权主义，维护世界和平。中国希望最低限度20年不打仗，更希望70年内不打仗。要"高举反对霸权主义、维护世界和平的旗帜，奉行独立自主的对外政策，坚定地站在和平力量一边。""谁搞霸权就反对谁，谁搞战争就反对谁。"要增强第三世界国家的团结，促进和平力量的发展，制止战争的爆发。

（二）军队建设要服从整个国家建设大局

在新的历史时期，邓小平以马克思主义实事求是的科学态度，对国内外形势和新的历史条件进行了深谋远虑的思考，在实践中探索和规划了国防发展战略，提出了建设有中国特色国防现代化的理论。

1. 服从国家建设大局是新时期军队建设的根本原则

经济是军事的基础，军事的发展必须依赖于经济，这是马克思主义的基本观点。马克思指出："暴力本身就是一种经济力。"恩格斯在《反杜林论》一书中明确指出："暴力的胜利是以武器生产为基础的，而武器生产又是以整个生产为基础的，因而是以经济力量，以经济情况，以暴力所拥有的物质资料为基础的。"由此可以看出：第一，经济基础决定着军队建设的规模、速度和水平。只有经济基础雄厚，才能为军队建设提供足够的人力、物力和财力支援，军队建设才能扩大规模，加快速度。第二，经济基础决定军队建设的质量。没有强大的经济实力，军队难以装备先进的武器装备。同时，军人素质的提高与国家经济的发展、思想文化水平的提高息息相关。而且，经济发展水平还决定着军队的体制编制和作战方式的变化。第三，经济条件还决定着军队建设总体目标的实现程度。军队建设目标是通过综合国力来保障的，而构成综合国力的诸因素中，最基本的是经济力。经济力越强，军队现代化建设可望达到的目标就越高。

邓小平指出："军队各个方面都和国家建设有关系，都要考虑如何支援和积极参加国家建设。""军队装备现代化，只有建立在国民经济比较好的基础上才有可能。所以，我们要忍耐几年。"当然，军队也不能被动等待，必须积极创造条件，力所能及地搞好自身建设。

2. 国防现代化必须从国情军情的实际出发

离开中国国情和军情这个基本条件，国防现代化建设就会脱离实际。必须把基点放在独立自主、自力更生上。当然，在科学技术高速发展的今天，学习和借鉴外国有益经验是必要的，但要结合自己的实际，着眼发挥自己的优势，保持鲜明的中国特色。邓小平明确提出，按照国家总体发展战略的要求，我国国防现代化的发展目标是充分利用世界大战可以避免、国际形势趋于缓和的有利时机，随着国民经济的不断发展，努力加强国防建设，到21世纪中叶，使我国的国防综合实力接近或赶上当时世界其他军事强国，能在维护国家的安全利益和维护世界和平中发挥更加积极的作用。

3. 调整和改革国防科技工业体制

邓小平根据国家经济建设和国防建设的需要，要求把国防科技和国防工业纳入整个国家规划，实行"军民结合、平战结合、军品优先、以民养军"的方针，以适应社会主义市场经济的要求和国防现代化建设的需要，促进国家的经济建设和科学技术的发展。

4. 切实抓好全民国防

建设现代化的国防，有赖于全国军民的共同努力。为此，政治上要坚持以马列主义、毛泽东思想作指导，组织上要强调党、政、军、民通力合作抓国防，体制上要实行精干的常备军与强大的后备力量相结合，思想上要加强维护国家利益为重点的全民国防教育。总之，要让全国军民都来参加国防建设。

（三）新时期实行积极防御的战略理论

20世纪七、八十年代，面对新的国际国内形势，邓小平重新审视军事战略方针问题，明确指出："我们未来的反侵略战争，究竟采取什么方针？我赞成就是'积极防御'四个字。"邓小平这一论断其基本思想包括如下三个方面。

一是在新的历史时期，我国国家性质和对外政策决定了新时期仍然要坚持积极防御战略方针。从政治上来看，积极防御反映了我国社会主义的性质和人民军队的本质，体现了我们国家和军队坚持自卫的立场。从历史经验来看，只有坚持积极防御，才能保卫国家的安全，维护国家的根本利益。从现实斗争状况看，由于霸权主义战争根源的存在，世界政治、经济发展的不平衡，以及民族矛盾、边界纠纷等问题的发展，还存在着对我国现实威胁。因此，必须坚持积极防御，做好必要的战争准备，以应付突然事件的发生。

二是坚持积极防御战略方针，就要切实做好遏制战争的工作。邓小平强调，在战争爆发之前，要把反对霸权主义的斗争，作为一项严峻的任务摆在我们国家和全国人民的日程上面，把战争制止在其发生之前。但重要的工作是集中力量发展经济，增强我国综合国力，从而使制止战争的和平力量大大加强，遏制非正义战争的爆发。

三是坚持积极防御，必须有适应客观实际的灵活的方针。新时期我军积极防御战略的中心问题，是维护国家领土主权和海洋权益，保障国家经济建设和改革开放有一个安全稳定的环境。因此，要坚持同任何国家，不管其社会制度、意识形态如何，实行和平共处，同所有周边国家加强睦邻友好的关系，以和平方式解决争端。但是，对于霸权主义的侵略扩张，对于企图以武力侵犯我国领土主权的行为，对于侵扰我边界，影响我国"四化"建设的行为，都必须予以坚决的自卫还击。只有坚持积极防御战略方针，才能实现新时期军事斗争的战略目标和战略任务。在新时期，党和国家赋予军队的目标和任务是为国家改革开放和经济建设提供坚强有力的安全保证。要完成这一任务，必须实行积极防御的军事战略方针。

（四）建设一支强大的现代化正规化革命军队

在新的历史时期，邓小平根据新的历史条件和新时期军事斗争的实际需要，重新确立了以建设现代化、正规化的革命军队作为我军建设的发展目标，并提出了与之相适应的基本原则、内容和要求，形成了建设现代化、正规化革命军队的系统理论。

1. 革命化建设是我军建设的根本

邓小平把革命化建设作为军队建设的首要问题提出，这是由我军的性质决定的。我们这支军队是在战争年代成长起来的，是由中国共产党缔造和领导的人民军队，实际上也就是说明了我军的政治方向。那么，新时期怎样保持我们这支军队的革命化方向？邓小平进行了深刻的分析和论述。首先，革命化体现了人民军队的性质和宗旨，是我军的政治优势。邓小平指出：任何时候，任何条件下，军队的无产阶级性质都是通过革命化保证的。再次，军队革命化建设关系到国家稳定大局，是我国长治久安，经济发展的重要保证。邓小平曾说：我们国家之所以稳定，军队没有脱离党的领导，这很重要。新的历史时期，军队建设的大环境已经出现前所未有的深刻变化。既给军队建设增添了新的活力，又给军队建设带来了新的考验。我们的军队要始终忠于党，忠于人民，忠于国家，忠于社会主义。我确信，我们的军队能够做到这一点，几十年的考验证明军队能够履行自己的责任。"实际就是军队的政治性质，永远在中国共产党的绝对领导之下，"党指挥枪"；以全心全意为人民服务为唯一宗旨；坚持四项基本原则；具有崇高的理想和严格的纪律；具有强烈的爱国主义精神；具有顽强的战斗作风和吃苦耐劳的精神，这就是革命化军队所应具备而且必须具备的，也是我军建设的根本所在。

2. 新时期军队建设要以现代化为中心

随着科学技术的发展和现代战争样式的变化，军队如果不搞现代化建设，就难以适应这种发展和变化的要求。军队的一切工作和正在进行的一切改革，都要服从和服务于现代化建设，都要紧紧围绕这个中心。以现代化为中心，这是由我军建设的主要矛盾，即现代战争的客观需要同我军现代化水平还比较低的矛盾所决定的；以现代化为中心，就是坚持我军的战斗力的根本职能，坚持以提高战斗力作为我军建设和改革的出发点和落脚点，作为检验我军各项工作的根本标准；以现代化为中心，就要不断深入地进行积极稳妥的改革。一是大力培养现代化军事人才。军队现代化建设是一项宏大的系统工程。其基础和关键，是培养现代化军事人才。二是武器装备现代化是军队现代化的主要标志。邓小平曾指出：现在人民战争与过去的不同，过去我们进行的人民战争，敌我双方的差距不太大，可以通过发挥某些优势加以弥补。三是建立适应现代化战争的科学的体制编制。建立科学的体制编制，是军队现代化建设的一项重要内容，是实现军队整体优化和建立高效运行机制的基础，是提高战斗力的重要环节。为适应现代战争的需要，邓小平领导了军队的体制改革和精简整编。

3. 提高军队正规化建设水平

首先，正规化建设是军队建设的重要方面，主要是指军队的组织、管理和军制等规范化建设。进入新时期邓小平曾果断提出："军队要整顿""军队要像军队的样子"，他指出了正规化问题必须同军事领域内的变革形势相适应，要注意研究新情况，新问题，正规化建设水平必须随战争的发展，随武器装备现代化水平的提高而提高。其次，正规化建设的实质是法制化。邓小平指出："党有党纪，国有国法，军有军规，过去历来如此，现在更应该加以强调。"在邓小平"一手抓建设，一手抓法制"思想指导下，军队的法制建设取得了较大成绩，以宪法为依据确定了我国的基本军事制度和国防体制，先后制定和颁布了一系列军事法律和各种法规、条例、条令，建立健全了军队各级法制部门。邓小平指出："有了章程，那就要老老实实执行，对全军指战员都要进行必要的法制教育，对领导班子要严，对高级干部要严，领导干部不做出好样子，就带不出部队的好作风，就出不了战斗力。"

（五）现代战争条件下仍然要坚持和发展人民战争理论

人民战争是中国革命战争的指导路线，是毛泽东军事思想的核心。在新的历史条件下，邓小平继承和发展了毛泽东人民战争思想，提出了适应现代条件的人民战争理论，其基本思想包括：一是在现代条件下必须坚持人民战争。人民战争并未过时，仍然是我们取得现代战争胜利的法宝。因为：第一，实行人民战争是由我们所进行的战争的正义性决定的，是以人民群众是历史的创造者这一历史唯物主义原理作为理论基础的。第二，科学技术的发展，武器装备的更新，只是改变战争的物质条件，只能影响战争的进程和作战样式，但不能改变人民群众在战争中的决定作用。我们要充分发挥人的主观能动性，最大限度地发挥现有武器装备的作用，依靠人民的总体力量，从而弥补武器装备方面的"技术差"，最终赢得战争的胜利。二是实行现代条件下的人民战争必须发展人民战争理论。现在的人民战争与过去不同，装备不同、手段不同、条件不同、人民战争的表现形式也不同。因此，要根据发展变化了的情况，努力研究新情况，总结新经验，探讨新战法，概括新理论，发展人民战争的战略战术。

四、邓小平新时期军队建设思想的地位作用

邓小平新时期军队建设思想源于实践，高于实践，对于指导新时期我国国防建设、军队建设以及未来作战的实践，都具有十分重要的现实意义和历史意义。

（一）邓小平新时期军队建设思想是继承和发展毛泽东军事思想的典范

在新的历史条件下，邓小平新时期军队建设思想为毛泽东军事思想做出了历史性的贡献。邓小平作为我党我军的第二代领导核心和统帅，不仅是毛泽东军事思想的创建者之一，也是毛泽东军事思想在新的历史条件下的主要坚持者和发展者。邓小平强调，对待毛泽东军事思想，要自觉抵制和批判毛泽东军事思想不需要发展的"顶峰论"、不允许发展的"凡是论"和反对发展的"过时论"，必须把毛泽东军事思想看作一个科学体系，强调在新的历史条件下运用毛泽东军事思想的立场、观点和方法，在实践中，不断认识新情况和解决新问题。邓小平新时期军队建设思想，是新时期继承和发展毛泽东军事思想的典范，或者说，是新时期发展了的毛泽东军事思想。

（二）邓小平新时期军队建设思想是新时期我军军事理论的集中体现

在新的历史条件下，我军建设和军事斗争出现了许多新情况、新问题，照搬过去的经验是难以解决的，必须有我们自己的军事理论和指导方针。邓小平对新时期军队建设和军事斗争中许多重大问题的研究和探讨，是以新的认识、新的理论深度总结我军历史经验，探索新的建军经验。新时期我军军事理论的发展，源于新时期我军军事实践的需要与发展，是时代的需要，是在新的历史条件下尊重军队建设规律，发展新的军事理论的创造。邓小平继承和发展了毛泽东军事思想，比较系统地回答了在当代中国如何建设一支现代化革命军队的重大问题，提出了新时期我军建设中一系列重大方针和原则，形成了新时期我军军事理论的主体，是具有中国特色的当代马克思主义军事理论。

（三）邓小平新时期军队建设思想是新时期我军建设的强大思想武器

伟大的实践需要科学理论的指导，科学的理论只有在指导实践中才能发挥巨大的作用。应该说，新的历史条件下，坚持运用科学的军事理论去指导新时期的军事实践，不仅关系到军队建设和国防建设的前途和命运，而且关系到整个国家的盛衰和兴亡。今天，我军与过去相比，有了令人瞩目的变化。然而，能否逐步实现现代化、正规化革命军队的目标，势必对军队全面建设提出新的要求，需要我们不断地实践和探索。邓小平新时期军队建设思想为我们完成这个伟大的实践和探索提供了世界观和方法论的指导，它将有效地保证我军沿着健康发展的轨道前进，使我军战斗力的提高与社会主义国家现代化的进程同步发展。

第五节　江泽民国防和军队建设思想

党的十三届四中全会以来，以江泽民同志为主要代表的中国共产党人，在推进中国特色社会主义事业的历史进程中，高举邓小平理论伟大旗帜，坚持党的思想路线，解放思想、实事求是、与时俱进，正确把握当今世界和中国的发展变化，创立了"三个代表"重要思想，开辟了马克思主义发展的新境界。江泽民同志在领导我国国防和军队建设的实践中，始终坚

持按照"三个代表"重要思想所体现的时代性和先进性的要求,坚持运用"三个代表"重要思想所贯穿的科学世界观和方法论,集中全党全军智慧,着眼于解决好"打得赢、不变质"两个历史性课题,科学分析和回答了新的历史条件下建设什么样的军队、怎样建设军队、未来打什么样的仗、怎样打仗的问题,创立了富有时代特色的江泽民国防和军队建设思想,实现了党的军事指导理论新的历史性飞跃。全面贯彻"三个代表"重要思想,毫不动摇地坚持以江泽民国防和军队建设思想为指导,这是时代的选择与历史的必然。

江泽民同志说:"一个国家,一个民族,要生存和发展,要在竞争激烈的国际环境中站稳脚跟,就不能没有正确的军事战略方针。在当前复杂多变的国际新形势下,为了掌握战略主动,我们必须确立正确的军事战略方针。"为此,江泽民同志根据国际国内形势的发展变化,在领导和参与多次军事活动的基础上,发表了关于国防与军队建设的一系列重要论述。

一、江泽民国防和军队建设思想的含义

江泽民国防和军队建设思想,是"江泽民关于中国国防和军队建设等问题的理性认识。是对毛泽东军事思想、邓小平新时期军队建设思想的继承和发扬,是指导新时期中国国防和军队建设的根本依据。"

(一)江泽民关于中国国防和军队建设等问题的理性认识

江泽民国防和军队建设思想,科学的回答了在新形势下建设一支什么样的军队和怎样建设军队,中国的国防现代化建设应该走什么样的发展道路等一系列问题。它研究范畴明确,内容丰富,思想深刻,特色鲜明,是一个系统的理论体系。

(二)对毛泽东军事思想、邓小平新时期军队建设思想的继承和发扬

从理论体系上讲,江泽民国防和军队建设理论与毛泽东军事思想、邓小平新时期军队建设思想是一脉相承的,都是马克思列宁主义同中国革命战争实践、同各个历史时期中国国防和军队建设以及军事斗争具体实践相结合的产物。从内容上看,它是毛泽东军事思想、邓小平新时期军队建设思想在新的历史条件下的创新和发展。

(三)是指导新时期中国国防和军队建设的根本依据

江泽民国防和军队建设思想是以江泽民为核心的党的第三代领导集体,坚持与时俱进精神,在研究新情况、解决新问题、开创新局面的实践中,总结提炼出来的指导新时期中国国防和军队建设的理论结晶。是当前和今后一个较长时期我国国防和军队现代化建设的根本依据和科学指南。

二、江泽民国防与军队建设思想的主要内容

江泽民同志在党的十六大报告中指出,要"坚持以毛泽东军事思想、邓小平新时期军队建设思想为指导,全面贯彻'三个代表'重要思想,按照政治合格、军事过硬、作风优良、纪律严明、保障有力的总要求,紧紧围绕打得赢、不变质两个历史性课题,坚定不移地走中国特色的精兵之路,加强军队的革命化现代化正规化建设。"这表明,"打得赢""不变质",是贯穿江泽民关于国防与军队建设论述的两条主线,以江泽民为核心的党中央、中央军委关于军队和国防建设的一系列重大决策,都是围绕这两条主线展开的。归纳起来,这一理论体系包括以下几个方面的主要内容。

（一）大力加强军队建设，不断增强国防实力

江泽民同志在党的十六大报告中指出："建立巩固的国防是我国现代化建设的战略任务，是维护国家安全统一和全面建设小康社会的重要保障。"他认为，国防和军事实力是一个国家综合国力的重要体现，军队的强弱关系着国家的安危、民族的命运。要保卫社会主义祖国，保卫人民的和平劳动，抵御国际敌对势力的侵略和国内敌对分子的颠覆，维护国家统一和社会稳定，全面建设小康社会，推进现代化建设事业的发展，就不能没有一支强大的军队；要巩固社会主义制度，保持国家的长治久安，为经济建设赢得一个和平、稳定的环境，就不能没有一支强大的军队；要使我国在未来世界战略格局中居于主动地位，能自立于世界民族之林，同样也不能没有一支强大的军队。没有一支人民的军队，便没有人民的一切，这是历史的结论。过去如此，现在和将来仍然如此。因此，在和平时期，军队的地位和作用仍然是不可忽视的。

江泽民指出，中国人民解放军是人民民主专政的坚强柱石，是捍卫社会主义祖国的钢铁长城，是建设中国特色社会主义的重要力量。"只有建设一支与我们国家地位相适应的强大军队，才能可靠地保卫国家安全，保卫社会主义现代化的顺利进行。"

我军是执行政治任务的武装集团，必须始终把维护国家主权、安全和人民的根本利益放在第一位。人民解放军要完成这一历史重任，就必须忠实履行自己的职能，充分做好军事斗争的准备，坚定维护国家主权、安全和稳定。时刻保持高度警惕，扎扎实实做好反侵略战争的准备，为保卫世界和平，保卫国家安全，为争取台湾早日回归祖国，实现祖国统一大业作出积极贡献。

（二）始终不渝地坚持党对军队的绝对领导

江泽民同志在党的十六大上指出："始终把思想政治建设摆在军队各项建设的首位，永葆人民军队的性质、本色和作风。党对军队的绝对领导是我军永远不变的军魂，要毫不动摇地坚持党领导人民军队的根本原则和制度。"中国共产党的性质和领导地位、中国人民解放军的职能和任务，都决定了军队必须置于党的绝对领导之下。

1. 坚持党对军队的绝对领导，是江泽民始终强调的一个重大政治原则问题，是我军永远不变的军魂，是我军特有的政治优势

江泽民在"七一"重要讲话中集中阐述了"三个代表"的重要思想，同时强调在新的形势下要坚持党对军队的绝对领导的根本原则，努力把我军建设成为一支强大的现代化、正规化革命军队。我军是由中国共产党缔造和领导的新型军队，是执行革命政治任务的武装集团，是体现党的政治优势的重要力量。党的旗帜就是我们军队的旗帜，党的方向就是我们军队的方向，党的先进性决定我们军队的先进性。军队党的建设作为整个党的建设的重要组成部分。只有以"三个代表"为根本指南，认真总结军队党的建设的成就和经验，研究解决新时期军队党的建设出现的新情况、新问题。把军队各级党组织搞得很坚强，把军队党的建设不断提高到新水平，才能从根本上保证党对军队的绝对领导，保证党在政治上、思想上、组织上牢牢掌握军队，保持人民军队的性质、本色和作风。

2. 必须保证我军始终置于党的绝对领导之下

军队的领导权掌握在谁的手里，这是关系到党和国家的命运，关系到军队的性质和发展方向的首要问题。江泽民指出："中国人民解放军必须置于中国共产党的绝对领导之下，同党中央、中央军委在思想上、政治上和行动上保持一致，坚决听从党中央、中央军委的指

挥。"他要求我军要模范地贯彻执行党的路线方针政策，不折不扣地执行党中央、中央军委的决策和指示。他特别强调要严守政治纪律，不容许向党闹独立性，不容许其他任何政党、任何组织插手军队，不经党中央、中央军委授权，任何人不得擅自调动和指挥军队。这个根本制度关系到军队的性质、宗旨问题，是关系到党和国家前途、命运的大问题，任何时候、任何条件下都必须坚定不移地贯彻执行。

3. 永葆人民军队的性质、本色和作风

坚持党对军队绝对领导的根本目的，在于永葆人民军队的性质、本色和作风，使军队永远忠于人民、忠于社会主义国家。始终不渝地保持人民军队的性质、本色和作风，是党的三代领导核心共同关注并抓住不放的建军原则和建军方向，是立军之本，建军之魂。江泽民担任军委主席以来，对于保持人民军队性质的问题，结合我军围绕这一思想政治建设的根本任务，做了大量卓有成效的工作。对于这个重大时代课题，既要有现实的紧迫感，又要有长期的历史责任感，要坚持不懈地努力做实做好。

（三）认真贯彻"三个代表"重要思想，把思想政治建设摆在全军各项建设的首位

江泽民指出："搞好军队的思想政治建设，是搞好军事训练、后勤保障以及整个军队现代化建设的重要基础。思想政治建设是革命化建设的核心，是引导全军干部战士拒腐蚀、永不沾，永葆人民军队革命本色的可靠保证。所以，我们必须高度重视军队的思想政治建设，必须把它摆在全军各项建设的首位。"

新时期军队思想政治建设的使命和根本任务，就是要为"打得赢""不变质"提供强大的精神动力和可靠的政治保证。对于新时期军队建设，江泽民指出："有两个重要的问题是我始终加以关注的：一个是在复杂的国际环境中，我军能不能跟上世界军事发展的趋势，打赢未来可能发生的高技术战争；一个是在社会主义市场经济和对外开放的条件下，我军能不能保持人民军队的性质、本色和作风，始终成为党绝对领导下的革命军队"，"在发展社会主义市场经济和对外开放的过程中，不可避免地会出现一些消极腐朽的东西，而这些东西对官兵思想的侵蚀和影响，对部队作风、纪律的冲击，就其广泛性和严重性来说，也是前所未有的"，"如果不能在新的形势下做到拒腐蚀，永不沾，我们这支军队就有改变性质的危险，就会丧失战斗力"。所以，只有通过强有力的思想政治工作，将党的方针政策、强烈的革命事业心、政治责任感和进步的思想贯注于干部战士的头脑中，才能把干部战士身上蕴藏的力量充分激发出来，才能形成强大的战斗力。另外，随着编制体制的调整，一批批有头脑有文化的青年进入军营，大批中青年干部走上领导岗位。他们没有经历过战争的考验和艰苦环境的锻炼，对军队奋斗历史缺乏了解，对党和军队的优良传统体会不深。所以，在新世纪军队建设过程中，如何使年轻的官兵的思想，适应社会主义市场经济和改革开放的新形势，把自己培养成懂军事，懂政治，能打仗，会建设的高素质复合型人才，认清自己的神圣职责和历史使命，离不开强有力的思想政治教育。

江泽民强调，讲政治是我军优良传统的精髓和核心，注重并始终坚持从思想上、政治上建设部队是党领导军队的一条根本原则。

（四）贯彻"五句话"的总体要求，加强军队全面建设

关于新时期军队建设的总目标，邓小平在1981年9月检阅演习部队时的讲话中作了明确表述："必须把我军建设成为一支强大的现代化、正规化的革命军队。"三者归结到一点，就是要把军队搞强大，如何把这个总目标贯彻到军队全面建设中去，落实到各项工作中去，这是全军广大指战员非常关注的一个重大问题。对此，江泽民在党的十四大报告中高屋建瓴地指出："使全军部队做到政治合格、军事过硬、作风优良、纪律严明、保障有力。"这"五句话"已成为新时期军队建设的总要求，同时也成为检验总目标实现程度的重要尺度。

这"五句话"的总要求思想深刻，内容丰富，意义深远。它体现了毛泽东的建军思想，特别体现了邓小平新时期军队建设思想的要求，是对毛泽东建军思想和邓小平新时期军队建设思想的继承和发展。

1. 政治合格

这是军队质量建设的首要任务，是我军的光荣本色和最大的优势。其根本含义就是要始终坚持和接受中国共产党的绝对领导，保证我军人民军队的性质和宗旨，坚定不移地贯彻执行和维护党的路线、方针和政策，确实履行党和人民所赋予的神圣使命，永远做党、国家和人民利益的忠诚捍卫者。在改革开放和发展社会主义市场经济的条件下，要做到政治合格，就必须高举邓小平理论伟大旗帜，深入贯彻"三个代表"重要思想，大力弘扬我党、我军的优良传统，加强和改进思想政治工作，把思想政治建设摆在首位。

2. 军事过硬

这是全面加强军队质量建设的一项基本要求。其关键就是要解决我军"打得赢"的问题。中国人民解放军所担负的历史使命，要求军队必须做到军事过硬。在新时期，实现军事过硬，一要树立现代战争意识，掌握高科技知识，精通战略战术和本职业务；二要坚持战斗力标准，牢固树立战斗队思想，全面落实战备工作，从实战需要出发，从难从严要求和训练部队，做到军事技术精湛，战略战术灵活，战斗作风顽强；三要提高五种作战能力（快速反应、野战生存、联合作战、电子对抗、后勤保障），在任何复杂艰难的情况下都能圆满完成各项任务。

3. 作风优良

这是我军的鲜明特色和特有的政治优势。其重点就是要解决我军永葆本色的问题。作风出战斗力，有什么样的作风就有什么样的战斗力。优良的光荣传统和特有的政治优势，是我军性质、宗旨的集中体现，也是构成我军战斗力的重要因素和克敌制胜的法宝。其主要内容是：实事求是、言行一致、公道正派、廉洁奉公、艰苦奋斗、勤俭节约、尊干爱兵、拥政爱民、雷厉风行、英勇顽强等。因此，江泽民反复强调，在新的历史条件下，全军在思想作风上，要保持坚定正确的政治方向，坚持解放思想，实事求是，理论联系实际，密切联系群众，勇于批评与自我批评，谦虚谨慎，顾全大局，维护团结；在工作作风上，要坚持与时俱进，勇于创新，雷厉风行，真抓实干，反对浮夸和形式主义；在战斗作风上，要不怕艰难困苦，不怕流血牺牲，英勇顽强，敢打必胜，勇于压倒一切敌人，战胜一切困难；在生活作风上，要艰苦朴素，勤俭节约，廉洁奉公，拒腐蚀永不沾，永远保持人民军队的光荣本色。

4. 纪律严明

这是全面加强军队质量建设的重要保证。在新时期，军队质量建设程度越高，政治纪律、军事纪律和组织纪律的要求就越严格。这是保证我军高度集中统一的必然要求。江泽民反复强调指出，必须"以加强纪律建设为核心内容，依法从严治军"，因为"在长期的和平环境中，部队容易松懈，坚持从严治军很不容易，但正因为如此，治军就更要严格，丝毫懈怠不得。"为此，江泽民要求军队，一要严格政治纪律，坚决维护政令军令的权威性、严肃性，确保党中央、中央军委决策的贯彻落实；二要树立高度自觉的组织观念，无论客观环境如何变化，都必须按组织原则行事；三要严格遵守三大纪律八项注意、条令条例和规章制度；四要严格执行群众纪律，自觉接受群众的监督，维护人民的利益。

5. 保障有力

这是全面加强军队质量建设，提高战斗力的重要方面。其关键就是要解决我军在高技术战争条件下供应保障问题。随着科学技术的快速发展和它在军事领域的广泛应用，保障是否有力，直接关系到军队质量建设的进程和战争的胜败。新时期的后勤保障和装备技术保障，要在我军现有条件下，妥善运用人力、物力、财力和各种技术装备，做到人员素质过硬，装备性能先进，保障体制优良，管理体制健全，基层工作落实，无论在任何条件下，都能及时、准确、高效地保障军队建设和作战的需要。

上述"五句话"虽各有其特殊的内涵和本质，但它们却是彼此联系、不可分割的统一整体。其中，政治合格主要是革命化建设的基本要求和尺度；军事过硬和保障有力主要是现代化建设的基本要求和尺度；作风优良和纪律严明主要是正规化建设的基本要求和尺度。因此，只有全面做到了"五句话"，才能全面实现新时期军队建设的总目标，全面提高部队的战斗力。

（五）实施科技强军，走有中国特色的精兵之路

江泽民在十五大报告中指出："军队要贯彻积极防御军事战略方针，加强质量建设，走有中国特色的精兵之路，是实现我军现代化的正确选择……减少数量，提高质量，是我军现代化建设的一条基本方针。"

1991年，海湾战争后，江泽民多次出席部队的海湾战争研讨会，并严肃地指出，要注意从海湾战争研究现代战争的特点，军队现代化建设要重视和依靠科学技术进步。要清醒看到我们的差距，大力发展国防科技，要有迎头赶上去的紧迫感和信心。

1992年，江泽民在党的十四大报告中指出：必须按照邓小平新时期军队建设思想，走有中国特色的精兵之路，军队要努力适应现代战争的需要，按照注重质量建设的方针，全面增强战斗力。

1995年底，在中共中央、国务院提出科教兴国战略的同时，中央军委明确提出在军队建设上要逐步实现由数量规模型向质量效能型、由人力密集型向科技密集型的转变。这一观点的提出，标志着我军科技强军战略的正式形成。

1997年，在党的十五次代表大会上，江泽民向全世界宣布，今后三年内裁军50万。2002年再次裁军20万，我军正式走上精兵之路。

以江泽民为核心的党的第三代领导集体，把加强军队质量建设，依靠科技强军，走有中国特色的精兵之路，加快我军的现代化建设，提高我军的现代技术特别是高技术条件下的作战能力，作为今后一个时期军队建设的重要指导思想，为我军的建设和改革指明了方向。

为了实现军队建设的"两个根本性转变"，江泽民提出，要下决心解决好军队的规模和体制、编制问题，克服领导、指挥、管理、保障体制和部队编组结构中制约军队战斗力提高、制约军队现代化建设的弊端和不足。编制体制调整改革，出军事效益，出战斗力。通过编制体制的调整和改革，把我军建设成为一支规模适度、结构合理、机构精干、指挥灵便、战斗力强的现代化、正规化革命军队。

（六）确立新时期积极防御的军事战略方针，把军事斗争准备的基点放在打赢高技术条件下的局部战争上

建国以后，我军实行积极防御的战略方针，维护了国家的主权和安全。在新的历史条件下，江泽民强调指出："一个国家，一个民族，要生存和发展，要在竞争激烈的国际环境中站稳脚跟，就不能没有正确的军事战略方针。国防建设要贯彻积极防御的战略方针。在当前复杂多变的国际新形势下，为了掌握战略主动，我们必须确立正确的军事战略方针。"

1. 坚持"积极防御"的战略方针

江泽民曾说过：作为我们整个国家的战略方针，我看就是按照邓小平同志所概括的积极防御。因为积极防御和我们的改革开放，把经济搞上去的方针政策以及政治方面的一些政策都是相符合的。积极防御这个方针应该说是我们的传家宝。另外，他还强调，军事战略归根到底是治国之道，如果军事战略错了，损失是很大的。我们国家的军事战略方针是根据整个国际形势的发展变化来确定的。当今世界形势动荡多变，天下并不安宁，但世界大战在一个较长时间内打不起来。邓小平同志从这个大形势考虑，提出采取新时期积极防御的军事战略，是完全正确的，因为我们不需要走出去打人家，我们从来就是反对侵略，支持一切正义事业的，在战争与和平问题上，我们从来不主动挑起战争，我们是爱好和平的，也是始终致力于维护和平的，反对一切侵略性的、非正义的战争，反对任何形式的霸权主义和强权政治。我军新时期积极防御战略方针的确定，具有多方面的理论与实践依据，是实事求是，符合客观实际的。它不仅符合时代的发展和战争形态的重大变化，符合世界形势和战略格局所发生的重大变化，而且也符合我国国情及面临的主要威胁和周边的实际情况。

2. 打赢高技术条件下的局部战争

随着1991年海湾战争的爆发，现代高技术条件下的局部战争的挑战已成为不可回避的历史性课题，这些重大变化都给我军的军事战略和国防建设提出了严峻挑战。在这种情况下，以江泽民为核心的党的第三代领导集体经过审时度势，为确保我军的发展跟上世界军事变革的步伐，提出了新的军事战略方针。其基本精神就是：把未来军事斗争准备的基点，放在打赢可能发生的现代技术特别是高技术条件下的局部战争上。在这一基本精神指导下，从1995年，我军开始由数量规模型向质量效能型、由人力密集型向科技密集型的转变。江泽民强调指出："以劣胜优，打人民战争，是我党我军的基本经验和宝贵财富，我们一定要发扬我军以劣势装备战胜优势装备之敌的优良传统，牢固地树立敢打必胜的信心。"我们要认真贯彻这些指示精神，认真研究在现代技术特别是高技术条件下，如何立足于现有武器装备，打赢可能发生的局部战争。

江泽民要求全军要站在时代发展前沿，密切关注国际战略形势发展变化的各种动向，预测战争可能的发生与发展，正确处理国际间的各种关系，及时对国际上的各种关系到我国安全的事件做出必要的有力反应。积极贯彻冷静观察，稳住阵脚，沉着应付，韬光养晦，善于藏拙，决不当头，有所为有所不为的战略方针。要研究现代技术特别是高技术条件下局部战争的特点和规律，把思想认识进一步统一到党中央的战略决策上来。要努力发展具有我军特色的作战思想，要努力解决好诸军兵种的联合作战问题，要立足于最困难、最复杂情况充分做好战争准备，要在战争指导上坚持你打你的、我打我的，要依据战争的矛盾法则周密进行战略筹划，要把战略指导和作战思想建立在客观实际的基础上。

（七）坚持和发展人民战争的战略思想，充分发挥人民战争的整体威力

人民战争是我们以劣胜优，克敌制胜的法宝，是我们的传统优势。在新的形势下，人民战争的传统优势还存不存在？还能不能发挥应有的作用和威力？江泽民做出了肯定的回答。他说："应付现代技术特别是高技术条件下的局部战争，现阶段我们确有困难，但我们也有自己的优势，我们真正的优势还是人民战争。我们要结合新的历史条件和新的实践，坚持和创造性地发展人民战争思想。在高技术条件下，人民战争的地位不是降低了，而是更高了，人民群众参战、支前的内容和方式更多了，人民战争的历史舞台更加广阔了。"

国防和军队建设是全党、全国人民的共同事业。江泽民同志强调，人民战争是我们的真正力量所在，要按照人民战争的战略思想，实行精干的常备军与强大的国防后备力量相结合，在加强军队建设的同时，高度重视民兵、预备役等国防后备力量的建设；武警部队是我国武装力量的重要组成部分，要继续加强武警部队建设，发挥他们在维护国家安全和社会稳定中的重要作用；坚持"军民结合、平战结合、寓兵于民"的方针，建立适应现代战争快速动员要求的国防动员体制，实现国防资源的合理配置和统一调度，使综合国力在战时迅速转化为战争实力；发展人民战争的战略战术，创新人民群众参战支前的内容和形式，充分发挥高技术条件下人民战争的威力；大力发扬拥军优属、拥政爱民的优良传统，深入开展创建双拥模范城（县）活动，巩固和发展军政军民团结的大好局面；要深入持久地开展以爱国主义为核心的国防教育，增强全民国防观念，建立国家、军队、社会、学校、家庭"五位一体"的国防教育系统工程网络。

（八）把培养和造就大批高素质新型军事人才作为一项刻不容缓的战略任务

在新的历史时期，江泽民把培养高素质的军事人才摆到了十分突出的地位。江泽民同志多次强调，军队的现代化，人员素质是个至关重要的因素，人才是兴军之本，是根本大计。必须把培养和造就大批高素质人才作为军队现代化建设的根本大计来抓。

我军迎接世界新军事革命的挑战，实现国防和军队现代化建设的跨越式发展，关键在人才。不把人才培养作为一项战略性任务来抓，就难以建设现代化的军队，也就难以战胜拥有高技术优势的敌人。江泽民同志说："人才培养是个长期的任务，又是当务之急。高新技术装备一下子搞不上去，但人才培养要先行。宁肯让人才等装备，也不能让装备等人才。"他强调"治军先治校"，必须把院校教育摆在优先发展的地位，逐步建立起总体规模适当、结构合理、效益较高的具有我军特色的新型院校体系，形成有利于人才成长和科研创新的培训体制和管理体制。

在世界新军事变革的挑战面前，我军要加速实施人才战略工程，争取经过一二十年的努力，培养和造就适应未来高技术战争需要的"五支队伍"：即具有战略眼光，能够把握世界军事发展趋势，懂得信息化战争指挥和信息化建设的指挥军官队伍；具有较高科学文化素养和全面军事素养，善于对军队建设和作战问题出谋划策的参谋队伍；能够站在科学前沿，组织谋划武器装备创新发展和关键技术攻关的科学家队伍；精通新式武器装备性能，能够迅速排除故障、解决难题的技术专家队伍；具备专业技术基础，能够熟练掌握和使用手中武器的士官队伍。

（九）努力完成机械化和信息化建设的双重历史任务，实现我军现代化的跨越式发展

江泽民同志指出，科学技术是第一生产力，也是非常重要的战斗力；科技进步是经济社会发展的重要动力，也是军队现代化的重要动力。有了强大的国防和先进的科学技术，我们就能顺利实现新时期军事战略方针。因此，必须把依靠科技进步作为提高军队战斗力的基础。他指出，首先必须建立现代化的军事理论，其次要实现武器装备的现代化，还要把科技练兵作为增强部队战斗力、提高打赢高技术局部战争能力的根本途径，进一步在全军兴起科技练兵的热潮，真正从难、从严、从实战出发锻炼和摔打部队。

2000 年，江泽民在军委扩大会上指出："新军事革命，实质上是一场军事信息化革命。高技术战争，是以信息化为主要特征的。信息化正在成为军队战斗力的倍增器……可以预见，信息化战争将成为二十一世纪的主要战争形态。"我军正处在机械化任务尚未完成，又要努力向信息化过渡的特殊阶段，为了尽快缩短与世界先进水平的差距，我军必须走跨越式发展道路，以信息化为先导，用信息化带动机械化；以机械化为后盾，用机械化来推动信息化；最大限度地发挥后发优势，争取实现我军现代化的跨越式发展。

（十）国防建设必须服从服务于国家经济建设大局，两者要相互促进，协调发展

江泽民同志指出："把经济建设搞上去和建立强大的国防，是我国现代化建设的两大战略任务。"他强调，在新形势下，"国防建设和军队建设必须以经济建设为依托，服从国家经济建设的大局。国民经济发展了，才能为国防现代化提供必要的物质技术基础。"江泽民的重要论述，丰富和发展了毛泽东、邓小平关于国防建设与经济建设的辩证关系，同时，也是我国在新世纪发展过程中，正确处理经济建设与国防建设关系的指导原则。

江泽民强调，必须正确认识和处理经济建设与国防建设之间的关系，在集中力量进行社会主义经济建设的同时，努力加强国防建设，形成二者相互促进、协调发展的机制。他在党的十六大报告中说："坚持国防建设与经济建设协调发展的方针，在经济发展的基础上推进国防和军队现代化。"

经过改革开放 20 多年的发展，我国的经济实力显著增强，为加强国防建设提供了雄厚的物质基础；适度的国防投入，又可以拉动和促进经济的发展。因此，一方面，国家在进行经济建设特别是基础设施建设中，要充分考虑国防和军队的需求，做到既促进经济发展又增强国防能力；另一方面，要适应未来高技术条件下联合作战的要求，进一步健全以军区为基础的联勤保障体制，实现"三军一体、军民兼容、平战结合"的联勤保障；要深化国防科技工业体制改革，改变国防科技工业长期形成的军民分割、自成体系的状况，走寓军于民的道路。江泽民同志指出："坚持寓军于民，是一个关系国民经济和国防科技建设全局的重大问题。""我们必须坚持以经济建设为中心，国防建设服从国家经济建设的大局，同时又必须不断增强国防力量，使国防建设在国家财力增加的基础上不断有所发展。寓军于民，是把这两项战略性任务有机统一起来的重要举措。"

三、江泽民论国防与军队建设思想的历史地位和指导作用

江泽民国防和军队建设思想，是时代发展的产物。20 世纪 90 年代以来，我国国防和军队建设所处的历史条件出现了新的变化，经济全球化的发展，世界战略格局的变化，高科技的迅猛发展，军事领域革命性的变化，对我军建设提出了新的挑战。所以，国防和军队建设需要新的理论指导。江泽民国防和军队建设思想对我国国防和军队建设具有长远的指导意义。

（一）江泽民国防和军队建设思想发展了马克思主义军事理论

在和平与发展仍然是时代主题的大背景下，国际战略格局又出现了一些重大转变。世界新军事变革迅猛兴起，争取军事高技术质量优势已成为国际军事竞争的主要标志；我军对外开放日益扩大，发展社会主义市场经济以及由此引起的社会生活多样化趋势迅速发展；军事斗争准备在军事战略全局中的地位更加突出。这些发展变化的客观实际，给国防和军队建设带来新的机遇，也带来严峻挑战，提出了一系列前所未有的崭新课题。江泽民国防和军队建

设思想，正是着眼于时代的发展变化，对我军国防建设、军队建设和军事斗争准备的重大课题做出的科学回答。

（二）江泽民国防和军队建设思想是国防和军队建设实践的科学指南

江泽民同志敏锐地把握世界发展趋势和中国改革开放的脉搏，始终把国防和军队建设放在当代世界深刻变化的大背景下加以思考，放在当代中国与当代世界的密切联系中加以思考，放在当代中国的发展走向中加以思考。对如何在世界局势变幻不定、军事安全因素呈上升趋势的情况下，有效维护国家安全和发展利益；如何在国家经济实力不断增强、对安全保障提出更高要求的情况下，实现国防建设与经济建设的相互促进、协调发展；如何在改革开放不断深入、社会处于重大变动情况下，始终不渝地坚持党对军队绝对领导，确保人民军队的性质、本色和作风不变；如何在世界军事发展突飞猛进、信息化成为军队现代化的核心和本质的情况下，走出一条我军现代化建设跨越式发展的道路；如何在战争形态发生重大转变，军事斗争任务面临新的挑战和考验的情况下，不断完善和发展积极防御的军事战略；如何在实行依法治国、建设社会主义法治国家的情况下，提高依法治军水平等等，提出了一系列新思想、新观点和新论断。江泽民国防和军队建设思想，生动体现了中国共产党人立足新的实践勇于推进理论创新的科学精神，具有鲜明的时代性。

（三）江泽民国防和军队建设思想是我军做好军事斗争准备的指导原则

江泽民国防和军队建设思想，揭示了高技术条件下战争的特点和规律，为现代高技术条件下局部战争的作战指导提供了理论武器。江泽民强调为了维护国家主权和领土完整，必须准备应付可能发生的局部战争和武装冲突，对战争危险要保持足够的警惕；他要求国防和军队建设要从长计议，有计划有步骤地进行军队现代化建设，同时也要抓紧做好现实军事斗争准备，把两者正确结合和统一起来的新理论，极大地丰富了马克思主义的战争观；他提出的现代条件下的人民战争理论，强调把建设强大的常备军与建设强大的后备力量相结合；他为我军制定了新时期积极防御战略方针，赋予了具有时代特点的新内涵；他为我军建设确定的总目标，在加强军队机械化建设的同时，加快军队信息化建设，以信息化带动机械化，最大限度地发挥后发优势，努力争取我军建设的跨越式发展，指明了我军在军事变革的大势下的发展方向；他按照现代战争的客观要求，全面加强军队质量建设，做好军事斗争准备等等，不仅是新时期军队和国防建设的依据，也是赢得高技术条件下局部战争胜利的锐利思想武器。

第六节 胡锦涛关于国防和军队建设的重要论述

2004 年 9 月，党的十六届四中全会选举胡锦涛任中央军委主席。胡锦涛任中央军委主席以来，着眼国际国内两个大局，根据时代发展和军事实践的新要求，在新的起点上对新世纪新阶段国防和军队建设做出了一系列重要的指示，提出了一系列重要思想，明确了新世纪新阶段国防和军队建设的发展目标、发展模式、发展动力、发展道路和发展保证，进一步回答了建设什么样的军队、怎样建设军队的根本问题。解决了处于时代转型质变期中国国防和军队建设"怎样走""怎样走得又好又快"的根本性和全局性问题。这些重要思想，运用马克思主义军事思想的基本立场、观点和方法，继承中华民族的优秀军事文化传统，坚持我们党领导军队建设发展的重要原则，充分吸纳世界军事理论的先进成果，融合了现代军事思维方法，与毛泽东军事思想、邓小平新时期军队建设思想、江泽民国防和军队建设思想既一脉相承又与时俱进，以其鲜明的时代性、严谨的科学性、丰富的创造性、突出的实践性，为新时期党的军事指导理论赋予了新内涵，谱写了马克思主义军事理论发展的新篇章。

一、胡锦涛关于国防和军队建设重要论述的科学含义和历史背景

（一）胡锦涛关于国防和军队建设重要论述的科学含义

胡锦涛国防和军队建设的重要论述，是新世纪新阶段用科学发展观统筹国防和军队现代化建设，打赢信息化战争的军事指导理论，是毛泽东、邓小平和江泽民国防与军队建设思想的丰富和发展，是科学发展观在国防和军事领域的展开和延伸，是当代中国马克思主义的创新军事理论。

1. 它是新世纪新阶段国防和军队建设的理论指南

世纪之初，国际战略环境正发生着冷战以来最为深刻的变化：一方面，和平与发展仍然是当今世界的时代主题，要安全、求合作、促发展已成为世界各国人民的共同愿望和不懈追求；另一方面，世界总体和平与局部战争、总体缓和与局部紧张、总体稳定与局部动荡相伴，国际形势错综复杂，各种不确定因素有增无减，传统安全与非传统安全问题相互交织。近年来，随着中国实力的不断发展和对世界影响力的不断提高，我国的安全环境在总体上得到改善，但也存在着各种现实的挑战和潜在的危机，国防和军队现代化建设面临诸多新的课题。如何维护国家的主权、统一和稳定等重大的战略利益？如何适应世界新军事变革的潮流推进国防和军队现代化建设？胡锦涛国防和军队建设重要论述正是对这些问题所做的理论概括。

2. 它以科学发展观为重要的指导方针

以科学发展观为国防和军队建设的重要指导方针，是胡锦涛对我们党关于国防和军队建设指导理论所作的新概括。"以人为本，全面、协调、可持续"的科学发展观蕴含着马克思主义的世界观和方法论，是马克思主义发展观的集中体现，也是党的思想认识路线和工作指导路线的继承和发展。新世纪新阶段，国际国内形势发展的新变化、新特点，要求我们必须坚持以科学发展观为指导，自觉从国际国内大局出发统筹国家安全与发展，以科学的思路、模式和方法推动国防和军队建设全面协调可持续地发展，不断提高应对危机、维护和平与遏制战争、打赢战争的能力，从而确保我军在日益激烈的世界军事竞争中立于不败之地。

3. 它是当代中国马克思主义的创新军事理论

从毛泽东到邓小平，从江泽民到胡锦涛，从新民主主义革命阶段到社会主义建设时期，从改革开放的社会主义初级阶段到21世纪初的重要战略机遇期，中国共产党人始终不渝地坚持马克思主义，并将它与不同历史阶段中国社会发展的特点相结合，不断探索出符合中国国情的、经实践证明行之有效的军事理论。新世纪新阶段，胡锦涛对军队建设的指导方针、历史使命、优良传统、奋斗目标、全面建设、军事斗争准备、思想政治建设、后勤建设、装备建设等重大问题做出了一系列重要论述，进一步丰富发展了马克思主义的军事指导理论，是马克思主义军事指导理论的最新成果。

（二）胡锦涛关于国防和军队建设重要论述的历史背景

1. 世界多极化和经济全球化的趋势进一步凸显，影响国家可持续发展的外部制约因素增加

新世纪新阶段，国际形势呈现总体和平、缓和、稳定的基本态势，和平、发展、合作是

时代的主流；世界多极化和经济全球化的趋势进一步凸显；各国利益相互依存、相互交织，对话合作意愿不断增强。但是，随着国际形势的发展变化，我国可持续发展面临的外部制约因素也在增加。表现在：西方敌对势力加紧对中国实施西化、分化和遏制政策，千方百计对中国加以牵制；我国周边安全环境存在诸多隐患，围绕海洋权益的斗争加剧；随着国家利益的拓展，保护海外利益的任务更加艰巨。

2. 社会和经济发展形势总体良好，影响国家安全和稳定的不确定因素增多

进入新世纪新阶段以后，我国政治安定、民族团结、经济发展、社会和谐的局面得到进一步巩固；我国对世界的影响力在增长；社会和经济发展形势总体良好。但影响国家安全和发展的不稳定、不确定因素增多。表现在："台独"等民族分裂势力猖獗；恐怖势力、宗教极端势力等邪恶势力加紧勾联聚合，不断组织策划渗透、瓦解和破坏活动；我国人口、就业和"三农"等问题凸显，社会矛盾和犯罪问题增多；国内安全与国际安全的互动性增强，一些国内问题如果处理不当，可能会演变为国际问题，一些国际问题也可能影响我国诱发社会稳定问题；国家传统安全威胁和非传统安全威胁因素相互交织。

3. 我军所处环境和面临的任务发生了重大变化，国防和军队建设面临时代性的挑战

由于我军所处环境和面临的任务发生了重大变化，国防和军队建设需要解决诸多具有时代性的课题。如何在国际上单边主义和强权政治仍然存在，多极化趋势日渐呈现，区域化和全球化经济机遇与挑战并存，竞争大于合作的复杂形势下，坚决有效地维护国家的战略利益；如何在我国改革发展进入关键时刻，特别是"台独"分裂势力严重威胁祖国和平统一大业的背景下，更好地履行党和人民赋予军队的神圣使命，有效维护国家主权、统一和稳定；如何在世界新军事变革加速推进，战略主动权竞争日趋激烈的形势下，大力推进国防和军队现代化建设，不断增强应对危机、维护和平、遏制战争、打赢信息化战争的能力；如何在我国经济实力、科技实力、国防实力和民族凝聚力不断增强，国防和军队建设取得巨大成就的基础上，继续抓住机遇、乘势而上，推动国防和军队建设迈上新的台阶。这些都给我国国防和军队现代化建设带来了时代性的挑战。

二、胡锦涛关于国防和军队建设重要论述的主要内容

胡锦涛关于国防和军队建设的重要论述，是新世纪新阶段用科学发展观统筹国防和军队现代化建设，打赢信息化战争的军事指导理论。

（一）科学发展观是加强国防与军队建设的根本指导方针

胡锦涛在 2005 年底召开的军委扩大会议上明确指出，科学发展观是推进社会主义经济建设、政治建设、文化建设、社会全面建设法制的指导方针，也是加强国防与军队建设的重要指导方针。把科学发展观作为国防与军队建设的重要指导方针牢固确立起来，是带方向性、全局性、根本性的重大战略问题，在国防与军队建设发展史上具有里程碑意义，对推动新世纪、新阶段国防与军队建设又快又好的发展，必将产生重大而深刻的影响。

（二）新世纪新阶段更要始终不渝地坚持党对军队的绝对领导

保证党对军队的绝对领导，始终是关系我军性质和宗旨，关系社会主义的前途命运，关系国家的长治久安的重大问题，因而也始终是我军建设和发展的首要问题。胡锦涛主席主持军委工作以来，高度关注新形势下坚持党对军队绝对领导的问题，明确指出："党对军队的绝对领导是我军的军魂，这一条永远不能变。而且在新的历史条件下更要强化这一观念，这

是我军'不变质'的根本保证。""高度关注新形势下坚持党对军队绝对领导的问题，不断加强全军部队的军魂教育，强化军魂意识，坚决抵制'军队非党化、非政治化'和'军队国家化'等错误政治观点的影响，确保党从思想上政治上组织上牢牢掌握部队。"胡锦涛关于坚持党对军队的绝对领导的重要论述，是对我军建军根本原则的继承、丰富和发展，深刻揭示了在新的历史条件下坚持党对军队绝对领导原则的科学性、重要性和必然性。

（三） 坚持国防建设与经济建设协调发展

一定要统筹好国防建设与经济建设的关系，是胡锦涛多次强调、反复论述的问题。他指出，坚持在国防和军队建设中贯彻落实科学发展观，首要问题是坚持国防建设与经济建设协调发展的方针。这是强国之策、强军之道，也是贯彻科学发展观的必然要求。我们必须从全面建设小康社会的高度，把推进国防和军队现代化建设作为推进社会主义现代化建设的一项重大战略任务抓紧抓实。依托国家经济社会发展，统筹国防资源与经济资源，注重国防经济和社会经济、军用技术和民用技术、军队人才和地方人才的兼容发展，进一步形成国防建设和经济建设相互促进、协调发展的良好局面。在经济发展的基础上，努力建设一支同我国安全和发展利益相适应的军事力量，有效维护国家安全统一，确保全面建设小康社会的顺利推进。

（四） 确立新世纪新阶段人民军队新的历史使命

进入 21 世纪，中国的发展跨入了一个重要的战略机遇期。胡锦涛着眼国家利益和军队建设与发展的战略全局，根据军队所处的国际国内环境发生的重大变化，确立了新世纪、新阶段军队新的历史使命。他要求"军队要为党巩固执政地位提供重要的力量保证，为维护国家发展的重要战略机遇期提供坚强的安全保障，为维护国家利益的拓展提供有力的战略支撑，为维护世界和平和促进共同发展发挥重要作用。"这就从党的执政能力建设、国家发展、国家安全的有机统一中，科学地回答了新世纪、新阶段国防与军队建设的方向、目标、任务和原则，为国防和军队建设提出了新的更高的要求。

（五） 统筹国防和军队建设，打赢信息化战争

胡锦涛同志指出，坚持在国防和军队建设中贯彻落实科学发展观，首要问题是坚持国防建设和军队建设全面协调可持续发展的方针。为此，必须坚持"五个统筹"：即"统筹中国特色军事变革与军事斗争准备，统筹机械化建设与信息化建设，统筹诸军兵种作战能力建设，统筹当前建设与长远发展，统筹主要战略方向与其他战略方向"。中国特色军事变革，就是适应世界新军事变革发展趋势，从我国的国情和军情出发，走以信息化带动机械化、以机械化促进信息化的跨越式发展道路，实现军队建设的整体转型，建设一支能够打得赢未来信息化战争的强大的现代化正规化革命军队。军事斗争准备，是指为了赢得未来战争的胜利而在相对和平时期进行的组织、物质和精神各方面的准备。统筹中国特色军事变革与军事斗争准备，就是把握好二者的区别与联系，处理好二者的关系，使之协调发展。机械化和信息化是军队现代化的两个不同的发展阶段。面对我军目前机械化尚未完成，同时又要努力向信息化过渡的现实，我们必须从国情和军情的实际出发，正确处理好机械化和信息化的关系，努力完成机械化和信息化建设的双重历史任务，实现我军现代化的跨越式发展。统筹诸军兵种作战能力建设，就是把全军作为一个大系统，以诸军兵种为系统要素，按照结构决定功能的原理，对各要素进行优化编组，实现系统功能大于要素之和，在整体上形成作战能力的跃升。实现国防和军队建设可持续发展，就是要把国防和军队建设作为一个承前启后的发展过

程，统筹当前建设与长远发展，既注重当前建设和做好眼前工作，又要着眼未来，谋求长远发展，避免时断时续或大起大落，以确保国防和军队建设与发展的连续性与持久性。主要战略方向是指对国家安全和战争全局具有决定意义的方向，是敌我双方矛盾斗争的焦点，是作战力量集中使用的重点和战略指导的关键点。统筹主要战略方向与其他战略方向，就是要做到突出重点，兼顾一般，有所为，有所不为，多手准备，有备无患。

（六）中国的国防建设要为世界和平作贡献

把中国的国防与军队建设同世界和平联系在一起，是胡锦涛反复强调的一个重要基本观点。他坚持高举和平、发展、合作的旗帜，强调与邻为伴，与邻为善，坚定不移地走和平发展的道路，为国防与军队建设创造良好的外部条件。他指出，中国将坚持独立自主的和平外交政策，继续实行全方位的对外开放政策，在和平共处五项原则的基础上，同世界各国各地区广泛开展经济技术合作和科学文化交流，努力争取互利共赢的结果。中国永远是维护世界和平的重要力量。中国过去不称霸，今后也永远不会称霸。中国人民将同世界各国人民一道，共同推进人类和平与发展的崇高事业，努力为人类作出更大贡献。

三、胡锦涛关于国防和军队建设重要论述的地位作用

（一）拓展了三代领导人的军事思想的内容

三代领导人的军事思想，是我国国防和军队建设的各个时期取得重大成就的创新理论。新世纪新阶段，国防和军队现代化建设应如何建设和发展，同样需要党的创新理论进行指导。胡锦涛用科学发展观指导国防和军队建设重要论述，指明了新时期新阶段国防和军队现代化建设的方向，确定了坚持以人为本的战斗力生成模式的有效途径，明确了我军新时期新阶段的历史使命，规范了国防和军队建设的基本要素，是实施新军事变革提高信息化作战能力，维护国家安全环境，加强国防和军队现代化建设的纲领，极大地丰富了三代领导人军事思想的内容。

（二）为国防和军队建设提供了理论指导

进入新世纪新阶段，我国国防和军队建设所处环境和形势任务发生了重大变化，既面临难得的发展机遇，也面临严峻的挑战。胡锦涛国防和军队建设重要论述，提出了要在充分把握我国经济实力、科技实力、国防实力和民族凝聚力不断增强的基础上，大力推进国防和军队建设，不断增强应对危机、维护和平、遏制战争、打赢战争的能力，切实把国防和军队建设转入全面协调可持续发展的轨道，做到国防建设和经济建设全面协调发展。

（三）为解决国防和军队建设与发展的现实问题开辟了途径

新世纪新阶段是我国国防和军队现代化建设的关键时期，中国特色军事变革和军事斗争准备面临的任务非常繁重和艰巨。国防和军队建设存在的规模、结构、效益等方面的问题需要迫切解决。胡锦涛国防和军队建设重要论述，为国防和军队建设转变发展观念、创新发展模式、提高发展质量提供了新思路、新方略。只有在国防和军队建设中，全面落实科学发展观，坚持面向未来，着眼全球，解放思想，更新观念，才能解决国防和军队建设中面临的现实问题和矛盾，保证国防和军队建设健康、有序、高效地发展。

（四）是我军履行新世纪新阶段历史使命的重要保证

用科学发展观指导国防和军队建设，就要明确新世纪新阶段我军肩负的历史使命。胡锦涛正是在深刻洞察国际战略形势与我国安全环境、科学判断国家发展和军队建设所处历史方

位的基础上，提出我军新世纪新阶段的历史使命。"三个提供、一个发挥"的历史使命，深刻揭示了军队的职能、任务必须与党的历史任务相一致，军事战略必须与国家战略相协调，军队建设和改革必须与世界军事发展趋势相符合的客观规律。胡锦涛国防和军队建设重要论述，进一步指明了国防和军队建设的发展方向，为我军履行历史使命提供了重要保证。

（五）为加快我军战斗力生成模式转变提供了强大的思想武器

新世纪新阶段我军要加速推进中国特色军事变革，完成机械化和信息化双重任务，实现军队现代化的跨越式发展，不断探索国防和军队建设与发展的特点与规律，更加科学地把国防和军队建设推向前进。胡锦涛国防和军队建设重要论述，深刻揭示了军队建设的主体和动力源泉，提出了一定要充分调动广大官兵的积极性、创造性，坚持以人为本，尊重官兵的主体地位，创新培养人才，增强官兵的科技素质、战略素质和思想政治素质，维护官兵的合法权益，不断改善官兵的物质文化生活，促进战斗力生成模式的转变，凝聚巨大的战斗力，为打赢信息化局部战争作准备。

胡锦涛国防和军队建设重要论述，对开创国防和军队建设的新局面，实现国防和军队现代化建设的全面协调可持续发展，全面落实科学发展观指导国防建设和军队现代化建设具有重大的现实意义和深远的历史意义。

实践证明，我国国防和军队建设，按胡锦涛同志的要求，在系统谋划的基础上，紧紧抓住国防和军队建设的主要矛盾、关键环节和重大问题实施重点突破，已经取得了巨大的成就。今后将继续指导国防和军队建设，实现我军跨世纪战略目标，把我军建设成为强大的现代化正规化的革命军队。

第七节　新时期党的军事指导理论的创新发展

中国共产党在军事领域里先后形成了毛泽东军事思想、邓小平新时期军队建设思想、江泽民国防和军队建设思想。这三大军事理论创新成果，与胡锦涛关于新世纪新阶段国防和军队建设的一系列重要军事论述，共同构成了中国共产党的军事指导理论的核心内容，是中国国防建设、军队建设和军事战略指导的科学理论指南。尤其是邓小平新时期军队建设思想、江泽民国防和军队建设思想、胡锦涛关于新世纪新阶段国防和军队建设的一系列重要论述，是党的军事指导理论的最新成果，从整体上科学理解党的军事指导理论的科学内涵，系统学习和研究党的军事指导理论的最新成果，对发展创新中国特色的军事理论、加强国防和军队建设、增强新时期军事战略指导的科学性和灵活性具有重要的意义。

一、新时期党的军事指导理论的科学内涵

党的军事指导理论这一术语是本世纪初才被广泛运用的。江泽民同志在本世纪初提出"用科学的理论特别是党的创新理论成果武装全军"的要求，马克思列宁主义、毛泽东思想、邓小平理论、"三个代表"重要思想、科学发展观和社会主义和谐世界理论，是我们党指导社会主义建设的科学理论。马列主义军事学说、毛泽东军事思想、邓小平新时期军队建设思想、江泽民国防和军队建设思想以及胡锦涛关于全面加强国防和军队现代化建设的重要论述，是我们党指导军事领域工作的军事指导理论。用科学理论特别是新时期党的理论创新

成果武装全军，就是要用发展着的马克思主义理论及其军事指导理论武装全军。党的军事理论不仅内涵丰富，而且是一个不断发展创新的理论体系。

所谓军事指导理论，是指一个国家或民族或政治集团的主导性军事思想，是国家或政治军事集团的根本利益在军事领域的具体体现，是国家或政治军事集团的军事观、方法观和军事方针、政策的系统化理性认识。可以说军事指导理论，是一个国家或民族或政治集团的军事建设及军事理论发展的总纲，对军事建设和军事理论发展的性质、方向、任务和实现途径等基本问题有着强烈的规范性和科学的指导性。中国共产党的军事指导理论，是中国共产党领导军事斗争实践和军事科学理论创新的科学理论指南。它的渊源是马克思主义军事理论，本质是马克思主义军事理论化的创新成果，核心内容包括毛泽东军事思想、邓小平新时期军队建设思想、江泽民国防和军队建设思想及胡锦涛关于军事斗争和军队建设的一系列论述，是中国共产党及其领导下的军队和人民群众在战争实践、国防和军队建设实践及军事斗争与军事理论创新实践中集体智慧的结晶。

对新时期党的军事指导理论的科学内涵可以作如下理解。

（一）新时期党的军事指导理论的本质是马克思主义军事理论

中国近代军事思想没有为中国人民的解放和社会的进步留下正确的思想武器。只有中国共产党人在 20 世纪初接受了马克思主义军事学说，才为中国人民的解放和社会的进步找到了正确的军事指导理论——毛泽东军事思想，中国军事的现代化进程由此真正开始了自己波澜壮阔、震惊世界的光辉历程。伴随着新中国军事实践的脚步，在毛泽东军事思想的指导下，中国特色的军事指导理论的创新成果，又增添了邓小平新时期军队建设思想、江泽民国防和军队建设思想、胡锦涛关于国防和军队建设的一系列重要论述等为代表的中国共产党人的军事指导理论的最新成果。从本质上看，中国共产党的军事指导理论，遵循的是马克思主义的理论指导，走的是社会主义道路，坚持的是中国共产党的领导，核心是把马克思主义军事理论的普遍原理与中国的具体实际相结合，即把马克思主义军事理论中国化。因此，中国共产党建党 80 多年来形成的军事指导理论，虽然各有自己的时代内容和理论特征，但本质上是一脉相承而又与时俱进的，是马克思主义军事理论在不同时代主题和完全不同历史使命条件下的"中国化"成果。

（二）新时期党的军事指导理论是一脉相承的中国特色军事理论

主要体现在三个方面：一是我们党及其领导下的军队和人民的军事实践活动，在不同的历史时期虽然所面临的形势、任务和解决问题的侧重点不尽相同，但都是中国共产党领导的军事活动，都是围绕着实现党的政治任务和军事目的、维护无产阶级和广大人民群众利益所进行的军事实践，具有政治目的和实践基础的统一性；二是各个阶段的军事实践活动，都坚持以马克思列宁主义为其理论基础，坚持实事求是的思想路线和理论联系实际的思想作风，具有理论基础、思想路线和思想作风上的统一性；三是各个阶段创立的军事思想，都是中国共产党的军事理论，是无产阶级世界观在军事上的理性反映，是我党及其领导下的军队和人民的军事实践经验的理论概括，是马克思列宁主义军事理论在中国的继承、运用和发展，同属于中国化的马克思主义军事理论，具有理论根源和理论性质上的统一性。所有这一切，从根本上规定着我们党领导的军事活动的各个阶段具有客观的内在统一性，这就从根本上规定着在这个过程的各个阶段形成的军事思想也必然具有内在的一脉相承。

（三）新时期党的军事指导理论是不断与时俱进的中国特色军事理论

一支军队要走在世界军事发展的前列，要在可能面对的战争中立于不败之地，就一刻也离不开先进理论的指导，一刻也不能停止军事理论的创新。与时俱进的"时"，既包括时代的新变化，又包括实践的新发展，顺应时代，扎根实践，应运而生，因时而变。不同的军事工作皆面临着不同的历史条件和历史要求，每个时期的国防和军队建设都有各自的特点和规律，党领导军事工作的实践及其在实践中对军事运动规律的认识是与时俱进的，党的军事指导理论不会也不可能停留在同一个水平上。毛泽东军事思想，是适应我们党指导革命战争时期和社会主义建设时期军事实践的客观要求而创立的；邓小平新时期军队建设思想，是适应我们党指导拨乱反正和改革开放时期军事实践的客观要求而问世的；江泽民国防和军队建设思想及胡锦涛关于国防和军队建设的一系列论述，是适应我们党指导的新的历史转型时期军事实践的客观要求而产生的。这些理论成果，既一脉相承，又各具特色和自身的理论体系，体现了我们党与时俱进的理论创新品格。就党的军事指导理论现阶段的创新成果来说，也不是军事实践真理的终结，需要结合新的实践，与时俱进地进行理论创新。

（四）新时期党的军事指导理论是党的历代领导集体军事理论创新成果的综合反映

首先，党的历代领导集体的军事理论创新成果是一脉相承的，虽然各自解决的问题不同，揭示的规律不同，但这些理论成果本身从理论源头、思想方法、基本宗旨等各个方面，都有继承性和统一性，可以说党在不同时期的军事理论创新成果，是上述方面各有侧重的综合集成的成果；其次，我们党的军事理论已经实现了三次理论飞跃，产生了毛泽东军事思想、邓小平新时期军队建设思想、江泽民国防和军队建设思想，以及胡锦涛一系列重要军事问题论述，这些理论成果在不同的时期对中国军事实践的指导作用是不同的。革命战争年代和建国后相当长的历史时期，毛泽东军事思想起着主导作用。进入新的历史时期，邓小平新时期军队建设思想和江泽民国防和军队建设思想对新时期国防和军队建设起着主要的指导作用。但这两大理论成果也正因为都是时代的产物，不可能单独地发挥作用，因此，实质上都是与马克思主义军事学说、毛泽东军事思想共同发挥合力作用。可以认为，新时期党的军事指导理论，就其本质而言，既是党的领导集体最新的军事理论创新成果，更是历代领导集体军事理论创新成果的综合集成，是我们党在不同历史时期军事学说和军事方针政策的集中体现。

二、新时期党的军事指导理论的地位作用

毛泽东军事思想不但指导中国人民赢得了革命战争的胜利，而且指导中国国防和军队建设取得了巨大的成就，维护了国家利益和安全。过去是，现在是，将来也必定是我军的根本指导思想。新时期党的军事指导理论的创新发展，开辟了以毛泽东军事思想为代表的中国特色马克思主义军事理论的新境界，具有重要的理论地位和作用。

（一）新时期党的军事理论是中国特色社会主义理论体系的重要组成部分

党的十七大在总结改革开放历史进程和宝贵经验的基础上，创造性地提出了中国特色社会主义理论体系，这个理论体系内涵丰富、思想深刻、系统科学，涵盖了社会主义经济建设、政治建设、文化建设、社会建设以及国防和军队建设等各个领域。显然，新时期党的军事指导理论，是这个理论体系的重要组成部分。毛泽东军事思想的产生，实现了马克思主义军事理论与中国革命具体实际相结合的第一次飞跃，毛泽东军事思想成为毛泽东思想的重要

组成部分。新时期党的军事指导理论，提出了一整套建军治军和战争理论，实现了马克思主义军事理论与中国军事实践相结合的第二次飞跃。这个理论体系，是新时期中国共产党中国特色社会主义理论在军事领域的展开和具体化，是党在建设有中国特色社会主义进程中军事实践经验的理论升华，是中国特色社会主义理论体系的"军事篇"。

（二）新时期党的军事指导理论是马克思主义军事理论中国化的最新成果

坚持用发展着的马克思主义指导军事实践，是我们党领导军事工作的根本经验。从毛泽东军事思想，到邓小平新时期军队建设思想、江泽民关于国防和军队建设思想，到胡锦涛关于国防和军队建设问题的重要论述，我们党的军事指导理论始终保持着与时俱进的理论创新品格。邓小平、江泽民、胡锦涛关于国防和军队建设的一系列重要思想和论述，是站在党和国家发展全局，准确把握新的历史时期国防和军队建设的内在规律，对党的军事指导理论做出的重大创新发展，是中国特色马克思主义军事指导理论创新的最新成果，在我军建设发展史上具有重要的里程碑意义。

（三）新时期党的军事指导思想是指导新世纪新阶段军事实践的理论指南

新世纪新阶段，我国国防建设和军队建设在取得巨大成就的同时，也面临着现代化水平与打赢信息化条件下局部战争的要求不相适应、军事能力与履行新世纪新阶段我军历史使命的要求不相适应的问题。新时期党的军事指导理论正确回答了国防和军队建设持续发展方向性、根本性、全局性的重大问题，进一步明确了新世纪新阶段国防和军队建设的发展思路、奋斗目标和指导原则，充满治党治国治军的政治智慧，为我们在更高的起点上研究解决国防和军队建设存在的矛盾和问题，推动国防和军队建设更好更快地发展，指明了前进的方向，是新世纪新阶段加强国防和军队建设的基本指针，是观察和思考军事问题的科学指导，是研究国防和军队建设中出现的新情况和解决新问题的重要依据。在新世纪新阶段做好军事斗争准备，我军既面临来自世界军事变革的挑战，又面临霸权主义、强权政治和国内反动势力的挑战，从而给军事斗争准备增加了难度，提出了新的要求。在新世纪新阶段做好军事斗争的准备，离不开科学的军事理论的指导。新时期党的军事指导理论，运用马克思主义军事思想的基本立场、观点和方法，继承了中华民族的优秀军事文化传统，坚持我们党领导军队建设发展的重要原则，充分吸纳世界军事理论的先进成果，融合现代军事思维方法，科学地揭示了军事斗争准备的特点、规律，为做好新世纪新阶段军事斗争提供了根本的依据。

思　考　题

1. 如何理解军事思想的含义、特点和作用？
2. 如何理解毛泽东军事思想的科学含义？
3. 为什么私有制和阶级是战争的根源？
4. 如何理解战争与政治、经济的关系？
5. 如何理解人与武器之间的关系？
6. 为什么要长期坚持党对军队的绝对领导？
7. 毛泽东军事思想的主要内容是什么？
8. 如何理解"世界大战可以避免"这一命题？
9. 试述邓小平新时期军队建设思想的主要内容。

10. 江泽民国防与军队建设思想的主要内容是什么？

11. 江泽民"五句话"总要求的具体含义是什么？

12. 胡锦涛关于国防与军队建设重要论述的主要内容是什么？

13. 胡锦涛关于国防与军队建设重要论述具有什么重大意义？

第 三 章

国际战略环境

随着冷战的结束，国际战略形势发生了重大的变化，从目前总体的情况来看，虽然世界是和平的，世界形势是缓和的，世界各国是稳定的，然而，由于局部战争、局部紧张、局部动荡仍然存在，世界总体和平、稳定的局面依然面临着许多潜在的威胁。"和平与发展这两大问题，至今一个也没有解决。""和平问题没有得到解决，发展问题更加严重。"

古人云："安不忘危，治不忘乱。"21 世纪，生活在和平稳定繁荣昌盛的中国的人们，在享受和平幸福生活的同时，也要具备忧患意识，做到居安思危。因为我们面临着风云变幻的国际战略环境和充满矛盾纷争的周边安全环境，世界主要力量间的关系在不断调整，国际战略格局和国际秩序处于变革和转型之中，相互交织的传统安全和非传统安全问题严重威胁着人类的生存与发展。为此，我们要坚持新安全观，进一步增强国家安全意识，努力维护国家安全和发展利益。

第一节 概 述

在局部战争与危机冲击强烈、恐怖活动此起彼伏、世界经济发展喜忧参半、主要国家战略互动频繁的背景下，对国际战略环境进行正确的认识和分析判断，是制定和实施对外战略的基本依据和前提，也是洞察国际风云变幻、判断国际战略形势的关键所在。

一、战略的基本概念

（一）战略的基本含义

1. 含义

战略亦称军事战略，是指筹划和指导战争全局的方略。即根据对国际形势和敌对双方政治、军事、经济、科技、地理等诸因素的分析和判断，科学地预测战争的发生与发展，制定战略方针、战略原则和战略计划，筹划战争准备，指导战争实施所遵循的原则和方法。

按作战类型和性质，分为进攻战略和防御战略。在军事战略下面，还可以分为军种战争和战区战略等层次。战略的另一个意思泛指对全局性、高层次性的重大问题的筹划与指导，如国家战略、国防战略、经济发展战略、科技发展战略等。

中国古代最先出现的兵略、谋略、韬略及方略，就是"战略"的最初称谓。战略一词，最早见于西晋史学家司马彪撰著《战略》一书，它是最早提出战略这一概念的。西方国家关于战略的研究，据史籍记载，古罗马军事家弗龙蒂努斯于公元二世纪下半叶写成的《谋略》，从分析战略运用的成功战例入手，供将领们学习运用，以期提高战略决策运筹和战争指导能力。普鲁士军事理论家克劳塞维茨（1780—1831年）在《战争论》中提出："战略是为了达到战争目的而对战斗的运用。"到了现代，随着军事斗争实践的不断深入和理论认识的不断深化，毛泽东在1935年发表的《中国革命战争的战略问题》一书中，明确提出"战略问题是研究战争全局的规律的东西。"这为我们研究和考察战略概念奠定了理论基础。美国陆军军事学院编写的《军事战略》一书指出，军事战略是指："运用一国武装力量，通过使用武力或以武力相威胁，达成国家政策的各项目标的一门艺术和科学。"从战略概念的形成、提出和发展来看，尽管古今中外对它的内涵与外延的阐述不尽相同，但就其筹划与指导一定历史时期的国家或政治、军事集团运用其军事力量，达成政治目的是相同或相近的，具有全局性、对抗性、谋略性、预见性诸多特点。战略概念的原来含义是专指军事战略，但由于近年来被其他领域广泛使用，为了便于对不同领域的战略做出明确区分，在军事领域之外使用时，须在"战略"二字前冠以领域的名称，如国家战略、全球战略、政治战略、经济战略、外交战略等。

战略是从全局上对军事领域的活动进行谋划和运筹。它解决的主要问题有：判明国家（集团）安全面临威胁的性质和程度；确定战略上的主要对手和作战对象；提出军事斗争所要达到的总体目的和主要任务；规定战略上的重点方向、地区；确定准备与实施军事斗争的指导方针和基本原则；明确斗争的主要手段、形式和协同保障的主要方法等，以此制定总体的行动计划和实施步骤。

战略的指导对象是军事斗争全局。军事斗争是为了一定的政治目的，在军事领域是指以一定的军事手段进行的各种形式的对抗活动。军事斗争本身是一个复杂的系统，军事战略则从全局上对其进行谋划和运筹，既指导它从发生、发展到结束的全部过程，又关照其各个方面和各个部分间的关系，以充分发挥它的整体效能。军事斗争的表现形式既有战争方式，也有非战争方式。军事战略从全局上对不同方式的军事斗争进行统一筹划和指导，根据不同时期军事斗争的目的、任务和主客观条件，提出斗争的方针和方法，规定不同斗争方式的运用时机和原则，明确它们之间的主次地位和关系，充分发挥不同方式的长处，以获得最好的整体效益。可见，战略对军事斗争全局的指导是全方位、全过程的指导。它既指导战时，也指导平时；既指导军事力量的使用，也指导军事力量的建设；既指导准备与实施战争、赢得战争胜利，也指导遏制战争、维护和平。

军事战略是国家总体战略的重要组成部分。一个国家要生存和发展，必须根据社会发展的要求和现实斗争的特点，从总体上对各个领域的活动和斗争进行运筹和指导，军事战略是国家总的路线、方针、政策在军事方面的具体表现，是国家关于军事斗争路线、方针、政策和策略、原则的集中反映。在不同的历史条件下，国家有不同的历史任务和建设发展目标，实现目标的方式不尽相同，军事战略在国家总体战略中所处的地位和作用也不完全一样。军事战略只有符合国家战略的总体要求，并与其他领域的战略相协调，才能得到实现既定目标的可靠条件，同时，也才能为共同实现国家战略的总体目标发挥应有的作用。

战略把国家的安全利益作为基本的历史使命。战略既要为国家的主权、民族的解放而斗争，为国家和民族提供最基本的生存条件，又要为政权的巩固、社会的稳定而斗争，为国家和民族的发展和繁荣提供强有力的安全保证。因此，战略具有对外反侵略、对内反颠覆的双重职能。根据国家利益的要求，它既指导战争时期的作战活动，也指导和平时期的军事斗争；既指导准备与打赢战争，也指导遏制和防止战争；既要保卫国家的和平与安全，捍卫国家的主权和领土完整，又要以有效的军事行动支持国家的外交斗争，维护国家利益。

2. 战略的构成要素

（1）战略目的

战略目的是指战略行动要达到的预期结果，是一个国家在一定时期内总的路线、方针、政策在军事上的反映。战略目的是根据国家利益和战略形势的需要确定的。首先它体现国家利益，在不同的历史条件下，国家利益的具体内容和表现形式不同，对军事斗争的要求也不一样。其次，它要与战略形势相适应，要根据国际和国内形势的变化，提出与当前形势相一致的战略目的。

（2）战略方针

战略方针是指导战争全局的方针，带有指导全局的性质，是指导军事行动的纲领和制定战略计划的基本依据。战略方针制定的正确与否，对军事斗争的进程、结局有着决定性的意义。在战争时期，战略方针往往决定着战争的胜败；在和平时期，正确的战略方针可以使国家在复杂多变的国际斗争中站稳脚跟，创造、赢得并保持战略上的主动地位。

（3）战略力量

战略力量是以国家综合国力为后盾，以军事力量为核心，是战略的物质基础和支柱。军事力量是战略的基本要素，既是确立战略的重要物质基础，又是实行战略的主要工具。战略力量不仅包括军事力量，还包括支持战争的综合国力、科技转化程度、后备力量的储备、战争动员等。

（4）战略措施

战略措施也称战略手段，是在战略目的和战略方针指导下的具体实施步骤和采取的战略行动等。它是为准备和进行战争而实行的具有全局意义的战略保障措施，是战略决策机构根据战争的需要，在政治、军事、外交、经济、科技和战略领导等方面，所采取的各种全局性的切实可行的方法和步骤。战略目的和战略方针是战略行动的方向、目标、纲领和准则，但还不是行动本身，只有通过战略措施，才能将其付诸实施，使其得以贯彻落实。因此，战略措施是任何一个战略都不可缺少的重要组成部分。

（二）决定战略的基本要素

战争和客观物质条件决定战争的规律，同时也决定战争的指导规律。战争虽然表现为战争指导者的主观指导活动，但它绝不是战争指导者个人意志的任意发挥，而是以一定的客观物质条件为基础，受一定社会生产方式和一定社会历史条件的严格制约。决定战略的要素主要有以下六个方面。

1. 国家利益

国家利益是一个国家赖以生存与发展的客观物质需求与精神需求的总和。国家利益是决定一个国家军事战略走向的基本依据，是国家军事战略的出发点和归宿点。国家利益的构成要素主要有国家领土、国家安全、国家主权、国家发展、国家稳定和国家尊严。国家利益对国家军事战略起决定性的作用。

2. 政治因素

战争是政治通过暴力手段的继续，战争手段和战争形态无论如何发展，都没有也不可能改变战争是政治的继续的本质。政治对战略具有统率和支配作用，它将决定战略的性质和目的，赋予其任务和要求，影响战略的制定、实施和调整。战略服从服务于政治，满足政治的需求，完成政治赋予的任务。因此，制定和实施战略，必须注重政治，充分考虑国际和国内的政治状况，敌对双方的政治因素、战略的政治目的和政策要求，同时要善于应用政治手段达到战略目的。

3. 战争力量

战争力量指的是战争实力和战争潜力。战争实力即能够立即用于战争的军事、政治、经济与精神力量的总和。战争潜力是指上述各要素中平时处于潜在状态而在战争前夕或战时通过动员，挖掘出来以增强战争实力的能力。战争实力与战争潜力共同构成一个国家或政治、军事集团总体的战争力量，对战争战略的影响是基础的、全过程的和决定性的；对战争的规模、持续时间、活动方式及其结局有重大影响；对能否完成战略任务，达成战略目的，起直接的作用。

4. 地缘战略关系

地缘战略关系是指地缘关系和国家间的地缘战略关系。地缘关系，通常是指在地理环境基础之上，人类在一定的共同地域内从事居住、生活、生产等社会活动而形成的"社会—地理"空间关系。

国家间的地缘战略关系是指相关国家间在自然地理和地缘环境的基础上形成的利益相关的诸种战略关系。如地缘政治关系、地缘经济关系、地缘文化关系、地缘军事关系等。这些关系对于国家的安全与发展具有基础性作用，是影响和制约战争、战略的重要因素。

地缘战略关系包括地理位置、国土大小、国土形状、自然资源、国都、边疆国界、国家间的相对距离和战略太空间等。

地缘战略关系在制定战略时的影响，主要表现在大国关系形成的地缘战略格局，将决定本国的战略定位；现实或潜在威胁的地缘分布，将决定自己的战略威胁方向；地缘战略空间的不同特点，决定本国合理建构和部署战略力量；国家间地缘战略利益，确定相互间战略的性质等。

5. 战略文化传统

战略文化传统是一个国家在战略行为上所表现出来的持久性和相对稳定的文化特征。它是一个民族与文明的历史经验和民族特性、价值追求以及文化心理在战略领域的集中反映。战略文化的基本特征是历史的延续性、文明的关联性和价值观的主导性。

文化不等于行为，传统不等于现实。但是，文化传统却深深地影响着现实中行为的选择。战略文化传统对现实战略行为的影响主要表现在：一是对战略环境的认识与判断上；二是在战略目标的确定上；三是在战略手段和战争样式的选择上。

6. 国际法

国际法是各国公认的、在国际关系上对国家有法律拘束力的行为规则。

国家与国家间的关系不仅存在于和平状态，而且在特定情况下也存在于敌对的战争状态。国际法既调整和平时期国家之间的关系，也调整敌对状态下国家之间的相互关系。国际法是调节武装冲突的重要法律依据，是影响战略决策和战争战略指导的重要因素。国际法在现代战争中的作用主要表现在：一是揭露敌人，争取国际社会同情支持，争取战略主动地位的有力武器；二是衡量和区分战争正义性与非正义性的重要尺度；三是确定和惩治战争罪犯的主要法律依据。

（三）战略的基本特征

1. 全局性

凡属需高层次谋划和决策，又要照顾各个方面和各个阶段性质的重大的、相对独立的领域，都是战略的全局。全局性表现在空间上，整个世界、一个国家、一个战区、一个独立的战略方向，都可以是战略的全局。全局性还表现在时间上，贯穿于指导战争准备与实施的各个阶段和全过程。

2. 阶级性

战争是政治的继续，具有很强的政治目的。任何战略都反映一定阶级、民族、国家或政治集团的根本利益，体现它们的路线、方针和政策，是为其政治目的服务的，具有鲜明的阶级性。

3. 对抗性

制定和实施战略都要针对一定对象。通过对其各方面的情况进行分析判断，确定适当的战略目的，有针对性地建设和使用好进行斗争的力量，掌握斗争的特点和规律，采取多种斗争形式和方法，对敌抑长击短，对己扬长避短，以取得预期的斗争效果，是战略谋划的基本内容。

4. 预见性

预见性是谋略的前提，决策的基础。因此，在广泛调查研究的基础上，全面分析、正确判断、科学预测国际国内战略环境和敌友关系以及敌对双方战争诸因素等可能的发展变化，把握时代的特征，明确现实的和潜在的斗争对象，判明面临威胁的性质、方向和程度，科学预测未来战争可能爆发的时机、样式、方向、规模、进程和结局，揭示未来战争的特点和规律，是制定、调整和实施战略的客观依据。

5. 谋略性

战略是基于客观情况而提出的克敌制胜的斗争策略。战略，从实践的意义上讲，是手段的选择，有高度的灵活性。它是在一定的客观条件下，变被动为主动，化劣势为优势，以少胜多，以弱制强，乃至"不战而屈人之兵"的重要方法。运用谋略，重在对战争全局的谋划。制定战略强调深谋远虑，尊重战争的特点和规律，多谋善断；料敌定谋，高敌一筹，以智谋取胜。

二、战略环境的基本概念

环境是指事物周边的境况，是人类赖以生存的要素。战略环境是从国家生存发展的战略角度去研究它的形成、内容、特点以及与国家自下而上与发展的关系。战略环境是制定战略的客观基础。正确认识和分析战略环境，是正确制定战略的先决条件。

（一）战略环境的含义

战略环境是指影响国家安全或战争全局的客观情况和条件。主要包括国际和国内的政治、经济、军事、外交、科技、地理等方面综合形成的客观情况和条件，以及由此而形成的战略态势，特别是战争与和平的总的态势。战略环境是动态的，它随着国内外形势的发展而不断变化。

（二）战略环境研究的基本内容

1. 国际战略环境

国际战略环境是指一个时期内世界各主要国家在矛盾、斗争或合作、共处中的全局状况和总体趋势。它是国际政治、经济、军事形势的综合体现。它主要包括各方力量消长、利益得失、对抗与妥协、分化与组合、多助与寡助，在战争中进与退、攻与守、胜与负、强与弱、优势与劣势等方面的总状况和总趋势。

由于国际战略环境关系到一个国家的生存与发展、安危与兴衰，影响着一个国家军事斗争的对象、性质、目标、敌友关系及军事力量建设与运用的基本方向，因此，在制定一个国家的战略时首先必须考察和关注国际战略环境这一外部环境和条件。国际战略环境应把握以下几个方面。

一是时代特征。时代特征反映了世界发展总进程中的矛盾领域和斗争状况，是整个世界在一定历史阶段的总标志，而不是个别国家的个别现象，也不是国际社会一时一事的情节或短时期的形势变化，因而，它具有世界性、阶段性的特点。正确认识时代特征，有助于战略指导者从宏观上把握当代世界的主要矛盾和总的发展趋势，从而对国际战略环境作出正确的判断，避免战略指导的重大失误。

二是世界战略格局。世界战略格局是指世界各国政治、经济、军事力量在其消长、分化、组合过程中所形成的，对世界战略全局具有重大的影响而又相对稳定的力量结构。它反映了一定时期内国际间的力量对比、利益矛盾和需求，以及基本的战略关系。全面分析与研究世界战略格局，有助于从总体上了解世界各主要国家在世界全局中的地位，以及战略利益方面的矛盾和需求，有助于对世界形势及其可能的发展趋势作出基本的估计。

三是主要国家的战略动向。世界各国之间由于战略利益和政策的异同，既可能是对手，也可能是盟友。各国的战略动向，既互为条件、相互储存，又相互影响和制约。一些实力较强的世界性或地区性大国，特别是超级大国所推行的战略，对其周边地区乃至世界的安全与稳定都具有重大的影响，对其他国家的战略也有不同程度的影响。因此，一定时期内各主要国家的战略及发展趋势，是国际战略环境的重要部分。了解主要国家的战略动向，有助于从世界各国特别是大国之间的关系上具体地研究国际战略环境，进而对世界形势作出正确的判断。

四是当代世界战争与和平的趋势。战争与和平问题始终是国际安全面临的重大问题，当代世界战争与和平的趋势在国际战略环境中最引人注目，也是世界各国研究和制定军事战略时最为关注的中心。

五是周边安全形势。周边安全形势是指周边国家直接、间接影响本国安全的条件和因素。其中，周边国家与本国的利益矛盾、对本国的政策企图、与本国密切相关的军事力量及其部署等直接影响本国安全的情况和因素，是周边安全形势中最值得关注和研究的重要内容。

2. 国内战略环境

国内战略环境是指对策划、指导军事斗争全局具有重大影响的国内社会环境与自然环境。它反映了国家军事力量建设与运用的可能条件与制约因素，决定着战略基本性质与方向，是制定战略的依据。

国内战略环境主要包括国家政治、经济、军事、地理等方面的基本状况，其中国家地理环境、政治环境和综合国力状况对国内战略环境具有最直接的影响。

一是地理环境。主要包括国家（地区）的地理位置、幅员、人口、资源、地形、气候及行政区划、交通、要地等状况。这些地理要素与军事斗争的关系十分密切，是军事力量生存、活动的空间条件。军队的集结、机动、作战、训练、后勤补给等一切军事活动都要受到地理环境的影响和制约。因此，地理环境不仅是制定战略的重要客观依据，而且还是影响战争胜负的一个很重要的因素。加强对地理环境的研究与认识，是促使战略指导符合客观实际的一个重要环节。

二是政治环境。国内政治环境涉及的范围比较广泛，其中，国家的政治、法律制度和基本国策，以及国内政治安全形势两个方面对战略影响最大。

国家的政治、法律制度和基本国策是国内政治环境的本质和核心，对军事斗争全局的筹划与指导起着决定性的作用，是确定军事斗争目的、性质、任务、基本方针、政策和战略指导原则的政治依据，也是保证战略得以贯彻实施的政治基础；国内政治安全形势，包括一定时期内国内的阶级、民族、宗教、政治集团之间相互关系的基本状况以及对政局和国家安全的影响。其中，敌对势力分裂、颠覆国家和发生武装冲突或国内战争的情况，是直接影响国家统一和稳定的因素，是筹划和指导军事斗争必须关注的重要问题。

三是综合国力状况。综合国力是一个国家全部物质力量和精神力量、实力和潜力的总和。包括国家的人力、物力、财力、军力、科技与生产能力、社会保障与服务能力以及组织动员能力等。综合国力是军事斗争特别是战争的物质基础，是军事理论、作战方法发展进步的重要条件。

三、战略与战略环境的关系

（一）战略环境与战略是客观实际与主观指导的关系

战略环境是独立于战略指导者意识之外的客观存在，是不以人的意志为转移的，而战略则是军事斗争规律在人们头脑中的反映，是一种主观活动。战略受一定战略环境的制约和影响，随着战略环境的变化而变化。

（二）正确认识和分析战略环境是正确制定战略的先决条件

战略环境是影响战略的客观因素，战略指导者只有了解它、熟悉它，并且认识其中各种因素的相互联系、相互作用及其对敌我行动的影响，才有可能找出其中的特点和规律，并根据这些规律制定出正确的战略。实际上，制定战略的过程就是战略指导者对战略环境的认识和分析过程。对战略环境认识和分析得越客观、越准确，所制定的战略也就越符合实际，越有成功的把握。

（三）战略对战略环境的发展变化具有重大的能动作用

战略作为对军事斗争全局的筹划与指导，不论其正确与否，均对维持或改变战略环境有着重大的影响。实践证明，在一定的物质条件下，正确的战略可以改变险恶、不利的战略环境，化险为夷，转危为安。相反，错误的、不符合客观实际的战略，则会使环境恶化或使困境加剧，导致斗争严重受挫，甚至招致全局的失败。

第二节　国际战略格局

一、国际战略格局的基本概念

国际战略格局是指国际社会中国际战略力量之间在一定历史时期内，相互联系、相互作用形成的具有全球性的、相互稳定的力量对比结构及基本态势。

国际战略格局作为国际斗争的直接产物和国际战略运用的必然结果，其构成要素是国际战略力量。国际战略力量由多种力量要素构成：一是政治力量，主要有政治稳定力、政治组织（协调）力、政治影响（号召）力；二是经济力量，主要有生产力、经济开发力、经济资源配置（利用）力及其储备力等；三是军事力量，主要有常备军力、后备军力、战争动员力等；四是科技力量，主要有科技发展力、科技成果应用转化力、科技创造发明力等；五是社会文化力量，主要有社会凝聚力、社会文明影响力、历史传统继承和发扬力等。国家力量或国家集团力量的这些要素，虽然各有其不同的作用和影响，但只要各个要素构成整体，充分发挥综合影响力，就能真正构成国际战略力量，并对国际战略格局产生应有的影响。

国与国之间的关系，本质的是国与国之间的力量对比关系。因此，国际战略格局本质上是一种国际战略力量的对比关系。国际战略格局的形成、发展和变化的基础在于各国政治、经济、军事力量等的相互对比的结果。尤其是大国实力、地位的变化，以及由此而派生的影响力对比是国际战略格局变化的直接动因。因此，在考察各种战略力量时，不仅要考察它们本身所具有的实力地位，而且要考察它们在国际事务中发挥的实际作用和影响力，从而形成正确的战略判断。

二、国际战略格局的结构类型

国际战略格局的结构是指它所表现出的基本形态。它是包括国际政治、经济、军事关系在内的国际战略关系的表现形式，是国际战略力量对比的结构形态。区分国际战略格局的不同类型，主要应当依据格局内部结构和外在形态。所谓内部结构，是指构成一定格局的战略力量的特征，以及各种力量之间相互组合的状况。所谓外在形态，是指战略力量之间相互作用的形式与存在状态。因此，可把国际战略格局区分为四种基本类型。

（一）单极格局

即某一大国在国际战略格局中占据主导地位，形成一国独霸的局面。这种情形在历史上曾经出现过，如资本主义初期的西班牙、荷兰和英国，都曾有过独霸世界的历史。英国的世界霸权地位甚至维系了200年。当然，这种格局，是资本主义刚刚形成时期的特定产物。这个时期，由于资本主义刚刚在局部地区出现，近现代意义上的国际社会正在逐步形成，因而资本主义发展最早的国家，往往能够确立霸主地位，这种霸权在很大程度上局限于欧洲地区，真正的世界霸权并未建立起来。

（二）两极格局

即两大战略力量之间的相互对立和相互斗争，对整个国际事务起着决定性影响的局面。这种局面在历史上多次出现，如第一次世界大战期间的同盟国和协约国，第二次世界大战期间的法西斯轴心国和反法西斯同盟国，战后初期的社会主义和资本主义两大阵营以及随后的美苏两极对抗，都是历史上的两极格局。从中可以看出，"两极"主要是两大对立的国家集团，而不完全是两个国家之间或某个单独国家与另一个国家集团之间的对立。同时，在两极之外总有不从属于两大集团的其他国家存在。第一次世界大战前的两大集团之外有美国和日本；第二次世界大战期间也存在一些没有卷入战争的国家；战后初期则存在着广大的"中间地带"国家。当然，以上所分析的两极格局，除了冷战时期两个超级大国和两大政治军事集团的对抗具有比较典型的两极特征并延续了较长的时间外，其他都是在新旧格局过渡时期形成的具有一定特殊性的两极体制。

（三）多极格局

即多种战略力量既相对独立又相互联系，既相互合作又相互制约而形成的一种相对平衡的战略关系。在多极格局中，作为格局构成要素的战略力量，可以是单个国家，也可以是国家集团。这种格局类型在 20 世纪 70 年代以后已见端倪，即中、美、苏、日、西欧和第三世界这六大力量的竞相发展。冷战结束后，多极化趋势呈现出强劲的发展势头，目前已经形成了初步的轮廓。

（四）多元交叉格局

这是一种由两极向多极，或由多极向两极的过渡性格局。在这种格局状态下，一方面存在着两大战略力量或多种战略力量之间的对立，这是格局的主导力量；另一方面也存在着独立于上述力量之外的其他战略力量。这些战略力量即在一定程度上受到现有格局中的支配力量的影响，又能在国际事务中发挥自身独特的作用，从而构成国际战略格局潜在的一极。冷战结束后，在向多极格局的过渡时期，多元交叉格局表现得尤为明显。欧美虽是盟友关系，但欧洲正在成为新的一极；美日同盟也有新的发展，但日本的政治独立性有很大增强，很可能在多极格局中占一席之地；中、俄既与其他战略力量保持着联系，同时又坚持自身的独立地位。这种多元交叉格局无疑构成了未来多极格局的基础。

三、国际战略格局的现状和特点

国际战略格局是一定时期内国际关系中起主导作用的力量之间的相对关系和结构形式。

苏联的解体标志着以美苏对抗为特征的两极国际军事格局的终结，并导致了世界军事力量对比的严重失衡。

两极格局结束后，世界出现了一超和多强并立的态势。大国关系在不断变化和调整，世界上各种政治力量在不断进行分化和组合。多极化趋势的发展，有利于世界的和平、稳定和繁荣，有利于推动建立公正合理的国际政治经济新秩序。目前，新的国际战略格局还没有完全形成，正处于国际战略格局的过渡转型时期。此次国际战略格局的转变，不同于以往。以往几次战略格局的转型都是通过大规模战争方式实现的，因而格局转型快，过渡时间短，甚至没有过渡时期。这次战略格局的演变，基本是以和平方式进行的。在此期间，各种国际力量需要慢慢发生变化，要重新定位和整合，由量变到质变，最后才能定型，因而需要的时间较长。主要表现在以下几个方面。

（一）美国企图长期保持唯一的超级大国地位

在向新格局转移的过渡时期，美国成为世界上在政治、军事、经济等方面都具有全球性影响的唯一超级大国。美国拥有一支全球进攻性军事力量，有世界上最强的三位一体的核进攻力量，具有很强的远程精确打击、隐形攻击、电子战、联合作战和综合保障能力。冷战后国际格局的变化具有渐进性，将使美国"一超称霸"的局面保持相当一段时间。由于美国综合国力仍将遥遥领先，欧、日、中、俄仍难望其项背。国际战略力量失衡短期内不会发生根本改变。

苏联解体标志着以美、苏对抗为特征的两极国际战略格局的终结，并导致世界军事力量对比的严重失衡。在向新格局转移的过渡时期，美国成为世界在政治、军事、经济等方面具有全球性影响的唯一超级大国。为了实现建立单极世界和独霸世界的目标，美国现在已制定并实行了一整套的战略措施。在政治上，极力推行以美国为模式的所谓"全球民主化"；在经济上，倚仗其强大的经济实力，以进行经济制裁为手段，迫使别国无限度地开放市场，利用高科技和不等价交换等手段剥削发展中国家；在军事上，保持庞大的"防务"开支，努力发展高、新、尖武器，在世界各地部署军事力量并建立军事联盟，插手干涉别国内部事务。在全球战略方面，既联合又试图控制欧洲；既利用又要制约日本；以北约东扩为手段，进一步挤压、削弱俄罗斯；将中国视为主要竞争对手，向台出售武器。不顾欧洲国家的强烈反对，拒绝接受《京都议定书》，谋求建立美国主导下的单极世界的企图不断膨胀。

"冷战"后国际格局的变化具有渐进性，将会使美国"一超称霸"的局面保持相当一段时间。由于苏联的解体和美国内政外交的需要，美国正在进行有限的战略收缩和军事战略调整，但其战略意图已十分明确。美国在近期内的重要目标是，要防止在欧亚大陆重新出现对美构成威胁的新对手，并将中国列为最大的潜在对手。美国将其强大的军事力量作为维持其在世界的领导地位和对付地区冲突的重要支柱。进入20世纪90年代以来，美国以各种名义在世界各地使用军事力量，行动明显增多。美国利用自己的经济和军事技术优势，加速新军事革命，加快武器装备研制和更新，以拉大与其他国家的军事技术差距。美国的"新干涉主义"和战略扩张成为国际局势动荡的根源。2001年美国新总统就职后，已提出新的国家军事战略，新战略更多地体现了美国建立"单极世界"的需要。

（二）世界多极化的趋势正在发展

美国"一超独霸"的局面是两极体制被打破后的一种过渡现象，在这个过渡期内，国际战略格局呈现的基本态势将是"一超多强"，是一个终将被多极体制所取代的暂时历史进程。突出表现在战后日本、德国迅速崛起，已成为世界主要经济大国，并且凭借其强大的经济实力，力图谋求政治大国地位，积极争取成为联合国安理会常任理事国。日本是世界上仅次于美国的第二经济大国，人均国民收入已超过美国。尽管近些年经济较低迷，但整体实力依然强大。日本的军事力量近年增长很快。随着其经济、科技及军事力量的增强，日本力争在关系世界稳定和发展的重大问题上，拥有不次于其他大国的发言权，成为未来国际战略格局中"支撑国际秩序的一极"。欧盟是当今世界上规模最大、一体化程度最高的地区经济集团，人口合计3.7亿以上，并有进一步扩大的趋势。欧盟具有雄厚的经济、科技和军事实力，在联合国安理会5个常任理事国中占有两个席位，在处理全球或地区事务中有很大的发言权，在南北关系中有较大的影响力，尤其与曾是其殖民地的发展中国家，还保持着较为密切的政治经济文化联系。俄罗斯虽然丧失了前苏联超级大国的地位，但其军事力量仍然可以与美国抗衡。中国是发展中大国，政治稳定，经济持续、快速、健康发展，综合国力不断增强，在国际事务中的影响与日俱增，现仍属于一支"新生力量"。虽然发展道路并不平坦，但高速发展趋势无人阻挡，在21世纪中期成为多极化格局的一极是毫无疑问的。邓小平早在1990年初就指出："所谓多极，中国算一极。中国不要贬低自己，怎么样也算一极。"所有这一切，都促使世界战略格局向多极化方向发展。

（三）新的各种安全结构正在建立和完善

在两极格局时代，美苏始终互为对手。东西方集团内部即使有时其经济、政治上的矛盾升为主要矛盾，但盟友关系却一直是十分清楚的。而在两极格局瓦解后，对手和盟友便模糊不清了，均势的维持更多依靠结盟。各种国际和地区安全机制应运而生，相继建立。北约决定将其军事活动范围由北约成员国领土之内扩大到整个欧洲，先后与欧洲其他国家和俄罗斯建立了"和平伙伴关系";欧盟由一个经济体转为政治、经济、货币联盟体,1993年11月,实施《欧洲联盟条约》,根据条约将制定共同的防务、安全和外交政策;东盟各国的"东盟地区论坛"已成为亚太地区第一个政府间的多边安全对话机制;亚太经济合作组织(简称APEC)已举行了多次非正式首脑会议;原苏联地区的一些加盟共和国,不仅在地理上连成一片,而且在政治、经济、文化和历史发展阶段上也有较多一致性。随着各地区安全机制的建立,预示着未来地区军事格局将朝着多样化、区域化的方向演进,世界将在地缘上分为欧洲、原苏联地区、亚太、中东、拉美和非洲等六大军事区域。形成各具特色的地区军事格局。

(四) 经济因素在国际事务中的作用上升

当前世界战略力量呈现出多极化的发展趋势,最突出的表现在经济领域的多极化速度比其他领域发展更快。战后几十年的激烈军事对抗和军备竞赛使美苏这两个超级大国的经济不同程度受到影响,并最终导致解体。随后各国更加注重经济的发展,调整本国的经济发展战略,制定经济发展计划,突出在国际社会的影响力。美国的国民生产总值在世界上所占的比例已由"二战"结束初期的46%下降到28%,而日本和欧盟一些国家经过这几十年的迅速发展,已成为对国际事务有着重要影响的经济大国和经济集团。目前,日本和德国都在凭借自己强大的经济实力谋求政治大国地位。经济力量的均衡化发展必将引起政治、军事力量对比关系的变化。在人类发展史上,没有哪个世纪能像21世纪那样使世界空前地进入经济全球化时代,随着经济全球化趋势的发展和世界政治格局日益走向多极化,国家间的利益格局呈现出既错综复杂又相互依存的态势,国家间的博弈很难轻易诉诸武力。2007年夏天爆发的美国次贷危机已演变成一场严重的金融危机。这场正在向全球蔓延扩散的金融危机背后,一场国际间的政治角色和利益之争也在同时展开,维护国家金融安全的"软战争"已经初显端倪。

四、未来国际战略格局的发展趋势

(一)"多极化"将是未来国际战略格局发展的必然趋势

1. 美国倚仗其经济科技实力和超强的军事力量,企图建立以美国为领导的单极世界,充当世界的领袖

其战略构想是:以美洲大陆为依托,以北约和美日同盟为两大战略支柱,从欧亚两大陆向全球进行新的战略扩张,把美国的领导作用延伸到全世界,遏制新的全球性竞争对手出现,长期保持美国唯一的超级大国地位。但是,美国并不能凭借自己的优势地位在世界上为所欲为。其一,几乎所有国家都不赞成建立以"美国为轴心的世界"新格局。其二,美国在国内面临众多的社会问题和经济问题,不具备承担"领导世界重任"的能力。其三,在国际上,欧洲、日本等国家和地区的挑战,对美国的"世界新秩序"形成一大制约。其四,当今世界仍有许多尖锐矛盾和复杂问题,无论美国如何强大和富有,都不可能包揽解决所有问题。近年来,一系列针对美国的恐怖活动,特别是2001年9月11日发生的炸毁美国世贸中心和五角大楼的恐怖事件,也使美国认识到建立单极体制称霸世界的企图是难以成功的。

当前世界战略力量多极化的发展趋势最突出的表现在经济上,美国虽然经济上保持着世界经济发展的火车头地位,但随着近几年国际市场的建立,第三世界国家重视对经济的发展,欧盟一体化进程的加快,美国的国际市场竞争能力正受到严重挑战。2002年5月,美

国前国防部长助理、哈佛大学教授约瑟夫·奈指出："由于经济全球化及信息技术革命在世界范围内迅速扩展，美国有可能轻易地丧失优势。"2007 年 6 月爆发的次货危机已在美国演变成一场严重的金融危机，2008 年美国的经济增长已经从 2007 年的 2% 降到了 1.4%，发展速度明显放缓。所以美国"一超独霸"的局面正在遭到削弱。

在未来国际战略格局多极化发展的进程中，起主导作用的可能是美国、欧盟、俄罗斯、日本、中国这五大力量（也称"一超四强"），其他一些重要的国际组织、区域集团和地区性大国，也将发挥重要作用。

2. 欧盟势力影响日益扩大

进入 21 世纪以来，欧盟在内统外扩与壮大实力方面都取得重大突破。现在拥有 27 个成员国，包括 2 个联合国安理会常任理事国和 2 个核大国，400 多万平方公里土地面积和 4.6 亿人口。欧盟实际上已将绝大多数欧洲国家和幅员统合在自己麾下。欧盟首脑会议一致通过《欧洲宪法》草案。这是欧盟一体化的重大成果，为欧洲第一部宪法的出世做好了铺垫。欧盟的经济形势比较稳定，经济实力大幅提高，欧元在国际金融体系中的地位大幅攀升。这些表明欧盟在提升实力地位和统合欧洲的道路上实现了一次历史性跨越，朝着建设"欧洲人的欧洲"和成为世界独立一极目标迈出了实质性步伐。随着一体化的扩大、深化和实力的壮大，欧盟独立自主意识日益增强。它不再甘当美国的"伙计"，要求在北大西洋联盟中进行权利再分配和角色重新定位，力争与美国建立新的平等伙伴关系。由于战略利益的差异，欧盟在国际秩序观、格局观、安全观、对待非西方大国和发展中国家及中东局势等当代世界重大问题上，同美国的距离越来越大，对美国说"不"也越来越多。法国、德国等欧盟核心国家在伊拉克战争问题上甚至同美国分道扬镳。特别是欧盟不认同美国的单极战略而主张多极化，并阔步朝着世界独立一极的目标迈进，对美国的单极战略构成有力挑战。因此，欧盟在国际上发出的声音更为响亮有力，地位、作用日益增强。无疑，未来欧盟将可能成为国际社会具有重要影响力的一极。

3. 俄罗斯重整大国的地位

20 世纪 90 年代以后，俄罗斯国内形势不稳，金融危机严重，生产停滞，经济滑坡，大国地位受到严重削弱，但它毕竟拥有良好的工业和科技基础，拥有丰富的资源和巨大的发展潜力。自 1991 年独立以来，一直处在政治、经济的多重危机中，经济实力下降了大约一半。但从总体上看，俄罗斯仍具有较强的综合国力。它继承了原苏联在联合国安理会常任理事国的席位，以及原苏联 76% 的领土和 70% 的国民经济总资产，幅员横跨欧亚两大洲，国土总面积 1 700 多万平方公里，自然资源极其丰富，物质技术基础雄厚，燃料动力、冶金、机械制造、化学和交通运输业十分发达，科技实力较强，人民受教育程度较高，在航空、航天、核能、生物工程和新材料等领域居世界先进行列，仍具有巨大的发展潜力。

在军事上，它仍然是唯一能够和美国相抗衡的核大国。俄军仍然是目前世界上唯一能与美国抗衡的军事力量。它接管了原苏军 75% 的军队，约 80% 的战略核力量和大部军工企业。俄军整体作战能力较强，武器装备较先进，部分高技术武器装备不亚于美军。在普京执政后，俄罗斯社会趋向稳定，经济开始恢复性增长，而且增长的质量明显提高。加之世界石油价格暴涨，给俄罗斯带来巨大的外汇收入。同时，近几年呈现出各行业全面增长的态势，一系列宏观经济指标有较大的改善。据国际货币基金组织预计，至 2010 年，俄罗斯经济可维持 6% ~8% 的年均增长率，为世界上经济增长最快的国家之一，将跻身世界主要经济体之列。俄在财力有限的情况下，利用高科技提升防务能力，保持了世界第二大军事强国地位。随着经济的复苏，俄罗斯加大了对国防的投入，加快了军队建设和武器装备更新换代的步伐，重振大国的意图更加明显。俄罗斯的发展将证实邓小平同志的预言："未来多极世界，俄罗斯算一极。"

4. 日本正在由经济大国向世界政治大国甚至军事大国转型

日本是战后西方国家中发展最快的国家，从战后到 20 世纪 70 年代它走完了由一个战败国变成经济发达国家的全部里程。20 世纪 70 年代中期提出向政治大国迈进的目标，80 年代到 90 年代加强了对这一目标的实现。日本是世界第二经济大国，人均国民收入已超过美国。由于历史等原因，日本在国际社会的政治、军事影响却远未达到其经济上对世界的影响。它在外交上依附于美国，唯美国马首是瞻，亦步亦趋。人们很少在国际问题上听到日本与美国有不同的声音。然而，近年来日本通过对内外政策的调整，积极改变这种状态，国际影响力不断扩大，加速走向政治、军事大国的迹象比较明显。日本正在由经济大国向世界政治大国甚至军事大国转变。它要求成为联合国安理会常任理事国，竭力在国际政治舞台上扮演重要角色，力争在关系世界稳定和发展的重大问题上，拥有不次于其他大国的发言权，成为在未来国际战略格局中能够"支撑国际秩序的一极"。

5. 中国综合国力稳步上升

中国是社会主义国家，也是最大的发展中国家。中国不与任何国家结盟，不干涉别国的内部事务，坚决维护自己的独立和主权，同时也尊重别国的独立和主权。中国一贯坚持正义的原则立场，反对以大欺小、以弱凌强和以富压贫的强权政治，致力于建立公正合理的国际新秩序，是反对霸权主义和维护世界和平的重要力量。中国作为独立自主的政治大国，坚持走具有自己特色的现代化发展道路，这是中国作为多极世界中独立一极的政治分量所在。

中国经济保持快速增长，综合国力迈上新台阶。2009 年，中国的国内生产总值逾 33 万亿人民币，居世界第三位，成为带动世界经济增长的主要动力源之一。在综合实力和对世界和平与发展的贡献显著提升和增大的基础上，中国在外交上不断开拓进取，国际地位和作用明显增强，在地区和世界事务中日益发挥重要的影响。

中国改革开放几十年来保持了持续发展的强劲势头，经济总量明显增大，与世界经济的关系更加紧密。中国坚持走和平发展的道路，努力与世界各国平等互利合作，不单纯追求己方利益，而是力主双赢，并积极加强区域合作，推动共同发展，不断为促进全球发展和繁荣做出重要贡献。中国高举和平、发展、合作的旗帜，坚持原则，伸张正义，更加积极参与国际事务，在力所能及的范围内支持和援助其他国家，充分发挥出一个负责任大国的作用，国际影响日益增大。随着经济的发展，综合国力进一步加强，中国在国际事务中将发挥越来越重要的作用。

通过以上分析可以看出，影响世界格局的几支主要力量正在加紧调整自己的战略，以加强自己在国际社会中的影响，这一趋势的发展正越来越明显地制约美国的霸权主义和强权政治，世界"多极化"的发展方向，将是一种必然趋势。

（二）未来国际战略格局中各方关系将日趋复杂化

随着"冷战"的结束，过去相互对立的两大阵营间的敌对状态不复存在，各国间的关系已打破意识形态的束缚，由敌对转变为交流、对话，各国间更加重视积极的外交加强自己在国际中的地位和影响。所以，未来战略格局中各方关系正呈现复杂化的趋势。

比如中美关系。美国的对华政策是既"遏制"又"接触"，随着美国近几年在国际社会的种种霸权行径和强权政治遭到各国的抵制，它越来越感到自己的孤立。1989年春夏之交的政治风波，由于美国对中国内政的干预，中美关系出现了自1972年以来的大倒退。1990年下半年，中美关系逐步出现回升势头，钱其琛外长访美，布什会见了钱外长，双方都表示了积极改善关系的愿望。1992年9月2日，布什宣布向台湾地区出售150架F-16战斗机，使中美关系跌入低谷，蒙上阴影。但随着12月中旬美国商务部长访华，使中美关系又缓和下来。1993年1月20日，克林顿入主白宫，对华奉行强压政策，故意在一些问题上做文章，甚至有意挑起事端：打出人权问题的牌子给中国施加压力；在最惠国待遇问题上附加政治条件；无端制造"银河号"事件；反对中国举办2000年奥运会等。中美关系全面恶化，克林顿政府面对中美关系的全面恶化，意识到这样做也一无所获。于1993年9月重新审议了对华政策，制定了全面接触战略，并通过各种渠道向中国传递改善关系的信息。1993年11月江泽民主席前往美国西雅图参加亚太经合组织领导人非正式会议，江泽民和克林顿在西雅图进行了一个半小时的正式会晤；1994年，中美关系出现积极上升的势头，这期间实现了两国领导人的互访。但是，中美关系在一个好的形势下不久又再次出现了突发事件，1999年5月8日凌晨，以美国为首的北约悍然对中国驻南联盟大使馆进行了野蛮的导弹袭击，造成中国三名记者死亡，大使馆严重毁坏，激起了中国人民的强烈抗议和谴责。这件事充分暴露了美国霸权主义的野蛮行径，以及中美关系的脆弱性。经过炸大使馆事件后，中美双方都冷静下来重新审视两国关系。中美关系进入新世纪后，正好到了小布什当政的年代，他是美国强硬派势力的代表，对外奉行强硬政策是这届政府的一个特点，"单边主义"更是小布什本人的重要特征。2001年的中美关系，是在以美国充满霸气的条件下开始的。4月1日，出现了中美撞机事件，美国一架EP-3军用侦察机逼近中国海南岛进行侦察，在中国专属经济区海域上空向中国正在执行巡逻任务的战斗机撞击，导致中方机毁人亡，在没有得到中方同意下，美机又强行降落在中国海南岛凌水机场。美方拒不承认错误，后经严正交涉，才有"非常抱歉"的表示。但是2001年的"9·11"事件使布什政府改变了国家安全战略，对华政策同样很快改变轨道；2002年是中美关系发展有明显成效的一年，两国领导人实现互访，那么中美关系到底是一种什么关系？首先是最发达国家和最大的发展中国家的关系，美国也充分认识到这一点，所以主张对中国"全面接触"，处于全球战略的考虑，它知道与中国为敌对它将意味着什么。同时，中国处于当今社会国际格局的发展变化中，也不能与美国为敌，所以表现出既"冷静"又"克制"的外交战略。那么到底是什么关系呢？应当是：既不是敌人，也不是对手，也不是盟友；是非敌非友的性质，有冲突但也不至于完全没有节制，不至于发展到全面对抗；有合作但绝非毫无保留，更不可能结盟。

欧洲在冷战时期是两极对抗的主战场，欧盟依附美国。冷战结束后，欧盟国家仍未摆脱对美国的依赖。事实上，美国通过签订北约"战略新构想"，拉北约参加科索沃战争等方式，在一定程度上加强了对欧盟的控制。与此同时，欧盟也在设法排除各国在政治、外交、防务等问题上的分歧，共同谋求使欧洲真正成为未来多极世界中强有力的一极，争取与美国平起平坐的地位。为此，欧盟各国采取一系列措施：不断扩大欧盟，全面加快欧洲一体化进程步伐，于1999年启动欧元，增强欧盟的国际地位和竞争力，进一步促进世界经济格局主导权的强烈愿望；逐步实行具有联合一致的外交和防务政策，加强自身防务建设与美国争夺北约的领导权和军事指挥权。欧盟内部多边或双边防务组织不断出现，法、意、西、葡四国宣布组建"欧洲陆军"和"欧洲海军"两支联合部队；法、德军团已建立，并可能成为欧盟防卫力量的核心。美国和欧盟之间的关系，正在由过去的盟主与盟友的关系，逐步转变为平等的伙伴关系，在一些重大问题上甚至出现严重分歧，如2003年美国对伊拉克战争，德国、法国就曾公开反对。

俄罗斯自上世纪90年代初失去在世界上的大国地位后，也在积极地调整对外战略，为了在亚太地区确定其地位，积极与中国建立关系，以获得在亚太地区的政治、经济地位；同时，与美国积极改善关系，寻求经济领域的合作。但从总体来考察，美俄关系不同于中俄、中美关系，美俄关系现在仍很难定位，比如美国的北约东扩、把伊朗定为邪恶轴心、石油禁运等，都危及到俄罗斯利益，俄罗斯不会任其步步进逼。2003年9月19日，俄罗斯普京有个讲话，决定对其国家战略进行调整，提出不排除使用"先发制人"战略。

综上所述，未来国际战略格局呈现以下特征：一是关系复杂化；二是集团松散化；三是外交多元化；四是合作区域化。

（三）中国在多极格局中的地位与作用将愈显突出

中国是一个发展中的社会主义大国，也是当今维护世界和平的重要力量。作为未来多极格局中的一极，中国对世界的影响是多方面的，其主要作用体现在三个方面：即在反对霸权主义和强权政治上起制约作用；在经济发展上起示范作用；在维护第三世界权益的斗争中起重要作用。比如，1995年10月，江泽民主席在联合国成立50周年纪念会议上的重要讲话中提出了建立国际政治经济秩序的五点主张：即创造安全可靠、长期稳定的国际和平环境；恪守以主权平等和互不干涉内政为核心的国际关系准则；建立互利合作、共同发展的新型国际经济关系；造成自主选择、求同存异的国际和谐局面；共同对付人类生存与发展面临的挑战。这些主张反映了世界各国人民，特别是发展中国家人民的共同呼声。中国坚决维护第三世界国家权益的主张和行动，受到了第三世界国家和人民的高度赞扬。

（四）维护国家利益的"软战争"将对国际战略格局产生重要影响

全球化时代，信息、金融、贸易、生态等因素在国家安全斗争中地位的迅速上升，正在推动人类战争观和国家安全观的不断更新。金融战、贸易战、生态战等"非军事战争行为"，以及整体战、隐形战等战争形态与国家安全新理念的不断涌现，愈来愈引起人们的高度关注，国家安全领域里的斗争日益走向集束组合。

在全球化进程空前加速、经济利益日益占据国家利益核心位置的今天，经济争夺战已经成为世界"软战争"的主要形态，并且以其独特的方式推动着国家安全观和传统战争观的重大变革。当代世界经济的一个显著特征就是世界经济越来越多地受到国际因素的影响，经济的稳定程度直接决定着国家的健康程度。其中金融安全在国家经济安全乃至整个国家安全中的战略地位空前上升，并相对军事安全而言成为当代国家安全斗争的又一主战场。随着全球化的演进，各国金融的相互依存度日益加深。回眸1997年的亚洲金融危机，细观今日的美国金融危机。任何国家金融体系的剧烈动荡，不仅会在短时间内将一个国家百十年积累的财富席卷一空，导致国家整个经济体系的崩溃和社会的倒退，且还可能引发"多米诺骨牌"效应，酿成全球性金融危机。一个引人注目的事实是，如同美国超强的军事优势制造了当代世界不对称战争一样，美国的金融霸主地位同样使这场全球金融争夺战呈现出不对称特征。美元贬值、次贷产品打包等都是美国让世界分担其金融危机风险、摆脱经济困境所独享的特权。据资料介绍：美元每贬值10%，就有相当于美国经济5.3%的财富从世界各地转移至美国；2002 年到 2007 年，美元贬值20.6%，按 2006 年美国 GDP 为 13.19 万亿美元算，这就意味着在过去 5 年中仅美元贬值一项，全球 1.3 万亿美元的财富无形中流入美国。这种状况既有助于缓解美国的经济困难，又打击了新兴国家的经济升幅，在今天的美国金融危机中，美元贬值已经使一些国家上万亿美元蒸发于无形。这场危机告诉我们：金融实力同军事实力一样，已经成为衡量国家强弱的主要标志；当代金融战线已经成为国家安全斗争的又一个主战场，确保金融安全已经成为维护国家安全的重要战略手段。更新国家安全理念、完善国家安全战略、构建高效安全的现代金融体系，已成为全球化时代国家安全斗争的一个重大而紧迫的课题。所不同的是，这种新型战争不再依赖枪弹和军队，也不再有纷飞的硝烟和赤裸裸的暴力，原本深深隐蔽于战争背后、充当着战争发动机的资本，这时由幕后操纵直接走向阵地前沿。这种战争对国家经济的破坏和财富的掠夺更隐蔽、更迅速，其破坏力决不亚于一场局部战争。北约对南联盟的军事打击使南联盟的生活倒退了七八年，而亚洲金融风暴则使印尼生活水平一下子后退了 15 年。

20 世纪 80 年代，美国在反思越战历史教训的基础上，提出"软实力"这一概念，企图在和平与发展的时代条件下，为巩固美国世界霸权找到一种"不战而屈人之兵"的理想途径。由此引起世界各国对国家实力的重新认识，也引起新一轮国家安全观的创新浪潮。随着经济全球化趋势的发展和世界政治格局日益走向多极化，国家间的利益格局呈现出既错综复杂又相互依存的态势，国家间的博弈很难轻易诉诸武力。加之当代科技革命和新军事革命带来的战争成本空前加大，有利于各种政治军事力量的相互制约。正在向全球蔓延扩散的金融危机背后，国际间的政治角力和利益之争同时展开，维护国家金融安全的"软战争"初显端倪。

（五）区域一体化组织蓬勃发展

经济是基础，发展水平不同也决定了不同国家在国内政治及国际事务中采取不同的立场。发展中国家间发展不平衡，利益各异。因此，一些经济发展水平比较接近的国家和地区组成的地区性组织兴起，活动积极，联合自强趋势增强。

广大中小国家为了在新的形势下有效地维护自己的独立和主权，提升本国的国际地位，在致力于自身发展的同时，强化了联合自强，走区域一体化道路的势头。除了区域组织不断发展外，大区域一体化组织也在形成和加强。除欧盟、东盟外，近年还涌现出非洲联盟和南美洲联盟。随着各地区安全机制的建立，预示着未来地区军事格局将朝着多样化、区域化的方向演进。

从长远看，美国的霸权主义战略和单极世界目标，必然受到诸多因素的制约，美国并不能凭借自己的优势地位在世界上为所欲为。首先，几乎所有国家都不赞成建立以"美国为轴心的世界"新格局。其次，美国在国内面临众多的社会问题和经济问题，不具备承担"领导世界重任"的能力。其三，在国际上欧洲、日本等国家和地区的挑战，对美国的"世界新秩序"形成一大制约。其四，当今世界仍存在许多的尖锐矛盾和复杂问题，无论美国如何强大和富有，都不可能包揽解决所有问题。近年来，一系列针对美国的恐怖活动，特别是"9·11"恐怖事件后，美国在反恐战争进程中，亟须各种形式的国际合作，也使美国认识到建立单极体制称霸世界的企图是难以成功的。因此，未来的国际战略格局绝不可能完全按美国的意图发展，也绝不会是美国一家独霸的局面。美国"一超称霸"的局面既是两极体制被打破后的必然现象，又是一个终将被多极体制所取代的暂时的历史过程。

当前，世界处于新旧格局交替的动荡时期，世界和平与安全面临的机遇大于挑战。世界格局处于向多极化过渡的重要时期，国际战略力量对比严重失衡的局面有望改善。各主要力量既相互牵制和竞争，又相互协调，彼此借重和务实合作。一些发展中大国和区域集团实力增强，发展中国家整体力量上升。经济全球化趋势深入发展，科技进步突飞猛进，国际分工体系深刻变动，全球和区域经济合作生机勃勃，国家间相互依存的利益关系逐步加深。传统安全领域的对话不断增多，非传统安全领域的合作深入发展。各国更加重视通过国际协调合作和多边机制解决发展和安全问题。联合国在国际事务中的地位和作用得到维护和加强。

第三节　我国周边安全环境

周边安全环境是指国家周边有无危险和受到威胁的情况及条件。是一个国家对其周边国家或集团在一定时期内对自己国家主权、领土完整是否构成威胁，有无军事入侵、渗透颠覆等情况的综合分析和评估。它是关系国家和民族兴衰存亡的大事，是制定国防战略的首要依据。

一、我国周边地理环境及其对我国安全的影响

毫无疑问，影响一国安全环境的国际、国内因素是复杂多变的。但是，对一国的安全环境起决定作用的是地缘政治因素，一个国家的地理位置决定了它周边安全的复杂程度，也决定了它在国际战略格局中的地位，这是一个国家安全环境根本性的特征，其影响具有长久性。

（一）中国是边界线较长，相邻国家较多的国家之一

我国是位于欧亚大陆东南部、亚洲东部、太平洋西岸的濒海大国。陆地面积约960万平方公里，有2.2万公里的陆地边界线，1.8万公里的海岸线（不含岛屿海界），陆地国土面积居世界第三位，拥有丰富的海洋资源。

中国是世界上陆海邻国较多的国家，而且多陆海强邻，我国陆地上与14个国家相接壤，按地理位置排序依次是：朝鲜、俄罗斯、蒙古、哈萨克斯坦、吉尔吉斯斯坦、塔吉克斯坦、阿富汗、巴基斯坦、印度、尼泊尔、不丹、缅甸、老挝和越南。在海上我国与日本、朝鲜、韩国、菲律宾、马来西亚、印度尼西亚、文莱和越南8个国家相邻，其中朝鲜和越南既是海上邻国，又是陆地邻国。我国陆海邻国众多，仅次俄罗斯，排世界第二位，周边安全环境复杂。

（二）中国及其周边地区是世界上人口最密集，社会、经济发展最不平衡的地区

1. 人口众多国家大多数都在中国周边

世界上10个人口过亿的国家有7个是在这个地区。分别是中国12.6亿、印度9.82亿，印度尼西亚2亿、俄罗斯1.5亿，日本1.25亿、巴基斯坦1.24亿、孟加拉国1.16亿。越南、菲律宾、泰国、韩国、缅甸等国人口都在4 000万到7 000万之间，也是人口较多的国家。人口之和多达30多亿，占世界人口一半以上。

2. 中国周边国家经济发展不平衡

在中国的周边，既有世界第二经济大国的日本，也有所谓新兴工业化国家和地区，如韩国、中国台湾、马来西亚、新加坡等，也有在世界最贫穷国家榜上有名的缅甸、老挝、柬埔

寨、孟加拉国、蒙古。

3. 中国周边地区也是世界上大国最集中的地区

中国周边地区多是大国强国，世界上只有 5 个国家的军队在 100 万以上，中国、美国、俄罗斯、印度、朝鲜，几乎都在我们旁边，或把手伸到了我们周围。核扩散形势相当严峻，中美关系大门打开之前，基辛格评论中国的地缘政治地位时指出："一个周围都是弱小国家的拥有八亿人口的国家，不管谁在统治它，都是一个地缘政治问题。"

我国及周边地区也是世界上大国最集中的地区，而且多是军事强国，核扩散的形势严峻。在众多邻国中，有的过去曾经对我国发动过侵略战争，并且现在仍是经济大国，并正在成为军事强国。一些邻国之间存有积怨，甚至对立，一旦它们之间发生冲突，必将影响我国的边境安全。有的国家内部不稳定因素多，一旦发生内乱，将对我国边境安全造成压力。有的国家居民与我国边境居民同为一个民族，信奉同一宗教，虽有利于两国边境居民友好往来，但也存在消极因素。还有一些国家，与我国之间存在着历史遗留下来的边界领土争端和海洋划界争议。随着这些不同因素的变化，将对我国安全环境产生不同的影响。

（三）我国安全环境受外部影响因素大

我国安全环境的外部影响，主要来自陆、海两个方面。历史上，美、苏曾分别从海上和陆上对我国施加过影响。苏联解体后，俄罗斯仍是世界上最大的陆地国家，面积 1 700 万平方公里，其中 2/3 在欧洲，1/3 在亚洲。从历史上看，中、俄地缘战略上的不安全因素依然存在。美国位于北美洲大陆南部，陆地面积 936 万多平方公里，综合国力日益增强，积极向海外发展。美国和俄罗斯对欧亚大陆具有全局性影响。

日本、印度是我国周边地区的两个重要国家，是构成我国地理环境的重要因素。日本资源缺乏，对海外资源和海外市场的严重依赖性是其显著特点。在近代，日本经历了 50 年的侵略扩张和对美国的依附。甲午战争至第二次世界大战结束以前，日本军国主义积极推行侵略扩张政策，主要是向亚洲大陆扩张。第二次世界大战结束后，美国控制世界海洋，日本转而依附美国，充当美国在太平洋的前沿堡垒。冷战结束后，日本继续追随美国，企图成为政治和军事大国。

印度人口众多，是一个依陆面海的大国，其地理条件较为优越，周边邻国主要是中小国家。我国是直接与印度毗邻的唯一大国，两国目前仍存有边界争议，历史上曾发生过边境战争。

东南亚、中亚是我国周边的两个重要地区，也是我国陆、海两面的枢纽地区，对我国的安全和经济发展具有重要影响。在通道、资源、安全等方面都有重要战略意义。在交通方面：东南亚是连接亚洲与大洋洲，沟通印度洋和太平洋的"十字路口"，控制太平洋到印度洋的主要水上航线。中亚地区处于东亚、西亚、南亚和北亚的地理连接点上，是连接欧亚大陆以及中国、俄罗斯、欧洲、中东、南亚各地陆路连接的枢纽。在资源方面：东南亚有丰富的战略资源，锡储量占世界 60%，橡胶年产量占世界的 80% 以上，矿产资源丰富，石油和稻米出口量较大。在安全方面：东南亚邻接我国的东南沿海与西南地区，是影响我国南部安全的重要方向。贯穿东南亚的海上战略通道对于日本有重要意义，对美欧各国的航运也有重要影响。中亚地区与我国新疆、西藏等地接壤，该地区的形势与我国西北边疆的安危相关。中亚五国是苏联的加盟共和国，现是独联体成员国。随着上海经合组织的建立，我国与中亚各国建立了平等合作的友好关系，将对这一地区的安全环境产生有利影响。

（四）我国在《联合国海洋法公约》中的权益

我国是联合国海洋法公约国，海洋对我国安全影响深远。靠近中国的有黄海、东海和南海。海洋是巨大的宝库，蕴藏有丰富的资源，对人类的生活、生产与发展都具有十分重要的战略意义，它一直是海洋国家争夺的对象。

1973 年 12 月至 1982 年 4 月，联合国召开了第三次海洋法会议，154 个国家出席了会议，通过了《联合国海洋法公约》（以下简称《公约》），从 1994 年 11 月 16 日起正式生效。第三次联合国海洋法会议对领海、海峡、大陆架、专属经济区、群岛国、岛屿制度等一系列重大问题进行了讨论。规定了群岛国制度，将一大片公海划为这些国家的内水；确定了"200 海里专属经济区"制度；重新定义了"可达 350 海里的大陆架"概念。《公约》几乎涉及海洋法的所有方面，其中，与我国周边安全环境密切相关的要素如下。

1. 基线、内水、领海和毗连区

（1）基线

基线是陆地和海洋的分界线，也是测算领海、毗连区、专属经济区和大陆架的宽度的起点线。基线有两种划定方法：一是正常基线，即领海基线（也称低潮线），是海水退潮时退到离海岸最远的那条线。二是直线基线，即在海岸上和沿海岛屿上选定一系列的基点，在这些基点之间划出一条条相互连接的直线，构成一条折线，这条折线即为领海基线。直线基线一般适用于海岸线比较曲折、沿海有许多岛屿的国家。《公约》规定，"沿海国为适应不同情况，可交替使用以上各条规定的任何方法以确定基线"，称为"混合基线法"。

我国政府在 1958 年的《中华人民共和国关于领海的声明》中指出："中国大陆及其沿海岛屿的领海以连接大陆岸上和沿海岸外缘岛屿上各基点之间的各直线为基线。"1992 年颁发的《中华人民共和国领海及毗连区法》明确规定："中华人民共和国领海基线采用直线基线法划定，由各相邻基点之间的直线连线组成。"根据此法，中华人民共和国政府于 1996 年 5 月 15 日发表声明，宣布了我国领海的部分基线和西沙群岛的领海基线。

（2）内水

内水是国家内陆和领海基线向陆一侧的水域。内水构成沿海国领水的一部分，沿海国在这一海域内享有排他性的主权。其中，海湾根据湾口宽度以及海湾与沿海国的关系，可分为三种，即沿岸属于一国领土的海湾；沿岸属于两个或两个以上国家领土的海湾；历史性海湾。

对于沿岸属于一国领土的海湾，该国可在一定条件下将其划入本国的内水范围，实行完全排他的主权。《公约》规定：① 如果海湾天然入口两端的低潮标之间的距离不超过 24 海里，则可在这两个低潮标之间划出一条封口线，该线所包围的水域应视为内水；② 海湾天然入口两端低潮标之间的距离超过 24 海里，则 24 海里的直线应划在海湾内，基线以内的水域才是内水。历史性海湾是指沿岸属于一国，其湾口虽然超过领海宽度的 2 倍，但历史上一向被承认是沿海国内海湾的海湾，如我国的渤海湾。历史性海湾完全处于沿岸国排他性主权的管辖下。

（3）领海

领海是濒海国陆地领土及其内水以外邻接的一定宽度的海域。其范围为领海基线至领海线之间的海域。国家主权及于领海的海床、底土及其上空。《公约》规定："每一国家有权确定其领海宽度，直至从按照本公约确定的基线量起不超过 12 海里的界线为止。"目前，包括中国在内，世界上有 117 个国家实行 12 海里的领海宽度。领海是沿海国家领土的组成部分，受沿海国主权的管辖和支配。沿海国在领海享受有属地最高权，领海内的一切人和物均受沿海国管辖。

沿海国有权制定和颁布有关领海的法律和规章。外国船舶可以在领海上无害通过，但外国飞机未经许可不得飞越他国领海的上空。沿海国的主权不仅及于领海，也及于领海的上空、海床和底土。

（4）毗连区

毗连区是沿海国在毗连其领海以外一定范围内，为行使必要管制权而划定的区域。其外部界限从领海基线量起不得超过 24 海里。沿海国在毗连区内可对本国和外国公民及船只行使海关、缉私、卫生和移民等事项的管制权。

2. 专属经济区、大陆架

（1）专属经济区

专属经济区是指主权国家在邻接其领海的外部海域设立的经济管辖区。其外部界线至领海基线不应超过 200 海里。专属经济区是国家自然资源区的组成部分，国家对之行使有关国际海洋法规定的经济主权权利和管辖权。

专属经济区是《公约》创设的一种新的海域，它介于领海和公海之间，具有独立的法律地位。专属经济区不同于领海，它虽属沿海国管辖区域，但并不构成沿海国领土的组成部分，沿海国对它不享有绝对的、排他的主权。专属经济区也不同于公海，其他国家虽然在专属经济区有自由航行、飞越权，但已不是公海意义上的那种自由，主权国可对其他国家在专属经济区内的活动加以限制。

（2）大陆架

大陆架是陆地向海面下自然延伸和缓倾的浅水平台。其范围从低潮线起到海底坡度突然止。沿海国有对其行使以勘探和开发自然资源为目的的主权权利。在国际法上，大陆架是指沿海国家的陆地在海水下面的自然延伸，并与大陆形成一个连续的完整的整体。《公约》规定：如陆地领土向海底延伸部分不足 200 海里时，可扩展到 200 海里；如延伸部分超过 200 海里的，不应超过从测算领海宽度的基线量起 350 海里，或不超过连接 2 500 米深度各点的等深线 100 海里。

我国的海岸线漫长，大陆架极为广阔，属于大陆架超过 200 海里的 18 个国家之一。渤海、黄海海底全部为大陆架，东海有 2/3 的海底是大陆架，最宽处近 400 海里，南海大陆架占海底面积的一半以上，总面积约有 150 万平方公里。但是，除渤海大陆架外，我国大陆架都与邻国存在划界问题。中国政府多次郑重声明，根据大陆架是陆地领土自然延伸的基本原则，中国对东海大陆架拥有不可侵犯的权利。东海大陆架涉及其他国家的部分，应由中国和有关国家协商划分。位于南海上的东沙、西沙、中沙和南沙群岛领海，有 150 多个岛屿和礁、滩，自古以来就是中国的领土。南海诸岛大陆架与其他国家的划界问题，应由我国与有关国家依据《公约》和国际习惯，通过谈判协商公平合理划定。

1982 年 12 月 10 日，我国作为首批签约国，在联合国海洋法公约上签字。1996 年 5 月 15 日，我国第八届全国人民代表大会常务委员会第十九次会议批准实施。

二、缓和和稳定是我国当前周边安全环境的主流方向

既不能只看到好的一面，四面凯歌，也不能说得是危机四伏，首先要看到有利的一面，要看主流，应该看到，我们周边安全环境总体是好的，缓和的。具体表现在以下四个方面。

（一）大规模外敌入侵的军事威胁已消除或减弱

第二次世界大战结束后，亚太地区一直是美苏争霸的重要地区之一。从 20 世纪 50 年代开始，我国周边形势之所以长期紧张不安，根本原因是由于当时美苏争霸所致，有的则是直接针对我国的。从新中国建国初期，直到 20 世纪 70 年代中期，美国一直构成对我直接军事威胁。

20 世纪 70 年代末，邓小平进一步发展了毛泽东、周恩来打开的中美关系新格局，于 1979 年亲自出访美国，并主持实现了中美关系正常化，使我国完全摆脱了美国全面的现实军事威胁。两极格局结束后，美国是当今世界唯一超级大国，但其实力地位已相对下降。

美国国民生产总值占世界总产值的比重，已由战后初期的 46% 下降到了 1995 年的 24% 。1970 年，美、欧、日国民生产总值的比例为 5∶3∶1，到了 1995 年，美、欧、日国民生产总值的比例为 1.5∶1.6∶1，美国已不如欧盟。

美国在世界经济多极化的发展过程中，和西欧、日本、德国的经济关系日趋紧张，经济霸主地位已经动摇。虽然近六七年美国经济稳步发展，低通胀、低失业，但其国内预算连年出现赤字，贸易逆差加剧，内外债激增，从原来世界上最大的债权国沦为债务国。国内政治矛盾日趋激化，美报称种族问题将成为美国最黑暗的深渊。美国出于经济上力不从心，政治上矛盾重重和国际形势的多极化趋势，在调整其军事力量在世界各地的部署时，对亚太地区的军事力量也做了较大调整。目前驻亚太地区美军为 10 多万人，主要是支持其盟国在这一地区保持稳定，不构成对我国的严重军事威胁。近期中美关系已出现明显转折。尽管中美在人权、贸易、技术交易、台湾问题等方面存在重大分歧，但美政府已认识到合作与对话比对抗更符合美国的利益。随着中美首脑实现互访，中美在缔结"建设性战略伙伴关系"方面将取得较大进展，这将对我国周边安全向好的方面发展起到促进作用。

苏联从 20 世纪 60 年代中期中苏关系破裂后，直到 80 年代后期，长期对我大兵压境，甚至进行核讹诈，使我国周边安全环境十分严峻；再加上当时印尼排华，中印边界军事对峙，台湾国民党集团叫嚣反攻大陆等等，世界上的反动势力掀起一场反华大合唱，迫使我们提出建设大三线，把一些重要工业迁往内地山区。

（二）发展了同周边国家的睦邻友好关系

建国以来，我国除参加抗美援朝战争外，还与印度、苏联、越南发生过武装冲突。与印度的冲突从 20 世纪 50 年代末一直延续到 80 年代末。70 年代末与越南的冲突不仅前后延续了近十年，且最为激烈。这些冲突及与这三国的长期不和，一直构成对我国周边安全的直接威胁。到 80 年代后期，我国与上述三国的关系开始改善，先后与前苏联、越南、印度国家关系实现了正常化，友好往来增多，国家领导人互访，我国与俄、越、印的友好关系明显发展。尽管我国与印度、越南尚有领土、领海纠纷，但近期发生大规模武装冲突的可能性极小。主要表现在以下几个方面。

1. 世界大国与我国建立了合作伙伴关系

中、美关系是当今世界大国关系中最为重要的关系之一，也经历了跌宕起伏的坎坷历

程。两国曾是共同抗日的盟友,从新中国诞生到中、美建交前,两国关系从长期对峙逐渐趋向缓和。中、美建交后,两国关系出现了历史性的改善。中、美两国元首实现互访,把两国关系带入了新阶段。在我国国家元首访美时双方发表的《中美联合声明》中指出:中美双方将"共同致力于建立中美建设性战略伙伴关系",双方将"在中、美三个联合公报的原则基础上处理两国关系"。中美关系在布什政府上台后,曾因台湾问题而出现波折,但共同利益特别是双方的经济合作,使两国关系又重新走上了正轨。

中、美军事关系发展受到诸多因素影响。中、美两国在维护世界和平与稳定、地区安全和防止核扩散等重大问题上存在的共同利益,是两国关系发展的基础。两国各自的战略需求是其发展的动力,大国关系的互动和意识形态因素等都对其带来影响。另外,美国国内因素,如决策圈内的总统、国会和军方,决策圈外的利益集团、新闻媒介、公众舆论等,也对中、美关系影响极大。台湾问题始终是中、美关系中最重要、最敏感的核心问题。

中、俄关系对中国安全的影响深远。冷战结束以后,中、俄关系发展顺利,两国保持着良好的国家关系,两国领导人保持互访,发表了一系列联合声明。1996年双方建立了"平等信任、面向21世纪的战略伙伴关系",由原来"建设性伙伴关系"上升到"战略协作伙伴关系"。中、俄已经建立不对抗、不结盟,以"和平共处五项原则"为基础的友好和互利合作关系。进入新世纪后,两国政府和人民决心继续致力于中俄世代友好这一主题,2001年7月,两国元首在莫斯科签署了具有历史意义的《中俄睦邻友好合作条约》。该条约以"永做好邻居、好朋友、好伙伴,永不为敌"的战略思想为核心,全面总结了20世纪中、俄关系的历程,并对未来双边关系发展确定了指导原则。中、俄两国已经建立了良好的国家关系,在普京访华期间双方签署的《联合声明》曾重申:"无论国际风云如何变幻,无论中、俄各自国内发生什么样的变化,双方决心恪守《中俄友好合作条约》所确定的方针和原则,不断推进、扩大并以新的内容充实和深化两国全面战略协作伙伴关系,在双方关切的问题上协调立场,相互支持。"未来,两国关系必将更加稳固,合作领域还将更加宽广。

中、日关系是今天国际关系中的重要组成部分。中、日复交后,两国关系发展基本平稳,双方都把发展长期稳定的友好关系作为各自的基本国策。1998年11月,双方曾在我国元首访日的联合宣言中明确"建立致力于和平与发展的友好合作伙伴关系"。中、日两国的根本利益,决定中、日关系必将使中、日克服一切困难向前发展。

中国与欧盟各国保持着良好的关系。中国与欧盟领导人就建立中、欧长期稳定的建设性伙伴关系达成共识。鉴于中国社会经济发展情况,欧盟2001—2003年优先对华合作的领域有:为中国加入WTO提供支持和援助、反偷渡和非法移民、社会保险改革、电信、环境、能源以及人力资源开发等。这些合作项目的开发促进了中国相关领域的发展,也提高了"欧盟在中国的知名度"。在过去的2001—2005年期间的合作预算约为2.5亿欧元。欧盟对华合作项目集中于支持中国的人力资源开发;向与中国经济和社会改革关系密切的部门提供培训及技术援助;通过鼓励地方经济发展,帮助解决农村及城市贫困问题;环保合作以及加强中、欧商业对话和产业合作等。

2. 我国与邻国友好关系发展顺利

我国在坚持"和平共处五项原则"基础上与一切国家发展友好关系,特别注重发展与邻国的睦邻友好关系。目前,我国与所有邻国的关系均得到改善。20世纪90年代以来,我国分别与俄罗斯、哈萨克斯坦、吉尔吉斯斯坦签订了国界协定,与哈萨克斯坦的国界问题已经得到完全解决。中、俄、哈、吉、塔5国领导人多次会晤，签署了关于边境地区加强信任及相互裁减军事力量的协定。

我国同越南、印度的关系也得到发展，全面加强政治、经济、文化交往，国家领导人正常互访。中、越边界问题得到较好解决。中越边界线长1 347千米，边界谈判是从20世纪70年代开始的，双方签署了关于边界领土的基本原则协议，1999年签署了《中越边境条约》。作为世界上两个人口大国，中国和印度都被国际社会认为具有在新世纪发展成为世界大国的潜力。中、印有着2000多年的友好历史，目前长期困扰中、印关系突出有两大问题，一是边界问题，二是西藏问题。自1988年以来，在双方的共同努力下，中、印边界问题联合工作小组一直定期举行会谈并取得一定进展，双方曾签署了《关于中印边境实际控制线地区军事领域建立信任措施的协定》。2003年6月印度前总理瓦杰帕伊访华时，承认西藏是中华人民共和国主权的一部分。2005年4月国务院总理温家宝访问印度，与印度总理辛格签署了两国联合声明，宣布中、印建立面向和平与繁荣的战略合作伙伴关系。同时宣布了中、印《全面经贸合作五年规划》，提出两国到2008年贸易额达到2 000亿美元。双方还达成解决中、印边界问题的政治指导原则，这将为解决中、印长期遗留的边界问题奠定基础。2006年11月中国国家主席胡锦涛对印度共和国进行国事访问。作为世界上两个最大的发展中国家，中、印关系具有全球和战略意义。两国有足够空间实现更大规模的共同发展，在地区和国际事务中发挥各自作用。在当今全球化形势下，随着两国在所有重大问题上的参与力度和作用日益增大，中、印伙伴关系对国际社会应对全球挑战和威胁至关重要。作为正在形成中的多极化国际秩序中的两个主要国家，中、印同时发展将对未来国际体系产生积极影响。

同时，我国与韩国、日本等国在经济贸易和文化等领域进行了广泛交流与合作。

3. 我国周边"热点"逐渐降温

所谓"热点"，是指那些经常或多年发生战争的地区或国家。中国周边地区的热点，从20世纪50年代初就存在朝鲜半岛的问题，从70年代末开始出现了阿富汗、柬埔寨战争，它们都发生在中国的周边地区，严重地威胁到中国边界地区的安全。冷战结束后，这三个热点地区先后出现了不同程度的逐渐降温，尽管还存在着多种矛盾或武装冲突，但总的形势是趋于缓和，对外部的影响越来越小，减缓了对我国有关边界地区安全的威胁。

目前，在中国周边的热点问题中，对中国安全影响较大的是朝鲜半岛问题和印巴之间的对立。朝鲜半岛是东亚各国利益的交汇点，各大国都不希望朝鲜半岛出现危机。朝鲜半岛问题的根源在于南北对立的分裂局面，表现为朝鲜与韩国的对立以及朝鲜与美国的对立。美国与朝鲜签署了关于核问题的框架协议后，双方的对立局面有所缓和。朝鲜与韩国也开始从对峙走向对话，打破了严重僵持的局面。虽然双方和谈的进程将是长期的和复杂曲折的，但相互间的气氛逐渐缓和，南北双方的经济交往和民间往来也逐渐增多。对中国另一个影响较大的热点是印度与巴基斯坦的对立。两国关系曾有一定程度的改善，虽然两国都致力于本国经济的发展，不希望彼此间爆发新的战争，但目前仍存在着严重对立，甚至可能失控。总的看来，我国周边安全环境总的形势是趋于和平与稳定的。

（三）建立了多边的区域合作机制

经济全球化一体化是一个趋势，这个趋势总的原则是将资源在世界范围内进行优化配置，这样的结果就是资源将流向那些发达国家，而那些贫穷落后的国家将受到损失。面对这样一种情况，许多地方形成了地域性的多边合作机制，成立某种组织，建立某种关系，最成熟的是欧洲，它们在安全方面、货币、金融等各个方面形成了一个体系，非洲现在提出来，以后要成立"非盟"，联合起来，抗衡这种资源流向的不平均状态，在亚洲也面临着这样的问题。

（四）解决了与大部分国家的边界问题

过去我们一研究周边形势，常常有一种危机四伏的感觉，因为除了与不丹、缅甸、老挝这些小国之外，我们与其他的邻国几乎都有领土纠纷和摩擦。有些摩擦还是很激烈的，因为亚洲这些国家，历史上都曾受过强国的侵略，所以领土意识非常强，可谓是寸土必争！在有些时候又显得特别狭隘，涉及边界问题时谁也不让谁，处理起来非常棘手。

进入九十年代，党中央充分利用了国际形势的变化，充分调动了周边国家愿意和中国搞好关系的愿望和积极性，使许多历史遗留下来的边界问题得到了解决。现在，中国陆地疆界除与印度有较大的领土争端外，与其他邻国的边界基本稳定。

三、我国周边安全环境面临的主要威胁

新中国成立后，中国政府本着"互相尊重领土主权，互不侵犯，互不干涉内政，平等互利，和平共处"五项原则，与周边国家协商解决历史遗留问题，与周边国家的关系不断改善，周边安全形势总体上是好的。但是，由于西方一些国家在对待中国关系上仍然坚持"冷战"思维，中国与周边国家在陆地边界和海洋权益方面存在一些争议和一些悬而未决的问题，而且有些问题比较复杂，中国又面临着一些不安全因素和潜在的威胁。

我国的安全环境存在着两重性：一是相对和平稳定的安全环境不断得到巩固和发展；二是我国仍面临着一些不安全因素和潜在的威胁。

（一）西方军事强国对中国的安全环境具有综合性、根本性的威胁

在世界军事强国中，美国对我国安全环境的影响尤甚。美国与我国虽远隔重洋，但对我国安全的影响却无处不在。在各大国与我国关系向前发展的同时，在以美国为首的西方世界仍然有一股企图遏制中国的逆流，顽固地坚持冷战思维，不愿意正视我国政治、经济的发展以及在国际社会中的积极作用。散布所谓的"中国威胁论"，以"人权"为幌子，干预中国的内政，继续坚持对台军售，阻挠中国统一大业。美国对华政策的两面性，是我国安全环境的不稳定的主要因素之一。

1. 政治上，加紧实施"西化""分化"战略

美国是当今世界最大的全球霸权主义国家，冷战结束后，美国称霸世界的野心进一步膨胀，企图以经济实力为后盾，打着"民主""自由"的幌子，采取军事威胁、政治渗透两手并用，实现其独霸世界和"消灭共产主义"的野心。美国统治集团认为，社会主义中国日益强大终将对美国的利益构成"威胁"，美国视我国为其称霸的主要障碍，明确将我国列为2015年后美全球战略对手之一，因而始终对我怀有敌意。其对华政策的实质是诱压兼施，两手促变，归根到底是企图最终将中国纳入西方体系。

2. 军事上，对我全面遏制和防范

美国是世界头号军事强国，近年来，利用其绝对的经济和军事优势，加紧在我周边地区投棋布子，对我进行预防遏制的战略部署。通过强化军事同盟和对我周边国家进行军事渗透，逐步缩小对我的军事包围圈。

3. 利用台湾问题进行战略牵制

近多年来，美国更加明目张胆地推行实质上的"一中一台"政策，暗中支持"台独"活动，其目的就是将台湾问题作为牵制中国的重要战略筹码。美国在台湾问题上的立场和政策，是我实现祖国统一的严重障碍，也是可能诱发台湾政局动荡的重要根源。军事上，以提供先进武器为标志，扩大对台军售。1994年4月28日，美国国会通过了《1994和1995财政年度对外关系授权法》（4月30日经总统签署生效）。该法案首次以国内立法的形式提出《与台湾关系法》的重要性优于"八·一七"公报，从法律上解除了美对台出售武器的限制。这个时期，美售台武器的特点是交易额大、种类齐全、性能先进，旨在全面加强台湾防御能力，特别是海、空防卫和近海反封锁能力，提高台湾陆军的快速、机动和抗衡大陆伞兵的反应能力。

（二）周边"热点"地区发生突变的可能性不能排除

在我国周边地区热点问题中，对我国安全影响较大的是朝鲜半岛和印巴之间的对立。这两个热点地区，既存在降温、缓和的发展趋势，又存在着升温、发生危机的可能性。

1. 朝鲜半岛

其根源在于南北方的分裂局面，表现为朝鲜和韩国的对立及朝鲜与美国的对立。朝鲜与美国签署了关于核问题的框架协议后，朝鲜和韩国由对峙走向对话。随着"六方会谈"机制的建立，朝鲜半岛的局势有趋向缓和的可能。但朝鲜半岛又不排除发生突变的可能性，由于南北双方的立场相差甚远，使南北和谈举步维艰。2001年"9·11"事件后，美国把朝鲜定为"邪恶轴心国"之一，曾一度加剧了朝鲜半岛的紧张局势。2008年12月，美国计划在亚太地区部署3个大队的最新型F-22隐形战斗机，并将在关岛的美国空军基地部署超高度无人侦察机。这一地区是我国各周边地区中军事力量较为密集的地区，南北军事部署近在咫尺，军事对峙僵局很难打破，一旦发生战争将会给我国造成极大压力。

2. 印度和巴基斯坦的对立

虽然两国都致力于本国经济的发展，不希望彼此间爆发新的战争。但是，由于历史原因，印、巴两国既存在民族怨恨，又存在宗教纠纷，还存在着领土争端，在短时间内难以得到解决。两国独立后发生过3次战争。现在，仍陈重兵于边境，互相对峙。多年来，印巴军事摩擦时有发生。1998年5月，两国核军备竞赛升级，印度48小时内首先进行了5次核试验，巴基斯坦进行了6次。印度不甘心只做南亚地区大国，以"中国威胁论"为借口，大力发展核武器，积极谋求世界核大国地位。印度作为地区大国，1996年拒绝在《全面禁止核武器条约》上签字。印度政府和军方领导人公开宣称这些核试验的原因是对付所谓的"中国威胁论"，大力发展核武器，积极谋求世界核大国地位。印度将获得对我国内地进行核打击的能力。克什米尔地区是印度和巴基斯坦争夺的焦点，如果战争爆发，将对中国边境安全构成较大威胁。

印、巴核军事装备竞赛的升级和对立的加剧，对我国的安全环境产生了不利影响。印、巴双方陈兵于边境，相互对峙，克什米尔地区是印度和巴基斯坦争夺的焦点，如果战争爆发，必然会对我国边境安全构成较大威胁。另外，伊朗核问题、伊拉克战争造成的地区安全问题等也不可避免对我国安全环境带来影响。

（三）边界和海洋权益争端尚存

我国坚持在"和平共处五项原则"的基础上愿与一切国家发展友好关系，特别注重发展与邻国的睦邻友好关系。但另一方面也必须看到，我国与邻国的边境争议和关于海洋权益的争议情况复杂，解决起来难度很大，这些争议始终是可能影响到我国边境和领海安全的不稳定因素。在这些争议中，陆地边界问题的争议，尤以中、印边界争议较为突出。关于海洋权益的争议则更为复杂。我国与朝鲜、韩国之间关于黄海、东海大陆架划分，与日本之间关于东海大陆架划分和钓鱼岛的归属问题，都存在着争议。中国的南海处于岛屿被侵占、海域被分割、资源被掠夺的严重局面。我国南沙群岛的海面岛礁几乎被瓜分殆尽。关于南沙群岛的争议，短期难以解决。如果处理不当，还有可能引起国际争端或诱发局部战争。

我国与一些邻国的边界争议及海洋权益的争议情况复杂，解决起来难度很大，这些争议始终是可能威胁我国边境和领海安全的不稳定因素，比较突出的有以下几个热点问题。

1. 中印边境争端

我国与印度之间陆地边界争议领土达 12.55 万平方公里，不仅是我国而且是世界上面积最大的国家领土争议地区。中印边界线全长 2 000 多公里，东段：争议面积 9 万多平方公里，为印度侵占；中段：争议面积 2 000 平方公里，为印侵占；西段：争议面积 3.35 万平方公里，我实际控制 3 万平方公里。目前，双方同意保持实际控制线地区的和平与安宁。2005 年 4 月，温家宝总理访问印度，两国曾就解决边界问题的政治指导原则达成一致，但没有在边界问题上进行实质性谈判。

2. 南海隐患

南中国海总面积 350 万平方公里，自古以来属中国主权的领海有 210 万平方公里，分为东沙、西沙、中沙和南沙四大群岛。目前在南中国海诸群岛中，均与周边国家存在争议。其中以南沙群岛争议最大，南沙群岛位于南海诸岛最南端，又名"团沙群岛"，由 25 个岛，128 个礁，77 个滩组成，总面积 80 万平方公里，是南海诸岛中面积最辽阔，岛礁最多，资源最丰富的群岛。南沙群岛是中国人最早发现和最早经管的。据史籍记载，早在公元 2 世纪，西汉王朝出使东南亚各国开辟南海航线时，就发现该群岛。据考证，我国渔民自秦汉时期就前往南沙开始捕鱼作业，上各岛种植椰树、香蕉，获取饮用水。南沙自古以来就是中国的领海，对此，南海周边的国家均未提出过异议，新中国成立后，国际社会，即使怀有敌意的国家政府和组织，都承认南沙群岛属于中国。

中国政府对待南中国海的态度是：南中国海关系到中华民族子孙万代的利益，一寸也不能放弃。基本方针是：主权归我，搁置争议，共同开发。

3. 钓鱼岛之争

钓鱼岛位于台湾东北海域，距台湾岛约 90 海里，由 8 个大小不等的小岛组成，总面积 4.5 平方公里。钓鱼岛面积不大，但位置非常重要。自古以来钓鱼岛就在中国版图内有明确的记载，最早的记载是 1372 年明朝初期的版图。日本人第一次到达该岛是一位名叫古贺辰四郎的人在 1884 年，比中国版图记载还晚 500 年。日本首度占领该岛是甲午战争期间，1972 年 3 月再度从美国手里接管该岛。长期以来，中国人民为使该岛回归祖国，进行过不懈的斗争。1996 年针对日本右翼团体在岛上设置灯塔的严重事态，中国政府曾"严重关切"这一事态的发展。民间也从来没停止过斗争，1996 年，香港、澳门的记者团体乘游艇前去示威，但遭到日本人出动直升机的驱逐。2003 年 5 月，我香港、台湾、澳门等一些民间团体前去声讨、示威。2004 年，中国大陆第一个民间保钓组织——"保钓协会"曾到岛上进行考察，设置了界碑。关于钓鱼岛问题，我国政府的态度是：钓鱼岛不存在主权争议，是我国领土不可分割的一部分。

（四）部分地区民族分裂主义活动频繁

我国是一个多民族的社会主义国家，共有 56 个民族。建国后，由于我国实行了正确的民族宗教政策，中国各族人民的关系融洽，团结和睦，共建中华美好大家庭。但随着"冷战"结束，民族主义情绪在世界范围内开始泛滥，加之西方敌对势力的背后蛊惑。近几年，民族分裂主义在我国西藏、新疆地区有进一步加剧之势，突出表现为"藏独"势力和"东突"势力。

达赖集团在国外建立流亡政府，成为外国反华势力"分化"中国的工具，是西藏民族分裂主义的根源。达赖在国外到处游说，与国外反华势力勾结，就所谓"人权问题"和西藏问题攻击中国政府，妄图最终实现西藏"独立"。他打着宗教的幌子，千方百计向国内渗透，拉拢和迷惑信教群众，煽动民族分裂主义分子制造事端。新疆的民族分裂分子自 20 世纪 50 年代逃到国外后，一直没有停止分裂祖国的活动，他们企图建立所谓的"东突厥斯坦"国家。另外，在新疆境内的一小撮民族分裂主义分子与之遥相呼应，成立分裂主义组织，煽动群众闹事，搞颠覆破坏，甚至搞暗杀、爆炸等活动，"疆独组织"已活脱脱地演变成一个恐怖主义组织，对新疆人民的正常生活秩序构成了严重威胁。

第四节　非传统安全威胁

非传统安全威胁是相对传统安全威胁因素而言的，指除军事、政治和外交冲突以外的其他对主权国家及人类整体生存与发展构成威胁的因素。非传统安全问题主要包括：经济安全、金融安全、生态环境安全、信息安全、资源安全、恐怖主义、武器扩散、疾病蔓延、跨国犯罪、走私贩毒排法移民、海盗、洗钱等。如果非传统安全问题矛盾激化，有可能转化为依靠传统安全的军事手段来解决。非传统安全问题从产生到解决都具有明显的跨国性特征。

一、非传统安全威胁的凸显及其原因

冷战结束后，特别是进入新世纪以来，在传统安全依然突出并有新表现的同时，非传统安全威胁日益凸显成为国际形势的一个突出特点。东南亚金融危机、"9·11"事件、"非典"、印度洋海啸、禽流感、"5·12"汶川大地震、玉树地震及 2008 年爆发的全球性金融危机等一系列事件，使得金融危机、恐怖主义、传染性疾病、自然灾害等非传统安全领域的威胁凸显出来，成为既是中国也是世界上许多国家和地区安全面临的突出问题。

非传统安全威胁凸显的原因分析如下。

（1）冷战的结束和两极对抗格局的终结，使国际社会遭受全面军事对抗和整体毁灭的可能性大大降低，但是，过去被两极对抗所掩盖的种种矛盾在冷战后迅速露出水面，其中相当一部分就是非传统安全问题，如难民潮、人口爆炸、资源短缺、环境污染、民族分裂主义、宗教极端主义、国际恐怖主义、艾滋病等。这些问题已经成为国际社会新的安全威胁。

（2）经济全球化对整个世界的效应实际上是一个硬币的两方面。经济全球化的确可以"以最有利的条件生产，在最有利的市场销售"这一世界经济发展的最优状态，实现资源的最优配置，进而给世界各国带来好处。但是，经济全球化进程的加速，也扩大了世界性的不平等和两极分化，增加了世界各国发展的脆弱性，以及引发了一些国家内部的危机和动乱，促使了一些犯罪活动的国家化与恐怖主义的全球网络化等全球性问题。

（3）非传统安全问题的凸显也与工业文明时代人类过度崇尚经济主义有关。工业文明时代是人类走向现代化的关键阶段，但工业文明的发展观把经济的基础作用与经济至上、经济第一混同起来，从而在国际社会中形成了一种过度的经济主义增长观。于是，现代化的内涵被缩至非常小的范围内，甚至只是指狂热经济增长的经济主义与征服自然、主宰自然的人类中心主义。正当人类为征服自然、主宰自然而沾沾自喜的时候，殊不知人与自然的关系全面紧张，并且自然开始反过来对人类进行报复，气候变化、生态恶化、土地荒漠化以及海啸等严重威胁到人类的生存和发展。

（4）国际社会转型过程中某些领域内的秩序失范也导致了非传统安全问题的兴起。国际社会转型是一个不断分化又不断重新整合的动态过程，冷战结束意味着旧的全球整合机制或者说旧的全球治理机制的崩溃，国际社会正处于加速分化时期，新的国际整合机制在短期内无法建立起来，所以，国际社会某些领域内的秩序处于失范和失控状态，而各种非传统安全问题就是这种失范和失控的具体表现。

（5）进入信息社会后，先进的信息技术与滞后的社会控制机制的矛盾，发达国家的信息优势与发展中国家的信息贫困，以及由此所导致的"数字鸿沟"，等等，也会引发前所未有的新的安全威胁，如日益显现的网络战争、广泛盛行的网络犯罪、无处不在的网络黑客、防不胜防的网络病毒、越来越猖獗的网络恐怖以及逐渐抬头的网络霸权等。也就是说，技术的"异化"也会在信息社会中产生相应的非传统安全问题。

二、非传统安全威胁的主要特点

根据目前各种非传统安全威胁的现象以及人们对这些现象的理解，非传统安全威胁有以下几个主要特点。

（一）跨国性

非传统安全问题从产生到解决都具有明显的跨国性特征，不仅是某个国家存在的个别问题，而且是关系到其他国家或整个人类利益的问题；不仅是对某个国家构成安全威胁，而且可能对别国的国家安全不同程度地造成危害。首先，许多非传统安全威胁本身就属于"全球性问题"。如地球臭氧层的破坏，生物多样性的丧失，严重传染性疾病的传播等，都不是针对某个国家或某个国家集团的安全威胁，而是关系到全人类的整体利益。其次，许多非传统安全威胁具有明显的扩散效应。如在东亚、拉美先后爆发过的金融危机，始于一个国家，而最终波及整个地区，而且随着其不断扩散，其危害性也逐渐积聚、递增，以致酿成更大危机。再次，许多非传统安全威胁的行为主体呈"网络化"分散于各国。如以"基地"为核心的国际恐怖组织就分散在全球60多个国家，其结构呈网络状，彼此并无隶属关系，但联系紧密、行动灵活。非传统安全威胁的跨国性非常突出，是世界各国共同面临的挑战。

（二）不确定性

非传统安全威胁不一定来自某个主权国家，往往由非国家行为体如个人、组织或集团等所为。

传统安全的核心是军事安全，主要表现为战争及与之相关的军事活动和政治、外交斗争。非传统安全威胁远远超出了军事领域的范畴。首先，大部分非传统安全威胁属于非军事领域，如能源危机、资源短缺、金融危机、非法洗钱等主要与经济领域相关，有组织犯罪、贩运毒品、传染性疾病等主要与公共安全领域相关，环境污染、自然灾害等主要与自然领域相关，都不是传统安全所关注的领域。其次，某些非传统安全威胁虽具有暴力性特征，但也不属于单纯的军事问题。如恐怖主义、海盗活动、武装走私等虽然也属于暴力行为，并可能需要采取一定的军事手段应对，但它们与传统安全意义上的战争、武装冲突仍有很大不同，而且单凭军事手段也不能从根本上解决问题。非传统安全威胁的多样性，使其较传统安全威胁更为复杂，靠单一手段难以根治。

（三）突发性

传统安全威胁从萌芽、酝酿、激化到导致武装冲突，往往会通过一个矛盾不断积聚、性质逐渐演变的渐进过程，往往会表现出许多征兆，人们可据此而采取相应的防范措施。然而，许多非传统安全威胁却经常会以突如其来的形式迅速爆发出来。首先，不少非传统安全威胁缺少明显的征兆。据有关资料，1990年以来全球有100多起影响较大的恐怖事件，都是在毫无防范的情况下发生的。从20世纪80年代出现的艾滋病，到近年来的"疯牛病"、口蹄疫、"非典"、禽流感等，当人们意识到其严重性时，已经造成很大危害。其次，人类对某些问题的认识水平还有局限。如地震、海啸、飓风等自然灾害，其发生前并非全无征兆，但由于人类在探索自然方面还有许多未解之谜，而全球经济、科技发展的不平衡，也导致许多发展中国家缺乏对灾害的早期预警能力。此外，金融危机、传染性疾病等非传统安全威胁并非源于某个确定的行为主体，其威胁的形成过程也带有很大的随机性，使防范的难度明显增大。

（四）互动性

非传统安全因素是不断变化的，例如，随着医疗技术的发展，某些流行性疾病可能不再被视为国家发展的威胁；而随着恐怖主义的不断升级，反恐成为维护国家安全的重要组成部分。

当前，非传统安全威胁与传统安全威胁相互交织、相互影响，并在一定条件下可能相互转化。首先，许多非传统安全问题是传统安全问题直接引发的后果。如战争造成的难民问题、环境破坏与污染问题等。其次，一些传统安全问题可能演变为非传统安全问题。如恐怖主义的形成，就与霸权主义所引发的抗争心态，领土、主权问题导致的冲突和动荡，民族、宗教矛盾形成的历史积怨等传统安全问题有着密切关联。再次，一些非传统安全问题也可能诱发传统安全领域的矛盾和冲突。如恐怖组织谋求获取核生化等高技术手段，就会涉及大规模毁伤性武器扩散问题。非传统安全威胁与传统安全威胁的互动性，使看似相对孤立的事物，却常表现出"牵一发而动全身"的效应，不能简单地对待和处理。

（五）转化性

非传统安全与传统安全之间没有绝对的界限，如果非传统安全问题矛盾激化，有可能转化为依靠传统安全的军事手段来解决，甚至演化为武装冲突或局部战争。

（六）主权性

国家是非传统安全的主体，主权国家在解决非传统安全问题上拥有自主决定权。

（七）协作性

应对非传统安全问题加强国际合作，旨在将威胁减少到最低限度。

三、我国面临的非传统安全形势

21世纪初期，非传统安全威胁对中国的安全挑战明显加大，出现新的不确定因素，经济问题、环境恶化、有组织犯罪、艾滋病等将上升为对国家安全构成威胁的战略问题。非传统安全对中国社会经济发展的侵害和威胁是现实的、严峻的。

（一）生态环境安全

就生态环境而言，我国主要面临以下几个方面的威胁：一是森林覆盖率低，土地荒漠化加剧，土壤质量变低，耕地面积减少。我国是世界上荒漠面积较大、分布地区较广、危害程度较为严重的国家之一。二是空气污染严重。中国被认为是世界上空气污染最严重的地区之一，以煤为主的能源结构单一和落后的煤炭利用方式、急剧增长的机动车尾气排放和局部地区工业废气大量超标排放，是造成污染的主要原因。同时，我国酸雨也呈蔓延之势，已成为欧洲、北美之后的世界第三大酸雨区。三是水资源安全问题日益突出。表现为：人均水资源量极少，中国人均拥有的水资源量约为世界人均水资源量的四分之一，而北方地区的人均水资源量就更少；水资源分布严重失衡，中国水资源的分布是南多北少、东多西少，同时，降雨量极不均匀，南方洪涝灾害频繁，北方干旱缺水；水资源污染严重，七大水系普遍受到污染，水质令人担忧。造成这些现象的原因主要有：由于全球生态环境系统的破坏和污染给中国造成极大的影响；中国庞大的人口对生态环境造成了重大持久的压力；先发展后治理的传统经济发展模式也使生态环境遭受了巨大的冲击和破坏。

（二）经济安全

所谓经济安全，其含义是保障国家经济（科技）发展战略诸要素的安全，在参与国际竞争和合作中维护国家利益和争取优势地位，特别是保护本国市场和开拓国际市场。1997年席卷整个东南亚的金融危机表明，在经济全球化时代，经济安全往往更加危险，它可能在很短的时间里，把一国经过数十年积累下来的财富，通过货币贬值和股市动荡等经济手段掠夺一空。因此，在很大程度上，经济安全已成为国家安全的决定因素。

我国经济安全的威胁主要来自三个方面：一是市场安全。主要是指经济摩擦增多和由此引起的贸易制裁以及国际垄断势力对我国的产业安全构成的威胁。中国经济由于规模巨大，增长迅速，特别是加入WTO后，大量国际资本和金融机构纷纷涌入国内，经济摩擦不可避免，对我国市场安全构成极大威胁；外国资本和跨国公司以合资、兼并或并购等方式垄断或控制我国的一些重要产业或企业，有可能引发我国民族工业企业的生存危机。二是金融风险。我国的金融风险主要表现为以国有企业银行贷款为主的不良贷款比例过高和庞大的银行坏账、呆账问题，证券市场上存在欺诈事件增多、投机气氛较浓、资本外逃、汇率震荡等问题。三是能源安全。能源安全是国家经济安全的重要领域，我国的能源种类不均衡，能源发展后劲不足，利用率低，开发难度大，供需矛盾日益突出，石油短缺将是我国未来一段时期能源安全的主要矛盾。

（三）信息安全

关于信息安全，狭义的理解主要指信息技术领域的安全，包括网络安全；广义的理解是指综合性的信息安全，它包括经济、政治、科技、军事、思想文化、社会稳定和生态环境等各个领域。后者是人们通常讨论信息安全问题的主要内容。在信息社会里，一个国家或地区信息网络的安全运行和信息畅通与否，直接影响着国家安全的维护。一旦信息系统遭受进攻和破坏，信息流动被锁定或中断，就会导致整个国家的财政金融瓦解，能源供应中断，交通运输混乱，社会秩序失控，生态系统破坏，国防能力下降，国家陷入瘫痪，民众陷入困境，从而直接危及国家的安全和民族的生存。由此看出，在信息时代，哪一种安全都离不开信息安全。信息安全是一切安全的重中之重和先中之先。

鉴于信息安全涉及政治、经济、军事等诸多领域，有必要对它们之间的互动关系进行梳理，从而对信息安全的重要性以及信息领域可能受到的威胁有更为清醒的认识。

1. 信息安全与经济

以信息网络为手段的经济活动已深入到经济生活的各个方面，随着货币电子化和网上银行业务的开展，企业之间、银行之间、国家之间每天都有巨额资金通过网络相互流通，在这种情况下，经济安全完全依赖于计算机系统。我国的经济基础信息技术严重依赖国外，计算机芯片、操作系统和数据库管理系统以及大量的应用软件等核心技术的缺乏，都是我国信息安全的"根本问题"或"最大隐患"。

2. 信息安全与政治

政治活动与政治较量特别是意识形态的斗争，越来越集中地体现在信息网络系统中。各种敌对势力纷纷利用网络、广播、电子信息技术对我国进行制度渗透和反动宣传，极力制造网络恐怖主义活动、发动煽动性和破坏性言论、鼓吹动乱等，严重威胁我执政合法性。同时，由于我们对互联网在国际意识形态斗争中的作用认识不够，信息安全意识淡薄，投入不足，现有信息平台没有充分利用，技术设备相对落后，因此还很不适应网上斗争的需要，受到威胁也日益增大。

3. 信息安全与军事

信息技术的飞速发展和新军事革命的发生，引发了战争形态由机械化战争向信息化战争的质的飞跃。信息战是信息时代军事安全的最大威胁，信息安全活动的核心作用和决定意义前所未有地突出出来，而直接影响军事活动与安全的信息问题，是军事泄密。

（四）人口安全

人口安全指的是一个国家或地区人口规模的适度、结构合理以及流动有序的一种状态。这种状态不但可以充分满足该国该地区经济、社会可持续发展对人才资源的需要，而且也有利于实现该国或该地区的社会、政治稳定。当前，我国面临的人口安全问题主要涉及以下几个主要方面。

1. 人口膨胀给资源环境带来的压力

从总体上讲，目前制约中国社会经济发展的核心问题是人口资源问题，人口过多和自然资源相对缺乏将直接制约中国经济的长期发展。中国需要在占世界 7% 的土地上养育世界20% 以上的人口，这使中国在经济上承受很大压力。人口膨胀也给我国的生态环境带来了很大的压力。

2. 人口老龄化问题日益突出

与其他国家相比，我国的老龄化问题具有两个显著特点：一是我国老龄人口基数大、增长速度快。二是我国老龄化问题出现时面临经济底子薄、养老负担重的现状。发达国家的人口老龄化是在人均国民收入较高并建立了健全的养老保险体系的情况下出现的，而我国的老龄化是在人均国民收入较低的情况下出现的，2000 年步入老龄化社会时，人均 GDP 也不过800 美元，这迫使我国在经济欠发达的时期解决比发达国家还严重的老龄化问题。

3. 人口素质有待提高，人才安全问题突出

一方面，现有教育和在职培训还不能满足国民经济和社会发展对各类人才的大量需求；另一方面，很多行业还存在着人才浪费和人才流失问题。如果任凭这种趋势蔓延，将严重威胁到我国的人才安全。

4. 人口国内流动带来的问题和隐患

我国人口国内流动在促进人力资源合理配置的同时，也给交通、城市管理、社会安全等工作增加了难度。

（五）恐怖主义威胁

国际恐怖主义对国家和地区稳定的影响日益严重，我国不同程度地受到境内外民族分裂势力、宗教极端势力、暴力恐怖势力等恐怖主义的侵害和威胁。

冷战结束后，宗教极端主义、民族分裂主义和国际恐怖主义这三股恶势力在世界上许多地方泛滥，往往带有很强的政治企图，成为影响国家安全和地区稳定的重大威胁。20世纪末以来，受世界范围恐怖活动的影响，在外国敌对势力的怂恿和支持下，我国境内外的一些宗教狂热分子、民族分裂分子和各种敌对势力进行勾结，加紧在我新疆、西藏等边境地区煽动"疆独""藏独"，不断进行恐怖活动，制造混乱。其中，以"东突"组织为代表的"疆独"分子已经不折不扣地沦为恐怖分子。境内外"东突"分裂势力与国际恐怖主义、极端主义、分裂主义等三股恶势力相互勾结，成立分裂主义组织，培训暴力恐怖主义分子，实施恐怖破坏活动，制造一系列暗杀、爆炸和抢劫等恶性事件，企图以恐怖活动为主要手段达到其分裂祖国的目的。

一些宗教极端主义分子也借民族问题从事分裂乃至恐怖活动。"藏独"势力打着宗教旗号，拉拢迷惑群众，借机制造事端，和国际反华势力一起图谋把西藏从我国分裂出去。可以说"疆独""藏独"问题已经成为中国面临的最大的恐怖主义威胁。在2008年3月14日西藏拉萨及2009年7月5日新疆乌鲁木齐发生的"打、砸、抢、烧"系列暴力事件就是以达赖和热比娅为首的民族分裂主义组织策划的，严重危害了我国家安全和社会政治稳定。

（六）流行性传染病的传播与蔓延

在全球化国际环境下，某些新型流行疾病的传播和蔓延，将造成严重的社会恐慌以及巨大的经济损失和人员伤亡，对国家安全和国际安全构成严重的威胁和危害。

我国自1985年首次报告艾滋病例以来，艾滋病的流行呈快速上升趋势。中国现有艾滋病病毒感染者约84万人；其中，艾滋病病人约10万例。从全国范围看，某些地区特定群体的感染率较高。中国报告的艾滋病病毒感染者感染途径以吸毒传播为主，占61.6%，但经性传播及母婴传播的比例呈上升趋势。作为世界第一人口大国，中国防治艾滋病的任务极其重大，需要投入的政治资源和经济资源远远超过大部分发展中国家。

2003年春季在全球特别是亚太地区肆虐的非典型肺炎，引起全球各国的高度关注。非典型性肺炎本身作为21世纪新出现的第一种严重传染性疾病，其死亡率虽然不高，但其传染能力过于强大，不可避免地引起国内民众和国际社会的严重恐慌，从而导致社会、经济、政治、外交等诸多方面不易处理的危机。

三、我国安全观的新发展

安全观是一个国家对其自身安全利益及其在国际上所应承担的义务和所应享受的权利的

认识，是对其所处安全环境的判断，同时也是对其准备应对威胁与挑战所要采取的措施的政策宣示。中国新安全观的提出反映了冷战后中国对国际安全形势的总体判断，以及中国政府对国家安全和国际关系准则全新的理论思考。

（一）中国新安全观的提出

中国是新安全观的积极倡导者和实践者，也是世界上最早抛弃冷战思维的国家。冷战后非传统安全威胁的大量涌现成为推动中国建立新安全观的重要因素，特别是 1997 年亚洲金融危机后，中国开始重视经济安全和金融安全。随着国际形势的变化和中国改革开放的不断深入，"综合安全"的安全战略思想逐步进入中国的安全观念之中。国家安全不仅仅是军事上的安全，而应是包括经济、科技、政治、军事等在内的综合安全，形成了必须发展包括经济、科技、政治、军事在内的综合国力的新安全观。

1997 年 3 月，中国政府在同菲律宾共同主办的东盟地区论坛信任措施会议上，首次正式提出了适合冷战后亚太地区各国维护安全的新安全观。此后，中国政府又在不同场合对这种新的国家安全观做出了比较全面的阐述。1997 年 4 月，《中俄关于世界多极化和建立国际新秩序的联合声明》中说，双方主张确立新的具有普遍意义的安全观，认为必须抛弃"冷战思维"，反对集团政治，必须以和平方式解决国家之间的分歧和争端，不诉诸武力或以武力相威胁，以对话协商促进相互了解和信任的建立，通过双边、多边协调合作寻求和平与安全。1999 年 3 月 26 日，江泽民在日内瓦裁军谈判会议上第一次指出，新安全观的核心是"互信、互利、平等、合作"八个字。2001 年 7 月 1 日，江泽民在纪念中国共产党成立 80 周年大会的讲话中，对新安全观的表述做了调整，将八个字当中的"合作"改为"协作"，即"国际社会应该树立以互信、互利、平等、协作作为核心的新安全观，努力营造长期稳定、安全可靠地国际和平环境。"

"9·11"事件发生后，中国政府和学术界对恐怖主义等非传统安全威胁的认识进一步加深，多次指出现在是传统安全与非传统安全交织的时代，并强调非传统安全因素上升对中国安全和世界和平的影响，提出要积极应对这种新安全威胁的挑战，以新的方式谋求和维护安全。2002 年的 7 月 31 日，在斯里巴加湾市举行的东盟地区论坛外长会议上，中国代表向大会提交了《中国关于新安全观的立场文件》，系统地阐述了中国在新形势下的安全观念和政策主张，中国政府认为新安全观实质是超越单方面安全的范畴，以互利合作寻求共同安全。2003 年，"非典"疫情发生后，中国政府又加强了对"人的安全"和社会安全的关注，将传染病的蔓延提高到了国家安全的高度，充分体现了中国的新安全观对人的安全的重视。

（二）中国新安全观的主要内涵及影响

中国新安全观认为综合安全是当前安全问题的基本特征，共同安全是维护国际安全的最终目标，合作安全是维护国际安全的有效途径，并正式提出了以"互信、互利、平等、协作"为核心的新安全观，通过建立互信机制以争取共同安全，通过友好协商解决国际争端。

综合而言，我国的新安全观主要有如下内涵。

互信，这是新安全观的基础。主要是指"超越意识形态和社会制度异同，摒弃冷战思维和强权政治心态，互不猜疑，互不敌视。各国应经常就各自安全防务政策以及重大行动展开对话与相互通报。"国家安全利益的差异性是现实存在的。在无政府状态的国际社会中，要维护共同的安全利益，只有依靠互信，而不能依靠军事同盟。

互利，这是新安全观的目的。主要是指"顺应全球化时代社会发展的客观要求，互相尊重对方的安全利益，在实现自身安全利益的同时，为对方安全创造条件，实现共同安全。"随着全球化的发展，各国的安全利益日益交织在一起，这就需要各国互相尊重、互相兼顾他国的安全利益，在实现各国共同安全利益的基础上实现本国的安全利益。

平等，这是新安全观的保证。主要是指"国家无论大小强弱，都是国际社会的一员，应相互尊重，平等相待，不干涉别国内政，推动国际关系的民主化。"国际社会的所有国家，不论大小、强弱、贫富、意识形态和社会制度的差异多大，都有平等地参与协商、处理事关自己安全利益的国际事务的权利，"都有享受安全的平等权利"。对于一些重大的国际事务，也不应为大国所垄断，而应通过国际社会的"民主协商"，找到符合各国安全利益的方法，予以解决。

协作，这是新安全观的途径。主要是指"以和平谈判的方式解决争端，并就共同关心的安全问题进行广泛深入的合作，消除隐患，防止战争和冲突的发生。"对于外部争端，不能用传统的威胁、遏制等手段解决，而应通过和平谈判、协作的途径解决。协作的目的是通过各国间的合作消除隐患，防止冲突和战争的发生。

由此可以看到，我国的新安全观突破了旧安全观的局限，是对冷战思维的彻底摒弃。整体而言，我国的新安全观是寻求和平与合作的安全观，是以普遍安全为目标的安全观，是将国家安全与国际安全相结合的安全观。

第五节　台湾问题与祖国统一

维护国家统一和领土完整，是每个主权国家的神圣权利，也是国际法的基本原则。联合国宪章明确规定：联合国和它的成员国不得侵害任何会员国或国家之领土完整或政治独立，不得干涉在本质上属于任何国家国内管辖的事件。联合国《关于各国依联合国宪章建立友好关系及合作之国际法原则之宣言》指出：凡以局部或全部破坏国家统一及领土完整或政治独立为目的之企图，都是不符合联合国宪章精神的。

中国近代史是一部被侵略、被宰割、被凌辱的历史，也是中国人民为争取民族独立，维护国家主权、领土完整和民族尊严而英勇奋斗的历史。台湾问题的产生与发展，都与这段历史有着紧密的联系。由于种种原因，台湾迄今尚处于与大陆分离的状态。这种状态一天不结束，中华民族所蒙受的创伤就一天不能愈合，中国人民为维护国家统一和领土完整的斗争也一天不会结束。

世界范围的冷战结束后，在中国的安全所面临的挑战中，台湾分裂势力与外国势力的插手构成了对国家主权和领土完整的最现实威胁。实现祖国统一，是中华民族的根本利益，是包括台湾人民在内的全体中国人民的共同心愿。自20世纪80年代以来，中国政府一直主张"和平统一、一国两制"的方针实现祖国的统一，然而台湾岛内的分裂势力却日益猖獗地煽动"独立"，并乞求某些外国势力进行干预。在1993年和2000年，中国政府先后发表了《台湾问题与中国统一》《一个中国的原则与台湾问题》这两个白皮书，全面、系统地阐明了一个中国原则的基本内涵、事实和法律基础，向国际社会进一步阐明了中国坚持一个中国的基本态度、立场和相关政策，表达了实现祖国完全统一的坚定立场。2005年3月14日，中华人民共和国第十届人民代表大会第三次会议通过了《反分裂国家法》，并于当天公布开始施行。这一举动以立法的形式郑重宣布，反对和遏制"台独"分裂势力分裂国家，促进祖国和平统一，维护台湾海峡地区和平稳定，维护国家主权和领土完整。

目前，台湾问题关系到中国的根本利益，这一问题没有解决前，以武力有效制止"台独"势力的分裂活动，以维护国家统一和领土完整，就成为中国国防的主要任务。

一、台湾属于中国具有不可动摇的事实和法律依据

实行一个中国的原则，台湾属于中国不可分割的一部分，这是在中国人民捍卫中国主权和领土完整的正义斗争中形成的，具有不可动摇的事实和法律基础。目前台湾海峡两岸的局面的形成，是 20 世纪 40 年代后期国民党与共产党进行内战的遗留问题，也是随后美国以武力干涉中国内政所造成的结果。

台湾地处中国大陆的东南缘，是中国的第一大岛，面积 35 873 平方公里。同大陆是不可分割的整体。目前所称的台湾地区还包括台湾省所属的兰屿、绿岛、钓鱼岛等 21 个附属岛及澎湖列岛 64 个岛屿，还有台湾当局控制的福建省的金门、马祖等岛屿，总面积 36 188平方公里。台湾岛位于祖国东南沿海的大陆架上，西隔海峡与福建相望，最窄处为 130 公里。该岛扼西太平洋航道的中心，是中国与太平洋地区各国海上联系的重要交通枢纽。

据台湾有关方面的统计，截止 2002 年 8 月，台湾省人口为 2 240 万多人，加上金门、马祖人口，总数约为 2 248 万多人。台湾居民中，汉族占总人口的 98%，少数民族约占 2%。

台湾早期的居民，大部分是从大陆直接或间接移居而来的。据考古专家 1971 年和 1974年两次在台南县左镇乡发现的迄今为止最早的人类化石证明，"左镇人"是在 3 万年前从大陆到台湾的，与福建考古发现的"清流人""东山人"同属中国旧石器时代南部地区的晚期智人。台湾有文字记载的历史可以追溯到公元 230 年，当时三国吴王孙权派 1 万名官兵到达"夷洲"（台湾），由唐到宋的 600 年间，大陆沿海特别是福建一带不断有居民迁至澎湖和台湾，从事垦拓。至南宋时，澎湖划归福建泉州晋江县管辖，并派有军民屯戍。公元 1335 年，元朝正式在台湾澎湖设立政权机构。明朝以后，大陆居民大规模移居台湾，并出现了"台湾"的名称。

1624 年和 1626 年，荷兰和西班牙殖民者乘明朝内乱，相继侵占台湾，荷兰殖民者单独盘踞台湾 38 年。1661 年，中国内地与清王朝对立的南明王朝的延平郡王郑成功率 2.5 万军队渡海驱逐了荷兰殖民者，收复了台湾，郑成功之孙郑克爽率众归顺。翌年，清政府在台湾设置 1 府 3 县，隶属福建省。至 1811 年，台湾人口已达 190 万，其中多数是来自福建、广东的移民，岛上形成了一个新兴的农业区域。

1895 年，日本通过侵华战争，强迫战败的清王朝签订不平等的《马关条约》，将台湾澎湖列岛割让给日本。岛内民众奋起进行了半年抵抗，在日军进攻下最终失败，台湾沦为日本的殖民地。1937 年 7 月，日本发动了全面侵华战争。1941 年 12 月太平洋战争爆发后，12月 9 日中国国民政府发出《中国对日宣战布告》，明确宣布：包括《马关条约》在内的"所有一切条约、协定、合同，所涉及中日之间关系者，一律废止。"中国不再承认台湾岛割让给日本。1943 年 12 月，中、美、英三国签署的《开罗宣言》规定："三国之宗旨，在剥夺日本自 1914 年第一次世界大战开始以后在太平洋所夺得或占领的一切岛屿，在使日本所窃取于中国之土地，例如满洲、台湾、澎湖列岛等，归还中国。"

1945 年 7 月，在第二次世界大战胜利的前夕，中、美、英（后苏联参加）共同签署的《波茨坦公告》重申："开罗宣言之条件必将实施。"同年 8 月 15 日，日本天皇宣布接受

《波茨坦公告》，向盟国投降。10 月 25 日，中国战区台湾省受降仪式在台北市举行，受降主官代表中国政府宣告："自即日起，台湾及澎湖列岛已正式重入中国版图，所有一切土地、人民、政事皆已置于中国主权之下。"从此，台湾不仅在法律上而且在事实上复归祖国的怀抱，当时包括美国政府在内的世界各国政府对此都未提出异议。

抗日战争结束后，国民党政府坚持内战、独裁和卖国政策，中国共产党联合各民主党派在大陆进行了推翻蒋介石集团的斗争。台湾民众因愤于国民党当局的苛捐杂税和压迫，也于 1947 年 2 月 28 日发起了暴动。这次史称"二·二八"事件的台湾民众斗争，被国民党当局以残酷手段镇压下去，有数千人被杀。这次事件的多数参加者是反对压迫和要求民主自治，是当时中国人民反对国民党反动统治的斗争的一部分。后来鼓吹"台独"的人将此"二·二八"事件歪曲成台湾人反对大陆人的斗争，以此煽动省际矛盾，不仅是别有用心的，也完全不符合历史事实的。

1949 年 10 月 1 日，中华人民共和国中央人民政府宣告成立，取代中华民国政府成为全中国的唯一合法政府和在国际上的唯一合法代表，中华民国从此结束了它的历史地位。这是在同一国际法主体没有发生变化的情况下以新政权取代旧政权，中国的主权和固有领土疆域并未由此而改变，中华人民共和国政府理所当然地完全享有和行使中国的主权，其中包括对台湾的主权。新中国的中央人民政府成立后，正式致电联合国声明：国民党当局"已丧失了代表中国人民的任何法律的与事实的根据"。外国承认中华人民共和国政府是代表全中国的唯一合法政府，与台湾当局断绝或不建立外交关系，是新中国与外国建交的原则。

国民党统治集团在大陆彻底失败后，于 1949 年退距台湾。虽然其政权继续使用"中华民国政府"的名称，却完全无权代表中国行使国家主权，实际上始终只是中国领土上的一个地方当局。只是由于美国于 1950 年出兵台湾，这个政权才能在岛上存在了几十年。

在 20 世纪 90 年代以前，海峡两岸虽处在尖锐的敌对状态之下，不过双方对台湾属于中国领土一部分的看法是一致的。台湾当局虽然不承认中华人民共和国政府代表全中国的合法地位，却也坚持只有一个中国的立场，反对制造"两个中国"和"台湾独立"。由于两岸中国人具有这一共识，1958 年 10 月中国人民解放军炮击金门时，毛泽东主席特别向台湾当局说明："世界上只有一个中国，没有两个中国。这一点，也是你们同意的，见之于你们领导人的文告。"1979 年 1 月，全国人大常委会发表《告台湾同胞书》时也指出："台湾当局一贯坚持一个中国的立场，反对台湾独立。这就是我们共同的立场，合作的基础。"

进入 20 世纪 70 年代后，中国政府在国际上反对制造"两个中国""一中一台"的斗争取得了一系列具有重大历史意义的进展。1971 年 7 月基辛格访华，标志着中美关系正常化进程的开始。同年 10 月 25 日，第 26 届联大以压倒多数通过了第 2758 号决议，明确"承认中华人民共和国政府的代表是中国在联合国的唯一合法代表，中华人民共和国是安理会五个常任理事国之一"，明确宣告"把蒋介石的代表从联合国及其所属机构驱逐出去"。中国在联合国的代表权问题在政治上、法律上和程序上都得到解决。中华人民共和国在联合国的代表权不仅是合法的，而且是唯一的。

新中国成立后的 60 多年来，已经同世界上 160 多个国家建立了外交关系，包括 20 世纪 70 年代同美国、日本建交，其前提都是它们承认一个中国的原则，并且承诺在一个中国的框架内处理与台湾的关系。事实和法理都说明，中国的内战虽然造成了台湾海峡两岸的军事对峙，然而国家的领土和主权没有分裂，海峡两岸并非两个国家。

自 20 世纪 90 年代以来，在李登辉、陈水扁主导下台湾当局改变了过去对台湾问题的立场，提出了海峡两岸"两国论""一边一国"等口号，其所谓论据便是 1949 年以后海峡两岸已经分裂分治且互不隶属，中华人民共和国政府从未统治过台湾，90 年代以后的台湾已产生了与中国大陆没有关系的政权体制。显然这些理由是荒谬的。第一，国家主权不可分割。领土是国家行使主权的空间。虽然海峡两岸尚未统一，但是台湾是中国领土一部分的地位从未改变，由此，中国拥有对台湾的主权也从未改变。第二，国际社会承认只有一个中国、台湾是中国的一部分、中华人民共和国政府是中国唯一的合法政府。第三，台湾问题长期得不到解决，主要是外国势力干涉和台湾分裂势力阻挠的结果。海峡两岸尚未统一，这种不正常状态的长期存在，并没有赋予台湾在国际法上的地位和权利，也不能改变台湾是中国一部分的法律地位。目前的问题是台湾分裂势力和某些外国反华势力要改变这种状况，图谋制造所谓"台独"，这正是中国政府和中国人民坚决反对的。

近些年来，一些企图走"台独"道路的人以"主权在民"为借口，鼓吹以公民投票方式改变台湾是中国一部分的地位。这一图谋不仅违背了国际法基本准则，也是对抗 13 亿中国人民共同意愿的行动，最终将是徒劳的。首先，无论在国内法还是在国际法上的法理上看，台湾是中国领土一部分的地位都已经是明确的，不存在用公民投票方式决定是否应自决的前提。其次，所谓"主权在民"的口号，是指主权属于一个国家的全体人民，而不是指属于某一部分或某一地区的人民。对台湾的主权，属于包括台湾同胞在内的 13 亿中国人民，而不是指属于某一部分或某一地区的人民。对台湾的主权，属于包括台湾同胞在内的 13 亿中国人民，而不是只属于 2 300 万居住在台湾岛的人。此外，台湾进入有文字记载的历史后一直属于中国，只是短期被外国侵占，从未成为过一个国家，在 1945 年以后又已回归中国，并非外国殖民地，不存在行使民族自决权的问题。因此，台湾根本就不存在就改变自身地位而举行公民投票的基础。台湾的前途只有一条，就是走向与祖国大陆的统一，而决不能走向分裂。任何人想以所谓"公民投票"的方式把台湾从中国分裂出去，必将把岛内民众引向灾难。

极少数人还提出，可以用第二次世界大战后德国被分裂成两个国家后又重新统一的"两德模式"来处理台湾海峡两岸关系，这是对历史和现实的误解。战后德国的分裂和两岸暂时分离是两个不同性质的问题，1945 年德国战败后被美、英、法、苏四个战胜国分区占领，随后分别在美英法占领区和苏联占领区成立了德意志联邦共和国和德意志民主共和国，分裂为两个国家的问题完全是由外部因素造成的。台湾问题则是由中国内战所遗留的，虽有外来干涉因素却属于内政问题。两德分裂问题与目前大陆与台湾的分离状态相比，两者在国际法上的地位也不同。德国分裂是第二次世界大战期间和第二次世界大战以后一系列国际条约所规定的，台湾问题则有《开罗宣言》《波茨坦公告》等国际条约关于日本必须将窃取于中国的台湾归还中国的规定，世界上从未有过将海峡两岸划分为两个国家的规定，一个中国原则也被国际社会所普遍接受。当年在美苏两国对抗的背景下，两个德国都分别驻有外国军队，被迫相互承认和国际社会并存，而自 1979 年美军撤出台湾后，大陆和台湾都没有外国军队，德国问题与台湾问题完全不能相提并论，更不能照搬"两德模式"解决台湾问题。

二、美国政府错误的对华政策造成了台湾问题迟迟未能解决

中国内战遗留下来的台湾问题至今已有 60 多年的历史，迟迟未能解决的主要原因之一，

便是美国政府在台湾问题上一再采取错误的对华政策。这不仅阻碍了台湾与大陆的统一，也成为严重影响中美关系的关键性障碍。

在中国人民进行艰苦的抗日战争的 1943 年，美国政府在《开罗宣言》中承认战后应将日本过去掠取的台湾归还中国，并非是什么恩赐，而是对浴血进行反侵略斗争的盟国的应有权利的尊重。抗日战争胜利后，美国从其全球战略出发，支持蒋介石发动反对共产党的内战，随后台湾问题的产生也是这种战略的直接产物。

1946 年 6 月蒋介石政权发动全面内战，很快便出现了统治不稳的迹象。1947 年 3 月初，面对台湾爆发了"二·二八"事件，美国驻台北总领事馆向华盛顿建议，以目前台湾在法律上还是日本的一部分为由，用联合国名义进行直接干预，同时向中国保证，待有一个"负责的中国政府"后再归还中国。这一提议，是国际上所谓"台湾地位未定论"的先声，表明美国对台政策开始发生变化。1948 年以后，面对人民解放军的进攻，国民党统治动摇，美国一些重要官员又主张调整对台政策。1948 年 11 月 24 日，美国参谋长联席会议主席李梅上将致函美国国家安全会议，提出："中国情势日恶，台湾、澎湖各岛之形式，关系日本与马来半岛间的航路，亦控制菲律宾与冲绳之间交通，如果落在不友好国家之手，美国远东地位将受到损害，因此美国无论如何宜用一切外交及经济手段，使其长期属于对美友好之政权。"1949 年 1 月 19 日，美国国家安全委员会的文件又提出："美国宜扶植台湾自主分子，俾使其发动台湾独立时，可含美国之利益。"同日，美国国务院起草了《关于美国对于台湾立场的报告》也提出对台政策的四种选择，其中主要倾向是"支持福摩萨德的非共产党控制的地方政府。"2 月间，美国国务卿艾奇逊派驻南京领事麦钱逊去台湾"秘密考察"，并强调此行的目的是研究"将该岛与大陆的控制隔离开来"这些主张的提出，说明美国过去同意将台湾归还中国，是以中国留在美国势力范围内为前提的。一旦这个大前提发生变化，美国的对台政策也将随之发生变化，即使背弃它所参加的国际协议也在所不惜。

1949 年初，面对国民党南京政府彻底崩溃的大局不可挽回，美国政府把对华政策目标从"尽一切力量阻止中共取胜"改为"尽一切力量阻止中国成为苏联的附庸"，决定逐步从中国内战中"脱身"，而集中力量"不让台湾落入中共之手"。由于官方的内部意见不统一，当时美国政府在对华政策上曾一度表现出两面性：一方面同蒋介石集团拉开距离，宣称无意干涉台湾，希望以此换取新中国"履行国际义务"，即承认国民党当局签订的卖国条约继续有效，并在美苏对峙的国际环境中采取不倒向一边的政策；一方面仍然在外交上承认国民党政府，并向大陆和台湾的反共武装集团提供军事援助，同时积极筹划必要时控制台湾。由于中国共产党人坚持民族立场和独立自主的原则，不能接受美国方面要求影响新生政权内外政策的要求，双方的接触以无结果而终。1949 年 10 月新中国成立后，美国政府拒绝给予外交上承认，仍同 1949 年 12 月间从四川正式"迁台"的国民党当局保持外交关系。

1949 年 12 月毛泽东前往苏联访问，起初谈判不顺利。出于争取中国不要倒向苏联的目的，1950 年 1 月 5 日美国总统杜鲁门发表声明，宣布："美国目前无意在台湾获取特别权力或特权，或建立军事基地"；"不拟使用武装部队干预其现在局势"。1 月 12 日美国国务卿艾奇逊在全国新闻俱乐部发表了被称为"美国基本立场"的讲话，承认在中国发生的事是一场真正的革命，蒋介石并不是为军事优势所败，而是为中国人民所抛弃。同年 2 月 14 日，中苏友好同盟互助条约签订，美国政府在强烈反共的麦卡锡主义的推动下又转向重新审议对台政策，军方武力控制台湾的意见又占了主导地位。

1950 年 6 月 25 日朝鲜内战爆发后，美国总统杜鲁门便以这一本与台湾问题毫不相干的事件做借口，于 6 月 27 日宣布："我已命令第七舰队阻止对台湾的任何攻击。"他还正式提出"台湾地位未定论"，宣布："台湾未来地位的决定，需等到太平洋安全恢复后，由对日合约或联合国决定。"美国政府这种直接出兵干涉中国内政、阻挠中国统一的错误政策，造成了中国大陆与台湾地区的长期紧张对峙局势。

美国政府宣布出兵台湾的第二天，即 1950 年 6 月 28 日，中华人民共和国主席毛泽东便在中央人民政府第八次会议上发表公开讲话指出："杜鲁门在今年 1 月 5 日还声明说美国不干涉台湾，现在他自己证明那是假的，并且撕毁美国不干涉中国内政的一切国际协议。"同日，周恩来总理兼外交部长也发表声明指出："不管美国帝国主义采取任何阻挠行动，台湾属于中国是事实，永远不能改变。"在这一天，台湾所谓的"中华民国"的"外交部长"叶公超发表声明，一面表示接受美军"协防"，一面也委婉地表示反对杜鲁门声明中"台湾地位未定"之说，强调："台湾是中国领土之一部分，乃各国所公认。"

1951 年 9 月，在美国主导下和排除中国代表参加的情况下，《对日和约》在旧金山签订，里面虽然规定日本放弃所掠夺的领土，却故意不写明将台湾归还中国。1954 年 12 月，美国与台湾当局签订所谓《共同防御条约》，公开将台湾置于美国的"保护"之下，该条约界定所谓"防御"范围时又称："就中华民国而言，应指台湾及澎湖列岛"，显然表露了以海峡为界分裂中国的意味。当时美国在外交上不承认中华人民共和国，只承认台湾的"中华民国"，在对外用语中又使用"共产党中国"和"自由中国"这两个概念，公然制造"两个中国"。在 1955 年美国参议院外交委员会又委托智囊机构"康龙公司"撰写了一份《康龙报告》，其中建议"接纳中共进入联合国，承认台湾共和国，使台湾共和国在联合国具有席位。"这一报告虽然没有被政府正式认可和采纳，却反映了制造"台独"的倾向。当时美国的这些方案不仅遭到中国政府的坚决拒绝，也不为蒋介石所接受。

第二次世界大战结束后，日本的军国主义残余势力是"台独"的始作俑者。1945 年 8 月日本无条件投降时，驻台总督安腾利吉即策动一些日军中的军国主义分子和汉奸分子建立起"台湾独立"组织，成为"台独"活动的发端。此后国民党政府接受台湾并实施了镇压"台独"的措施，"台独"分子大都流亡海外，至 20 世纪 60 年代中期一直以日本为大本营。在日本的几派"台独"组织中，以廖文毅为所谓"总统"的"台湾共和国临时政府"是最具代表性的。1952 年日本政府在美国压力下同台湾当局签订了和平条约，承认"日本放弃对台湾及西沙群岛的一切权利和领土要求"，却没有提这些岛屿的归属。

对于美国策动"双重承认"，企图制造"两个中国"并暗中对"台独"给予支持的态度，中国政府理所当然地予以坚决反对，主张和坚持世界上只有一个中国，台湾是中国的一部分，中华人民共和国是代表全中国的唯一合法政府。正是在中国与外国发展正常的外交关系中，在维护中国的主权和领土完整的斗争中，产生了一个中国原则。上述主张构成了一个中国原则的基本含义，核心是维护中国的主权和领土完整。

1972 年 2 月，美国总统尼克松访华。2 月 28 日，中国总理周恩来与美国总统尼克松在上海签署联合公报（即"上海公报"），在"上海公报"中，中国方面重申："中华人民共和国是中国的唯一合法政府，台湾是中国的一个省，早已归还祖国，解放台湾是中国的内政，别国无权干涉。"美方则表示："美国认识到，在台湾海峡两边的所有中国人都认为只有一个中国，台湾是中国的一部分，美国政府对这一立场不提出异议。"中美之间的"上海公报"，标志着此前美国政府错误的对华政策有所改变，从而奠定了两国建交谈判的基石。

自 20 世纪 50 年代中日之间恢复邦交的民间和官方接触开始后，中国方面的立场也是坚定的，即中华人民共和国是中国的唯一合法政府，并承认台湾是中国的一部分。经过长期努力，1972 年 9 月中日宣布建立外交关系，日本政府正式承认中华人民共和国是中国的唯一合法政府，表示充分理解和尊重中国政府关于台湾是中华人民共和国领土不可分割的一部分的立场。

1978 年 12 月 6 日，中美发表建交公报，明确宣布："中华人民共和国和美利坚合众国商定自 1979 年 1 月 1 日起相互承认并建立外交关系。"美国政府表示："承认中华人民共和国是代表中国的唯一合法政府。在此范围内，美国人民将同台湾人民保持文化、商务和其他非官方关系"；"承认中国的立场，即只有一个中国，台湾是中国的一部分。"在建交公报发表当天，中美两国政府有分别发表声明。美国政府在声明中宣布："1979 年 1 月 1 日，美利坚合众国将通知台湾，结束外交关系，美国和中华人民共和国之间的共同防御条约也将按照条约的规定予以终止。"美国还声明，在 4 个月内从台湾撤出美国余留在台湾的军事人员。

中美建交三个月后，1979 年 4 月美国参、众两院又先后通过《与台湾关系法》，并于 4 月 10 日经美国总统签署生效。《与台湾关系法》公然声称，"美国决定同中华人民共和国建立外交关系是基于台湾的前途将通过和平方式解决这样的期望"；美国仍将"向台湾提供防御性武器"。这表明美国一方面表示执行一个中国政策，另一方面仍在政治、经济、军事等各方面扶持台湾，并且以中国政府执行和平统一方针为美国执行一个中国政策的前提，继续阻挠中国人民解决台湾问题。台湾当局正是由于美国的这种支持，才拒绝大陆方面的谈判呼吁，始终不肯接受和平统一的方案。

由于美国向台湾出售武器阻碍了台湾问题的解决，严重影响了中美关系，中国政府一再提出交涉。自 1981 年 12 月起，中美两国开始就此问题进行谈判，最终于 1982 年 8 月 15 日达成协议，双方于 8 月 17 日发表联合公报（"八一七公报"）。在这一公报中，中美双方重申了中美"上海公报"和建交公报中确认的各项原则，美方承诺：它不寻求一项长期向台湾出售武器的政策，它向台湾出售的武器，在性能和数量上不超过中美建交后近几年供应的水平，它准备逐步减少对台湾的武器出售，并经过一段时间导致最后的解决。美国还表示承认中国关于彻底解决这一问题的一贯立场。

中美三个联合公报所确立的各项原则，构成了中美关系稳定和发展的基础。只有切实履行中美三个联合公报所规定的各项原则，中美关系中台湾问题的障碍才会得到排除。

中美关系在 20 世纪 80 年代前期和中期得到不断发展之际，美国方面对台湾问题曾表示过三点政策，即"不介入、不调停、不提方案"。1986 年邓小平在接受美国记者采访时曾指出：美国有一种议论说，对中国统一的事不要介入，这不真实。因为在台湾问题上，美国从来是"介入"的。邓小平还建议说：美国政府现在需要采取更明智的政策，具体说就是首先鼓励台湾方面和大陆实现"三通"，即"通商、通航和通邮"。以后，美国方面曾有过希望台湾海峡两岸接触的表态，不过没有采取实际步骤。

1989 年至 1991 年东欧发生剧变，苏联解体，冷战结束使中美两国原来的战略安全不复存在，中国不断增长的国力又引起美国某些人的警觉，美国对华政策中意识形态的因素增多，两国关系处于跌宕起伏的状态中，台湾问题又被美国某些政要当成是牵制中国的最后一张牌。从 1989 年起，美国对台湾实质性关系得到提升，高层官员不断互访，并支持台湾加入一些国际组织。尤其严重的是，1992 年美国在对台军售上公开背弃了"八一七公报"中的承诺，同意出售 150 架 F－16 战斗机，使 1993 年的军售额度由上一年的 4.7 亿美元激增到 16 亿美元。1994 年 9 月，克林顿政府宣布"调整对台政策"，宣布将进行更高级别的接触，更改台湾驻美机构名称，并支持台湾进入不限以国家为基本会员单位的国际组织。1995 年 6 月，美国政府允许台湾最高领导人李登辉以"私人身份"访美。

1996 年 3 月中国人民解放军在台湾海峡举行军事演习时，美国政府居然采取了"炮艇政策"，宣布出动航空母舰到"台湾附近的国际水域"，"确保中国在台湾海峡大规模军事演习不会失控"。这种炫耀武力的行为，不仅是对中国内政的干涉，并且是对"台湾势力"滋长的一种鼓励。

2001 年乔治·布什任美国总统后，声言要履行《与台湾关系法》，甚至表示要武力保护台湾，对台军售大幅增加，公开表露了准备将中国作为主要战略对手。同年 9 月发生的"9·11"恐怖袭击事件后，美国在反恐问题上需要与中方合作，对华态度又有所改变，比较强调双方共同的战略利益。不过，美国部分政要特别是新保守主义代表者仍以冷战思维看待发展中的中国，认为一个强大统一的中国必将是一个强大的竞争对手，必然会对美国的超级大国地位构成挑战，于是将台湾当做遏制中国崛起的一个工具。美国政府虽然在公开表态中不赞成"台湾独立"，实际上却对台湾当局提供种种支持并扬言要以军事手段"保护"。正是得到这种鼓励，台湾分裂势力才得以挟洋自重，在对抗统一的道路上越走越远。

日本曾在台湾实施殖民统治长达 50 年之久，同台湾社会有着千丝万缕的联系。台湾回归中国后，日本右翼势力始终怀有重新染指台湾的野心。进入 20 世纪 90 年代以后，日本国内右翼势力抛出了所谓"中国威胁论"，日益重视利用台湾问题对中国进行牵制，叫嚷全面发展与台湾的官方关系。近些年来，日本国会亲台势力大力推动台湾领导人访日，舆论界、学术界及政界的部分人士也声称日本在《中日联合声明》中就台湾问题向中国所作的承诺已经"过时"。台湾当局也采取多种措施，极力发展对日实质性关系。90 年代后期以来，日本政府在解释《美日安保防卫新指南》的军事干预范围时，没有纳入台湾，却提出了"日本周边事态"这样一个带有特定暗指的概念。2005 年 2 月，日本政府同美国在华盛顿举行了"美日安全保证协议委员会会议"所发表的《联合声明》，第一次公然把台湾海峡列为两国的"共同战略目标"。日本追随美国干预台湾事务，也成为"台独"势力得以日益猖獗的重要原因之一。中国政府在努力争取中日友好，也一直对日本的某些势力插手中国台湾的动向进行了坚决的斗争。

几十年来，台湾问题一直是中美关系中最核心、最敏感的问题。中国政府对美国政府的要求一直是，承诺奉行一个中国政策，就要切实执行中美两方的三个公报和美方的一系列承诺，就应当只与台湾保持文化、商务和其他非官方的关系，反对所谓"台湾独立""两个中国""一中一台"，不阻挠中国的统一。反之就破坏了中国政府争取和平统一的外部条件。30 多年来，美国一直承诺坚持一个中国政策，不支持台湾独立。不过令人遗憾的是，美国一再违反自己在"八一七公报"中对中国做出的承诺，不断向台湾出售先进的武器和军事装备，并将台湾海峡纳入战区导弹防御体系。这是对中国内政的粗暴干涉和对中国安全的严重威胁，阻碍了中国的和平统一进程，同时也危害了亚太地区乃至世界的和平与稳定。对此，中国政府一直坚决反对。

三、解决台湾问题以实现祖国统一，是中国政府不可动摇的原则立场

1949 年中华人民共和国成立后，为解决台湾问题、实现祖国统一所进行的努力一天也没有停止。虽然根据国内外形势的变化，中央人民政府采取的方式方法不断有所变化，然而基本原则立场却是不可动摇的。

从 1949 年夏天国民党最高当局逃往台湾至 1955 年春，中共中央主要考虑以军事手段解决台湾问题。解放军渡过长江解放上海后，中共中央要求开始进行渡海解放台湾的军事准备。鉴于渡海作战需要海空军掩护，当时人民解放军还没有这种军种，于是中央军委于 1949 年夏天决定突击建设海军和空军，同时集中华东军区 12 个军共 50 万陆军准备渡海进行台湾战役。

1950 年 6 月 27 日美国出兵台湾和朝鲜，使中国面临的军事形势发生了重大变化。6 月 30 日，中央军委副主席周恩来传达了中共中央新的战略方针："形势的变化给我们打台湾增添了麻烦，因为有美国在台湾挡着。""现在我们军队的打算是：陆军继续复员，加强海、空军建设，打台湾的时间往后推迟。"同年 10 月，新中国的军队以志愿军名义进兵朝鲜，在东南沿海的部队转入守势，着重粉碎国民党当局的袭扰，不过"解放台湾"一直作为全军的奋斗目标。

自 1955 年春天起，中国政府对解放台湾问题有了新的考虑，主要着眼侧重于采取政治手段。为此，解放军停攻国民党在大陆沿岸仅剩的岛屿金门、马祖，适时地采取了缓和紧张军事的措施。1955 年 7 月 30 日，周恩来在全国人民代表大会上发言，正式表示"中国人民愿意在可能的条件下，争取用和平的方式解放台湾"。这一声明，赢得了关心祖国统一的许多海内外同胞的热烈拥护。只是台湾当局对于这一建议表示拒绝，不肯放弃"反攻大陆"的口号，和平统一的进程才被长期拖延。

为了解决台湾问题和实现中美关系正常化，自 1955 年 8 月 1 日起，美国政府同中华人民共和国在没有建立外交关系的情况下进行了长达 15 年之久的大使级会谈，不过在对台湾问题这一关键性障碍解决前未获得实质性突破。

从 1958 年 8 月 23 日起，中国人民解放军大规模炮击封锁金门，在此期间毛泽东起草了以国防部长彭德怀名义发布的给福建前线人民解放军的命令，其中再次庄严宣布："台、彭、金、马整个地收复回来，完成祖国统一，这是我们六亿五千万人民的神圣任务。这是中国内政，外人无权过问，联合国也无权过问。"对金门进行持续一个多月的封锁后，鉴于美国压迫蒋介石放弃金门、马祖，提出以台湾海峡划界实行停火，毛泽东指示福建前线从 10 月 6 日起停止炮击，中央军委也确定了"打而不登、封而不死"的决策，准备在将来有利情况下实行对台、彭、金、马"一锅端"的政策，不首先夺取金门。为了显示和平解决台湾问题的诚意，同时又不能接受美国干涉中国内战的"停火"要求，毛泽东决定采取特殊的炮击方式，对金门只单日打炮，双日则不打炮。

从 1959 年 1 月以后，中国人民解放军对金门地区象征性的炮击又持续了 20 年之久。国民党军也接受了这种象征性战争的安排，在单日偶尔发炮还击。从 1961 年 12 月起，解放军在福建前线停止了射击，只在单日打宣传弹。这种象征性炮击，即表明中国内战并未结束，也显示了中国政府统一祖国、解决台湾问题的决心始终不动摇。1978 年第五届全国人民代表大会通过的《中华人民共和国宪法》明确规定："台湾是中国的神圣领土，我们一定要解

放台湾，完成祖国统一大业。"

自 1978 年 12 月中共中央第十一届三中全会起，中国进入了改革开放的新时期，对解决台湾问题也提出了一系列新的政策，其目标仍是实现祖国统一。中美建交后，全国人大常委会于 1979 年 1 月发表了《告台湾同胞书》，呼吁两岸尽早开始商谈，并对实现祖国统一的事业做出宝贵的贡献。

1979 年中美建交后，美国不顾中国政府的反对，依据《与台湾关系法》与台湾建立"实质性"关系。1980 年里根在竞选时，扬言要恢复同台湾的官方关系。同年 8 月，邓小平在会见美国共和党副总统候选人布什时明确指出，美国不要以为中国有求于美国，就可以咽下台湾这个苦果，中国是绝不会咽下的。

中共中央和中国政府提出对台湾的新政策后，蒋经国在几年时间里顽固地坚持"不接触、不谈判、不妥协"的"三不"政策，拒绝大陆方面的和平争取。1981 年 3 月底至 4 月初，蒋经国在主持召开国民党第二十次代表大会时，还通过所谓"贯彻以三民主义统一中国案"。这种形势下，中国政府仍一如既往地进行着多方面的争取工作，一再发出实现"三通"、和平统一的呼声。在海峡两岸人民的共同意志推动下，20 世纪 80 年代后期台湾当局也不得不对以往僵化的对大陆政策有所调整。1986 年 5 月，台湾当局首次同意派出民航机构的代表在香港同大陆方面的代表谈判，就遣返一架飞机到大陆的台湾民航机问题达成协议。1987 年，台湾当局部分开放了赴大陆探亲的限制，从而打破了两岸 38 年之久的隔绝状态，两岸贸易和台商对大陆的投资得到迅速的发展。

1988 年台湾领导人蒋经国病死，李登辉接任后逐步背弃了"一个中国"的原则，在分裂祖国的道路上越走越远。冷战结束后，美国在台湾问题上的许多言行一再违背中美三个联合公报的原则。对此，中国政府本着一贯坚持的原则立场，都进行了严正交涉。

进入 20 世纪 90 年代以来，随着国际战略格局和台湾岛内局势的变化，中共中央、中国政府又从战略全局的高度重新审视台湾问题，多次强调争取早日解决台湾问题的重要性和紧迫感。

几十年来，中国政府积极地真诚地努力实现和平统一。为了争取和平统一，中国政府一再呼吁在一个中国原则基础上举行两岸平等谈判，而始终不提"中央和地方谈判"。中国政府还提出，可先从进行包括政治对话在内的对话开始，逐步过渡到政治谈判的程序性商谈，解决正式谈判的名义、议题、方式等问题，进而展开政治谈判。政治谈判可以分步骤进行，第一步，先就在一个中国原则下正式结束两岸敌对状态进行谈判，并达成协议，共同维护中国的主权和领土完整，并对今后两岸关系发展进行规划。1998 年 1 月为寻求和扩大两岸关系的政治基础，中国政府还向台湾方面明确提出，在统一之前，在处理两岸关系事务中，特别是在两岸谈判中，坚持一个中国原则，也就是坚持世界上只有一个中国，台湾是中国的一部分，中国的主权和领土完整不容分割。中国政府希望，在一个中国原则基础上，双方平等协商，共议统一。

中国政府始终坚持以一个中国原则为谈判基础，是为了保证实现和平统一这个谈判目的，并得到台湾各界许多人士的响应。但是台湾海峡两岸推动统一的努力，却遭到岛内分裂势力的蓄意破坏。1994 年 4 月，李登辉在会见日本作家司马辽太郎时，公开阐明了他倡导"台独"的心迹。他还纵容、扶持主张所谓"台湾独立"的分裂势力及其活动，使"台独"思潮日益在岛内蔓延。1999 年 7 月 9 日，李登辉公然将两岸关系歪曲为"国家与国家，至少是特殊的国与国的关系"，企图从根本上改变台湾是中国一部分的地位。这些言行证明，当时在名义上还是所谓"中华民国总统"的李登辉实际上已成为台湾分裂势力的总代表。他提出"两个中国政府""两国论"的主张，从根本上违背了一个中国原则，不是谈统一，而是谈分裂，当然不可能被中国政府接受。

1999年10月1日，在庆祝新中国成立50周年大会上的讲话中，江泽民再次强调："实现祖国的完全统一和维护国家安全，是中华民族伟大复兴的根本基础，也是全体中国人民不可以动摇的坚强意志。台湾问题的久拖不决，是对国家主权和民族利益的极大损害。1993年8月和2000年2月，中国政府先后发表了《台湾问题与中国统一》和《一个中国的原则与台湾问题》两个白皮书，全面阐述了中国政府所坚持的不可动摇的一个中国的原则，表达了实现祖国完全统一的坚定立场。

2000年3月，在党章中鼓吹台湾"自决"和"独立"的民进党在台湾"大选"中获胜，陈水扁就任台湾当局的领导人，更明目张胆地走向"台独"道路。陈水扁虽在一些场合故作姿态，表示愿意同大陆方面对话，却坚持不肯承认"一个中国原则"，甚至公开在岛内采取各种措施实行"去中国化"。中国政府一直表示，愿意同台湾任何政党和派别商谈两岸关系，然而基本前提是必须承认"一个中国原则"，除了"台湾独立"不可以谈，其他问题都可以谈。陈水扁顽固坚持分裂国家和走向"台独"道路的政治态度，一再宣称"台湾是个主权独立的国家"，从而破坏了两岸政治协商的根本前提和基础。

2004年3月台湾大选，民进党再次执政。同年5月17日，中共中央台办和国务院台办授权发表有关当前两岸关系的声明，阐述了"反独促统"这一处理台湾问题的基本方针。对"5·17"声明，外界用非常简练的方式将其基本立场概括为"两没有、五不"。这便是声明中明确指出的："'台独'没有和平，分裂没有稳定。我们坚持一个中国原则的立场决不妥协，争取和平谈判的努力决不放弃，与台湾同胞共谋两岸和平发展的诚意决不改变，坚决捍卫国家主权和领土完整的意志绝不动摇，对'台独'绝不容忍。""5·17"声明的结尾警告陈水扁为首的"台独"势力："如果台湾当权者铤而走险，胆敢制造'台独'重大事件，中国人民将不惜一切代价，坚决彻底地粉碎'台独'分裂图谋。"

2005年3月14日，中华人民共和国第十届人民代表大会第三次会议通过了《反分裂国家法》，以立法的形式反对和遏制"台独"分裂势力分裂国家，促进祖国和平统一。中国政府和全国人民的态度非常明确，由于台湾问题是中国的根本利益所在，绝不能容忍"台独"实现。如果一小撮分裂势力真要铤而走险，那么中国政府就不得不使用武力，制止国家分裂。

四、中国政府解决台湾问题提出的"和平统一、一国两制"基本方针

中国政府和人民长期希望以和平方式完成祖国统一大业。自20世纪50年代后，中共中央，中国政府从中华民族的根本利益出发，考虑到历史和现实的状况，充分尊重台湾同胞的实际利益，逐步提出了"和平解决台湾"以及"一个国家、两种制度"等合情合理的方案、方式，实现祖国和平统一的基本方针。

早在20世纪50年代，中国政府在准备以武力解决台湾的同时，就表明了以和平方式解决台湾问题的愿望。1955年7月周恩来表示"中国政府愿意同台湾地方的负责当局协商和平解放台湾的具体步骤"。1956年7月间，周恩来同陈毅、张治中、邵力子等会见外宾时，

又提出实行第三次国共合作的愿望。1958年解放军炮击金门期间，毛泽东也向台湾当局提出"建议举行谈判，实行和平解决。这一点，周恩来总理在几年前已经告诉你们了。这是中国内部贵我两方有关的问题，不是中美两国有关的问题。美国侵占台澎与台湾海峡，这是中美两方有关的问题，应当由两国举行谈判解决，目前正在华沙举行。"虽然台湾蒋介石集团拒绝谈判，中国政府却一直没有放弃和平争取的努力。

从20世纪50年代后期至60年代初，中国领导人对和平解决台湾问题的条件提出了一系列设想，周恩来后来将其具体归纳为"一纲四目"。一纲是台湾必须统一于中国。四目为台湾归祖国后，除外交必须统一于中央政府外，所有军政大权、人事安排等由台湾当局全权处理；所有军政建设费用，不足之数，悉由中央拨付；台湾之社会改革可以从缓，必俟条件成熟，并尊重台湾当局的意见协商决定，然后进行；双方互不派特务，不做破坏对方团结之举。在60年代前期，台湾方面也通过一些秘密渠道同中共方面进行了一些接触和商谈，不过随后因种种原因而中断。

1978年末中国开始实行改革开放，与美国解决了建交问题。在此前提下，以邓小平为首的中国领导人根据实事求是的精神，汲取毛泽东、周恩来争取和平解决台湾的思想，在尊重台湾现实的基础上，逐渐形成了"和平统一、一国两制"的战略构想。1979年1月2日邓小平在接见美国国会众议院访华团时就说明："我们尊重台湾的现实"，"我们允许包括美、日在内的各国同台湾继续保持民间贸易、商务、投资等关系"。同时邓小平也说明了中国政府的原则立场，那便是"'中华民国'的旗子总得降下来才行。我们不允许有什么'两个国家'"。

兼顾到坚持祖国统一的原则以及尊重台湾现实的需要，中国领导人为解决台湾问题提出了一系列合情合理的方针。1981年全国人大委员长叶剑英向台湾提出了九条方针，说明在统一实现后台湾仍可保持现有的政治经济制度和军队。1983年6月，邓小平在接见美国新泽西州西东大学杨力宇教授时，进一步说明："和平统一已是国共两党的共同语言。但是国际上代表中国的，只能是中华人民共和国。祖国统一后，台湾特别行政区可以有自己的独立性，可以实行与大陆不同的制度。司法独立，终审权不需到北京。台湾还可以有自己的军队，只是不能构成对大陆的威胁。大陆不派人驻台，不仅军队不去，行政人员也不去。台湾的党、政、军等系统，都由台湾自己来管。中央政府还要给台湾留出名额。"

和平统一、一国两制是建设有中国特色的社会主义理论和实践的重要组成部分，是中国政府一项长期不变的基本国策。这一方针，有以下基本点。

（一）一个中国

世界上只有一个中国，台湾作为中国不可分割的一部分的地位是确定的、不能改变的，不存在什么"自决"的问题。中央政府在北京，这是举世公认的事实。1984年2月22日，邓小平在接见美国乔治城大学战略与国际问题研究中心代表团时，又明确把对台政策概括为"一个中国，两种制度"。这一构想，在1984年5月召开的第六届全国人民代表大会第二次会议上获得通过，表明"一国两制"已经成为中华人民共和国具有法律效力的基本国策。一个中国的原则，是实现祖国统一的基本前提。

中国政府坚决反对任何旨在分裂中国主权和领土完整的言行，反对两个中国、一中一台或一国两府，反对一切可能导致台湾独立的企图和行径。海峡两岸的中国人民都主张只有一个中国，都拥护国家的统一，台湾作为中国不可分割的一部分的地位是确定的、不能改变的，不存在什么自决的问题。

（二）两制并存

在一个中国的前提下，大陆的社会主义制度和台湾的资本主义制度，实行长期共存，共同发展，谁也不吃掉谁。这种考虑，主要是基于照顾台湾的现状和台湾同胞的实际利益。这将是统一后的中国国家体制的一大特色和重要创造。

根据"一国两制"的设想，两岸实现统一后，台湾的现行社会经济制度不变，生活方式不变，同外国的经济文化关系不变。诸如私人财产、房屋、土地、企业所有权、合法继承权、华侨和外国人投资等，一律受法律保护。

（三）高度自治

统一后，台湾将成为特别行政区。它不同于中国其他一般省区，享有高度的自治权。它拥有在台湾的行政管理权、立法权、独立的司法权和终审权；党、政、军、经、财等事宜都自行管理；可以同外国签订商务、文化等协定，享有一定的外事权；有自己的军队，大陆不派军队也不派行政人员驻台。特别行政区政府和台湾各界的代表人士还可以出任国家政权机构的领导职务，参与全国事务的管理。

（四）和平谈判

通过接触谈判，以和平方式实现国家统一，是全体中国人的共同心愿。两岸都是中国人，如果因为中国的主权和领土完整被分裂，兵戎相见，骨肉相残，对两岸的同胞都是极其不幸的。和平统一，有利于全民族的大团结，有利于台湾社会经济的稳定和发展，有利于全中国的振兴和富强。

1984年12月，中国政府同英国政府在北京签署了关于香港问题的联合声明，便充分体现了"一国两制"的精神。1997年香港顺利回归，2000年澳门顺利回归，以及两地回归后的稳定，都充分说明"一国两制"的构想不仅完全可行，而且是解决台湾这类带有特殊性问题的最好方式。

对于祖国大陆方面提出的"一国两制"方针，台湾当局一直不肯接受。1988年初李登辉继任为台湾当局的领导人，起初曾多次公开表示："只有一个中国而没有两个中国的政策"，"我们一贯主张中国应该统一，并坚持'一个中国'的原则"。然而他随后却鼓吹海峡两岸有"两个政府""两个对等政治实体""台湾已经是个主权独立的国家""现阶段是'中华民国在台湾'与'中华人民共和国在大陆'"。针对中共中央一再提出的就两岸统一问题举行国共谈判的呼吁，他公开声言，"国家统一之事"，党与党不能谈，"对等"的谈判只能是"政府对政府"。1989年6月，刚刚担任中共中央总书记的江泽民针对李登辉的言论指出："按照国际法，一个国家只能有一个合法政府。"中国共产党之所以提出"两党对等商谈"的建议，正是考虑到"两党目前的地位、作用等现实情况"，"也是避开台湾方面感到不方便的问题"。

1995年1月30日，江泽民发表了《为促进祖国统一大业的完成而继续奋斗》的重要讲话，阐述了"和平统一、一国两制"方针的深刻内涵，提出了现阶段发展两岸关系、推进祖国和平统一进程的八项主张，其内容主要是：

（1）坚持一个中国原则，是实现和平统一的基础和前提。中国的主权和领土绝不容许分割。

（2）对于台湾同外国发展民间性经济文化关系不持异议。但是，反对台湾以搞"两个中国""一中一台"为目的的所谓"扩大国际生存空间"的活动。

（3）进行海峡两岸和平统一谈判。在一个中国的前提下，什么问题都可以谈。

（4）努力实现和平统一，中国人不打中国人。我们不承诺放弃使用武力，决不是针对台湾同胞，而是针对外国势力干涉中国统一和搞"台湾独立"的图谋的。

（5）大力发展两岸经济交流与合作。继续长期执行鼓励台商投资的政策，采取实际步骤加速实现直接"三通"。

（6）两岸同胞要共同继承和发扬中华文化的优秀传统。

（7）充分尊重台湾同胞的生活方式和当家做主的愿望，保护台湾一切正当权益。

（8）欢迎台湾同胞当局的领导人以适当身份前来访问；也愿意接受台湾方面的邀请，前往台湾。可以共商国事，也可以先就某些问题交换意见。中国人的事我们自己办，不需要借助任何国际场合。

江泽民有关两岸关系的八项主张，体现了中国共产党解决台湾问题方针政策的一贯性、连续性，同时也是对台政策在新形势下的重大发展，是解决台湾问题的纲领性文献。1997年，江泽民在中国共产党第十五次代表大会报告中再次重申：在一个中国的前提下，什么问题都可以谈。只要是有利于祖国统一的意见和建议，都可以提出来。按照"一国两制"方针解决台湾问题实现和平统一的内容可以比港澳更为宽松。

中共中央提出"一国两制"的方针后，蒋经国当政时一直以"三民主义统一中国"相对抗，要把台湾的制度强加到大陆。进入 20 世纪 90 年代以来，李登辉为首的台湾当局长期又以所谓"民主和制度之争"作为阻挠中国统一的借口，这是欺骗台湾同胞和国际舆论的伎俩。中国共产党和中国政府不断为实现社会民主的理想而奋斗，而且按照"一国两制"的方式实现和平统一，允许海峡两岸两种社会制度同时存在，互不强加于对方，最能体现两岸同胞的意愿，这本身就是民主的。台湾当局企图以"民主和制度之争"阻挠统一，甚至还提出过对居住在中国大陆的十二亿多人实行台湾的政治、经济制度，是毫无道理的，恰恰是不民主的。"要民主"不应该为"不要统一"的理由。两岸双方在这个问题上分歧的实质，绝不是要不要民主之争、实行哪种制度之争，而是要统一还是要分裂之争。

虽然台湾当局不接受"一国两制"，岛内提出在"一国两制"前提下密切两岸关系的呼声却很强烈。在海峡两岸的中国人民都希望加强交流的推动下，台湾方面于 1991 年 3 月成立了海峡交流基金会，辜振甫任会长。同年 12 月，大陆的海峡两岸关系协会成立，汪道涵任会长。1992 年 11 月，大陆海峡两岸关系协会与台湾的海峡交流基金会举行了事务性商谈，达成了各自以口头方式表述"海峡两岸均坚持一个中国原则"的共识，即"九二共识"。在此基础上，两会领导人汪道涵、辜振甫于 1993 年 4 月在新加坡成功举行了"汪辜会谈"，并签署了几项涉及保护两岸同胞正当权益的协议。1998 年 10 月，两会领导人在上海会晤，开启了两岸政治对话。2000 年台湾大选时，作为五位候选人之一的李敖，便以接受大陆的"一国两制"条件作为竞选纲领，并得到部分民众的支持。实践证明，在一个中国原则的基础上，完全可以找到两岸平等谈判的适当方式。香港、澳门回归中国以来，港台之间、澳台之间原有的各种民间往来与交流，便是在一个中国原则的基础上继续得到保持并发展。海峡两岸达到的"九二共识"，肯定"一个中国"，实际上是实现"一国两制"方针的第一步。

李登辉在卸任的前一年即 1999 年，抛弃了他在任期间两岸达成的"九二共识"，公开提出"两国论"。2000 年陈水扁当选台湾领导人后，也一直否认"九二共识"，不承认"一个中国"，甚至鼓吹台湾"独立"，更不能接受"一国两制"的方案。在各方面的压力下，陈水扁在 2000 年当选时曾信誓旦旦地作出所谓"四不一没有"（即不宣布独立、不改国号、不将"两国论"入宪、不推动"统独公投"和没有废除"国统会"和"国统纲领"）的承诺。然而几年来的实际所作所为表明，他自食其言，毫无诚信。陈水扁不断鼓噪"台湾正名""去中国化"，抛出两岸"一边一国"的分裂主张，千方百计的利用公投进行"台独"活动，并将"国统会"和"国统纲领"问题束之高阁令其名存实亡，这些都是公然背弃所谓"四不一没有"的承诺。他还强行撕裂台湾社会，恶意扭曲台湾民意，肆意煽动仇视大陆、"对抗中国"，竭力挑战大陆和台湾同属一个中国的现状，公然提出通过"制宪"走向"台独"的时间表，将两岸关系推到了危险的边缘。对于李登辉、陈水扁的危险行径，中国政府和人民一再警告，台湾政界的一些有识之士也表示了反对，国际舆论普遍表示了担忧。2005 年 3 月 14 日中国颁布并实行《反分裂国家法》后，俄罗斯、白俄罗斯、巴基斯坦、朝鲜、乌兹别克斯坦、波黑、阿尔及利亚、叙利亚等许多国家及非洲联盟等国际组织便声明表示支持。作为台湾最大在野党的国民党主席连战也发表谈话，批评当政的民进党搞"台独"的错误，并表示："'台独建国'的战略，带动了北京领导阶层的集体忧虑，因而制定了'反分裂法'。"因此，连战"主张两岸应立即进行对话协议谈判磋商，签订和平协议。"台湾第二大在野党亲民党领导人宋楚瑜也于 3 月 15 日发表九点声明，中心点是坚决反对"台独"，并提出展开两岸和解等主张，同时肯定了大陆《反分裂国家法》的善意修正。

　　2005 年 4 月 26 日至 5 月 3 日，国民党主席连战访问大陆，并同胡锦涛会面，实现了国共两党最高领导人 60 年来的第一次会晤。双方在会谈中达成了反对"台独"的共识。接着，亲民党领导人宋楚瑜也在 5 月间访问了大陆，胡锦涛总书记也同他会面。台湾的许多有影响的人士和企业家也相继访问了大陆，表示对陈水扁坚持走"台独"道路和恶化了两岸关系的强烈不满。

　　为争取和平统一，自改革开放以来，中国政府采取了一系列积极的政策和措施，全面推动两岸关系发展。考虑到台湾经济社会发展的需要和台湾同胞的实际利益，中国政府对台湾同外国进行民间性质的经济、文化往来不持异议，并在一个中国前提下采取了许多灵活措施，为台湾同外国的经贸、文化往来提供方便。例如，台湾可以以"中华台北"的名义继续留在国际奥委会中。事实上，台湾与世界上许多国家和地区保持着广泛的经贸和文化联系，台湾同胞每年到国外旅游、经商、求学和进行学术、文化、体育交流活动的人员多达百万人次，年进出口贸易额高达 2 000 多亿美元。这表明，坚持一个中国原则并不影响台湾同胞从事民间的对外交流活动，并未影响台湾正常的经贸、文化活动的需要。

　　为扩大两岸往来和交流，全国人民代表大会及其常务委员会、国务院、地方政府制定了一系列法律、法规，依法保障台湾同胞的正当权益。自 1987 年底两岸隔绝状态被打破后，两岸人员文化交流活动频繁，进入 21 世纪后两岸每年有数百万人次的人员往来，已有 100 万以上的台湾同胞长期在大陆居住、从事投资和商贸等事宜。根据大陆方面的统计，2003 年两岸间接贸易额高达 583.7 亿美元，16 年来的两岸间接贸易额累计达到 3 283 亿美元。2003 年祖国大陆批准台商投资项目 4 495 项，合同台资金额 85.58 亿美元，累计高达 700 亿美元；实际利用台资金额 33.77 亿美元，累计为 367 亿美元。两岸经贸文化关系的密切，增加了台湾各界要求两岸直接三通的呼声，在此问题上台湾当局面临越来越大的压力。2005

年 3 月下旬，中国国民党副主席江丙坤率领参访团赴大陆，实现了自 1949 年两岸分隔后的第一次国共领导人的正式会谈，并就加强两岸经贸交流达成 12 项初步成果。国民党、亲民党的最高领导人连战、宋楚瑜也分别率团来大陆访问，并就两岸关系和统一问题进行商谈。事实证明，台湾要走和平发展的道路，最根本的保障便是制止所谓"独立"走向，在"一个中国"的前提下同大陆实现统一，最终实现"一国两制"，这也是两岸人民的福祉所在。

五、增强国防力量和做好军事斗争准备，是解决台湾问题的保证

台湾海峡两岸通过接触谈判，以和平方式实现国家统一，是全体中国人的共同心愿。两岸都是中国人，如果因为国家的主权和领土完整被分裂，兵戎相见，骨肉相残，对两岸的同胞都是极其不幸的。然而，只有坚持一个中国原则才能实现和平统一。台湾问题是中国内战遗留下来的问题，迄今两岸敌对状态并未正式结束，中国政府自然不能放弃使用武力的选择。按照公认的国际准则，每一个主权国家都有权采取自己认为必要的一切手段包括军事手段，来维护本国主权和领土的完整。

早在 1955 年，中国政府提出"和平解放台"的口号后，就申明不能承诺放弃在必要时使用武力。同年，中美两国在举行大使级会谈时，美方代表一直坚持提出，双方在台湾海峡地区不诉诸武力，这在美军已经控制台湾的情况下等于剥夺中国政府解决台湾问题的重要权利。中国政府表明自己的立场是，希望和平统一，然而最后以何种方式解决台湾问题是中国的内政，美国无权干涉，无权要求中国不使用武力。

1979 年 1 月，中国政府对台宣布实行和平统一的方针时，又是基于一个前提，即当时的台湾当局坚持世界上只有一个中国、台湾是中国的一部分。同时，中国政府考虑到长期支持台湾当局的美国政府承认了世界上只有一个中国、台湾是中国的一部分、中华人民共和国政府是中国的唯一合法政府，这也是有利于和平的方式解决台湾问题。中国政府实行和平统一方针的同时说明，以何种方式解决台湾问题是中国的内政，中国并无义务承诺放弃使用武力。1979 年 1 月 5 日，邓小平在接受 27 位美国记者采访时便说明："我们当然力求用和平的方式来解决台湾回归祖国的问题，但是究竟可能不可能，这是一个很复杂的问题。在这个问题上，我们不能承担这么一个义务：除了和平方式以外不能用其他方式实现祖国统一的愿望。我们不能把自己的手捆起来。如果我们把自己的手捆起来，反而会妨碍和平解决台湾问题这个良好的愿望"。

中国政府不承诺放弃使用武力，绝不是针对台湾同胞的，而是针对制造"台湾独立"的图谋和干涉中国统一的外国势力，是为争取实现和平统一提供必要的保障。采用武力的方式，将是最后不得已而被迫作出的选择。能战方能言和。"和平统一"与"不承诺放弃使用武力"是相辅相成的，国防实力越强大，军事斗争准备越充分，和平统一的可能性就越大。

从 1949 年至 1979 年，在"一定要解放台湾的口号下"，中国政府和人民解放军进行了长期的对台军事斗争准备。当时尽管美国一直以海空军控制台湾海峡，中国人民解放军在努力避免中美间发生战争的情况下，仍采取了打击沿海国民党军一系列军事行动，以显示解放台湾的决心和力量。不过由于当时特定的历史环境所限，解放军的建设仍以陆军为主，海军建设实行"轻（型）、潜（艇）、快（艇）"的方针以突击近海防御，空军建设则以国土防空为指针，长期未能形成有效的跨海打击力量。1975 年 4 月越南战争结束，美国在亚洲显示了收缩政策，同年夏天毛泽东又根据对台斗争的需要批准了海军大规模发展的规划，不过

因北部的战略环境未改善及国内诸多原因而未能实现。

国民党逃台后，在1949年至1959年6月采取的是全力防守台湾本岛的战略方针。自美军进入台湾后，国民党当局从1950年夏天起的20余年间又实行了所谓"攻势作战"的战略，即凭借美国海空军的力量防御台湾本岛，自身的军队建设以准备"反攻大陆"为主，重点又是加强陆军，并对大陆采取了长期的小规模武装袭扰活动。由于对大陆的袭扰活动一直遭受沉重打击而连连失败，美国在上世纪70年代初期又对华改善关系，蒋家政权不得不于1971年以后调整战略，实行"攻守一体"的方针，并强调依靠自身力量防守台湾本岛。

1979年1月中美建交，美国废除同台湾的《共同防御条约》并撤出军队，中国政府也宣布了和平统一的方针，台湾当局却拒不响应。在80年代，中国政府为加强经济建设，曾大力压缩军费开支的比例，军队暂时实行了"忍耐"的方针。在1989年以前，中苏关系尚未实现正常化，南部边疆的作战也未结束，中国的国防斗争战略重点没有转到台湾海峡方向。这一期间台湾当局虽仍高喊"三民主义统一中国"，在军事上却实行"守势防卫"战略，将发展重点由陆军转向海空军，服务于其长期割据台湾的目的。

进入90年代后，冷战的结束和苏联瓦解改变了整个国际战略格局，台湾当局则以李登辉主政为开端采取了一系列实际的分裂步骤，明确将军事战略调整为"守势防卫"，以服务于其谋求"独立政治实体"地位的需求。自1992年以来，台湾当局大幅提高了向外国购买先进武器的力度，此后又谋求加入战区导弹防御系统，企图变相的与美、日建立某种形式的军事同盟。在思想文化方面，"台独"势力公然打出"去中国化"的旗帜，图谋抹杀台湾同胞特别是年轻一代的中国人意识和对祖国的认同。2000年陈水扁上台后，鼓吹决战"境外"，将过去"防守固守、有效吓阻"军事战略调整为"有效吓阻、防守固守"，强调把战场推向岛外，把先制反制、主动攻击提升到战略层次，为此进一步扩大对外军购，声言必要时对大陆实行"先发制人"的打击。这种不惜拿台湾岛内人民福祉作为赌注的冒险行为，形成了台湾地区非常危险的形势。

面对台湾海峡的形势和"台独"势力的猖獗，中国政府明确提出了必要时使用武力的底线。2000年发表的《一个中国的原则与台湾问题》的白皮书明确指出："如果出现台湾被以任何名义从中国分割出去的重大事变，如果出现外国侵占台湾，如果台湾当局无限期地拒绝通过谈判和平解决两岸统一问题，中国政府只能被迫采取一切可能的断然措施，包括使用武力，来维护中国的主权和领土的完整，完成祖国的统一大业。"这一声明，充分表达了中国政府、中国人民和中国人民解放军绝不容忍、绝不姑息、绝不坐视任何分裂中国的图谋得逞和不惜一切代价捍卫国家和领土完整的决心和信心。

自20世纪90年代中期以后，中国政府坚决捍卫一个中国的原则。对于台湾分裂势力的种种分裂活动，中国政府和人民进行了坚决的斗争，其中包括采取军事演习等一系列震撼的措施。

1995年6月李登辉以所谓"私人"名义访问美国后，中国政府对美国政府这一违背中美三个联合公报中所做的承诺、严重损害中国主权的行为提出了强烈抗议。在两岸交流方面：大陆海协会宣布暂停原定于7月进行的"汪辜会谈"，两会其他层次的事务性商谈也一律停止。为显示中国政府和人民捍卫国家主权和领土完整的坚强决心和能力，中国人民解放军也采取了坚决的回应措施。同年7月18日，新华社发表公告，宣布解放军将于7月21日至 28 日在东海公海海域进行地对地导弹基地发射训练。7 月 22 日凌晨 4 时左右，2 枚导弹从大陆的导弹基地发射，击中预定目标。7 月 22 日和 25 日夜间，二炮部队再次先后发射 2 枚对地导弹。8 月 10 日，交通部又发布公告，宣布解放军将于 8 月 15 日至 25 日在东海海域和海域上空进行导弹火炮实弹演习。随后，东海舰队再次进行海空联合作战和海封锁演习，展开舰对舰、空对空导弹发射。11 月下旬，南京战区陆海空部队在闽南沿海地区举行了三军联合作战演习。

1996 年 3 月台湾举行首届"民选总统"，为震慑"台独"势力，中国人民解放军又举行了一轮有针对性的军事演习。3 月 8 日夜，大陆沿海某二炮部队基地发射的四枚导弹点火升空，迅速越过台湾海峡。四枚中的三枚在距离高雄西南 30 至 150 海里的水域落水爆炸，另一枚射到基隆外海 29 海里处。

3 月 12 日至 20 日，解放军在东海与南海展开海军和空军的实弹军事演习。在福建南端的海湾上空，有歼击机、强击机、轰炸机、电子干扰机、侦察机等组成的强大突击机团展开空中打击演练；在南海海域，联合反潜、舰载直升机编队与水面舰艇部队同进出击。

3 月 18 日至 25 日，解放军又展开海、陆、空联合作战的军事演习，着重演练了登陆作战。演习中，由导弹驱逐舰、护卫舰、扫雷舰、登陆舰艇和民用船只组成的登陆编队在空军、陆军航空兵和海军舰炮、导弹火力的支援下，实施了水陆两栖坦克突击群抢滩登陆，由步兵、装甲兵、炮兵、防空兵等组成的登陆舰艇部队和民兵、预备役部队也编队向岸上进军；大批空降兵和陆军特种兵则在纵深阵地伞降着陆。主攻部队在空军、陆军航空兵和地面炮兵火力掩护下，向假想敌发起猛攻，由直升机、坦克和步兵组成的合成突击部队快速移动围歼纵深核心阵地之假想敌，并很快夺取阵地，完成登陆作战任务。

中国人民解放军在东南沿海地区进行的军事演习，产生了重大和深远的影响。台湾同胞进一步认识到"台独"的严重危害，部分"台独"势力被迫放弃了某些极端的分裂主张。国际社会也进一步注意到坚持一个中国政策的必要性，美国政府也明确承诺不支持"台湾独立"。

1997 年以后，台湾海峡两岸的关系又有所缓和，两岸开始了接触。台湾海基会董事长辜振甫于 1998 年 10 月访问大陆。大陆海协会会长汪道涵也准备于 1999 年秋天访问台湾。李登辉于 1999 年 7 月 9 日提出"两国论"后，再次激起中国政府的强烈反应。7 月 18 日，中国国家主席江泽民向美国总统克林顿通电话表示，"两国论"是李登辉在分裂国家的道路上走出的十分危险的一步，并说"如果出现搞'台湾独立'和外国势力干涉中国统一的情况，我们绝不会坐视不管。"7 月 13 日，中共军委副主席迟浩田上将在庆祝建军节的招待会上强调："中国人民解放军严阵以待，时刻准备捍卫祖国的主权和领土完整，坚决粉碎任何分裂祖国的图谋。"从 8 月下旬开始，解放军的海空军举行了一系列有针对性的演习。9 月上旬，解放军南京、广州战区又调集陆海空三军、第二炮兵和民兵预备役部队，在浙东、粤南沿海举行了大规模的诸兵联合渡海登陆实兵演习。随后，由于台湾于 9 月 21 日发生了大地震，出于人道主义考虑，也为了让台湾方面集中力量救灾，解放军在地震事件发生后停止了各项军事演习，主动缓解了海峡两岸的紧张关系。

2000 年春季陈水扁上台后，更进一步地走向分裂祖国的道路。他上台不久，就提出了"决战境外"的作战原则，在两岸关系上制造紧张气氛，不断挑战大陆方面台湾问题上一个中国的底线。2001 年，台湾当局与美国签订了购买包括 4 艘"基德"级驱逐舰、12 架

P—3C 反潜巡逻机和属于进攻性武器的 8 艘常规动力潜艇在内的大宗军事装备的军购合同，并公开试图借助外国的军事力量对抗大陆的统一要求。在这种形势下，在 2001 年夏季至秋季，中国人民解放军又在福建和广东之间的沿海东山岛进行了新一轮长达数月的军事演习，其时间之长和投入的高技术装备之多都是过去所罕见的。

对于解决台湾问题，中国政府有着坚定不移的立场。自 20 世纪 90 年代以来，岛内的"台独"分子在分裂的道路上越走越远，并坚持以武拒统。中国政府除了强调继续坚持和平统一、一国两制的方针外，也针锋相对地提出了做好军事斗争准备的要求。中国政府多次明确而郑重地指出，不承诺放弃使用武力，绝不是针对台湾同胞的，而是针对制造"台湾独立"的图谋和干涉中国统一的外国势力的。中国政府和人民解放军进行军事斗争准备的预定打击目标，主要是分裂祖国的台独势力，同时也是为了应付外国武力支持"台独"以阻止中国维护国家统一，并预防外国借台海军事冲突来攻击中国大陆，并不会对广大台湾同胞造成危害。人民解放军要具备对武力协防"台独"和攻击中国大陆的外国军事力量实施有力反击的能力，才能保证统一战争的最终胜利和国家主权、领土的完整，并最终保障大陆同胞和台湾同胞长远的共同利益。2004 年 7 月 31 日，中国国防部在人民大会堂举行庆祝中国人民解放军建军七十七周年招待会，中共中央政治局委员、中央军委副主席、国务委员兼国防部长曹刚川上将在致祝酒词时郑重说明："如果'台独'分裂势力一意孤行，中国人民解放军有决心、有能力，坚决粉碎任何'台独'分裂图谋。"

2005 年 3 月 4 日，中共中央总书记、国家主席、中央军委主席胡锦涛在看望全国政协十届三次会议民革、台盟、台联组委员时，又对新形势下发展两岸关系提出了四点意见：第一，坚持一个中国原则决不动摇；第二，争取和平统一的努力决不放弃；第三，贯彻寄希望于台湾人民的方针决不改变；第四，"台独"分裂活动决不妥协。

由此可见，半个多世纪以来，我国政府对解决台湾问题的政策是一脉相承，不断发展的，并且越来越具体化。从根本上说，"一个中国"原则是我国政府对台政策的核心，"和平统一，一国两制"，是我国政府提出的解决台湾问题的基本模式。2005 年 3 月我国政府又颁布了《反分裂国家法》。《反分裂国家法》为我们解决台湾问题提供了法律依据，这是一部统一法，是一部维护两岸和平的法。这充分体现了中央政府以最大的诚意、尽最大的努力，争取两岸的和平统一，同时指出，决不承诺放弃武力并为武力解决台湾问题明确了政策底线。台湾问题已经成为中华民族伟大复兴道路上一块巨大的绊脚石，无论局面多么复杂，道路多么曲折，中国人民都将排除一切困难，完成祖国统一大业！

思　考　题

1. 简述战略及其决定战略的构成要素。

2. 战略格局的结构类型。

3. 如何分析威胁要素？

4. 中国海洋在中国国防建设中有什么重要影响？

5. 什么是海洋专属经济区？

6. 根据中国周边主要国家的军事概况和国内安全环境，你认为应如何加强中国的国防建设？

7. 我国倡导的新安全观主要内涵是什么？

8. 非传统安全威胁的凸显及其原因是什么？

9. 非传统安全威胁的主要特点是什么？

10. 试分析我国面临的非传统安全形势如何？

11. 中国政府解决台湾问题的政治主张是什么？

第 四 章

军事高技术

第一节　概　　述

20 世纪是科学技术飞速发展的世纪，也是科技成果应用于军事领域数量最多、速度最快的世纪，是革新战争手段和改变战争面貌极其激烈而深刻的世纪。20 世纪 60 年代之后，以高新技术为先导和制高点的科学技术的发展，不仅对整个科学技术的进步和社会经济的发展产生了深远的影响，而且高新技术与军事两大领域相互渗透、相互影响、融为一体的结果，还引发了一场前所未有的新军事革命，导致军事领域发生了许多革命性的变化。

尤其是上世纪 80 年代以来发生的几场局部战争，使人们越来越清楚地认识到现代战争在很大程度上是高技术的较量，军事高技术已经成为制约现代战争胜负的重要因素。进入 90 年代以后，在世界范围内发生了信息技术革命，特别是信息技术在军事领域的广泛应用，正在引起一场新的军事革命。

为此，我们要大力加强新时期的国防建设，努力提高我国的科学技术水平，尤其是必须占领新世纪的军事科学技术的制高点，创造条件尽快实现军队现代化和国防现代化，不断提高我国高技术条件下的防卫作战能力，确保打赢未来高技术条件下的局部战争。

一、军事高技术的基本概念与分类

（一）概念

军事高技术，又称国防高技术，是国防科学技术的重要组成部分，是其最有活力的成分，是在军事领域发展和应用的高技术，是建立在现代科学技术成就基础上，处于当代科学技术最前沿，对武器装备发展起巨大推动作用的那部分高技术的总称。

（二）高技术的基本分类

军事高技术可分为基础型高技术和应用型高技术群两大类。

基础技术主要包括：微电子技术、光电子技术、电子计算机技术、新材料技术、高性能推进与动力技术、仿真技术、先进制造技术等。

应用技术包括：侦察监视技术、伪装与隐身技术、精确制导技术、电子战与信息战技术、指挥自动化系统技术、军事航天技术、核武器和化学武器及生物武器技术、新概念武器技术等。

二、军事高技术的主要特征

军事高技术具有高智力性、高投资性、高竞争性、高风险性、高效益性、高渗透性、高速度性、高创造性。

（一）高智力性

高技术是知识密集型技术，其发展和运用都必须依靠创造性的智力劳动，依靠富有创新意识、创新能力的高素质人才，体现了高智力的特性。比如，半导体集成电路，从成本上讲，原材料及能源仅占其总成本的2%，而其余98%都是其智力含量。

（二）高投资性

高技术的研究开发需要昂贵的设备和较长的研制周期，因而研制过程需要耗费巨额资金。比如制造集成电路的设备，十年之中关键设备就更新了三代，每更新一代，设备投资就要增加一个数量级。据目前统计，一般高技术企业用于研究开发的经费占其产品销售额的比为10%～30%，科研成果产业化的投资又比研究开发投资高出5～20倍，形成高技术产业后的设备更新投资还会越来越大。

（三）高竞争性

高技术的竞争性，决定了谁先掌握并应用高技术，谁先研发出新武器装备并抢先用于战场，谁就能占据战争主动权。为此，世界军事大国都试图在高技术发展的竞争中占据主动。

（四）高风险性

高技术研究本身蕴含着巨大的风险。甚至要以科研人员的生命作为代价。高技术竞争的失败，对民用技术而言，就意味着企业投资的失败；对军事技术而言，则意味着国家利益将受到损害。从1957年人类第一颗人造卫星上天以来，经过50多年的拼搏与发展，航天技术取得了巨大成就，但同时所蕴含的风险也高得惊人。以航天技术发展为例，在1961年3月23日，前苏联的邦达连科就成为为航天事业献身的第一人；1986年1月28日，美国"挑战者"号航天飞机失事；2003年2月1日，"哥伦比亚"号航天飞机重返大气层时空中解体，可见其风险之大。截至目前，人类共进行了500多次载人飞行，共有22名宇航员为此献出了自己宝贵的生命。

（五）高效益性

新型武器装备往往是军事高技术的物化，是军事高技术的综合集成。战争实践证明，军事高技术成果一旦转化为新型武器装备，不仅能够大大提高部队战斗力，而且能够逐步改变作战样式甚至战争形态。例如，航天技术，其投资效益比高达1∶14，充分体现了高技术高效益的特点。

（六）高渗透性

高技术本身具有极强的综合性和技术辐射性或渗透性，隐含着巨大的技术潜力，既可用于传统产业的改造，又可用于新兴产业的创立，因而能带动社会各行各业的技术进步，成为经济、国防、科技、政治、外交、教育和社会生活等各个领域发展变化的驱动力。有些高技术给社会带来的影响甚至是革命性的。比如计算机技术已经广泛渗透到了经济、国防、科技、教育和社会生活等各个领域。

（七）高速度性

高技术产业是目前发达国家经济中最活跃也是增长最快的经济部门。美国经济从20世纪90年代以来一直呈现出高增长、低通胀趋势，而且美国GDP占世界总值的比例也不断提高，已由20世纪90年代初的24.2%增加到2004年的30%。这些都是以信息技术为龙头的高技术产业带来的结果。

（八）高创造性

高技术的高创造性指的是，高技术是人类凭借自己的聪明才智创造出的知识、技术密集的高新技术群；高技术成果是在广泛利用已有的科技成就的基础上，通过研究与发展所创造出的高水平的科技成果；高技术的发展，主要依靠富有创新意识、创新能力的高素质人才。没有创新，就没有高技术的发展。

三、军事高技术的发展趋势

（一）综合电子信息系统（C^4I）：将具有更强的实战能力、可靠性、抗干扰性和抗毁力

在现代战场上，C^4I 系统既是维系军队整体作战能力的神经中枢又是"战斗力的倍增器"。C^4I：指挥（Command）、控制（Control）、通信（Communication）、计算机（Computer）、情报（Information）。

从目前发展趋势看，在今后若干年内，外军不是盲目追求 C4I 系统的更新换代，而是强调改进其性能，重点提高系统的实时信息传输能力、可靠性、抗干扰性和抗毁力。

（二）综合电子战和各种计算机病毒武器将用于未来战争

"沙漠之狐"行动、科索沃战争和伊拉克战争表明，信息战武器已成为高技术局部战争中夺取信息优势的主战装备。信息战包括：电子战和计算机病毒武器。电子战是信息战中最重要的作战样式，电子战已不再局限于通信和雷达对抗的范围，而是已扩展到指挥、控制、引导等方面，成为系统对系统的对抗。因此，各国军队将更加重视研制新型的电子战装备，使电子战装备的功能性、作用距离、软硬毁伤能力有显著提高。

（三）远程精确打击兵器新型号层出不穷，精确制导弹药正在向智能化、多功能化方向发展

远程精确打击兵器具有威慑和实战双重功能。目前主要是隐形飞机和常规巡航导弹。近年来，各国都十分重视利用高新技术增加武器的射程，使其具备远程打击能力，美国的"战斧"巡航导弹，已提高精度和突防能力，使其能重新选定目标，进行毁伤评估。

由于电子技术、计算机技术、遥测和信息处理技术的飞速发展，各类导弹、制导炸弹和制导炮弹等武器系统都将装备先进的人工智能系统，使其不仅能自动选择目标，攻击目标的薄弱部位，还能识别敌我，真假目标，其命中精度和作战效能将比普通弹药提高 10 倍。

（四）作战平台正在向信息化、隐形化和多功能化方向发展

作战平台的主要发展方向是信息化、隐形化和多功能化。信息化作战平台是装有大量电子信息设备、与 C^4I 系统联网的坦克、作战飞机和舰艇等武器载体。近年来，国外的隐形技术开发方面已取得突破性进展，美、俄、英、法、德、瑞典等国相继研制出隐形装甲车、隐形舰艇等多种隐形平台。为了进一步提高平台的隐形性能，他们又在积极探索隐形的新原理、新技术，如主动隐形技术。采用主动隐形技术后，未来的作战飞机将既有更强的隐形能力，又具备高机动性能。

（五）防空和反导武器正在向一体化方向发展

由于在高技术局部战争中导弹与飞机唱主角，再加上导弹技术扩散很快，各国都十分重视发展防空和反导武器。美国 1999 年 3 月成功试射了新型"爱国者 - 3"防空导弹。该型导弹作战效能高，在伊拉克战争中对伊军的导弹拦截率高达 70%。俄罗斯 2003 年接连研制了三种防空导弹，即"安泰 - 2500"全方位防空导弹、"一筒四弹"的 S - 300PMU3 防空导

弹和具有防空和反导能力的"凯旋"S－400防空导弹。在防空方面，美国的防空导弹正在向两个方向发展：中高空导弹主要用于反战术弹道导弹和高速固定翼飞机；低空近程导弹主要用于反直升机、无人机和巡航导弹，最终美国将建成防空、反导及反巡航导弹的一体化防御体系。俄罗斯在重点发展中程高速防空导弹的同时，也在分步骤建设低空、超低空防空与反巡航导弹的一体化防空系统。

（六）新概念武器将于2020年左右开始用于实战

高技术武器发展的另一个重要影响是不断物化出新概念武器。专家估计，2020年左右，新概念武器将开始用于实战。目前，国外正在研制的新概念武器主要有：定向能武器、动能武器。

定向能武器包括激光武器、微波武器、粒子束武器。近10年来，美、俄等国都在积极发展激光武器，并取得了巨大进展，有的已接近战斗部署阶段；微波武器是利用强微波辐射在武器系统的电子设备中产生高电压和大电流而使系统毁坏的武器。美国三军都制定了研制这种武器的计划，总经费达3亿多美元。俄、德、日、英、法等国也在进行微波武器技术的研究。粒子束武器是靠高能强粒子束流的动能摧毁目标，目前尚处于探索阶段。

四、军事高技术对现代作战的影响

随着军事高技术的发展及其在军事领域的广泛应用，已经对现代战争行动产生了巨大影响。其可概括为"五化"，即侦察立体化、打击精确化、反应快速化、防护综合化、控制智能化。

（一）侦察立体化

侦察立体化，通俗地讲就是"眼观六路、耳听八方"。在未来战争中，新型信息化装备将使战场更透明，可实现全球感知，实时进行远程指挥控制。从大洋深处到茫茫太空，布满了天罗地网式的侦察监视系统。水下的声呐，能够偷偷寻找军舰和潜艇的踪迹；地面的传感器，能够警惕地注视人员与车辆的动静；空中的侦察飞机，能够同时监视高空、低空、地面、海上的各种活动目标。

（二）打击精确化

精确打击武器和精确的信息支援系统有机结合，使得精确打击成为战争的重要样式。作战精度越来越高，攻击距离越来越远。精确打击在现代战争中的地位日益重要。根据推算，就杀伤破坏效果而论，爆炸威力提高1倍，杀伤力只能提高40%，而命中概率提高1倍，杀伤力却能提高400%。当前，1架次F－117A战斗机，投掷1枚或2枚2 000磅激光制导炸弹的作战效果，相当于过去B－17重型轰炸机10架、4 500架次，投掷9 000枚炸弹。统计显示，越南战争中，所用精确制导弹药占总弹药数的比例仅为0.02%，海湾战争达8%，科索沃战争为35%，阿富汗战争为56%，伊拉克战争达68%。目前，一种全新的作战样式——"精确战"，正在登上战争舞台，它要求探测目标精确，攻击目标精确，摧毁目标精确，毁伤评估精确。总之，仗越打越"精"了。

（三）反应快速化

"兵贵神速"历来是兵家所追求的情形，但传统武器装备因受技术条件限制，常常"欲速不达"。高技术武器装备在现代战争中应用，才使"兵贵神速"成真，实现了机动快、反应快、打击快、转移快。

（四）防护综合化

由于现代侦察、监视和探测手段具有全方位、全频谱、全天候、全时辰的特点，进攻一方如果不能有效地保护自己，就可能出现"发难者先遭难"的结局。

对于武器装备处于相对劣势的一方而言，搞好防护和伪装隐蔽，直接关系到胜败与存亡。事实证明，只要能够综合运用多种防护措施，藏起来，盖起来，小起来，跑起来，是可以收到隐真示假的效果的。

（五）控制智能化

现代技术特别是高技术的发展，使武器装备的射程、威力、精度都几乎达到了各自的极限。交战双方的差别，在很大程度上取决于它们对武器控制和部队指挥的水平上。而要想驾驭信息化战争，单靠人脑已经不够了，必须借助于电脑来帮忙。装备的研制试验甚至武器装备本身，也都在出现智能化的趋势。以往搞核武器试验，兴师动众，劳民伤财，现在，不用核材料，不用真爆炸，借助仿真技术就能提高核武器的性能。过去人们常说，"枪炮不长眼"，靠高技术武装起来的枪炮，不但长"眼睛"，而且长"心眼"，可以做到"打了不用管"。

第二节　侦察监视技术

在高技术条件下，现代侦察监视技术及其装备已成为高技术武器和指挥控制系统不可缺少的组成部分。随着现代技术特别是高技术的发展，军事指挥员凭借现代侦察与监视技术提供的全时域、全天候与大空域的"千里眼""顺风耳"，能够做到"知彼知己"，为实时地采取相应的对策提供可靠的依据，为克敌制胜创造有利的条件。无论何时，信息都是军队指挥员决策的基础，实施侦察与监视的效果对现代高技术战争的结局将产生直接的影响。

一、侦察监视技术概述

（一）侦察与监视技术的基本概念

现代侦察与监视技术，就是指在全时空内用于发现、区分、识别、定位、监视和跟踪目标并对目标进行定位所采取的各种技术措施。

1. 发现

是指通过将目标与其所处的背景做比较，或依据周围背景的某些不连续性，将目标从背景中提取出来，即确定在某个地方有目标。

2. 区分

是根据目标的外形和运动特征加以区分。辨别目标外形的明显特征对于区分目标是非常关键的，同时，目标的运动特征也有助于对其进行区分。

3. 识别

是指在目标探测过程中，对目标进行详细地辨认，确定出真假、敌友及确切的种类型号。所发现、区分的目标既可能是真的，也可能是假的，首先要予以确认；对于真目标，还要确认其是敌，是友；如是敌，还要再确认目标的型号。

4. 定位

是利用各种技术设备和手段确定出目标的位置。一般包括目标的方位、高度和距离三个要素。

5. 监视

是指隐蔽地对目标进行严密的注视和观察；一般需要利用一定的技术器材来实现。

6. 跟踪

是指对运动目标进行的不间断的监视。在现代战场上，实现对运动目标的跟踪，对技术器材提出了比监视更高的要求。

（二）侦察与监视技术的分类

侦察与监视技术的分类方法多种多样。

（1）按照侦察设备的运载平台的活动区域不同可分为地面、水面（下）、空中和航天（空间）侦察；

（2）按照侦察任务、范围和作用不同可分为战略、战役和战术侦察；

（3）按照不同军种的任务范围分为陆军、海军、空军和第二炮兵侦察；

（4）按照技术原理可分为光学、电子、声学侦察。

（三）实施侦察与监视的基本依据和工作过程

由于任何物体都具有向外发射和反射电磁波的能力，而且不同的物体发射和反射电磁波的情况千差万别，这就可以通过人的感官或借助一些技术手段，将目标与背景区分开来，这就是实施侦察与监视的基本依据。

从电磁波发射特性上讲，任何物体只要它的温度高于绝对温度，即 $-273\ ℃$ 时，它的内部就有电子在运动，就会不断地以电磁波的形式向外释放能量，这就是热辐射。大多数目标，在常温下的热辐射都处于红外线波段，对于温度大都处于 $-15\ ℃ \sim 37\ ℃$ 的一般军事目标而言，也不例外。被动式侦察与监视系统，就是利用物体的这一发射特性进行工作的。

从电磁波反射特性上讲，一方面，同一物体对不同波长的电磁波反射能力不同；另一方面，不同物体对同一波长的电磁波反射能力也不同。如在阳光的照射下，红花只反射红色光波，绿叶只反射绿色光波。主动式夜视仪就是利用了反射特性的原理进行工作的。这种手段在探测目标的同时，也很容易使自己暴露。实施侦察与监视的工作过程通常是：探测器接收目标发射或反射的电磁波等目标特征信息，然后对信号进行加工处理，进行图像显示或记录，进而发现、区分、识别、定位、监视和跟踪目标。

二、侦察监视技术的工作原理和手段

目标之所以能被发现与监视，是因为任何目标与其所在的背景或环境都存在着差异。这些差异既有外部形状上的，也有声、光、电、磁、热等物理特征上的，并且能为人的感觉器官借助一些技术手段所识别。其基本原理是：利用多种媒体传感器，探测目标的红外线、光波、声波、应力（振动）波、无线电波等物理特征信息，从而发现目标并监视其行动。

现代侦察与监视系统的工作过程是：目标的特征信息（光、电、磁、力、热等），在向外辐射时为探测器所接收，然后对所接收的信号进行加工处理，将其还原成图像显示出来或记录下有关的数据。

（一）地面侦察监视技术

地面侦察与监视，是在陆地上进行的侦察与监视行动，是一种传统的侦察与监视方式。

其手段除熟悉的光学侦察（如望远镜、潜望镜、测距仪、地面远程摄影机等）外，主要还有无线电通讯侦察、雷达侦察和地面传感器侦察等。

（二）水下侦察监视技术

水下侦察与监视是利用水下侦察与监视设备来探测水下的各种目标。它是现代侦察监视系统的重要组成部分之一。水下侦察设备大体可分为两类，即水声探测设备和非水声探测设备。其中水声探测设备主要有声呐、水下噪声测量仪、声线轨迹仪、声呐测速仪等。非水声探测设备主要有磁探仪、红外线探测仪、低能见度电视、废气探测仪、探潜电视等。目前，水下严密的侦察网络是以水声探测为主构成的，非水声探测设备作为水下侦察与监视的补充也得到了较快的发展。

（三）空中侦察监视技术

空中侦察监视，是指使用航空器在环绕地球的空气空间对地面、水面或水下以及空中的情况进行的侦察。由于空中侦察具有灵活、机动、准确和针对性强的特点，是获取战术情报的基本手段，也是获取战略情报的得力助手，即使是有了侦察卫星，航空侦察也仍是不可缺少和不可代替的。

空中侦察监视平台主要是飞机侦察平台，包括有人驾驶侦察机、侦察直升机、无人驾驶侦察机和预警机。平台上实施侦察与监视的主要设备有可见光照相机、多光谱照相机、激光扫描相机、红外扫描装置、电视摄像机、合成孔径雷达、机载预警雷达、无线电及其他侦查设备等。

（四）航天侦察监视技术

航天侦察监视，是指使用有侦察设备的航天器在外层空间进行的侦察。航天侦察空中侦察所使用的侦察设备基本相同，包括照相机、电视摄像机、红外遥感器、合成孔径雷达、机载预警雷达、无线电等。随着航空、航天技术的发展，航天侦察监视已经不仅能满足战略情报的需要，而且也能满足某些战役、战术情报的需要。航天侦察监视具有轨道高、速度快、范围广、限制少等优点，还能根据需要，可长期、反复地监视全球或定期、连续地监视某一地区，也能在较短的时间内乃至实时地提供侦察情报，满足军事情报的实时性要求。

三、现代侦察监视技术的发展趋势

随着微电子、光电子、通信、雷达、航天等技术的发展及广泛应用，现代侦察与监视技术已经进入了一个崭新的发展阶段。不仅从侦察方式、侦察手段、侦察设备上，而且从战术技术运用上，也都将提高到一个新的水平。侦察与监视技术的发展趋势主要表现在以下几个方面。

（一）空间上的立体化

由于现代武器的射程急剧增加，部队的机动能力迅速提高，现代战争必然是大纵深的立体战争，将来的战争将向陆、海、空、天、电磁五维战场发展。

（二）侦察监视与打击一体化

随着现代侦察手段的发展，使侦察与反侦察手段更加多样化、复杂化。为了不贻误战机，要求在发现目标的同时，要立即发动攻击，给予摧毁。比如预警卫星将得到的敌目标信息适时传输给攻击系统，力求边发现边摧毁。

（三）手段上的综合化

随着侦察技术的不断改进，各种反侦察设备和伪装干扰技术也得到了发展。为了识别伪装，提高侦察效果，一方面要加强地面目标特征的研究，另一方面要加速研制新的红外、激光、微波遥感器。使用多种遥感器，同时观测同一地区，这样既能获得多种信息，又能增加侦察与监视效果。

（四）速度上的实时化

现代战争快速多变，机动能力强，要求侦察与监视所用时间尽量最短。随着遥感技术的发展，靠人工方法已远不能适应"适时侦察"的需要，唯一的办法是借助以计算机为核心的遥感图像进行自动分类和识别技术，来提高处理的速度。

（五）提高侦察与监视系统的生存能力

各种反侦察武器特别是精确制导武器的出现，对侦察与监视系统构成了严重威胁。侦察与监视系统本身的生存能力，成了完成任务的重要因素。

第三节　精确制导技术

一、精确制导技术的概念及分类

（一）精确制导技术的概念

精确制导技术，又叫制导技术，是指按照一定的规律控制武器的飞行方向、姿态、高度和速度，引导武器系统战斗部准确攻击目标的军用技术。通常单发命中率在 50% 以上。它是以微电子技术、电子计算机技术和光电转换技术为核心，以自动控制技术为基础发展起来的一种高新技术。

在第二次世界大战末期出现了由纳粹德国制造的 V－1、V－2 导弹，创造了武器系统采用制导技术的先例。当时采用了惯性制导和辅助程序控制技术，成功地解决了常规弹头不能远程作战和不能在飞行中自动修正弹道的缺陷。而精确制导技术则是在这种制导技术基础上的延伸和发展，在段制导的配合下，特别注重提高武器末段制导的可靠性和精度。尤其是被动寻的制导技术的应用，使精确制导武器具有远程作战、"发射后不用管"、自动选择目标和攻击目标要害部位的能力。

（二）精确制导技术的分类

制导系统是精确制导武器的关键组成部分，是精确制导技术的载体。制导系统是导引系统和控制系统的总称。在各类制导系统中，控制系统的基本原理大同小异，而导引系统的工作原理则差别较大。随着军事高技术的不断发展，制导武器所采用的制导技术也逐渐地变化和发展。制导技术的种类很多，按照导引系统工作原理的不同，精确制导技术可分为寻的制导、遥控制导、地形匹配制导、惯性制导、卫星定位制导。把以上这几种制导方式组合起来，便形成复合制导。

按照制导方式可将精确制导技术分为以下几类。

1. 寻的制导

寻的制导系统的大部甚至全部装置都装在精确制导武器的头部，故常被称为导引头。当寻的系统正常工作后，就能自动寻找目标然后瞄准目标，并对精确制导武器的飞行进行控制。寻的制导对目标探测的原理和方法很多都是利用目标的某些物理特征，如目标反射的阳光和夜光，目标反射或发出的红外线、微波、毫米波和声波等，通过相应的探测器发现和识别目标。因此，自动寻的制导系统的技术途径是多种多样的，可以是微波、毫米波、红外，也可以是电视自动寻的。寻的制导的精度很高，但作用距离比较短，所以多用于末段制导。精确制导武器的高精度主要是靠末段制导保证的，远程精确制导武器都有末段制导，而末段制导大多采用寻的制导。

寻的制导的主要特点是导引精度不受导弹飞行距离的影响，但制导距离较近，且易受敌方干扰。常用于短程导弹的制导及中远程导弹的末段制导，适合打击高机动的运动目标。寻的制导根据目标信号的来源，又可分主动、半主动和被动式寻的几种制导方式。

2. 遥控制导

遥控制导是通过设在精确制导武器外部的制导站来测定目标和制导武器的相对位置和运动参数，形成导引指令发送给导弹，导弹接到命令后，然后引导精确制导武器飞向目标，直到命中目标。

由于制导站时刻跟踪目标，随时测量目标运动参数，故遥控制导导弹常运用于攻击活动目标。一般遥控作用距离较远，但导引精度随导弹飞行距离的增加而降低，而且易于受干扰。按指令传输方式和手段的不同，遥控制导又可分为指令制导和波束制导两大类。

3. 地形匹配制导

地形匹配制导系统通常用来修正远程惯性制导的误差。发射前要把选定的飞行路线中段和末段下方的若干地区的地面特征图，预先储存在弹上计算机内，当导弹飞行到这些地区时，将探测器现场实测到的地面图像同预先储存的地面图像作相关对照，检查两者的差别，计算出导弹的飞行误差、形成控制指令，就能控制导弹沿预定的航线飞向目标。储存在弹上的地面图像是由侦察卫星或侦察飞机预选测定的，经过处理转换成数字信息后储存在弹上的计算机中。由于同一地域对于可见光、微波、红外、激光所表现的地面特征并不相同，从而可构成各种地形匹配制导，比如微波雷达图像匹配制导，可见光电视摄像匹配制导，激光雷达图像匹配制导，红外成像匹配制导等。地形匹配制导的制导精度与射程无关，可使射程为几千千米的导弹达到较高的命中精度。

4. 惯性制导

惯性制导是一种只依靠弹上惯性部件提供制导数据，而不依赖外部信息的自主制导方式。惯性制导技术主要用于弹道式导弹，它利用陀螺仪、加速度计等惯性元件来测量和确定导弹的运动参数，然后控制导弹飞行。它的精度会随射程的增大而降低，所以只装有惯性制导系统的武器不可能成为精确制导武器。但是惯性制导最大优点是不受外界的干扰，只要它的精度能保证将制导武器引导至末段制导系统的作用范围，仍不失为一种简便可靠的中段制导方式。

5. 卫星定位制导

也称"GPS"制。是指制导武器接收全球定位系统（Globd Positioning System-GPS）中卫星播发的导航信号，实现三维精确定位和获取速度、时间信息的制导方式。全球定位系统是美国在1993年完成部署并投入使用的卫星导航和定位系统，这个由24颗卫星组成的定位系统，可用于各种军用与民用的定位与导航。如果在精确制导武器上安装全球定位系统的接收机，就可以在飞行过程中精确地测出自己的空间位置和飞行速度，用来修正惯性制导的误差。

虽然它的作用同地形匹配制导相似，但是攻击前的准备工作却要简便得多，所以用全球定位系统制导来代替地形匹配制导，可改善远程精确制导武器的性能。

6. 复合制导

采用两种或两种以上不同物理特性的探测器组成的制导系统叫复合制导。在制导时，若探测器为串行使用，称为复合制导；若并行使用，通常称为多模制导或并联复合制导。任何一种制导方式都有优点和缺点，如能取长补短则能趋利避害，可以极大地提高制导系统的整体性能。远程的精确制导武器一般都用两种以上的制导方式构成复合制导系统。这样不仅提高了制导精度而且增强了抗干扰的能力。复合制导系统虽然比较复杂，体积大、成本高，而且因元器件多而降低了系统的可靠性，但是随着科学技术的发展，复合制导系统的小型化、低成本、高可靠性会逐步得到解决。

二、精确制导武器

（一）精确制导导弹

1. 反坦克导弹

为抗击坦克集群宽正面、多波次的连续进攻，一些国家从 20 世纪 50 年代开始研制反坦克导弹。到目前为止，各国先后研制和装备的型号已有数十种。按发射方式可分为地面发射和空中机载发射两大类。反坦克导弹的命中率可以高达 70% ~ 90% 。

反坦克导弹的发展大体可分成三代。

第一代于 20 世纪 60 年代中期装备。一般采用高性能炸药战斗部，目视跟踪、瞄准，人工有线指令制导的反坦克导弹，如法国的 SS－10、前苏联的 AT－3，破甲厚度为 350 ~ 500 毫米。目前大多数国家的第一代反坦克导弹已退役。

第二代于 20 世纪 60 年代后期至 70 年代后期研制和装备部队。一般采用空心装药战斗部，光学瞄准加红外半自动、自动跟踪，是半自动有线指令制导，如美国的"陶"式和"龙"式、法国的"霍特"反坦克导弹、前苏联的 AT－4 和 AT－5 。破甲厚度为 500 ~ 800 毫米。

第三代于 20 世纪 70 年代末期开始，各国对第三代反坦克导弹进行了反复的论证，得到效费比更高的反坦克武器。第三代反坦克导弹的主要制导方式有激光、毫米波、红外成像和光纤制导等。由于各国技术基础不同，采用的制导方式可能是各式各样的，但命中率比第二代显著提高，而且除光纤制导外都丢掉了导线，其中采用红外成像或毫米波制导的反坦克导弹还实现了"发射后不用管"。80 年代后装备部队。如美国的"海尔法"和"陶－2B"，法德的"霍特－2"，前苏联的 AT－6"螺旋"等，一般采用空心装药战斗部，半主动激光制导或激光驾束制导或红外成像制导，破甲厚度为 800 ~ 1 000 毫米，且具有对付反应装甲的能力。

2. 反舰导弹

反舰导弹是用以攻击水面舰船的导弹。根据发射平台的不同，可分为空舰导弹、舰舰导弹、潜舰导弹和岸舰导弹，至今已发展了三代。到目前为止，世界上已有十多个国家能研制和生产反舰导弹，前后共研制了 50 余种 80 多个型号，装备反舰导弹的国家和地区约有 70 多个。

第一代反舰导弹是二次大战后开始研制，20 世纪 50 年代末生产和装备的，主要型号有前苏联的"扫帚"、美国的"潜鸟"。这一代导弹飞行速度低，容易防御，加上导弹采用波束制导或无线电指令制导，制导精度较低、性能不够理想，所以西方国家一度停止发展这类武器。

在 1967 年的第三次中东战争中，埃及用小型的导弹艇发射"冥河"反舰导弹击沉了以色列的"艾拉特"号驱逐舰之后，引起了西方的警觉，很快也研制出有自动寻的装置的第二代反舰导弹，其中有以色列的"迦伯列"、法国的"飞鱼"、美国的"鱼叉"等多种反舰导弹。

20 世纪 80 年代初，发达国家开始研制第三代反舰导弹，其中有法国和德国的"安斯"、意大利的"奥托马赫2"、美国的"先进反舰导弹"、英国的"海鹰"和以色列的"迦伯列"等。第三代反舰导弹的性能将在四个方面进行改进：一是增强突防能力，飞行速度将达到 2 倍音速，使敌方防御系统的拦截时间大大减少；二是加大破坏力，由于速度的提高使导弹动能增大，同样的战斗部可产生更大的破坏力；三是实现更远射程范围的"发射后不用管"，第二代反舰导弹"发射后不用管"的最大距离为 100 千米左右，而第三代反舰导弹可达 200 千米以上；四是提高机动能力，导弹可按预编程序进行变向飞行，能够选择不同方向对敌舰进行攻击。由于第三代反舰导弹采用了更先进制导技术，因此无论制导精度还是抗干扰能力都将会明显优于第二代，但这类导弹研制周期长，研制费用较高。

3. 空空导弹

目前空空导弹已发展了四代，第一代于 20 世纪 50 年代装备部队，多为近距格斗型，性能差，现已基本淘汰。

第二代主要是 20 世纪 60 年代中期出现的中距空空导弹，目前除少数国家还在使用外，也已基本淘汰。

第三代是 20 世纪 70 年代出现的新研制的远距拦射型。如美国的 AIM - 54C "不死鸟"，苏联的 AA - 6 等，其特点是：作战范围进一步扩大，射程可超过 50 公里，使用高度达 30 公里；采用复合制导，命中精度较高；具有全天候、全高度、全方向和多目标攻击能力。目前，西方发达国家大多装备第三代空空导弹。

第四代是 20 世纪 80 年代开始研制的。典型的有：美国的 AIM - 120A "先进中距空空导弹"，法国的"米卡"中距空空导弹和英德的 AIM - 132 先进近距空空导弹等。主要特点是：多数兼具超视距攻击和近距格斗的功能；全天候、全高度、全方向攻击能力进一步提高；制导精度和抗干扰能力增强；能对多目标进行攻击，并做到"发射后不用管"。

4. 空地导弹

空地导弹是现代战略轰炸机、歼击轰炸机、强击机、武装直升机的主要进攻武器。空地导弹种类繁多、用途各异，据不完全统计，各国已装备和正在研制的约 90 种。除前面提到的机载反坦克导弹、反舰导弹外，现着重介绍另外两种类型的战术空地导弹。

（1）通用型空地导弹

通用型空地导弹是由航空兵在对方防空火力区以外发射，以攻击地面小型坚固目标的进攻性武器。这类导弹从第二次世界大战后开始研制，至今已发展了四代。20 世纪 50 年代研制的为第一代，多数采用波束和有线制导，不仅命中精度比较低，而且导弹发射后载机还要继续向目标飞行才能实现对导弹的控制，载机很容易遭到地面防空火力的攻击。20 世纪 60 年代发展了第二代，大多采用无线电指令制导，虽然精度比第一代高，操作也简便些，但载机在导弹击中目标前仍不能离开。前两代通用型空地导弹现在已基本退出现役。20 世纪 70 年代发展的第三代空地导弹采用了红外、电视、雷达等末段制导技术，在弹上的自动寻的制导系统控制下能自主制导至目标，发射导弹后载机可以离开。目前正在发展的第四代是远距离发射的导弹。由于现代防空兵器射程不断增大，重要目标的防御半径很大，所以第四代空地导弹射程一般都达到 100 千米以外。为提高命中精度，第四代空地导弹通常采用了地形匹配、"导航星"精确定位等制导技术作为中段制导，为提高突防能力还采用低空突防的办法。

（2）空地反辐射导弹

反辐射导弹又称反雷达导弹，它是利用敌方雷达波束进行被动式制导的精确制导武器。载体为飞机的称空地反辐射导弹，载体为军舰，反舰载雷达的称舰舰反辐射导弹，但原理与空地反辐射导弹类似。

该种导弹至今已研发了三代。第一代于 20 世纪 50 年代开始研制，主要有：美国的"百舌鸟"，苏联的"鲑鱼"等。第二代于 60 年代末开始研制，70 年代服役。典型的有：美国的"标准"、英法联合研制的"玛尔特"等，其特点是：导弹对雷达频率的覆盖范围加宽，并装有记忆电路，可攻击突然关机的雷达。第三代是 80 年代后服役的，如美国的"哈姆""默虹""响尾蛇"，英国的"阿拉姆"、法国的"阿玛特"等。其特点是：采用了新的信号处理技术，对雷达频率的覆盖范围进一步扩大；突防能力和命中精度大大提高。

5. 巡航导弹

巡航导弹是指在大气层内以巡航速度飞行的带翼导弹，又称飞航式导弹。

巡航导弹又分为几种：一是能够实施核打击的战略巡航导弹；二是远程战术巡航导弹；三是飞航式反舰导弹。巡航导弹的最大特点是射程远、精度高、低空突防能力强。巡航导弹一般都飞得很低，离地面或海面只有几十米，而且在发射前把如何避开沿途障碍物、防空火力区都预先存储在导弹上。这样，遇到山脉、高层建筑、敌人的导弹火炮阵地，导弹都可以绕开，所以很难拦截。

如美国的"战斧"式多用途巡航导弹系列，型号很多，既能装核弹头，也能装常规弹头；既能在陆上发射，也能在军舰和潜艇上发射，用途非常广。在 1991 年的海湾战争中，美军共发射了 288 枚"战斧"导弹，其中第一天就发射 100 余枚，命中率达 98%。俄罗斯研制的反舰型巡航导弹可以达到超音速，甚至达到 2 倍以上音速。在俄罗斯现代级驱逐舰上装备的"SS - N - 20"反舰导弹，其最高速度可以达到 2.5 马赫。

（二）精确制导炸弹

制导炸弹的出现是航空炸弹的一次飞跃，开始研制的制导炸弹是在航空炸弹上加装制导装置和气动力装置，靠飞机投弹时给予的初速度滑翔飞行，投放距离通常为 10 千米。制导炸弹的制导系统同一般空地导弹的导引头相似，有的甚至就是直接移植过来的，因而结构简单，是一种便宜而精确的空地武器。一枚空地导弹，一般价格为十几万到几十万美元，而一枚制导炸弹只几万美元，是效费比很高的弹药。20 世纪 80 年代以来，国外发展了精度更高并具有低空、远距离、全天候作战能力的第三代制导炸弹，如美国的 GBU - 15、GBU - 24 和 GBU - 27 等。

（三）精确制导炮弹

为提高对纵深目标的打击能力，除了用歼击机、直升机作载体发射精确制导武器外，一些国家正在研制利用火炮发射制导炮弹对敌纵深目标特别是装甲目标实施打击。制导炮弹同普通炮弹的区别在于弹头上有小型化的导引头，在弹道末段能自动搜索、捕获目标并进行精确制导，以达到很高的单发命中概率。制导炮弹目前有四种主要类型。

1. 光制导炮弹

虽然激光制导可分主动与半主动两种，但目前实际应用在制导炮弹上的主要是半主动激光制导。

2. 米波制导炮弹

装在炮弹上的微型毫米波雷达寻的装置，在弹道末段可自动搜索、跟踪目标，修正炮弹的飞行弹道，以达到很高的命中概率。这种制导炮弹目前还在研制和改进之中，需着重解决毫米波雷达的辐射功率及器件的小型化问题。

3. 外成像制导炮弹

红外成像制导炮弹是利用红外探测器，通过目标的红外辐射获得目标的红外图像，并进行目标的捕获、跟踪。由于红外焦平面阵列探测技术已日趋成熟，高性能的红外成像制导装置已能运用于炮弹，而且可以达到很高的命中率。

4. 模式制导炮弹

这是将两种不同类型的制导装置组合在一起的制导炮弹，目前采用较多的是红外加毫米波的制导方式。这种制导方式的抗干扰性很强，要同时干扰红外和毫米波两个系统是很困难的。此外，双模式制导系统还有全天候工作能力、制导精度高，特别是有很强的反隐身能力，因为红外隐身要求目标反射性能高，毫米波隐身要求目标反射性能低，一种材料很难同时解决红外与毫米波隐身。

（四）制导雷

制导雷是在普通地雷、水雷上加装制导系统制成的。它是一种把自毁破片技术、遥感技术和微处理有机结合起来的新型雷。是一种由被动防御性武器变成能主动攻击目标的新型火力。一般分为三大类：一类是反坦克、反装甲车辆和直升机的制导地雷；一类是执行反潜、反舰任务的制导水雷（鱼雷）；第三类是执行反卫星任务的太空雷。

如反坦克地雷能发现 300 米外的装甲目标，当其接近 100 米时自行引爆；反直升机制导地雷能在 1 000 米的空间内自动识别敌我目标，用自毁破片摧毁目标。

三、精确制导武器的发展趋势

不同类型的精确制导武器虽然具体特点不同，但是有着许多相同的发展趋势，归纳起来主要有下列几点。

（一）不断提高命中精度

为实现首发命中，并且击中目标的薄弱部位，需要继续提高和完善末段制导技术。命中精度的提高很大程度上取决于末制导系统对目标的分辨率，探测器的工作波长越短，天线或透镜孔径越大，则分辨率越高。由于弹体直径所限，不能依赖增大天线或透镜孔径来提高分辨率。近年来许多制导系统已经从波长较长的微波工作频率转移到毫米波、红外和可见光波段。工作于可见光波段的电视制导光学瞄准的有线制导精度最高，成像能力最佳，红外制导、激光制导及毫米波制导也都有很高的制导精度。最近一些国家开始研制合成孔径雷达制导，合成孔径雷达制导不仅有一般微波雷达所具有的全天候能力、作用距离远的特点，而且有较高的分辨率，甚至可达到目标成像。

（二）提高抗干扰能力

实战中精确制导武器所处的电磁环境很复杂，特别是敌方总会千方百计地破坏精确制导武器的正常工作，这就要求制导系统有很强的抗干扰能力。首先要求制导武器自身的隐蔽性好，难以被侦察发现。因此，各类被动寻的制导系统如电视、红外、微波被动寻的将广泛运用。由于主动寻的制导必须向目标辐射电磁波，因而比较容易被敌方侦察到并采取相应的干扰措施，所以主动式的寻的系统抗干扰能力格外重要。微波波段是当前电子对抗最复杂、激烈的频段，这个频段的电子技术比较成熟，干扰手段多、抗干扰手段也多，比较先进的抗干扰措施如扩展频谱、频率捷变、单脉冲等技术将大量使用。为提高抗干扰能力，往往要采用多种抗干扰措施，这使先进的微波雷达制导系统成本越来越高，应用与发展受到了限制。

（三）提高全天候作战能力

在现代战争中，作战双方往往都会利用夜暗、多雾等不良天候发起攻击，以达成突然性和隐蔽性。为争取主动，各国竞相提高精确制导武器的全天候作战能力。目前，提高全天候作战能力有两种方法：一是使武器系列化，如美国为了使"小牛"空地导弹适应在白天、黑夜、不良气象等各种条件下作战，研制了电视、红外成像和激光三类制导装置。不同的天候条件选择相应的制导装置，从而提高了全天候作战的能力；二是继续完善具有全天候能力的制导技术。除了微波雷达制导外，合成孔径雷达制导、导航星全球定位系统等都在加紧研制中。

（四）实现人工智能化

未来战争的战场环境越来越复杂，精确制导武器要在极短的时间内将目标摧毁，仅仅依靠人工引导已不可能。必须使制导武器具有某种人工智能，在陆上能区分出坦克、卡车、火炮等不同目标，在空中能区分不同类型的飞机，在海上能区分不同类型的舰船，并要判断出对己方威胁最大的目标。目前有一种称为"图像理解"的人工智能技术，导弹上的计算机将探测器获得的图像与存储于数据库中已知武器系统的图像加以比较，就能知道探测到的是何种目标，不仅可以分清敌我，而且可以选择攻击目标。如美国研制的"黄蜂"机载反坦克导弹，能在距目标很远的飞机上发射，到目标上空能自动俯视战场，搜索、发现、识别敌坦克，然后各子弹头分散攻击不同的目标，并准确攻击各目标的要害部位和薄弱环节。

（五）提高突防能力

在出现反导武器后，精确制导武器的突防能力已成为衡量武器性能的重要指标。提高突防能力有两个途径：一是提高飞行速度；二是采用隐身技术。比如各国正在研制的新一代反舰导弹，飞行速度将达到二倍音速以上，同时还采用了吸波复合材料，具有一定的隐身功能，是一种突防能力强，较难防御的精确制导武器。由于技术难度大，这种高速而且隐身的精确制导武器估计在本世纪初有可能研制出来。

（六）继续增大武器射程

现代局部战争特别是海湾战争、科索沃战争、阿富汗战争和美英对伊拉克战争的经验表明，实施"防御圈外"的远程攻击，可以用较小的代价换取较大的胜利。所以美、俄等军事大国努力发展远射程的精确制导武器，以此来增大武器装备性能的优势。

（七）实现导弹组件模块化，作战用途通用化

为提高精确制导武器的性能，制导系统愈来愈复杂，成本越来越高。而制导武器又都是

一次使用的，成本过高就不能大量装备部队。为降低成本，各国在精确制导武器研制中注意了模块化和通用化，以节省研制费用。

所谓模块化就是将精确制导武器分成若干个组件，每个组件都采用标准件，通过不同的组合，构成不同用途的精确制导武器。如美国"爱国者"地空导弹制导系统采用了24种标准数字模件，占所需模件总数的90%。所谓通用化即一弹多用，这样不仅可降低费用而且大大缩短了研制周期，如20世纪60年代美国仅用两年时间和5 000万美元就将海军的"响尾蛇"空空导弹搬到地面装甲车上，改成陆军用的近程防空导弹"小榭树"，否则，至少得用5年时间和上亿美元才能重新研制出来类似的系统。

所谓通用化即一弹多用，这不仅可降低研制费用，而且大大缩短了研制周期。据统计，一弹两用的导弹，如果是雷达制导的可节约研制费45%，如果是红外制导的可节约研制费80%，并且还因为增加了生产批量而降低了生产成本。美国的"防空反坦克导弹系统"只花5~6年时间和1.5~2亿美元经费，就为部队提供了具有防低空飞机和反坦克能力的武器系统，提高了效能，而且比单独发展两种武器系统节省了费用。

第四节　电子对抗技术

一、电子对抗概述

（一）定义

电子对抗是指敌对双方利用电子技术设备或器材所进行的电磁波控制权的斗争，又称"电子战"。它既不是常规武器间的彼此相击，也不是火箭与导弹现代尖端武器之间的相互交锋，更不是用电子流、电磁能量直接进行的杀伤或破坏，而是现代信息技术与军事斗争相结合，在信息空间敌对双方利用专门电子设备和采用战术技术措施所进行的电磁信息斗争。

《中国人民解放军军语》1997年版所下的电子战的定义为：运用电子对抗的手段进行作战。它同时定义了电子对抗：为削弱、破坏敌方电子设备效能直至摧毁，保证己方电子设备正常发挥效能而采取的各种措施和行动的统称。就是使敌方雷达迷盲、通信中断、协同失调，直至敌方指挥瘫痪、火炮与制导武器失控，为保卫自己和大量杀伤敌有生力量创造条件。因此，电子对抗在现代战争中的地位越来越重要，成为军事电子技术中发展最快的领域之一。

电子对抗的技术手段主要有电子侦察与反电子侦察；电子干扰与反电子干扰；摧毁与反摧毁。从电子对抗作战对象来分，有射频对抗、光电对抗、水声对抗、计算机对抗、通信对抗、雷达对抗、导航对抗、制导对抗、敌我识别系统对抗等。

（二）基本原理

无线电通信、遥测、遥控及雷达探测等，都是依靠向空间辐射和接受无线电波来实现的。在电子对抗中，侦察敌方的电子设备的工作情况和扰乱敌方电子设备正常工作，也是依靠发射和接收无线电波来实现的。无线电波又称电磁波，简称电波。电磁学理论和实践证明，电流通过导体时，在导体周围会产生磁场，变化的电场在其周围会产生变化的磁场，变化的磁场又在其附近产生变化的电场。这种交替变化的电磁场以波的形式一圈一圈地向外传播，这就是电磁波，简称无线电波。发射无线电波的过程也就是将电流能量转换为电磁场能量的过程，接收电波的过程也就是将磁场能量转换为电流能量的过程。

无线电波在传播过程中有三个特性：一是在均匀的同一种媒质中以恒定速度直线传播，传播速度为在均匀的同一种媒质 M 中，以恒定速度 v 作直线传播：$v = 30$ 万公里/秒。二是传播中遇到障碍物时将发生反射和绕射。三是传播中遇到导体时将会消耗一部分能量。

此外，由于电波的波长不同，电波的特性有所差异。波长不同，传播方式也不同。传播方式，根据电波波长不同，可以区分为：① 长波主要用于地波传播，即电波沿地表面传播到收方；② 短波主要用于天波传播，电波由发射台向天空发射，并经电离层反射而传到接收一方；③ 超短波主要用于直射波传播，指收发两方之间没有任何阻隔，电波直接传播到对方；④ 微波直射波传播。

电子对抗就是利用无线电波在传播中的这些特征来实现的。例如，电子通信设备，它依靠向空间辐射和接收通信电波达到通信的目的，电波在空间传播，敌我双方都能发射和接收，这就有可能被侦察、截获、破译和干扰，无线电通信对抗就是利用无线电波在空间传播中展开的获取通信信息和阻止获取信息的斗争，在掌握了敌方通信频率、呼号、联络规律和通信密码的前提下，就可截获敌人的通信内容，并可对敌台实施干扰，以达到破坏敌方通信的目的。

又如，根据电波能定向传播以及遇到障碍物能产生反射这一特征，人们制造出雷达，用来发现各种目标和测定飞机、舰船的位置，同时，人们又利用锡箔条、金属带、气悬体欺骗、干扰敌雷达，使雷达操作员难分真假。

（三）电子对抗技术的形成与发展

1876 年，俄国军官波波夫拍发了世界上第一封无线电报，拉开了无线电通信的序幕。在第一次世界大战及其前后，以获取和反获取无线电通信机密为中心的电子对抗悄然产生。第二次世界大战中，无线电通讯对抗和雷达对抗在交替和结合的使用中激烈进行，使电子对抗发展到一个新的阶段。

第二次世界大战后，电子对抗技术进入了一个缓慢发展时期。直到 1947 年末，美国贝尔电话试验室的 3 名物理学家肖克莱、巴丁和布拉坦研制成功第一只点接触型锗晶体三极管后，电子技术才有了新的突破性进展，为电子对抗设备向功耗低、体积小、质量轻的方向发展提供了有利条件。

20 年代 50 年代后期，人们对电子战有了新的认识。先是携带核武器的战略轰炸机上安装了多种类型的电子对抗设备，以干扰敌方的地面预警雷达、引导雷达和导弹制导雷达，对抗敌人歼击机的无线电指挥通信系统和截击雷达系统。此外，机上还装有消极干扰弹，可能投放锡箔条以引诱敌人的红外线制导导弹上当。

20 世纪 60 年代，一种专用的电子战武器系统出现。美国空军研制了形似飞机、头部装有雷达反射体、代号为"鹌鹑"的灵巧装置，上面装有一部和 B－52 重型轰炸机上使用的无线电频率完全一样的干扰发射机，可以用同样的频率施放干扰波。在越南战争及其后的所有局部战争中，电子战都是一种不可缺少的作战方式。争夺战场上的电磁优势，也成为争夺战争整体优势的重要组成部分。

近二十年来，由于大规模集成电路和微型电子计算机的迅猛发展，军用电子设备正向小型化、性能高、价格低廉的方向发展，为现代战争大量使用电子对抗设备展示了广阔的前景。

20世纪50年代至70年代，导弹、航空、航天技术迅速发展，精确制导武器及与其相配套的各种雷达和通信设备的出现，形成对飞机、舰船和重要目标的新威胁，促进了电子对抗技术的发展。

20世纪80年代以来，军事指挥、控制、通信和高技术武器装备的运用更加依赖于电子技术。随着电子技术、计算机技术和数字技术的广泛应用，电子对抗逐步发展为信息对抗。电子对抗技术在适应密集复杂多变的电磁信号环境，拓宽频谱信号分选识别能力，增加干扰样式、提高干扰功率、缩短系统反应时间以及综合一体化、人工智能、自适应、对多目标和新体制电子设备的干扰能力等方面，发展到一个崭新的阶段。

由于武器装备电子化程度迅速提高，专门用于电子战的飞机、舰艇、卫星，以及用来摧毁雷达等装置的反辐射导弹相继出现，使电子战的地位和作用大大提高。现代局部战争特别是海湾战争和科索沃战争表明，电子战已成为高技术战争的一条重要战线，渗透到作战的各个领域。它既是作战的先导，又贯穿作战的全过程，对于夺取制空权、制海权，乃至整个战争的主动权都具有非常重要的意义。

二、电子对抗技术的主要形式

电子对抗宏观上包括电子对抗与电子反对抗两个方面。电子对抗手段不断创新，派生有电子隐身与反隐身、电子制导与反制导等，归结起来主要包括：电子侦察与反侦察、电子干扰与反干扰、电子摧毁与反摧毁。

（一）电子侦察与反侦察

电子侦察是利用电子设备搜集、分析敌方电子设备的电磁辐射信号，以获取其技术参数、位置、类型和用途等情报的侦察。反电子侦察是采取措施防止敌方获取己方的电子情报而采取的措施。电子侦察与反电子侦察是实施电子对抗的前提，是电子对抗的重要组成部分，是电子对抗在平时的主要形式。

1. 电子侦察

电子侦察是通过截获、探测、分析、识别威胁辐射源信号特征及有关参数，输出各类辐射源的特征报告，然后，对多类报告的信息进行相关跟踪、滤波、融合、归并、识别、更新、态势评价和威胁估计等数据处理，获得准确可靠和完整的电子情报，为电子对抗及为部队作战行动提供准确的情报。

电子侦察的常用设备有地面电子侦察站、电子侦察飞机、电子侦察船、电子侦察卫星和投掷式电子侦察器材等。按其侦察对象主要包括对无线电通信的侦察和对雷达的侦察。

电子侦察是夺取电磁优势的前提条件，没有时空限制，每时每刻都要进行，是电子对抗的主要形式。

2. 反电子侦察

反电子侦察是为了防止敌方截获，利用己方电子设备发射的电磁信号而采取的措施。目的是使敌方难以截获己方的电磁信号，或无法从截获的信号中获得有关情报。

反电子侦察的主要措施：一是电子设备设置隐蔽频率和战时保留方式，平时采用常用频率工作；二是减少发射次数，缩短发射时间，尽可能采用有线电通信、摩托通信、可视信号通信等通信手段；三是使用定向天线，充分利用地形的屏蔽作用，减少朝敌方向的电磁辐射强度；四是将发射功率降低至完成任务的最低限度；五是转移发射阵地，不使敌人掌握发射规律；六是减少发射活动，实施静默。其具体做法还有：设置简易辐射源，实施辐射欺骗或无线电佯动；采取信号保密措施，使用不易被敌截获、识别的跳频电台等新体制电子设备。

（二）电子干扰与反干扰

电子干扰与反干扰，是现代战争中夺取战场电磁优势极为重要的作战手段。应当灵活掌握，正确决策，实施计划管理。

1. 电子干扰

电子干扰是采用专用的发射信号干扰、破坏敌方电子系统正常工作的专用技术。其目的是削弱或破坏敌方电子系统遂行战场侦察、作战指挥、通信联络和兵器控制能力；为隐蔽己方企图，达成战役、战斗的突然性，提高己方飞机、舰艇、装甲车辆等武器装备的生存能力创造有利条件。主要有对无线电通信的干扰和对雷达的干扰。

（1）无线电通信干扰

无线电通信干扰是指妨碍或阻止敌方无线电通信发挥正常效能的电子干扰。要有效地实施干扰，在技术上必须做到干扰频率对准敌方接收设备的工作频率，干扰信号功率超过敌方通信信号的功率，干扰信号的样式与敌方接收机的工作样式相同。

（2）雷达干扰

雷达干扰是指为削弱或破坏敌方雷达的探测和跟踪能力而实施的电子干扰。雷达干扰可形成强杂波背景或目标回波，给雷达操纵员或收录设备发现、测定目标造成严重困难，自动跟踪设备出现错误或中断。按干扰产生的方式分为有源雷达干扰和无源雷达干扰；按干扰的作用性质分为压制性雷达干扰和欺骗性雷达干扰。

2. 电子反干扰

电子反干扰是识别、阻止敌方干扰以保护己方电子系统处于正常状态的技术。其目的是削弱或消除敌方电子干扰对己方电子设备使用效能的影响。主要包括无线电通信反干扰和雷达反干扰。

（1）无线电通信反干扰

无线电通信反干扰是指为削弱或消除敌方通信干扰对己方无线电通信设备的影响，保证己方通信发挥正常效能而采取的措施。

（2）雷达反干扰

雷达反干扰是指为削弱或消除敌方干扰对己方雷达的影响，保障雷达发挥正常效能而采取的措施。反雷达干扰主要采取战术和技术两方面的措施。

（三）电子摧毁与反摧毁

在现代战争中，专用电子对抗设备和作战手段在战场上的广泛应用，不仅使雷达、通信和光电设备难以发挥效能，并且对作战飞机、舰船、装甲车辆和精确制导武器等构成了严重威胁。于是，战争中的电子对抗形式也由最初的"软"杀伤，发展成为"软""硬"兼施，对敌方电子设备直接摧毁。

（1）摧毁是指在查明敌方电子对抗装备及其工作情况的基础上，用直接毁伤的方法使其瘫痪并使其在短期内难以恢复正常工作的一种电子对抗手段，主要有常规火力摧毁、派遣人员摧毁和反辐射摧毁等。

反辐射导弹、反辐射无人机等，是这种"硬摧毁"的反辐射武器系统。反辐射导弹和对辐射源实施摧毁攻击有两种方式：一种是接收到目标信号后发射。由于导弹具有"记忆"

（锁定）装置，发射后，即使被攻击的雷达关机，它可"记住"其位置，不偏离航线击中目标。另一种是"先升空后锁定"方式，先盲目发射，让其无定向在空中飞行、盘旋，一旦接收到目标信号，即咬紧目标，将目标摧毁。反辐射导弹的自导引系统是采用无源被动跟踪方式，本身不辐射电磁信号，具有稳定性好、不易受干扰和突防能力强等特点，引导头带很宽，具有较高的制导精度，是当今战场上威慑力较高的一种有效电子战武器。

（2）反摧毁是雷达利用战术或技术保护自己及友邻雷达免遭反辐射导弹攻击的技术。反摧毁技术目前常用的有以下几种：采用诱饵引偏技术，部署假雷达阵地；采用雷达发射控制、关机、间歇交替工作；采用反辐射导弹警告系统；采用新体制雷达，如低截获概率雷达、双/多基地雷达、高频雷达、毫米波雷达等；雷达与无源传感器联合组网实施综合对抗技术。

三、电子对抗在现代战争中的作用及地位

1. 取敌方军事情报

为作战指挥提供依据。在战略上及时发现对方战略意图和行动企图，搞清敌方军事实力和新式武器的研制；在战役战斗方面，查明敌方兵力部署、武器配置、作战行动企图；在战术技术上，查明敌电子设备技术参数，为电子干扰提供依据。

2. 坏敌方作战指挥

无线电通信是军队作战指挥的主要手段。在陆、海、空军协同作战、坦克集群突防、飞机或舰艇编队行动、空降作战、海上登陆作战以及军队被围时无线电通信是唯一的通信手段。有效地干扰、欺骗或摧毁敌人的无线电通信设备，可使其联络中断、指挥瘫痪，严重削弱敌军战斗力。

3. 保护自己电子设备正常工作

战时，对己方电子设备和系统，采取多种行之有效的反侦察、反干扰、反摧毁等防御措施，对于保障作战任务的顺利完成具有重要意义。

4. 保卫重要目标

在重要城镇、桥梁、机场、工厂和军事要地等目标附近，设置有力的雷达干扰设备或欺骗手段，能有效地干扰敌轰炸机瞄准雷达和导弹制导系统，使飞机投弹不准，导弹失控。使用伪装器材对重要目标进行伪装，可以减少被敌人打击摧毁的机会，达到保卫重要目标的目的。

5. 取战场主动权

未来高技术战争中，电子对抗将发挥重大作用，没有制电磁权，就很难有制天权、制空权、制海权、制陆权，就很难掌握战场主动权。国外有人把电子对抗比作为高技术武器的保护神和效能倍增器，视为与精确制导武器、C^3I 系统并列的高技术战争三大支柱之一。

第五节　航 天 技 术

几千年来，人类为了飞向蓝天，进行过无数次的尝试，留下了无数动人的故事和传说。20 世纪初，被誉为"火箭之父"的俄罗斯科学家齐奥尔科夫斯基把火箭原理和宇宙飞船的概念建立在现代科学基础上，提出了采用液体推进剂的多级火箭将有效载荷送入外层空间的

大胆设想。1957 年 10 月 4 日，苏联把世界上第一颗人造卫星"地球"卫星 1 号送入太空，标志着人类从此进入了航天时代。1958 年 1 月，美国成功发射人造卫星，从而揭开了航天技术发展的新篇章。随着航天技术在军事领域的广泛应用，极大地拓展了军事斗争的空间领域，给现代战争带来了深刻的变化。

据不完全统计，迄今为止世界各国共发射卫星近 5 000 颗，其中 2/3 直接用于军事目的，为军事行动获取情报、提供通信联络、监视敌方行动、评估作战效能、发布导航信息、了解气象状况。除此之外，美国和前苏联还发射了用于军事目的的载人飞船、空间站、航天飞机和反卫星、反导弹武器等。

太空已不再是宁静的港湾，而成了弥漫着火药味的战场。太空军事化已使战争由空中扩展到空间，太空优势将显著影响未来战争。

一、航天技术概述

（一）定义

航天技术又称空间技术或宇航技术，是通过将无人或载人航天器送入太空，达到开发和利用太空的军事目的，用以完成侦查、通信、监视、导航、定位、测绘和气象测报等各种军事航天任务的综合性工程技术。它是 20 世纪人类认识和改造自然进程中最有影响的科学技术之一。

（二）航天技术的组成

航天技术主要由航天运载器技术、航天器技术和地面测控技术组成。

1. 航天运载器技术

航天运载器技术是航天技术的基础，常用的运载器是运载火箭。运载火箭主要由动力系统、控制系统、箭体和仪器、仪表系统组成，通常分为单级运载火箭和多级运载火箭。其作用是克服地球引力和空气阻力，把各种航天器送到太空。

2. 航天器技术

航天器又称空间飞行器，是在太空沿一定轨道运行并执行一定任务的飞行器。可分为三大类：一是环绕地球运行而不载人的空间飞行器，叫做人造地球卫星；二是环绕地球运行的载人空间飞行器，称为载人飞船。三是脱离地球引力，飞往其他星球或在星际间运行的空间飞行器，称为空间探测器。

3. 地面测控技术

航天测控技术，是对飞行中的运载火箭及航天器进行跟踪测量、监视和控制的技术。为了保证火箭正常飞行和航天器在轨道上正常工作，除了火箭和航天器上载有测控设备外，还必须在地面建立测控（包括通信）系统。地面测控系统由分布全球各地的测控台、站及测量船组成。航天测控系统主要包括光学跟踪测量系统、无线电跟踪测量系统、遥测系统、实时数据处理系统、遥控系统、通信系统等。

（三）航天器飞行的基本条件

目前，将航天器送入外层空间的手段和运载工具有两种：一种是多级火箭发射；另一种是航天飞机向近地轨道运载和布放。不论采用哪种手段和运载工具，要使航天器在太空飞行，必须具备一定的速度和一定的高度这两个条件。

1. 航天器飞行的速度

从地球上将航天器发射上天，使其沿一定轨道运行而不落回地面来，必须借助运载火箭的推力产生足够大的飞行速度，航天器才能冲破地球引力和空气的阻力，飞向太空。根据对航天器的不同运行要求，通常将航天器运行速度分为第一、第二、第三宇宙速度。

（1）第一宇宙速度。又叫做环绕速度，指航天器（地球上的物体）绕地球作圆轨道运行而不掉回地面所必须具有的速度，为 7.9 km/s。

（2）第二宇宙速度。又叫做脱离速度。航天器运行速度大于环绕速度时，将沿椭圆轨道运行。当发射速度增加到 11.2 km/s 时，航天器将挣脱地球引力，成为一颗绕太阳运行的人造行星。

（3）第三宇宙速度。又叫做逃逸速度。当运行速度大于 16.7 km/s 时，航天器将脱离太阳系进入茫茫宇宙深处。

2. 航天器飞行的高度

地球周围有稠密的大气层，空气密度与距地面的垂直高度成反比。在距地面 100 km 的高度上，空气密度约为海平面的百万分之一，在 200 km 高空，空气密度只有海平面的五亿分之一。航天器运行轨道太低时，与空气摩擦产生高温，会将航天器烧毁，空气的阻力也会使航天器运行速度下降而陨落。因此，要使航天器在空间轨道上安全运行，除必要速度外，运行高度通常在 120 km 以上。

二、航天领域的六大技术难关

航天技术是一项与军事斗争密切相关的现代工程技术，其难度之高，影响之大，都是前所未有的。在人类通向太空的征途中，每攻克一道难关：上天关、回收关、一箭多星关、地球同步关、太阳同步关、载人航天关，不仅标志着科学技术跨上了一个新台阶，而且也预示着在军事斗争领域增添了一种角逐的新手段。据统计，自从 1957 年人类发射成功第一颗人造卫星至今，一共发射了 5 000 多颗卫星，目前在轨运行的大约还有 700 多颗，其中约 400 颗主要用于军事。

（一）上天关

上天关是人类征服宇宙所闯的第一关。所谓上天，就是把卫星或其他飞行器加速到足够大的速度，推进到足够高的高度让它绕地球转起来。过这一关有两大难点，一是速度要足够大，大到每秒钟 7.91 千米，也就是一小时 28 476 千米，换句话说，就是不到一个半小时绕地球转一圈。二是高度足够高，高到卫星上天后离地球最近也要在 120 千米以上。有资料显示，在卫星上天的头 20 年当中，平均每发射 1 公斤有效载荷，需要耗费 12 220 美元。这就是说，在地面抓一把黄土，送到天上就贵如黄金。

由此可见其难度太高，代价太大，正因如此，所以直到目前为止，世界上 200 多个国家和地区，能够独立研制并发射人造卫星的国家只有 9 家，按先后顺序，依次是：苏联（1957年 10 月 4 日）；美国（1958 年 1 月 31 日）；法国（1965 年 11 月 26 日）；日本（1970 年 2月 11 日）；中国（1970 年 4 月 24 日）；英国（1971 年 10 月 28 日）；印度（1980 年 7 月 18日）；以色列（1988 年 9 月 19 日）；朝鲜（1998 年 8 月 31 日）。

（二）回收关

所谓回收关就是把发射的卫星按预定的要求再回收回来，并落在预定地域。目前过了这一关的国家只有 3 家，即中、美、俄，其他国家都不回收。为什么不回收？因为回收是一件难度很高的事情，回收过程中不仅要卫星减速，低头，而且还必须落回到地面预定地域，这些对遥测、遥控技术提出了很高的要求。据测算，卫星在返回地面过程中，如果速度误差每秒 5 米，卫星落地点就要偏离 70 公里；如果角度误差 0.1 度，卫星落地点就要偏离 300 公里！因此从这个意义上讲，回收要比发射更加困难。到目前为止，在掌握回收技术的三个国家中，中国的回收成功率是最高的：我们国家从 1975 年 11 月 26 日回收成功第一颗卫星到现在，共发射 17 次，回收成功 16 次，成功率达 94%。这一点连美国和苏联这样的航天大国也都没有办到。回收关过了，在军事领域就意味着空间侦察技术已经成熟。在民用领域，使用回收卫星可以进行科学实验和搭载实验，为人类探索太空奥秘、开发新材料提供有力的支持和帮助。

（三）一箭多星关

所谓一箭多星是指用一枚火箭同时发射多颗卫星。这种发射有两种方式：在大多数情况下，多星轨道基本相同；另一种情况是把卫星分别送入不同轨道。打个比方，前一种情况类似于民航，所有乘客同时上下飞机；后一种则类似于空降兵，大家从同一地方上飞机，但在不同地方下飞机，所以难度更大一些。我们国家在 1981 年 9 月 20 日过了这一关，当时我们使用"风暴一号"火箭同时发射了三颗卫星，即"实践一号""实践一号甲""实践一号乙"。除了我国之外，目前掌握这一技术的国家还有美国、俄罗斯和欧洲空间局几家。一箭多星技术与分导技术有非常密切的联系，所以谁掌握了一箭多星技术，就意味着向分导技术迈进了一大步。

（四）地球同步关

所谓地球同步关，就是把卫星发射到地球赤道上空，离地面垂直高度为 35 786 公里，方向正东，速度为每秒 3.07 公里，这样，卫星绕地球旋转一周的时间正好与地球自转一周的时间相同，这样从地面看上去，位于地球同步轨道上的卫星仿佛"挂"在天上一样静止不动，这就是地球同步关。在地球赤道上空静止的卫星，由于其观测范围广，跟踪简单，使用方便，能够 24 小时连续工作，所以在军事领域和民用领域都具有非常巨大的应用价值。目前，通信、广播、导航定位、导弹预警、气象观测等卫星都采用这种轨道，使得这种轨道大有供不应求之势。再加上这条轨道的唯一性，未来打天战，这里将成为兵家必争之地。我国目前不仅能发射本国的地球同步卫星，而且正式对外承揽发射任务，据统计，目前国际上 7% ~ 9% 的发射任务已被我国承揽，这是一件非常了不起的事情。

（五）太阳同步关

所谓太阳同步关，是指把卫星发射到地球上空一种特殊的轨道，卫星在这个轨道上运行，与地球绕太阳的公转同步。沿这种轨道运行的卫星，每次总是以相同的方向、相同的当地时间从同一个地方经过。具有这种飞行特点的卫星，用来拍摄云图，可以方便地比较天气的变化形势；用来对地面照相侦察，则可以发现地面军事目标的动态变化情况。目前，美国、俄罗斯等发达国家的照相侦察卫星，大多采用太阳同步轨道。我国 1988 年开始发射的"风云一号"气象卫星以及 1999 年 10 月发射成功的、与巴西合作研制的"资源一号"国土普查卫星就属于这类太阳同步卫星。在全球气候观测以及国土普查方面发挥了积极的作用。

（六）载人航天关

载人航天关是航天技术的最后一道难关。过了这一关，人类就可实现"无高不可攀"

的梦想，这对于发展科技、经济和军事都有着极其重大的意义。常见有报道说，美国的宇航员，从航天飞机上看到了中国的黄河、长江，看到了人类最伟大的工程——万里长城；苏联的宇航员，用载人飞船给远洋捕捞船指示目标，并帮助地面人员进行灾难救助……如果这些报道是可信的话，那么，只要稍微再发挥一点想象力，就不难明白，具有载人航天本领的国家神不知鬼不觉地搞走了多少重要军事情报。可以肯定地说，一切无人卫星能干的事情，载人飞船不仅都能胜任，而且有过之而无不及。但从技术角度讲，搞载人航天，比发射不载人卫星或者探测器要困难得多，整个 20 世纪世界上所有国家中只有美国和俄罗斯掌握这种技术。我国目前成功闯过了第六关。2003 年 10 月 15 日至 16 日，我国第一艘载人航天飞船"神舟五号"顺利升空并安全返回。2005 年 10 月 12 日 9 时整"神州"六号载人飞船发射成功。实现了两人多天空中飞行试验，并安全准确返回。2008 年 9 月"神舟七号"实现 3 人同时升空，并成功地完成了太空行走。三次载人航天飞行的圆满成功，标志着我国载人航天登上了世界的顶峰。这一壮举，彻底打破了长期以来载人航天由美、欧、俄三家长期垄断的局面。

三、世界航天技术发展概况

半个世纪以来，世界航天技术取得了划时代的巨大成就。迄今为止，人类共成功发射近5 000 多个航天器。目前，世界上已有 60 多个国家投资发展航天技术，有 170 多个国家和地区应用航天技术的成果，总投资在数千亿美元以上。

（一）航天运载器

自 1926 年美国研制成功世界上第一枚液体火箭后，由于发展洲际导弹和航天的需要，运载火箭技术得到了迅速发展。随着航天事业的发展，液体火箭已逐渐由武器和运载两用，转向主要为航天运载服务。固体火箭则主要用做运载火箭的助推器以及空间发动机。自 1957 年以来，苏联/俄罗斯、美国、法国、日本、中国、英国、印度等国以及欧洲空间局先后研制出 80 多种运载火箭，修建了 18 个航天发射场，进行了 5 000 多次轨道发射。目前，世界上主要国家和地区研制成功的运载火箭主要有：苏联/俄罗斯的"东方"号、"上升"号、"联盟"号、"质子"号、"天顶"号、"能源"号；美国的"雷神"系列、"宇宙神"系列、"大力神"系列、"土星"系列；欧洲空间局的"阿里安"系列；日本的 H 和 M 系列；中国的"长征"系列等。其中推力最大的是美国的"土星"—V 和苏联的"能源"号，它们均可将 100 多吨的载荷送入近地轨道，把数十吨的载荷送入地球静止轨道，月球或火星、金星等逃逸轨道。2007 年 2 月 17 日，美国运用"德尔塔"H 型火箭成功地进行了"一箭五星"的发射，并在其历史上写下了创纪录的一笔。

（二）航天器

各类人造卫星纷纷上天。自 1957 年 10 月 4 日苏联成功发射第一颗人造地球卫星后，各种人造卫星纷纷上天，除科学卫星和技术试验卫星外，最多的是应用卫星。

各类载人航天器太空竞游。1961 年 4 月 12 日，苏联宇航员乘坐"东方"号载人飞船进入太空，第一次将人类遨游太空的梦想变为现实。1969 年 7 月 20 日，美国宇航员乘坐"阿波罗"11 号飞船首次登月成功，开辟了人类登月活动的新篇章。1971 年 4 月 19 日，苏联发射了第一个载人空间站"礼炮"1 号，随后又发射了 6 个"礼炮"号，并于 1986 年 2 月 20 日发射了"和平"号空间站。1973 年 5 月 14 日，美国也把"天空实验室"空间站送入近地轨道。美国从 1972 年开始研制可重复使用的航天飞机，1981 年 4 月 12 日"哥伦比亚"号航天飞机成功地进行了首次轨道飞行。美国已研制成功的航天飞机有"企业"号（试验型）、"挑战者"号（1986 年失事炸毁）、"亚特兰蒂斯"号、"发现"号、"哥伦比亚"号（2003 年失事炸毁）和"奋进"号；1988 年 11 月 15 日，苏联也研制成功了航天飞机——"暴风雪"号航天飞机。

（三）航天测控

航天测控技术的发展，现足以确保运载器和航天器所需的飞行轨道和姿态。同步轨道通信卫星对地指向精度已达 0.05°，天线指向精度达 0.01°。对地观测卫星的指向精度可达 0.03°，指向稳定度高于 0.000 1（°）/S。

四、中国航天技术的发展概况

进入 21 世纪以来，世界航天活动呈现蓬勃发展的新态势。主要航天国家相继制定或调整航天发展战略、发展规划和发展目标，航天事业在国家整体发展战略中的作用日益突出，航天活动对人类文明和社会进步的影响进一步增强。

中国航天事业始于 1956 年，迄今已走过五十多年光辉历程。半个世纪以来，中国独立自主地发展航天事业，在若干重要技术领域已跻身世界先进行列，取得了举世瞩目的成就。中国坚定不移地走和平发展道路，一贯主张外层空间是全人类的共同财富，支持和平利用外层空间的各种活动，积极探索和利用外层空间，不断为人类航天事业的发展作出新的贡献。

中国已确立了在本世纪前二十年实现全面建设小康社会和进入创新型国家行列的战略目标，中国航天事业的发展面临新的机遇和更高要求。在新的发展阶段，中国将坚持以科学发展观为指导，围绕国家战略目标，加强自主创新，努力推进航天事业更快更好地发展。自 2000 年中国政府发表《中国的航天》白皮书以来，中国航天事业又取得长足进展。

中国航天事业的发展对提高我国的国际威望，形成当代世界战略格局产生了重大影响。而这重大影响的背后起支撑作用的是我国航天事业发展所取得的"六大成果"。

（一）建立了一支优秀的航天技术队伍

1958 年 5 月，毛泽东同志在党的八大二次会议上提出："我们也要搞人造卫星。"1968 年 2 月 20 日，专门成立了中国空间技术研究院，由钱学森出任第一任院长。在钱学森的参与、组织和领导下，一边进行航天科研，一边培养航天人才。到目前为止，我国已经形成了包括科研院所、企业集团、发射基地和数万科技生产队伍的完整配套的航天科研和工业体系，为祖国的航天事业作出了杰出的贡献。

（二）成功研制大型运载火箭系列

我国的运载火箭技术起源于导弹的研制，在相当长的一段时间里都是执行着一边研制远程导弹一边研制大型运载火箭的"双轨式"发展道路。直到 1970 年 4 月 24 日，长征 1 号运载火箭首次发射成功以后，才逐渐形成了长征系列火箭家族。到目前为止，我国先后研制了 12 种不同型号的"长征"系列运载火箭。截至 2008 年 9 月 25 日，长征系列运载火箭已成功发射 109 次，发射成功率高达 90%，而从 1996 年以来，其成功率达到了 100%，为把各种航天器送入太空提供了可靠的保证。

（三）成功地研制了各类人造地球卫星

从 20 世纪 60 年代中期开始，我国着手制订了研制和发射人造地球卫星的计划。1970

年 4 月 24 日成功研制并发射了第一颗人造地球卫星"东方红 1 号",成为世界上第五个能独立自主研制和发射人造地球卫星的国家。到目前为止,我国共研制并发射了百余颗各种人造卫星,形成了五大卫星系列:返回式遥感卫星系列、"东方红"通信广播卫星系列、"风云"气象卫星系列、"实践"科学探测与技术试验卫星系列和"资源"地球资源卫星系列。

(四) 高标准地建设了完整的发射和测控体系

从 1958 年人民解放军挺进大西北,建设第一个航天发射基地——酒泉卫星发射中心至今,我国已经建成了酒泉、西昌、太原三个具有国际先进水平的航天发射基地。此外,我国的航天测控体系建设也位于世界领先地位,已经建成了遍布全国的陆地测控站和 4 艘远望号远洋测量船,形成了覆盖全球的航天测控网。此外,我国的航天测控体系还具备了国际联网共享测控资源的能力。

(五) 载人航天技术取得了突破性的进展

从 1992 年开始,在经历了 11 年的刻苦攻关和 4 次无人飞行试验的基础上,2003 年 10 月 15 日,我国独立自主研制和发射的"神舟五号"载人飞船终于在绕地球飞行 14 圈之后,于 16 日安全地降落在内蒙古四子王旗主着陆场。2005 年 10 月,"神舟六号"载人飞船把 2 名航天员送上太空并胜利返回。2008 年 9 月,"神舟七号"升空,航天员进行了太空行走。这些成就意味着我国载人航天的试验阶段已经结束,下一步就转入了太空应用。

(六) 开始探月活动

2007 年 10 月,中国第一颗探月卫星——"嫦娥一号"升空,开始进行绕月探测飞行,一个月后传回拍摄到的极为清晰的月面照片。这预示着中国的探月行动正式拉开,未来探月活动前景极好。

第六节　指挥控制技术

指挥控制技术是自 20 世纪 60 年代发展起来的一项重要的军事高技术,是一个国家军队现代化建设水平高低的主要标志。上世纪以来发生的几场局部战争,特别是伊拉克战争表明,只有建立指挥控制技术系统并充分发挥它的功能,才能最大限度地发挥各种武器装备的效能,增强军队的战斗力。因此,指挥控制技术已成为各国正在发展的一项重要的军事技术。

一、指挥控制技术概述

(一) 基本概念

指挥控制技术,是以计算机技术为主体,按一定的目的、要求和步骤,对信息进行一系列加工、利用时所使用的技术的总称。

指挥控制技术是以计算机为核心,是集侦察、监视、情报、控制、通信等于一体的综合技术体系,也可称为 C^4 ISR 技术。由于指挥(Command)、控制(Control)、通信(Communication)、计算机(Computer)的英文第一个字母是 C,情报(Intelligence)英文第一个字母是 I,监视(Surveillance)、侦察(Reconnaissance)的英文第一个字母分别是 S 和 R,故人们又称为 C^4ISR 技术。

（二）产生与发展

20 世纪 50 年代，随着军事装备的现代化、自动化，军兵种数量大增，作战距离、作战范围持续增大，部队机动能力也大大提高，军事指挥领域引入了"控制（Control）"一词，应用了控制技术，出现了 C^2（Command 与 Control）系统。60 年代，随着远程武器特别是战略导弹和战略轰炸机的大量装备，通信手段在 C^2 系统的作用日益完善，影响日益重要，于是又加上了"通信（Communication）"，形成 C^3（Command、Control 和 Communication）系统。70 年代，美国首次把"情报（Intelligence）"作为指挥控制不可缺少的因素，出现了 C^3I（Command、Control、Communication 和 Intelligence）系统，并在较长时期内成为指挥控制技术的代名词。80 年代以来，由于计算机技术在指挥控制系统中的地位作用日益增强，又加上了"计算机（Computer）"，变成了 C^4I（Command、Control、Communication、Computer 和 Intelligence）系统。90 年代中期，美国根据海湾战争的经验，进一步认识到掌握战场态势的重要性，提出"战场感知"概念，即利用各种侦察监视技术手段，全面了解战区的地理环境、地形特点、气象情况，实时掌握敌我友三方兵力部署和武器系统配置情况及其动向，为作战行动提供可靠的依据。C^4I 技术体系的内涵进一步扩大，新融入了"监视（Surveillance）与侦察（Reconnaissance）"，变成了 C^4ISR。进入新世纪，随着军队信息化水平的不断提高，C^4ISR 与武器平台、弹药等作战系统的"融合"不断加深，同时信息系统的对抗手段也不断增多，使 C^4ISR 系统不仅仅是保障性的指挥控制手段，而且逐渐具有杀伤进攻的作战能力。因此，C^4ISR 系统双将新增"杀伤（Kill）"手段，从而变成了 C^4KISR 系统。随着军事高技术的发展，指挥控制技术也在不断发展和成熟。

二、指挥控制技术的构成

现代战场上的指挥控制，主要是依靠军队指挥自动化系统来实现的。军队指挥自动化系统（Automated Military Command System）是在军队指挥中，综合运用以电子计算机为核心的各种技术设备，实现军事信息收集、传递、处理自动化，保障指挥员对军队和武器实施指挥与控制的"人—机"系统。军队指挥自动化系统是我国和俄罗斯等国家的称谓，西方国家在不同阶段分别称为 C^3I 系统、C^4I 系统或 C^4ISR 系统等。

从信息流程角度看，指挥自动化系统由信息收集分系统、信息传输分系统、信息处理分系统、信息显示分系统、决策监控分系统和执行分系统六个分系统组成。

（一）信息收集分系统

信息收集分系统是负责收集信息情报的，它主要由配置在地面、海上、空中、外层空间的各种侦察设备组成。共同构成立体侦察监视网，昼夜不停地监视着整个陆、海、空和太空战场，并对陆（海）面和空中各种来袭目标提供预警。信息收集分系统能及时地收集敌我双方的兵力部署、作战行动及战场地形、气象等情况，为指挥员定下决心提供实时、准确的情报。

（二）信息传输分系统

信息传输分系统实际就是通信分系统，主要由传递信息的各种信道、交换设备和通信终端等组成，俗称通信网络。通信信道主要包括：电话自动交换机，电报、数据自动交换机等。通信终端主要是电传机、传真机、文字终端机、电话机、图形显示器等。通过这些设备组成的具有各种功能的通信网，迅速、准确、保密、不间断地传输各种信息，并能自动进行信息交换、加密和选择路由。数据信息可以经信道自动进入计算机；书面或口头情报则需先经人工格式化处理后经信道或直接进入计算机。

（三）信息处理分系统

信息处理分系统由电子计算机及其输入输出设备和计算机软件组成。信息处理的过程，就是将输入计算机的信息，通过按预定目标编制的各类软件，进行信息的综合、分类、存储、检索、计算等，并协助指挥人员拟制作战方案，对各种方案进行模拟、情报检索、图形处理、图像处理等。信息处理通常分四步进行：一是对获取的信息进行分类、编码，去除其中的重复、虚假和错误，使信息完整、一致。二是对第一步获得的战场态势进行分析、判断，弄清敌方企图。三是根据分析判断的结果，自动提供多种作战方案，并对其进行比较，供指挥员决策参考。四是根据选定方案，制定出作战计划，并以报表或命令形式下达。

（四）信息显示分系统

信息显示分系统主要由各类显示设备，如各种显示控制台、大屏幕显示器、投影仪、显示板等组成。其主要功能就是把信息处理分系统输出的各种信息，包括作战情报、敌我态势、作战方案、命令和命令执行情况等，用文字、符号、表格、图形、图像等多种形式，形象、直观、清晰地显示在各个屏幕上，供指挥员和参谋人员研究使用。指挥人员通过显示控制台实现对系统的控制，系统处理的结果也通过显示设备传递给指挥员。

（五）决策监控分系统

决策监控分系统由监视器、键盘、打印机、多功能电话机、记录装置等组成。主要用于辅助指挥人员做出决策、下达命令、实施指挥。在作战过程中，指挥员可随时针对不同的情况，通过决策监控分系统输入指令。海湾战争中，美军每天要把上万条的具体行动指令，如无线电频率、飞行高度和速度、空中加油会合、排序以及军队集结地、编队、护航、协同动作等信息编制成文件，由计算机网络下达执行。决策监控分系统除决策功能外，还可用来改变指挥自动化系统的工作状态并监视其运行情况。

（六）执行分系统

执行分系统可以是执行命令的部队的指挥自动化系统，也可以是自动执行指令的装置。如导弹的制导装置、火炮的火控装置等。命令的执行情况和武器的打击效果可通过信息收集系统反馈到决策监控分系统。

在指挥自动化系统中，形象地说，信息收集分系统相当于人的眼睛和耳朵，信息传输分系统相当于人的中枢神经，信息处理分系统、信息显示分系统以及决策监控分系统相当于人的大脑，而信息执行分系统就相当于人的四肢。

三、指挥控制技术的地位和作用

现代指挥控制技术极大地提高了军队的战斗力。指挥自动化系统因而被称为"兵力倍增器""现代战争的效率之神"。俄罗斯把军队指挥自动化看成是"第二次世界大战以来，继核武器和导弹武器之后军事技术的第三次革命"。美国国防部的许多官员认为："有没有一种高超的指挥控制本领，同有没有武装部队同等重要。"

（一）指挥控制技术是国防威慑力的重要组成部分

先进的武器装备必须要有先进的指挥手段与其相匹配才能发挥其效能。无论是核威慑、化学武器威慑，还是常规威慑，如果没有先进的指挥控制技术来保证，它们的作用就很难发挥出来，就形成不了实际战斗力。

（二）指挥控制技术是军队战斗力的"倍增器"

先进的指挥控制技术能使战斗力成倍提高。以炮兵射击为例，采用射击指挥自动化系统以后，单炮射击准备时间由原来的 1 分钟减少到 6 秒钟，10 门炮计划射击 36 个目标的时间由原来的 2 小时减到 1 分 36 秒。可见，使用了指挥自动化系统可以大大地提高武器装备的作战效能。相反，没有了指挥自动化系统的依托，先进的武器作战效能将大打折扣。

（三）指挥控制技术是信息化战争作战指挥的必备条件

首先，拓展了作战指挥范围。现代战争战场空间广阔，陆、海、空、天、电磁领域都成为战场。指挥自动化系统不仅可以使指挥员对来袭的敌方各种目标实现从探测预警、情报侦察、监视捕捉、敌我识别、跟踪制导、电子对抗，直到命中目标全过程的自动控制，而且可以使指挥员在远离战场的情况下实时、形象、直观地掌握战场态势和有关情况，指挥协调作战行动，掌握控制远程精确打击武器系统，在某种程度上实现了"运筹于帷幄之中，决胜于千里之外"，大大扩展了指挥活动的范围。

其次，极大地缩短了作战指挥周期。信息化条件下的战争的突然性增大，节奏明显加快，时间和速度已经成为极其重要的制胜因素。这就要求指挥系统必须缩短指挥周期，而唯一的办法便是依靠指挥自动化系统。

（四）指挥控制技术是打赢信息战的物质基础和技术手段

信息战是未来战争中的一种非常重要的作战样式。美国 1995 财政年度国防报告首次对信息战进行了阐述："信息战不仅是更好综合运用己方 C^4I 系统的手段，而且是有效地与潜在敌方的 C^4I 系统相匹敌的手段。信息战就是 C^4I 与 C^4I 系统对抗，信息系统安全与安全对抗，以及情报的集聚和综合。"可以看出，信息战所运用的系统是一体化的，作战对象主要是 C^4I 系统，信息战的物质基础和技术手段也主要依赖于 C^4I 系统。

四、指挥控制技术的发展趋势

（一）将向综合一体化的方向发展

随着"信息高速公路"的建设和发展，指挥控制技术将向着综合一体化方向发展。将来的指挥自动化系统，集战场感知、信息融合、智能识别、武器控制等核心技术为一体，几乎涵盖了战场上所有军事电子技术功能装备的系统。

（二）将向武器智能化的方向发展

随着超大规模集成电路、超级计算机（特别是超级微型机和神经网络计算机）和传感器技术的发展，指挥控制技术将向着智能化方向发展。指挥员和技术专家把作战任务事先赋予智能化武器系统，由武器系统自动去完成，而不需要指挥官去战场指挥控制。

（三）将向战场数字化的方向发展

近年来，随着通信技术以及微电子技术、光电子技术、计算机技术的相互促进和共同发展，数字通信技术在军事领域得到广泛应用。数字信息技术主要涉及信息的感知与获取、信息的发布与传输、信息的使用与处理、信息的支持与服务等。战场数字化是美军率先于 20 世纪 90 年代初提出来的，是将美陆军建设成为 21 世纪部队的一个主要手段和关键步骤，被称为未来军队的发展方向。战场数字化，就是用数字式的通信和信息系统把战场上各军兵种部队、各种武器平台直到单兵连接起来，准确及时地向他们提供所需的各种信息，实现信息交流和信息共享。其最终目标是保证己方军队在各级冲突的全过程中获取和利用信息的能力大大高于敌方，以取得信息优势，战胜敌人。

战场数字化包括 C^4I 系统的数字化、武器系统的数字化和单兵装备的数字化。其中 C^4I 系统的数字化是战场数字化的基础，整个战场的数字化必须首先通过 C^4I 的数字化才能实现。因此，数字化成为 20 世纪 90 年代以来指挥控制技术发展的重要内容。美军的数字化建设成果在 2003 年的伊拉克战争中得到战争实践的检验，并取得了可喜战果。这进一步刺激了美军的指挥控制技术快速向战场数字化方向发展，美军的数字化建设思想对其他西方国家产生了广泛的影响，其他西方主要国家也纷纷效仿，加快了向数字化方向发展的步伐。

（四）将向业务太空化的方向发展

信息技术的进步和作战需求的变化，不断推动着指挥自动化系统向更高层次发展，天基、空基信息系统在一体化 C^4KISR 系统中起着骨干作用。在伊拉克战争中，美军的很多作战行动，如情报、侦察、监视、预警、通信、导航定位和测绘、气象等，都是通过部署在太空的卫星系统来完成的，卫星系统为其在作战时机、行动速度、协调一致、机动能力、火力的综合利用等方面提供了强有力的保障。可以说，卫星几乎支援着每一次军事行动，直接影响着作战的进程和结局，已成为指挥、控制、通信和情报一体化不可或缺的重要组成部分。也正是有了卫星，才促进了联合 C^4I 系统以及陆、海、空各军种 C^4I 系统的一体化，才使 C^4I 系统和作战系统的综合一体化得以实现。太空是未来战争双方争夺的制高点，谁占领了这个制高点，谁就能掌握制空权和制海权，就能占据绝对优势。目前，世界上许多国家都在大力发展新一代空间卫星系统，其中一项就是抓紧建立太空空间站。空间站可以直接参与跟踪、监视、捕获和拦截敌方航天器和洲际导弹等作战行动。在军用卫星、飞机和地面监视系统的配合下，空间站将成为空间预警、指挥、控制、通信和情报的枢纽和指挥自动化系统的重要组成部分。因此，空间系统建设将成为指挥自动化发展的重要内容。

（五）将向信息安全化的方向发展

随着精确打击技术、反卫星技术及"黑客"技术的发展，C^4ISR 系统将是敌方打击的重点目标。未来战争中，敌对双方将围绕计算机网络的安全进行激烈对抗，如通过网络节点或终端侵入对方经济、军事互联网络，窃取其政治、经济、军事情报，更改数据库，发布假命令，输入计算机病毒攻击网络软硬件设备等。同时，采取措施保护己方网络的安全。

思　考　题

1. 高技术、军事高技术的含义。
2. 高技术与军事高技术的主要特征。
3. 什么是精确制导武器？
4. 简述精确制导武器的发展趋势。
5. 电子对抗在现代战争中的作用及地位是什么？
6. 航天技术由哪几部分组成？
7. 简述航天领域的六大技术难关是什么？

第 五 章

信息化战争

信息化战争是一种战争形态，是指在信息时代核威慑条件下，交战双方以信息化军队为主要作战力量，以信息化武器装备为主要作战工具，以信息战为主导，在陆、海、空、天、电等全维空间展开的多军兵种一体化的战争。从海湾战争、科索沃战争、阿富汗战争和伊拉克战争中我们可以清楚地看出，战争形态正由机械化战争向信息化战争转变。研究信息化战争，揭示其特点和规律，探索打赢信息化战争的主要手段和作战方法，对于积极推进中国特色军事变革，加速军队信息化建设等都具有十分重要的意义。

第一节　概　　述

在研究战争时，人们总愿意在战争这个词的前面加上一个定语，称作某某战争。即根据不同的需要，从不同的角度对战争的某种性质或特性给予界定和表述。例如：侵略战争，其定义的是战争的非正义性质；资产阶级战争，表达的是战争的阶级性质；机械化战争，是从军事技术、作战方式的角度说明战争的形态；而人民战争的概念，既指明了战争的正义性，又是从作战主体、作战方式的角度界定了战争的形态。毛泽东曾经指出，人民战争是群众的战争，中国抗日的人民战争是在军事、政治、经济、文化各方面犬牙交错的中华民族自求解放的战争形态。

所谓战争形态，是指某些战争要素在战场上的基本状况，是战争运动过程中的外在形式和状态，一般包括作战主体、军事技术、武器系统、作战方式、作战理论、战略力量、作战时空以及与军事相关的政治、经济、科技、文化、自然等。人们往往依据某些战争要素的特征来定义战争形态。比如：军事理论界一般将机械化兵器主导的、以机械化军队为主体、以大规模兵力突击和火力战为主要作战方式、以消灭对方有生力量为直接目标并以相应作战理论作为指导的战争定义为机械化战争。

一、信息化战争的内涵

信息化战争是以远程核威慑武器的巨大破坏力为威慑手段，以信息为基础，以获取信息优势为先决的天（空间）、空、地、海、信息一体化战争。在理解这一概念时，要把握好以下基本内涵。

（一）时代性特征

信息化战争是信息时代的产物，是机械化战争向信息化战争演变而出现的一种全新的作战形式。有关战争的理论、指导思想、作战指挥、战争特点等，都具有鲜明的信息时代特征。目前，信息技术正极大地改变着人类战争的形态、样式及观念。半个世纪以前还令人难以置信的"百发百中"如今已基本成为现实。

（二）信息化的作战能力

所谓信息化作战能力，是指部队利用信息化装备进行预警探测、指挥控制、精确打击和信息对抗的作战能力。它是把信息能力与杀伤力、机动力、保护力、保障力相结合的综合作战能力。

（三）信息化的武器装备

要使用信息化、智能化武器装备，各作战单元应形成网络化、一体化的整体，从而构成完整的作战体系。信息技术的发展，大大推进了武器装备的信息化进程，使传统武器装备向精确化、智能化、远程化、隐身化、无人化方向发展，在信息的获取、传递、处理、辅助决策、指挥控制等方面实现了自动化、智能化。

（四）多维化作战空间

信息化战争的作战空间不仅包括地面、海上（水下）、空中、太空等广阔的有形战场空间，也包括信息、电磁波、心理等无形空间。特别是在信息空间、认知空间和心理空间进行的作战都占到相当比例。

（五）精确控制的主导作用

信息精确控制在作战中表现为火力和机动力的物质和能量。信息不仅是一种资源，更是一种作战能量，同时也是各种作战力量的黏合剂和倍增器，是作战制胜的主导力量。在信息化精确打击和防护日渐盛行的战场上，利用更现代的信息化信息采集方式和精兵利器进行精确摧毁和防护，将是未来战场的常见形式。

（六）制信息权的全程争夺

所谓制信息权，就是控制战场信息的主导权，它是获取战场行动的主动权和自由权，运用信息进攻和信息防御的各种手段打败敌人取得胜利的首要条件。这种制信息权主要表现为在三个基本链环和五种基本手段上握有优势。三大基本链环即：信息获取，信息传递，才能指挥自如；只有及时正确的信息处理和利用，才能运筹帷幄，争取时间，组织力量，压制、打击和消灭敌人。谁能掌握信息权，谁就能占据优势，赢得战争的胜利。

二、信息化战争的形成

（一）信息化战争形成的条件

1. 信息技术的发展和应用

信息化战争形成的首要条件是信息技术的长足发展。马克思指出："一旦技术上的进步可以用于军事目的而且已经用于军事目的的，它们便立刻几乎强制地，而且往往是违反指挥官的意志而引起作战方式上的改变甚至改革。"（《马克思恩格斯全集》第20卷第187页）。古代，金属兵器引发了冷兵器战争，火药的使用催生了热兵器战争，机械化战争又是坦克、飞机和军舰驰骋于战场后的结果。二战以来，以微电子技术为核心的，以微电子技术与现代通信技术和计算机技术的结合为特征的现代信息技术广泛应用于战争，它不可抗拒地引起了一系列军事变革。信息作用超过了火力和机械力的作用，信息资源成为最重要的战略资源，信息技术逐步主导武器装备，信息战成为主要的作战方式，机械化战争的形态开始淡出，一种新的战争形态呼之欲出。信息技术迅猛发展和广泛应用开启了信息化战争的大门。

2. 信息化社会环境的形成

信息化战争的形成离不开社会信息化的大环境。信息化战争是人类进入信息社会后的产物，是信息时代在军事领域的表现。在信息社会中，信息技术不断发展使信息快速传播和复制，人类的知识和信息量呈几何级数膨胀，经济全球化不断推进，信息对人类的生活、生产、政治、经济、科技、文化、军事都产生巨大影响，信息超越物质和能源成为人类生存发展最重要的资源。信息时代的特性表现在人类活动的所有方面，当然也包括军事领域。信息化社会环境推动和支撑信息化战争的发展，两者也互相促进。

3. 现代战争的实践

战争实践是产生新的战争形态的必由之路。信息化技术主导武器装备和信息化理念对战争的启示，都只是为新的战争模式的出现提供了一种可能，只有通过新的战争的实践，才能检验和发展新武器、新打法、新理论。人类战争史上冷兵器战争、热兵器战争和机械化战争形成的过程都证明了这一点。

4. 新军事革命的深入开展

一个新的战争形态的形成过程必然是与一场深入进行的新军事革命过程相伴随的。只有在战争实践的基础上，在军事理论、作战原则、武器系统、编制体制、作战手段等方面进行持续地彻底地革命，摒弃过时的东西，建立起一套反映信息化战争形态的规律和指导规律的战争体系，信息化战争才可能形成。

5. 经济实力主要是信息实力的支撑

信息化战争是一种高度消费经济资源主要是信息资源的战争。信息高速公路，C^4ISR 系统，精确制导弹药，太空兵器，智能部队，以及具有高技术、高知识、高素质的人员等，无不需要雄厚的经济实力主要是信息实力的支撑。这在近几场信息化战争中已经得到充分的表现。如伊拉克战争中，美军用于其的 C^4ISR 系统的卫星就有几十颗，其中有的侦察卫星一颗即耗资 14 亿美元。

6. 政治利益和军事战略的驱动及牵引

信息化战争作为一种政治工具必然是为政治服务的，其最终的形成必然受制于政治利益和军事战略的需求和驱动。在和平与发展时代，世界人民反对战争的呼声不断高涨；经济全球化水平持续推进，一方面各国在政治、经济、军事、贸易、能源、环境等方面存在矛盾，新旧国际秩序相互斗争，另一方面各国经济又相互渗透，你中有我、我中有你，一荣俱荣、一损俱损。在这种国际背景下，霸权主义在使用军事手段去维护其政治、经济利益时，就不太可能发动如第二次世界大战时期那样的以物资和能源的巨大破坏和消耗为特点的大规模战争，而是需要一种对物资和能源的破坏消耗较小、对世界经济影响较小、而对本国经济政治有利的局部战争，即所谓四两拨千斤的战争。而信息化战争恰好符合霸权主义的政治和军事需求。信息技术的发展确实使作战方式带来了革命性的变化，但如果这种新的作战方式的战争效应不符合政治利益的需要，那它就不可能被反复地运用于战争实践，因此也就不可能最终成形。很显然，政治利益和军事战略的驱动及牵引是信息化战争形成的不可缺少的条件。

（二）信息化战争形成的历程

1. 1946 年第一台计算机问世使信息化战争萌生

迄今为止，人类社会曾经历过五次信息革命。前四次分别以语言、文字、印刷术和造纸术、无线电的发明和产生为标志。而第五次信息革命，则是从 1946 年第一台计算机问世开始的。它以微电子技术与现代通信技术和计算机技术的结合为特征，推动人类社会开始进入信息文明时代，这是一次现代意义上的信息革命。而人类社会信息化进程的发端，也自然带动了军队和战争体系信息化进程的启动，信息化战争就此萌生。至 20 世纪 60 年代，数字化武器装备开始列装部队；70 至 80 年代，数字化通信和计算机网络技术得到发展，激光技术和光纤技术开始应用，美军在信息、空间监视、远程导弹制导等方面完成了一系列革新；80 年代初的英阿马岛之战和叙以贝卡谷地之战中相继出现电子战；1982 年，美陆军领导人提出了"第三次世界浪潮"将孕育出"信息时代的战争"的观点；1984 年，美空军开始使用"信息战斗"的术语；1986 年，美国建立国家科学基金网 NSFNET，成为因特网的起点。

2. 海湾战争的实践缩短了信息化战争形成的过程

在 20 世纪 90 年代初发生的海湾战争中，多国部队使用了数十颗卫星、几百架次的电子战飞机、几百枚精确制导的巡航导弹、F117 隐身战斗机和约 8% 的制导武器。这些由信息技术主导的兵器在战场上发挥了很大的作用，一些初步的信息战理论也得到了检验。8% 的制导弹药完成了 40% 的轰炸任务；F117 出动的架次只占多国部队一千多架飞机出动总架次的百分之几，却完成了 60% 以上的战略突击任务，且无一伤亡。战争的实践使人们深切感受到信息技术和信息化作战方法对战争带来的革命性影响，极大地刺激了许多国家的战争体系，军事理论界普遍将海湾战争视作信息化战争的雏形，美国国防部甚至称其为人类社会的第一场信息化战争。

海湾战争结束后，许多国家在社会信息化不断发展的同时加快了向信息化战争前进的步伐。1991 年，美国提出了"信息高速公路"的设想，1993 年开始了大规模的信息网络建设，其他国家也加大投资建设。一场以数字化多媒体集成和互联网络技术综合而成的信息化新浪潮迅速席卷全球。随着网络革命、电信革命、计算机革命和软件革命的发展，信息化社会逐步到来。1993 年以后美军分别成立了"空军信息战中心"和"海军信息战中心"；1995 年美国防部成立"信息战执行委员会"，出台"美国陆军数字化总计划"。20 世纪上半叶起，美、英、法、德军都开始建立数字化部队，美于 1995 年建立信息作战部队，1997 年建成一个数字化旅。1994 年至 1995 年，美军提出了信息战活动、全维信息战、信息对抗、信息控制、信息优势、指挥控制战、信息作战、联合信息战和战略信息战的概念。许多国家加大了对军队向信息化转型的投资。1997 年，美国在国防信息系统领域的投资达到 253 亿美元，占国防关键技术投资的 43%。

海湾战争结束后的短短十年，人类战争系统的信息化建设迅猛发展，至 1999 年的科索沃战争爆发前，一些西方发达国家的军队，主要是美军已具备了进行初步的信息化战争的能力。海湾战争的实践缩短了信息化战争形成的进程。

3. 科索沃战争标志着信息化战争的初步形成

1999 年发生的科索沃战争，是人类历史上第一场可以称作信息化战争的战争。作为战略进攻方的北约部队，大量使用以信息技术为主导的现代化武器装备，运行已经构建的信息化战争系统，打了一场与其政治、军事战略相匹配的信息化局部战争。北约部队使用的占其总弹药量35%的精确制导弹药摧毁了战场74%的攻击目标；并成功运用了 C⁴ISR 系统实施战区外战役指与战区内战术指挥相结合的作战指挥。双方广泛开展了信息战和信息反击战，舆论战、心理战、法律战、电子战、斩首战得到运用。信息主导体现于战争的全过程。科索沃战争结束以后，战争信息化体系得到更快的发展，信息化战争又向更高层次的数字化、网络化方向发展。这些已在尔后发生的阿富汗战争和伊拉克战争中得到体现。

第二节　信息化战争的基本特征

信息化战争是一种新型战争形态，既不同于农业时代的冷兵器战争形态，也不同于工业时代的热兵器战争形态，它属于知识经济、信息时代的高技术战争形态。当前世界范围内正在进行的新军事变革，其实质就是要把工业时代的机械化军事形态改造成信息时代的信息化军事形态。美国列克星敦研究所军事专家洛伦·汤普森在 2003 年初伊拉克战争开战前曾预言："这不会是一场传统意义上的战争"，"这场战争将以一种崭新的作战面貌出现在人们面前，它融合了 10 年来最新的科技成果，作战部队将具备更加灵活的特点。"从伊拉克战争等局部战争，可以清楚地看出信息化战争的基本特征。

一、战场空间多维化

随着人类认知领域的不断扩展，战场空间也在不断扩大。信息化战争与机械化战争相比，其战场空间已由地面、海洋和空中向外层空间、网络空间及心理空间等领域扩展，使信息化战争的战场空间呈现出多维化的特征。

（一）外层空间

在信息化战争中，战场监控、信息传输、导航定位、精确制导等，主要都依赖外层空间的卫星来支持，这已经被近几场局部战争所证明。科索沃战争和阿富汗战争中，美军及其盟国的军事情报 70% ~90% 是由太空侦察系统获得的。伊拉克战争中，美军为了夺取信息优势，在 600~800 公里的外层空间，部署了多达 116 颗各类卫星。在未来信息化战争中，太空所具备的独特的优越性将得到进一步扩展和强化。没有制天权，就不可能掌握制信息权和制空权，也就没有制海权和制陆权。可以说，谁控制了太空，谁就掌握了战争的制胜权。

（二）电磁空间

电磁战场被称作继陆、海、空、天之后的"第五维战场"，是信息化战争的重要作战空间。在信息化战争中，电子目标星罗棋布，无论是电台、雷达、通信卫星等各种电子装备，还是地面开进的坦克、海上游弋的舰艇、空间格斗的战机等各种作战兵器，它们都能成为电磁波的发射源，使各种电磁波纵横交错，在广阔的空间中形成密集的电磁频谱网，确保了对各军兵种部队的指挥控制。信息化战争中电磁空间的极端重要性，使得敌对双方在电磁空间里的对抗更加激烈。近二十年来的局部战争表明，战争一旦爆发，两军对抗往往先在无形的电磁空间里展开。如海湾战争实施空袭前几个小时，以美国为首的多国部队就开始对伊拉克实施强烈的电磁干扰和压制，可谓"兵马未动，电子战先行"。多国部队部署和使用了上百架电子战飞机和大量进攻电子器材，对伊军展开了强大的电子攻击战，使伊军指挥系统瘫痪，有 250 部制导雷达、跑瞄雷达、目标引导雷达等被摧毁。而美军对伊军的这种电磁争斗，直到海湾战争结束后也没有停止过，一直持续到伊拉克战争之后的今天。这表明电磁空间的斗争已经不再局限于战时，而是渗透到整个和平时期。

（三）网络空间

网络空间是人类进入信息社会的必然产物。据资介绍，目前全世界已有170多个国家和地区的计算机通过国际互联网络连为一体，形成了一个巨大的遍布全球的网络空间。网络空间的出现，使地理上的距离概念和国家之间的地理分界线变得越来越模糊，也给信息化战争带来了新的作战空间，出现了网络空间战这一种全新的作战样式。在网络空间里，通过计算机病毒、芯片攻击和网络"黑客"入侵等手段，可对以计算机为核心的信息网络实施攻击，达到瘫痪敌指挥控制系统、削弱甚至使敌整个部队丧失战斗力的目的。科索沃战争中，无形的"黑客"曾使美国白宫的网络服务器瘫痪数小时；北约空袭开始后，总部的网站每天都收到来自攻击者的数以万计的电子邮件，严重阻塞了网络线路；巴尔干地区的一台电脑每天向北约总部发出2 000封电子邮件，其中包括各种大大小小的电脑病毒。

（四）心理空间

从阿富汗战争和伊拉克战争中，我们可以看到，心理空间已经成为信息化战争的一个重要的作战空间。阿富汗战争中，美军向阿边境快速部署了空军第193特种作战联队和陆军第4心理战大队等专业心理战部队，采取各种手段开展强大的心理攻势。伊拉克战争中，战前美军心理战专家专门分析了伊拉克甚至阿拉伯世界的意识形态和文化特点，将各军兵种所属的多支富有实战经验的心理战部队，部署到伊拉克周边地区，对伊军民实施广泛的心理战行动，专门设立了"倒萨广播电台"，并以各种手段向伊境内散发"倒萨"宣传品，极力宣扬美军的强大武力，企图以强大的心理攻势瓦解伊军民的抵抗信心和士气。与此同时，伊拉克也竭尽所能地进行了反心理战，主动与联合国配合进行核查，以争取国际舆论的支持；进行全民动员，激励士气，号召全国军民抵抗侵略；针对联军担心大规模的人员伤亡，大肆宣扬要与美军进行巷战，使巴格达成为美军的坟墓等等，从心理上对美军士兵施压。

此外，美国在对伊战争中还实施了广泛的媒体心理战，即充分利用现代媒体提供的便利条件，向全世界宣传己方思想和价值观念，展开心理攻势，以争取最大限度的心理优势。伊拉克战争开战前，美军组织大批记者上前线，据统计从2月24日始，美国防部共批准了671名记者"随军采访"，其中有近500名是美国记者，其他则是别国的记者。国际上大部分的前线消息均来自美国有线新闻网，并受到美国当局的严格控制。此外还通过针对特定对象进行直接宣传，对敌方发动谣言攻势，进行挑拨离间，加以拉拢收买。针对伊方将领，美军的情报部队先搞到他们的手机号码，然后雇佣会讲阿拉伯语的情报人员直接通过电话对他们进行诱降和策反；针对伊士兵，美军则公开作战意图和计划，宣传打击目标和武器威力，企图使伊拉克士兵投降；针对伊拉克民众，美军向伊投撒多种内容的双语传单达2 900万份，鼓动伊军民远走他乡逃避战火。

二、作战体系一体化

信息化战争是体系与体系的对抗。交战双方为了赢得战争的胜利，必须调动一切积极因素，充分发挥各自系统的最大整体作战能力，这就使一体化成为信息化战争的一个重要特征。

（一）作战力量一体化

信息化战争中，通过信息网络和信息技术，可以将处于不同空间位置的各种作战能力联结成为一个有机的整体，形成一体化作战力量。主要表现为：一是武器装备体系的一体化。通过指挥自动化系统可实现从传感器到射手之间、各武器系统之间、各作战部队之间的信息流动，使武器装备在横向联结成为统一的有机整体，大幅度地提高武器装备系统的整体效能。二是诸兵种合成一体化。在各军种内部，不断提高部队的合成程度，使作战部队、作战支援部队、勤务保障部队紧密合成为统一的有机整体，提高作战系统的整体作战能力。三是诸军种联合一体化。在各军兵种之间，通过建立一体化信息网络和联合指挥机制，铲平各军种相互独立的"烟囱"，实现诸军种作战力量一体化。

（二）作战行动一体化

信息化战争中由于指挥自动化系统的广泛应用，军兵种部队作战行动的一体化大幅度跃升。空中、地面、海上作战行动的配合更加紧密，各种作战力量的传统分工趋于模糊，攻击战术目标，有时要动用战略手段；打击战略目标，有时仅需要战术力量；进攻和防御界线趋于模糊，在加强对敌人进攻作战的同时，十分重视对己方作战力量的防护，攻防节奏转换很快；软打击和硬摧毁融为一体，软打击是实施硬摧毁的重要保障，硬摧毁必须在软打击行动的支持下才能顺利实施。这些变化说明，单一军种的独立作战正在逐渐消失，空地一体、海空一体、陆海空天一体的多军兵种联合作战已成为作战的基本样式，信息化战争已经呈现出十分鲜明的一体化特征。

（三）作战指挥一体化

信息化战争中，集指挥、控制、通信、计算机、情报、侦察和监视一体 C^4ISR 系统，为作战指挥提供了准确的战场情报、快速的通信联络、科学的辅助决策、实时的反馈监控，从而使树状的指挥体制将逐渐被扁平网络化的指挥体制所代替，使作战指挥实现了一体化。

（四）综合保障一体化

信息化条件下作战对综合保障的要求越来越高，作战保障、后勤保障、装备保障、政治工作保障必须联合进行才能为进一步提高部队的联合作战能力。在机械化战争中，各种保障行动是相对独立的，保障效能较低。为了适应信息化战争的联合作战要求，各军兵种后勤和装备保障，必须统一组织，统一计划，统一行动，只有实行联合一体化保障，才能发挥后勤和装备保障的整体效能。

三、侦察、打击和保障精确化

（一）侦察、定位与控制精确化

精确侦察、定位与控制是实现精确打击的前提和基础。一方面，信息化战争中，大量先进的侦察、监视、预警等探测系统，可对目标实施全天候、全时辰的侦察监视，从不同侧面反映目标的特征，并对获取的信息进行相互印证，从而得到全面、准确的战场情报。另一方面，通过建立精确的大地坐标系、建立地形数据库和目标特征数据库等各项技术，使用 GPS 等天基导航定位系统，使全球精确定位变成了现实。第三方面，在 C^4ISR 系统的支持下，作战指挥与控制实现了互联、互通、互操作，指挥员可以直接对一线作战部队甚至作战兵器进行有效的指挥、控制和协调，使指挥控制更加精确化。

（二）打击精确化

精确打击是信息化战争精确化的核心内容，它是在利用先进的技术手段对目标实施精确侦察与定位的基础上，通过运用先进的武器装备来提高命中精度，达到预定的作战效果。从理论上讲，武器的命中精确提高一倍，其对目标的毁伤力可达到原来的四倍。科索沃战争中，北约始终把精确制导武器作为主导型武器使用，大量使用防区外发射的精确制导弹药或巡航导弹实施远距离空袭作战，对预定目标实施全纵深精确打击和重点打击，使精确打击成为作战的主导方式。

（三）保障精确化

所谓精确保障，就是充分运用以信息技术为核心的高技术手段，在精确预测后勤需求和随时掌握需求变化的前提下，精细而准确地筹划和运用保障力量，在准确的时间、地点为部队提供准确的数量、质量的后勤保障。比如，美军后勤各业务领域普遍建立了信息管理系统，如"全军资产可视系统"（TAV）"物资在运可视系统""新型战场分发系统"等，为精确保障提供了重要前提。

四、指挥决策、行动快速化

从科索沃战争、阿富汗战争和伊拉克战争我们可以看出，未来信息化战争的作战速度快，作战节奏转换迅速，作战行动的持续时间甚至整个战争的持续显得越来越短暂，使信息化战争呈现出快速性的特征。

（一）指挥决策快

在信息化战争中，信息技术广泛运用于战场，使侦察监测设备和信息快速传输网络联为一体，实现了信息的实时获取、实时传输、实时处理，使得信息流动速度空前加快，尽管基本作战指挥程序和信息流程没有发生根本变化，但发现目标、进行决策、下达指令、部队行动等环节几乎可以同步进行。

（二）作战行动快

伊拉克战争中，美第3机械化师高速挺进，不与伊南部的伊军部队纠缠，开战仅5天，就长驱直入400公里，直逼巴格达，创造了日行170公里的开进速度，这等于海湾战争时期美军开进速度的3倍，创造了战争史上大纵深突击的新纪录。另外，信息化战争中，各种信息化武器具有快速的打击能力，使得作战行动的速度加快，时效性明显提高。如美国的"宝石路"激光制导炸弹从发射到击中目标仅为30~40秒；空空导弹只有3~4秒；先进的防空系统发现目标后几秒钟即可截击目标。

五、武器装备信息化

工业时代的战争，以机械化武器装备为物质基础；信息时代的战争，则是以信息化武器装备系统为物质基础。信息化的武器装备系统，是以计算机技术为核心、以信息技术为基础的一体化的武器装备系统。信息和能量相结合控制能量的释放空间，形成精确化的信息武器系统，不仅具有信息获取、传递和处理的功能，而且具有信息压制和打击的功能。如硬杀伤型信息武器，主要是指精确制导武器和信息化作战平台，它们集侦察、干扰、欺骗和打击为一体，既可实施战场探场，也可实施精确打击，还可实施信息攻防作战。如美国的RQ-1"捕食者"无人机，不仅可以实施侦察、传输，还可实施定位打击。

六、战争消耗扩大化

孙子曰:"举师十万,日费千金。"这反映出自古战争就是一个消耗巨大的事情。在伊拉克战争进行到第 21 天时,仅联军一方的战争经费就高达 210 亿美元,平均每天 10 亿美元。海湾战争中多国部队一方的战争消耗高达 610 亿美元。在海湾战争中,交战双方投入了4 000 多架飞机,1. 7 万余辆战车,400 艘舰船以及 5 400 门火炮。为支持作战,美军动员了800 架飞机进行后勤运输,空运物资 54 万吨,400 艘舰船运输作战物资 340 余吨,在陆地上有 500 多辆汽车进行后勤运输。平均每天有 4 200 吨物资运抵海湾,一个月的运输量超过了朝鲜战争时一年的运输量。美单兵的日耗量为 200 余千克,相当于越战时的 4 倍,第二次世界大战时的 20 倍。由此可见,现代战争的战争消耗日趋庞大。要想保证作战物资的筹措与供给及时,必须综合运用各种后勤支援力量和手段,还要加强同政府机构与工业部门的联系,提高文职人员与地方人员在后勤保障中的作用,以及取得有关国家的协作与援助。

第三节 信息化战争的发展趋势

海湾战争使人们看到了信息化战争的萌芽,伊拉克战争向人们展示了信息化战争的雏形,目前战争形态仍正处于一个由机械化战争向信息化战争过渡的转型期,中外一些未来学家和军事专家认为,敌对双方完全使用信息化武器装备所进行的全面信息化战争大约要到本世纪中叶才能到来。

随着信息技术与信息化战争的发展,未来的信息化战争将可能呈现出一体化、高速化、精准化、实时化、无人化、无形化、微型化、智能化和新概念化的发展趋势。

一、一体化

主要表现在两个方面:一是作战体系一体化。信息化战争中,凡是妨碍信息共享和资源优化整合利用的各种壁垒,将被统统打破,物质力量和精神力量将合二为一,侦察预警、指挥控制、机动、打击、防护、保障六大系统融为一体,作战能力将呈现出指数级增长。二是作战行动一体化。各军兵种的运用完全依据不断变化的战场情况,任务随时调整,能量实时聚合,情况判断、决心处置、部队行动的循环周期越来越快,作战效果成倍提高。

二、精确化

最突出的代表,是 GIG(全球信息栅格)和 GCCS(全球指挥控制系统),还有大量种类繁多的战术互联网络。未来 GIG 贷款将扩展 1 000 倍。GCCS 是美军 C^4ISR 系统的核心部分,是美军国防信息基础设备(DII)的重要组成部分,能够在任何时间、全球任何地区调动联合部队,并提供完成任务所必需的信息能力。未来的第四代通信技术(4G)和像衣服一样的穿戴式计算机,能把整个全球信息系统与装备了"电子心脏"的士兵更紧密地融合起来。这种新式的"理想部队勇士"系统,将使每个士兵和作战平台都成为一体化作战的有机组成部分,从而大大增强士兵的战场态势意识和自动融入作战体系的能力,使现有的联合作战生存能力和打击能力提高 20 倍以上。未来精确制导武器的命中精度可实现零偏差,攻击距离达到上万千米,飞行速度达到 8 ~ 10 倍音速甚至更高(美国"快鹰"导弹飞行速度预计为 12 倍音速），抗干扰能力和全天候作战能力进一步提高，性能更加完善，打击效能更加出色。

三、实时化

1991 年的海湾战争中，空袭作战从发现目标到实施攻击需要 3 天，对临时发现的目标很难及时调整空袭计划。科索沃战争中，这一周期缩短到 2 小时，相当一部分空袭任务可以在飞机升空后重新调整。阿富汗战争，这一周期缩短到 19 分钟，攻击实时性大大提高。伊拉克战争中，这一周期已被控制在 10 分钟之内。未来，集侦察、定位、打击功能于一体的攻击平台，反应周期的时间几乎接近于零。

四、无形化

"杀人于无形"，孙子所说的"微乎微乎，至于无形"将由幻想变为现实，肉眼看不见的武器、战场和作战样式，将在微观世界和隐形世界大行其道，使战争变得更加诡异和深不可测。比如隐形通信，不易被敌方截获和探测，还能自动消除电磁干扰；隐形人体，除了隐形作战服和隐形机器人外，还将研制激光弯曲光线折射装置，这种激光弯曲光线能够穿透固态物体，使人体透明，成为肉眼看不见的"幽灵"。无处不在的电子战，将直接摧毁敌方的特定目标，使排山倒海的作战能力向看不见、摸不着的打击能力转变。同时，微小型武器装备将充斥未来战场。如体积只有 0.005 立方厘米的微型发动机、蚂蚁大小甚至 1 立方微米以下的机器人、灰尘一样的侦察传感器等，即将变为现实。科学家预言，未来纳米技术的应用将远远超过计算机工业，成为信息时代的核心技术。纳米电子学将用量子元件代替微电子器件，可以把现在的巨型计算机浓缩成很轻很小的机器，装入上衣口袋。这些都将改变未来战场的面貌。

五、智能化

庞大的智能化武器家族，可以提供杀伤性和非杀伤性、软杀伤和硬杀伤等多样化的作战手段，为优化组合战法打开一片前所未有的广阔天地。将来可能会出现机器人战、智能导弹战、智能指挥控制战、智能网络战、智能无人机战、智能坦克战、智能地雷战等等，给信息化战争舞台增添新的场景和活力。如智能化坦克与传统坦克相比，在战场反应速度和行军准确率、攻击力、防护力、射击命中率和效率等方面约可提高 1 倍。而将生物神经芯片植入人的大脑或头盔等装置，将可以直接读取神经元信息，并操纵各类控制系统。

六、新概念化

随着科学技术的发展，新概念武器，包括射束武器、电磁武器、等离子武器、心理武器、信息武器、地球物理武器、次声武器、辐射武器、湮没武器，还有新机理化学武器和生物武器，以及思维控制武器、失能武器等将层出不穷，走上战场。

信息化战争的上述发展趋势，其发展将各有快慢，有的可能会很快实现，有的未必全如所愿，但它们迟早会改变我们今天面对和研究的初级阶段信息战争，信息化战争将趋向发展和成熟。

第四节　信息化战争与国防建设

信息化战争的到来，加剧了世界各国战略力量对比的不平衡性，增大了发展中国家战略选择的难度，特别是对我国国防建设与发展提出了严峻挑战。对此，我们必须立足当前，着眼未来，从发展的角度搞好国防和军队的信息化建设，以求在未来信息化战争中立于不败之地。

一、国防建设要适应军队信息化建设的发展

机械化战争的制胜理念是消耗敌人、摧毁敌人，大量歼灭敌人的有生力量，而信息化战争的制胜理念是控制敌人、瘫痪敌人，通过破击敌人作战体系，达到巧战而屈人之兵的目的；机械化战争中，以万炮轰鸣的火力倾泻为主要打击手段，而在信息化战争中，实施精确打击为首要选择。国防建设是军队打赢信息化战争的重要基础。因此，我们在考虑国防建设和经济建设时，从宏观规划到人力、物力和财才的动员，从经济基础建设到国防工程、交通信息、医疗卫生等建设都必须和打赢信息化战争通盘考虑、规划和建设。

战争形态的发展变化，给我们带来的挑战首先是观念上的影响和冲击，强烈要求我们必须适应这种不可抗拒的变化，树立与打赢信息化战争相适应的观念，为国防现代化提供有效的建设理念和指导方法。认识只有跟上时代变化才能占据主动，理念只有适应形势才能把握先机。应对信息化战争形态带来的挑战，只有确立与打赢信息化战争相适应的思维方式，强化信息制胜意识，用源于实践高于实践的先进理论指导实践，用创新的观念谋取国防和军队建设的发展，才能使国防建设适应军队的信息化建设。

二、增强打赢信息化战争的作战能力

打赢信息化战争，取决于多方面的因素，但具备必需的物质条件是其中的重要因素。

（一）着力铸造"撒手锏"，为打赢创造物质条件

"撒手锏"，比喻在关键的时刻使出最拿手的置敌于死地的武器。

从总体上讲，我们在信息技术和信息化武器系统方面与主要作战对手存在较大"技术差"，目前有不少方面还比较落后。但我们也不必自卑，经过我们的艰苦努力，我们在较短时期内在某些领域完全有能力铸造的"撒手锏"。

1. 下大力发展情报预警系统

随着武器信息化和军队整体信息化水平的不断提高，整个军事系统和作战行动对情报信息的依赖程度越来越大。从目前情况看，我军情报侦察的手段还相对比较落后，侦察的手段还比较单一，必须大力加强发展这方面的手段和装备。首先要建立战略早期防空预警系统，力争对敌人的突然袭击行动能够早期发觉、预有准备。还要重点发展战场监视系统，包括无人驾驶侦察机、预警飞机、战场探测雷达、战场电视监视系统以及各种性能先进的夜视器材和电子侦察设备，以提高战场的透明度。

2. 有重点地发展精确打击武器

高精度、突防能力强的中远程精确打击武器将成为未来战场的"撒手锏"。在这方面，我们已有较强的实力，但设计及生产能力不强，有必要继续加强，务必使我们在对空、对

地、对海上等目标的精确打击上有令人生畏的"撒手锏"。此外，防空、反导导弹系统是对抗空袭的重要手段，在这方面也要有一定的经费投入和科技力量的投入，形成自己的防御系统，以免被动挨打。

3. 进一步加强一体化 C^4ISR 系统建设

C^4ISR 系统不仅是信息作战的"力量倍增器"，而且是信息系统的核心。当前，在继续加强和完善战略 C^4ISR 系统建设的同时，应重视战术级 C^4ISR 系统的建设，特别是在提高通信能力和情报获取上争取有所突破。

4. 在提高电子战能力上下工夫

电子战是具有 21 世纪时代特征的信息对抗，已成为信息战的主要作战样式，是夺取信息优势的主要内容。我军的电子对抗装备应在提高性能，扩展频谱上下工夫，电子战飞机要能执行雷达对抗、通信对抗和发射反辐射导弹等任务，并且有战场毁伤评估能力。此外，各类作战平台要装备综合电子对抗系统和自卫干扰系统，以适应未来信息作战的复杂电磁环境。还要注重研制计算机病毒武器和防计算机病毒的措施，提高计算机空间的对抗能力。

5. 注重发展新概念武器

随着新概念武器陆续登上战争舞台并得到广泛应用，我军也要注重对新概念武器的开发和研制。如动能武器、高能激光武器、高功率微波武器等，还有非致命武器如激光致盲武器、次声波武器、光学弹药、失能剂、材料摧毁剂等等，虽然我们不能做到全面发展，但在某一领域开发研制一两件有威慑力的新概念武器还是有可能的，在这方面我们应该有所作为，只要有一定的经费和科技力量的投入，组织攻关，在某些方面是能够见成效的。

（二）努力培养造就信息化人才队伍

人才是强国兴军之本，决定未来信息化战争胜负的是高素质国防和军队信息化人才。人才队伍建设的当务之急，是培养掌握信息化技术和装备的专业人才，懂信息化作战指挥、会打信息化战争的军事人才。这就既需要培养和造就大批信息化人才，又要创造一切条件使用好信息化人才。

1. 培养造就大批信息化人才

当前，要重点抓好指挥军官队伍、参谋队伍、科学家队伍、技术专家队伍和士官队伍建设。要把信息科技知识作为培养"五支队伍"人才知识结构的核心内容。具体来说，就是指挥军官队伍应能熟练运用信息化装备，指挥部队信息化建设和信息化作战；参谋队伍应达到新"六会"要求，为信息化军队建设和信息条件下的作战出谋划策；科学家队伍应站在科技前沿，创新信息条件下的装备发展理论，组织谋划信息技术装备的发展；技术专家队伍应随时架构指挥与应用间的技术桥梁，及时解决信息化部队作战和训练中的技术难题；士官队伍则应熟练掌握、灵活运用信息化武器装备，形成一个用信息知识武装起来的，既精通本职、又全面发展的高素质人才队伍。一方面，要依托地方进行信息化人才的双向培养；另一方面，军事院校教学中要加大高新技术知识的比例，提高部队信息化条件下的训练水平，创造良好的信息化环境和信息化文化氛围。

2. 创造一切条件使用好信息化人才

首先要创造尊重知识、尊重人才的良好环境，特别是要爱护、珍惜那些有志于献身国防的信息化人才。要建立一整套激励机制，多做拴心留人的工作，多做暖人心的工作，切实使信息化人才有光荣感、使命感和成就感、归宿感。其次是要不拘一格选人才。要善于看主流、看本质，多看人才的长处，多补人才的短处。要敢于用超常的做法重用高素质的信息化人才，把高素质干部放在重要的岗位上百炼成钢；要在确保思想好的前提下，既重学历，更重素质和能力。要尽快使信息化人才的知识能力转化成实际操作能力和作战能力。要舍得把他们放在信息化实战演练中去摔打，去经风雨，去积累经验；要舍得花本钱让他们去接触、了解、把握信息化装备的技术；要有意识地组织他们进行信息化战争的战法研究；要充分发挥他们的种子和酵母作用，尽快带动部队实现人机结合，整体提升部队战斗力。

三、进一步完善国防动员体制

国防动员建设是国家军事战略和经济社会发展战略的重要组成部分，是关系国家长治久安的重大战略问题。当今时代，衡量一个国家的国防强弱，不单要看其军事实力，还应看其战争潜力转化为战争实力的能力，即国防动员的能力。如 2003 年的伊拉克战争中，美国动员参战的后备役人员达 25 万之众，与参战的现役部队人数相比约为 1∶1。在信息化战争登上战争舞台之际，世界主要国家纷纷实行精兵政策，大幅削减现役部队员额，同时强化高技术兵种和快反部队以及军事航天、信息作战等新型力量建设。现役部队的精干化，无形中提高了对国防动员的要求，凸显了国防动员建设的重要性和紧迫性。为此，必须加强和完善国防动员体制。

（一）动员体制要与信息化战争的需要相适应

国防动员体制作为国家军事组织体制的有机组成部分，必须顺应战争形态的转变和新军事变革的发展，创新思维，积极转型，坚决摒弃那些已经不适应时代潮流的陈旧理念和思维定势，从有利于信息流的快速流动与使用着眼，从强化政府动员职能着手，改革国防动员指挥体制和运行机制，加强各级动员机构的横向的互联互通，最大限度地弥补和消除传统动员体制信息流程长、信息流速慢、抗毁能力差等弱点，构建纵横一体、上下贯通的"网"状动员指挥体制。我国的国防动员体制与美国等发达国家相比，还存在着不小的差距，更应该加强并逐步完善。当前体制变革的重点，主要是围绕强化政府动员职能、健全动员机构、完善动员法规、理顺动员关系、搞好平战转换等方面而展开，以尽快建立起权威高效、上下贯通、军地协调、平战结合的国防动员体制。

（二）把科技信息动员作为国防动员中的重中之重

随着制信息权在战争中的作用越来越重要，战争在更大的程度上取决于国与国之间的信息技术、信息基础设施和信息人才之间的较量。尤其是在网络战中，非军事人才和非军事机构同样可以参与战争，民间的信息技术、设施和人才，都可以动员起来，或直接参战，或为作战服务。科索沃战争期间，正是来自雷声、波音等公司的工程师与美国空军协作，仅用四天时间就迅速开发出针对南联盟特定防空与干扰系统的技术，大幅度改进了美军飞机的电子对抗能力，使 B−1B 战机能在高威胁区进行正常投弹飞行。因此，我们必须未雨绸缪，努力加强国防动员信息化建设，建立起完善的科技和信息动员机制，将有限的科技资源和信息资源通过国防动员准备，有效地整合在一起，使分散在民间的科技和信息力量能够在战时有效地生成和转化为信息战斗力、信息突击力，以满足应对未来信息化战争的需要。

四、加速推进国防和军队信息化建设的进程

我国在加强军队机械化建设的同时，必须乘国家加快经济和社会信息化发展之势，跨越式加快国防和军队信息化建设。如果按部就班地在完成机械化建设后再进行信息化建设，就会坐失良机，无法赶上西方发达国家和军队建设的步伐。推进国防和军队信息化建设的进程，必须解决好以下两个问题。

（一）要树立信息主导的思想

观念是行动的先导，一是确立信息化军队建设中的主导地位，全面推进国防和军队的信息化建设。二是"系统集成观"。要用大系统的观念来筹划军队建设。在"作战力量"建设上，强调加强作战空间预警、C^4ISR 和精确使用作战武器；在战场准备上，要求建立数字化战场；在部队建设上，要求建立数字化部队；在装备建设上，要求积极推行"横向技术一体化"。三是"虚拟实践观"。虚拟现实技术的发展，为人们"虚拟实践"提供了可能。人们可以面向未来，创造一种"人工合成环境"，在实验室里"导演"战争，主动适应未来。为此，美、英等国军队建立了许多"战斗实验室""作战模拟实验室"和"作战仿真实验中心"等。

（二）要实现我军信息化建设的跨越式发展

国防和军队的信息化建设是一个十分复杂的系统工程。我国信息化建设要抓住三个重点：一是要大力发展信息化武器装备。我军一方面要致力发展信息化武器装备；另一方面要在信息化弹药、信息化作战平台、专用信息战武器三个方面取得突破性进展，这样才能缩小与发达国家的"时代差"。二是要大力推进数字化部队建设。在建设思路上要突出我军的特色，走出一条投入少、周期短、效益好的发展路子。三是要大力加强数字化战场建设。数字化部队和数字化战场是信息化战争的两大支柱，有了数字化部队数字化战场才有可靠的依托。我军数字化战场建设，应充分运用空间基础数据建设成果，将导航定位、天基立体测绘和时间基准、地球心坐标系统相统一，建设成能够覆盖整体作战空间的多维信息获取系统，形成平战结合、诸军一体的战场信息系统，推进我军的国防和信息化建设。

"历久远而不衰，临绝地而再造，逢机遇而勃发"，这不仅是中华民族的伟大精神，也是中国军队的突出特征。在信息时代的军事斗争中，更需要这种伟大精神！

思 考 题

1. 信息化战争的含义。
2. 信息化战争基本特征是什么？
3. 信息化战争的发展趋势是什么？
4. 信息化战争给国防建设提出了怎样的要求？
5. 如何增强我军打赢信息化战争的作战能力？

第 六 章

非战争军事行动

20 世纪 90 年代初期以来，军事力量的非战争运用被提到了战略层面。当世界的主题由战争走向和平与发展之后，非战争军事行动就成为战争能量通过和平途径释放的重要方式，而且这种方式既能够达成政治目的，又可以免于巨大破坏，提高效益。党的十七大明确提出，要提高军队应对多种安全威胁、完成多样化军事任务的能力。军队、武警和民兵预备役部队等武装力量实施非战争军事行动，是完成多样化军事任务的一个十分重要的方面。非战争军事行动，受国家政治、经济、外交的制约，服从服务国家利益，是军队传统任务的延伸和扩展，是和平时期军事斗争的主体模式。加强非战争军事行动的研究，形成体系化、本土化的理论体系，对于指导国防和军队现代化建设，维护和平，遏制危机，制止战争，最大限度地维护国家利益，创造对我发展相对有利的国内外环境和战略态势，具有重大现实意义。

第一节　概　　述

非战争军事行动受到世界各国的普遍重视。美国陆军的训练与条令司令部在制定的《21 世纪部队的作战》手册中，将非战争军事行动与全面战争、大规模或小规模武装冲突并列，作为美军 21 世纪可能面临的军事任务之一。日本、俄罗斯、法国、意大利等国也都把非军事战争行动写入作战条令，把遂行非战争军事行动作为军队的重要职能。我军是中华人民共和国的武装力量，担负着巩固国防、抵抗侵略、保卫祖国、保卫人民的和平劳动，参加国家建设任务。在国家相对和平时期，非战争军事行动理应成为我军的经常性使命任务。目前，我军已将遂行非战争行动纳入相对和平时期军事斗争准备的范畴，新一代《军事训练与考核大纲》也将非战争军事行动列为必训科目。

一、非战争军事行动的概念

我军遂行非战争军事行动虽然由来已久，如建国后我军参加国家经济建设、抢险救灾、反恐维稳，以及国际维和、国际主义援助等活动，都充分说明了这一点。非战争军事行动原本是一个特定称谓，在 1993 年美国陆军《作战纲要》中翻译或转化而来。综合当前国内的相关认识，简而述之，非战争军事行动是指在和平环境条件下，动用军事力量有组织、有计划地采取战争以外的军事手段，遂行制乱平暴、抢险救灾、打击恐怖主义、维护和平与国家权益，参与国际维和等应急任务，以促进和平，维护国家安全、社会稳定和减免灾害为目的的特殊军事活动。

非战争军事行动的具体样式主要包括反恐怖行动、维护社会稳定行动、抢险救灾行动、处置边（海、空）防事件行动、维和行动等。

二、非战争军事行动登上历史舞台的动因

非战争军事行动虽然自古就存在于军队的行动之中，但是直到最近十几年来才逐渐引起人们的重视，这是有着特定的时代背景和社会条件限制的。

（一）战争手段运用受到制约，拓展了非战争军事行动的空间

和平和发展的时代主题制约了战争手段的运用。在革命与战争年代，战争是国际国内斗争的主旋律，但自20世纪80年代以来，和平与发展已经成为时代的主题，国家间的关系更多地表现为合作与发展，国家间的矛盾更多的是通过对话与谈判来解决，特别是随着全球一体化、经济全球化的发展，各国之间联系更为紧密，国家间的利益交融程度增强，战争并非是实现战略利益的较好选择，而往往是在迫不得已情况下才采取的手段。此外，随着人类文明的进步，战争手段也受到人类自身自觉的制约，如联合国、国际公约、国际安全机制、国际新闻舆论等，都会对战争产生不同程度的制约作用。贸然发动战争，必然遭到包括本国在内的世界各国人民的反对。在战争手段受到限制的情况下，选择政治、外交等非军事领域的方式以及通过非战争军事行动来解决国与国之间的矛盾和冲突，就成为国际军事领域的新趋势。

（二）非战争军事行动的特有优势使其地位进一步凸显

非战争军事行动提高了达成战略目的的效费比。战争虽然也是达成战略目的的有效手段，但战争成本使得战争手段的选择受到限制，高昂的军费开支必然妨碍经济增长。在不用战争手段就可以达成战略目的的情况下，非战争军事行动是推进和保护本国利益的最佳途径。

非战争军事行动能够防止战争爆发并为战争创造有利态势。非战争军事行动具有两大功能：遏制战争和准备战争。一方面，能否遏制战争取决于战争准备的程度，战争准备越充分，作战对手就越不敢轻易发动战争。军队通过反恐、维稳、抢险救灾等非战争军事行动，可以使国家安定，社会和谐，军民关系融洽，国家经济发展，国防实力也得以增强，无形中对潜在对手构成威慑，从而起到遏制战争的作用；另一方面，非战争军事手段的有效运用本身就可以起到遏制战争的作用，如通过国际维和、人道主义救援等有效的国际交流与合作，可以消除彼此之间的误解，塑造军队良好形象，避免军事危机或战争的发生。

三、非战争军事行动的特点

非战争军事行动是一种特殊的军事实践活动，与战争条件下的军事行动相比，在达成目的、行动方式、斗争对象、指挥体制和行动环境等方面具有明显的区别。其主要特征如下。

（一）行动时效性强

非战争军事行动的时效性，是由处置重大危害事件的需求特点所决定的。一些非战争军事行动，如自然灾害、恐怖活动等，一旦事发，直接危及或破坏社会正常秩序，有可能导致国家或地区处于混乱状态。而且其危害强度往往随着时间延续而增大。将危害损失降低到最低限度，是非战争军事行动的根本目标。实践证明，军事行动速度越快，其降低损失的效果就越明显，因此，非战争军事行动的时间和速度，是关系到非战争军事行动效果的两大直接

要素，决定了组织实施非战争军事行动必须具有很强的时效性。此外，非战争特种军事行动的时效性，也体现着军队的战斗力，关系到政府和军队的公众形象和国际声誉。公众舆论普遍认为：在和平时期，军队处置灾难、危害性突发事件的行为与效能，是评价战斗力的重要标志。这种效能的具体表现就是行动的时间和速度。

（二）组织指挥复杂

在我国，非战争军事行动往往涉及地方党委、政府和有关部门，一些大型非战争军事行动，还需要地方公安、武警部队、民兵预备役等力量联合应对，有些跨国行动，甚至涉及外事部门、国际组织等。非战争军事行动的组织指挥关系，与野战部队大兵团常规作战的组织指挥关系相比，具有易变性和多重性等特点。因此，非作战军事行动组织关系复杂。此外，由于事件的不断发展变化，担负任务种类多，行动方式转换快速，需要机动组织协同情况多，也增添了非战争军事行动指挥关系的复杂性。

（三）行动方式多样

非战争军事行动方式的多样性，是由其任务对象特点所决定的。非战争军事行动任务对象是重大灾难、危害性突发事件，重大灾难、危害性突发事件具有多样性和多变性。首先，重大灾难、危害性突发事件类型多样。其次，重大灾难、危害性突发事件的发展具有多变性。其规模、性质通常随着事态的发展而发生变化。

（四）行动手段有限

非战争军事行动不同于战争行动，非战争军事行动所应对的任务事件本身往往性质复杂，一些人为地突发事件在爆发的同时往往还会扰乱社会治安、侵害一定的社会关系，是一定政治、经济、文化、民族、宗教等各种社会矛盾的综合反映，是一种特殊的社会现象，具有十分复杂的特性，社会影响力极大。加之现代社会传媒高速发展，一些事件甚至可能引起国际舆论的高度关注，处置措施稍有不慎，将对我造成不利影响，这些都决定了非战争军事行动手段的有限性。

（五）行动保障艰巨

无论是战争还是非战争军事行动，适时、高效的保障都是军队顺利遂行任务的重要保证，非战争军事行动的样式很多，有些行动的保障与战争保证基本相同，如较大规模地显示武力行动、封控行动等，但更多的行动在保障上与战争具有明显的不同，如救灾救援行动、反恐行动等，这些行动的保障具有以下明显特点：一是行动突发性强，保障必须快速及时。有些非战争行动不存在可预知性。二是行动涉及领域多，保障极其复杂。非战争军事行动在保障的复杂性上并不亚于战争，在有的情况下甚至比战争更为复杂。在保障力量上，既有军队的保障力量，也有地方的保障力量；在保障范围上，既有国土纵深保障，也有沿边沿海的保障，还有大量的国外保障；在保障方法上，既有在某一地域的定点保障，也有跟随部队实施的伴随保障；在保障内容上，既有一般作战行动所需要的保障，也有政治、经济、外交、法律等方面的特殊保障。三是行动的规模和时间不确定，保障必须灵活高效。非战争军事行动规模多样，既有规模较小的，也有规模较大的。

四、抓住三个关键环节，努力增强非战争军事行动任务的本领

非战争军事行动，用兵手段多样、目标地域广泛、行动转化频繁、内外环境复杂、指挥协调困难，由此带来了一系列新情况，提出了一系列新要求，需要我们积极适应、有效

应付。

（一）军人思想过硬是基础

非战争军事行动较之作战行动对部队有着更加特殊的要求，没有战场上的硝烟战火与流血牺牲，但却伴随着更长时间的孤独、焦虑、艰辛、劳累、恐惧，特别是与自然灾害的搏斗，比战场上冲锋陷阵还要困难，是以另一种形式向生命的极限挑战。这就要求官兵具有过硬的思想和坚强意志，迎接挑战，不畏艰难，不怕疲劳，连续作战，视国家和人民利益高于一切，为人民流血牺牲心甘情愿，不断强化服从命令、严守纪律、配合大局的意识，增强完成任务的使命感和责任感。

（二）建设高素质、高效能指挥机关是关键

非战争军事行动比战争更难预测，要保证部队快速展开、快速行动必须建立高素质、高效能的指挥机关。快速反应，是一支军队指挥中枢的命脉，是一支军队能否打赢信息化战争的关键。近年来，随着我军新型一体化指挥平台的建成，我军各级指挥机构逐步具备了行动精确定位、动态实时感知的信息化战争指挥能力。同时，随着我军人才建设工程的稳步推进，一大批高素质指挥员和参谋人才崛起在信息化的"军帐"，娴熟运用信息化手段，从容指挥调度部队。

（三）军人综合素质是保证

执行非战争军事行动任务，既是对部队战斗力的检验，也是对官兵综合素质的考验。参加抢险救灾等非战争军事行动，面临多种考验，担负繁重任务，精神高度紧张，必须大力培育英勇顽强、敢打必胜的战斗精神和战斗作风，努力培育官兵过硬的综合素质。沧海横流，方显英雄本色；灾难当头，更显战士风采。

在和平年代，要大力加强部队的战斗力，增强单兵的个人军事综合素质。首先要加强基本技能训练；其次要加强联合行动训练。大规模的非战争军事行动属于国家行为，其联合性特征突出，参与行动的既有军事力量又有非军事力量，军队除了自身协同外，还必须积极与地方政府和部门进行协调，重大行动需要与地方相关机构密切协作，形成有效处置危机的合力；此外，还需加强背景政策训练。非战争军事行动涉及面广，情况复杂，行动部队要广泛地与当地民众接触，争取当地民众的配合与支持。

第二节　反恐怖行动

自 20 世纪 90 年代，当恐怖主义已经发展为一种有着明确的政治目的、思想体系和严密组织的国际或地区恐怖势力，恐怖主义活动范围日趋全球化，恐怖主义活动的对象日趋民众化，恐怖主义活动样式日趋多样化，恐怖主义的手段日趋高技术化，具有"残暴性、预谋性、隐蔽性和政治行动"的基本特征。这些恐怖势力已经由昔日的滋扰演变为对人类和国家的最大危险之一，成为一种仅次于大规模局部战争的最大危险。对这一问题的遏制和解决，完全依靠法律、宣传和道德明显不够，运用一定的军事力量打击恐怖主义势力，已经成为世界各国的普遍做法，成为许多国家和地区反恐斗争的重要组成部分和不可或缺的有效手段。当前，我国已经将反恐明确作为军队的重要职能。

一、反恐怖行动的涵义

反恐怖行动是以负有反恐怖任务的相关武装力量为主体，以恐怖势力为对手，旨在防范和打击恐怖主义活动的非战争特种军事行动。其中，负有反恐怖任务的相关武装力量包括专业化的反恐怖特种部队、其他常规部队以及准军事力量，恐怖势力包括三股恶势力和各种形式的恐怖分子、恐怖组织。除了上述定义中已经阐明的内涵外，理解反恐怖活动的涵义，还必须明确以下两点。

（一）反恐怖活动的主体并不是所有武装力量，而是负有反恐怖任务的相关武装力量

反恐怖行动的主体包括专业的反恐怖特种部队、指定的常规部队和有关的准军事力量。这一主体的确定主要着眼于我国面临的恐怖威胁并非全局性的，而是局部性的，因此，只有在恐怖活动高发地区的部队同时兼负有反恐怖任务，而且担负这一任务的主要力量是陆军部队。

（二）反恐怖活动的打击对象是恐怖势力

哪里有恐怖势力，哪里就会有恐怖活动，20 世纪 90 年代以来，境内外敌对势力相互勾结，在我国境内制造了一系列恐怖暴力事件，形成了集国际恐怖势力、民族分裂势力和宗教为外衣，猖狂地实施恐怖破坏活动，给当地人民群众生命财产造成重大损失。为此，我国政府先后签署了《制止恐怖主义爆炸的国际公约》和《打击恐怖主义、分裂主义和极端主义上海公约》，明确将"三股恶势力"作为反恐怖斗争的主要打击对象。

二、反恐怖行动的特征

反恐怖行动由于对手特殊，与其他军事行动相比较，受政策、环境、对象和力量等因素的影响，具有以下一些突出特点。

（一）政治性

由于对手特殊，反恐怖行动具有很强的政策性，所有行动从开始到结束无不受政治目的的控制和制约，不仅受国内政治的制约，还受到国际政治的影响，这就使反恐怖行动的每一个行动的政治意义都大于军事意义。其政治性体现在以下几个方面。

1. 反恐行动常常涉及民族、宗教、外交等问题，社会政治影响大

恐怖组织常常披着宗教自由、民族和人权的外衣，借宗教活动之名，或以民族生存、发展为借口，裹胁不明真相的群众实施恐怖活动，甚至还可能得到西方或周边某些国家的支持，使反恐怖行动涉及民族、宗教问题，并引起世界舆论的高度关注。如果处置不当，可能激化民族、宗教矛盾，被国内外敌对势力所利用，对我造成不利影响。

2. 反恐怖行动关系到人民群众生命财产安全，备受社会关注

由于恐怖活动严重威胁广大人民群众生命财产安全，破坏社会稳定与安宁，影响正常的生产生活，给社会造成极大的恐慌，给人民群众带来严重的心理压力和高度的精神紧张。

3. 反恐怖行动的成败直接影响着军队的声誉和国家形象

由于反恐怖作战直接关系到人民群众的切身利益。因此，当恐怖分子受到严惩，人民群众的生命财产得到保证时，政府与军队在民众中形象就会大幅提升。

4. 反恐怖活动受国际政治的影响

一些西方国家在反恐问题上大搞"双重标准"，借"人权""人道主义"对别国反恐说

三道四，甚至横加干涉。因此，未来我国反恐行动的力量与手段运用，规模和强度把握等稍有不当，都可能引起国际反华势力舆论的攻击。

（二）环境的复杂性

反恐环境是指在行动地域及其周围对行动有影响的各种情况和条件。反恐怖军事行动的方法、手段，必须根据环境作出合适的选择与运用。环境的复杂性体现在如下三个方面。

1. 地理环境复杂

我国的反恐行动一般在城镇居民地、沙漠戈壁和山地等环境进行。城镇作为地区政治、经济、交通和军事文化中心，人口相对集中，交通方便，建筑密集，设施齐全，便于恐怖分子隐藏和实施袭击，因而可能成为恐怖势力实施恐怖袭击的重点目标和武装抵抗的据点，围绕城镇的夺取与反夺取的对抗将十分激烈。沙漠戈壁气候恶劣，生存条件残酷，反恐怖行动面临严峻挑战。山地地形崎岖，道路稀少，人迹罕至，便于恐怖势力隐蔽行动中部队机动和建立营地，反恐怖行动需要动用较多的人力。这些复杂的地理环境，使反恐怖行动中部队机动受限，指挥、通信以及后勤保障组织困难，难以充分发挥火力强大的优势等。

2. 社会环境特殊

主要表现在：一是民族宗教影响巨大。民族习惯各异，宗教信徒众多是反恐怖地区社情的突出特点，恐怖势力利用民族心理和宗教文化进行长期反动宣传，使恐怖势力得以长期存在和泛滥有了群众基础。二是敌暗我明。恐怖组织隐蔽，行动诡异，事件的发生具有突发性、骤变性和不可控性，而且恐怖分子往往选择一些便于其伪装隐蔽的地区实施恐怖活动，使我反恐行动处于暗箭难防的不利境地。三是牵涉面广。反恐怖行动不仅要坚决果断打击恐怖分子，而且还要教育受蒙蔽的群众与其划清界限，分化瓦解恐怖组织。反恐怖行动还可能受外部势力的影响，特别是边疆地区与邻国在自然环境、文化传统、语言、风俗习惯以及宗教信仰等方面有着千丝万缕的联系，无疑使反恐怖行动的环境更复杂。

3. 军事环境复杂

反恐怖行动所处的军事环境复杂性体现在：一是境外势力可能为恐怖势力提供武器和人员支援。在未来反恐怖行动中，国内恐怖势力可能得到某些大国或国际恐怖组织的支持，为其提供先进武器装备，培训和扶植骨干。而是境外势力可能给境内恐怖势力以技术指导。互联网为恐怖分子相互交流和技术指导提供了方便，恐怖分子通过互联网学习如何实施袭击的方法等，已经成为恐怖活动的基本形式。

（三）对手的非常规性

恐怖分子既可能近在眼前，也可能远在天边，与恐怖势力的斗争，没有前方与后方之分，没有平时与战时之分，这显然增加了与恐怖分子斗争的难度。反恐怖行动区别于一般作战的非常规性体现在以下几个方面：一是对手属于非国家行为主体。战争的行为主体是国家，而反恐怖行动的对象是恐怖势力，属于非法组织。二是采用非常规极端手段。恐怖组织躲在暗处，恐怖活动的手段无所不及，无所不用，只要能够产生巨大的社会恐怖心理，什么手段都可以使用，什么目标都可以袭击。三是非常规选择打击目标。文明、正义、合法是反恐怖行动选择目标的根本要求，而恐怖组织选择打击目标则无所顾忌，他们不顾道德和法则，针对无辜平民实施打击，以求巨大社会恐怖效应。四是采用非常规行动方法。恐怖势力一般采取游击性的行动方法，力避与正规军正面交锋，采用不规则的破袭、偷袭、袭扰、伏击、狙击等游击战术，打了就跑，打了就藏。相应地，反袭击、反伏击、反狙击，以及封锁控制、搜索清剿等，就成为反恐怖军事行动的主要方式，其行动方法、手段与常规作战有较大区别。

（四）力量的非对称性

反恐怖行动是一种典型的非对称对抗，具有明显的我强敌弱的特点。

1. 主体力量构成的非对称性

反恐怖行动力量通常以军队、武警为主体，以公安、民兵及其他相关力量相配合，必要时还有地方相关专业力量的支援。此外，在边境实施反恐怖行动，还可能得到外国武装力量的配合。而恐怖势力作为一种非法武装，多以临时纠集招募的人员为主，难以与正规军相抗衡。

2. 武器装备和人员素质的非对称性

反恐怖行动一方拥有配套的现代化武器装备，加上所有人员经过长期严格正规的训练，有统一的作战指导思想、行动和战法。而恐怖分子使用的多是步枪、机枪、手榴弹和迫击炮等轻型武器装备，一般质量低劣，型号不全，种类较少，有时也可能拥有某种先进武器装备，但数量有限，其成员以临近纠集招募为主，一般没有接受过严格正规训练，战斗技能较差，没有统一的作战行动和战法。

3. 作战保障能力的非对称性

反恐怖行动一方可用资源丰富，物资保障充足，手段多，具有完善的指挥系统和强有力的综合保障能力；而恐怖势力一方，没有专业的保障力量，可用资源有限，一旦受到打击，恐怖势力难以组织有效的抗击和反击。

三、反恐怖行动的样式

基于我国面临的反恐怖威胁，及部队可能担负的反恐怖任务，反恐怖行动可能采取的样式主要包括封控、平息武装暴乱、重要目标防卫、围剿和救援等五种。

（一）封控

封控是对恐怖分子活动的区域，以及已经或可能发生恐怖活动区域实施封锁控制的行动，是反恐怖行动的主要样式，并贯穿于反恐怖行动的全过程。其目的在于，对恐怖分子活动的区域，以及已经发生或可能发生恐怖活动区域的外围建立对内、对外封锁线，从地理上断绝该地区与外界的联系。

（二）平息武装暴乱

武装暴乱是指境内外势力相互勾结，以危害国家安全为目的，有预谋、有组织地使用暴力手段，公开与政府对抗，造成重大财产损失、人员伤亡和社会混乱的严重恐怖事件。平息武装暴乱是反恐怖行动的主要样式之一。平息武装暴乱的目的是彻底歼灭恐怖分子，制止恐怖组织破坏社会秩序，危害国家利益和人民财产安全，恢复社会秩序，维护社会安全与稳定。从我国面临的恐怖主义威胁来看，武装暴乱大多发生在边境地区的中小城市和山区村镇，由于这些地区大多较为偏僻，交通不便，信息闭塞，既利于恐怖分子秘密串联，建立组织和进行恐怖活动准备等，也便于恐怖组织得到境外恐怖势力的支持。

（三）重要目标防卫

重要目标防卫是通过对重要目标的可靠防护部署，全力警戒和反袭击等手段，确保重要目标安全和重大活动的顺利实施而进行的防守、保卫等行动。陆军部队在遂行重要目标防卫时，除了通过防护部署达到遏制恐怖活动外，反袭击是重要目标防卫经常采用的行动样式，其目的是通过防护、出击、反击等行动，粉碎恐怖分子实施袭击破坏的企图，是一种积极的防护性反恐怖行动。

（四）围剿

围剿是指通过对恐怖分子巢穴的围剿歼灭，彻底根除恐怖活动源头的反恐怖行动。围剿行动大致可分为封控、对恐怖分子盘踞地歼击、搜剿和追歼等四个阶段。围剿中封控阶段行动如区域封控行动，追歼阶段行动与一般作战中的追击作战相类似。对恐怖分子盘踞地歼击，是攻击恐怖分子驻地、据点的军事行动，是反恐怖行动中最积极、主动的行动样式。搜剿是对恐怖分子可能藏匿地区进行搜索打击的行动，是彻底剿灭恐怖分子的重要行动，既可在进攻恐怖分子盘踞地的同时进行，也可在夺占恐怖分子盘踞地后实施。

（五）救援

救援，是为迅速消除恐怖活动造成的人员伤亡、设施破坏而进行的紧急抢救、抢修行动。实施救援行动的目的是：发生恐怖事件后，依据恐怖袭击所造成的人员伤亡、设施破坏或核生化污染、火灾等后果，组织专业部（分）队紧急救治被伤害的人员、恢复和抢修被毁坏的设施，将恐怖危害减少到最低程度，协助地方政府和人民群众做好善后工作。

第三节　维护社会稳定行动

社会稳定是社会发展进步的重要前提，是任何统治阶级和执政党维护其统治的基本条件。它不仅关系到人民群众的安居乐业，而其关系到国家的长治久安。当前，我国经济发展、政治稳定、民族团结、社会进步，总体形势良好，但仍面临着错综复杂的国内外环境，影响社会稳定、引发社会动乱的因素仍然存在，并且呈现出多元化趋势。其中既有西方敌对势力的渗透遏制，也有"三股恶势力"的分裂破坏，既有社会转型期出现的人民内部矛盾和问题，也有周边国家复杂形势的影响。面对这些不确定因素，哪一方面防范不力、处置不当，都有可能威胁和冲击我国安定团结的大好局面。维护社会稳定，对于充分利用好本世纪头 20 年的重要战略机遇期，实现全面建设小康社会的奋斗目标，具有十分重要的意义。

一、维护社会稳定行动的基本内涵

维护社会稳定，是指维持、保护一定社会形态中的人民生产和生活的稳固和安定。维护社会稳定行动具有多种手段，当以军事手段为主实施稳定行动时，就是武装力量在人民群众的支援配合下，综合运用政治和军事手段打击各种危及国家安全、破坏社会稳定的违法犯罪活动，在一定方向或区域共同组织并协调进行的特殊行动。维护社会稳定行动是非战争军事行动的重要组成部分。

军队是国家安全和维护社会稳定的坚强柱石。执行维护社会稳定任务，是我军在和平时期为维护国家安全，促进民族团结，巩固党的执政地位，保护社会主义建设成就和人民群众的生命财产，确保国家政治、经济和社会生活秩序良好运行而展开的军事行动，是人民军队义不容辞的使命和职责。

二、维护社会稳定行动的特点

骚（动）暴乱等突发事件具有政治性强、事发突然、蔓延迅速、起因复杂、敌我难辨等特点，并且随着社会信息化，各类媒体快速传播而日益引起社会的广泛关注，影响面也越来越大。骚（动）乱、暴乱等突发事件的特点，决定了维护社会稳定行动具有以下特点。

（一）政治的敏感性

骚（动）乱事件多数具有很强的政治目的和极大的社会影响力，直接涉及政治、经济、外交、民族、宗教等一系列敏感问题。对这些问题处理正确与否直接关系到社会的安定，民族的团结，影响到我国在国际社会中的地位和声誉。

（二）行动的应急性

骚（动）乱行动往往都是有组织、有预谋、精心策划，具有一定规模的事件，遇有机会便会突然发端，事件在什么时间、哪个地点、针对什么人、以何种方式发生，都具有极大的隐蔽性，难以预料和察觉、一旦事发，将直接危及党政军首脑机关及领导人住地、银行、新闻单位、武器库、发电厂、供水厂、车站等造成社会混乱。这就决定了维稳行动具有很强的应急性，它不可能像作战行动那样，有较充裕时间准备，而是在紧急情况下受领任务，需要边出动边准备。

（三）环境的复杂性

维稳行动环境的复杂性表现在三个方面：一是自然条件复杂。如我国西北边境地区地形复杂，气候变化快，生存条件差，有"生命禁区"之称。恶劣的自然条件和特殊的生存环境对部队执行维稳任务提出了挑战。二是社会环境复杂。各种骚（动）乱一般都是在易引起国内国际媒体舆论和政治舆论关注的敏感地点，如党政机关场所等。这些活动的影响后果广泛而复杂。三是敌我辨别难度大。维稳行动所打击的对象往往是隐藏在人民阵营内部煽动和制造骚（动）乱、暴乱的敌对势力，暴徒与群众往往很难辨认。

（四）手段的有限性

与作战行动相比，维稳行动受法律约束更强，受制因素更多。当军队遂行（作战）行动时，国家或部分地区将转入战时状态，作战行动除受《战争法》等国际法规的约束外，将打破平时法律的约束，一切按战时体制运转。而维护社会稳定行动则是在非战争状态下应对影响国家安全与社会稳定的突发事件和危机，军队行动除了受法律法规的制约外，还要受到政治因素、社会舆论及当地群众的宗教信仰与风俗民情的影响。一旦行动失当，就会授人以柄，造成被动。

（五）方式的多样性

由于突发事件尤其是骚（动）乱、暴乱的规模、性质通常随着事态的发展而变化，这就使遂行任务的方式呈现出多样性。如，当局部地区发生小规模恐怖骚乱事件时通常采用政治攻势和军事威慑，力争以和平斗争方式解决问题；当骚乱事态扩大，发展到动乱，并有明显的暴乱迹象时，应根据上级指示，果断使用军事威慑和有重点的局部武力打击并举的方式，力图将事件遏制在萌芽状态；当骚（动）乱事态继续恶化，问题性质发生质变形成暴乱时，要及时实施强有力的武力打击，坚决迅速、果断地予以平息。这些动态可能在极端的时间内发生极大的变化，在行动中，要准确把握时间的性质和政策界限，做到以变应变，力争主动。

第四节　抢险救灾行动

20世纪以来，全世界已有500万人死于自然灾害，8亿人生活受到影响，人类每年创造的财富约有10%被各种自然灾害吞噬。此外，全球每年由社会性灾害造成的财产损失和人员伤亡不计其数。作为人类共同面对的非传统安全威胁，自然灾害、社会灾害对我国经济社会发展的制约和影响越来越大。现阶段，我国各级政府专业抢险救灾力量建设相对落后的情况下，发生重大自然灾害和事故灾害，仍然需要军队在各种救援力量的编成内参加抢险救灾行动。根据《军队参加抢险救灾条例》的有关规定，军队抢险救灾行动就是军队利用各种力量控制、减轻和消除各种特大自然灾害、事故灾难、公共卫生事件等引起的严重社会危害的一系列对应活动。根据《军队参加抢险救灾条例》的有关规定，只有在面临重大和特大灾害时、且有上级命令时才能动用陆军部队参加抢险救灾。动用军队参加抢险救灾的，必须按照规定的批准权限和程序办理。

一、军队参加抢险救灾行动的特点

军队参加抢险救灾是社会抢险救灾共同行动的重要组成部分，与其他抢险救灾行动相互联系，相互影响，互为补充。其行动特点与灾害种类、发生时间、危害程度以及担负的任务等密切相关。

（一）行动情势急迫

抢险救灾行动情势急迫，是由灾害发生、发展的特点规律以及要把损失降到最低程度的目的决定的。一是灾害猝发特征明显，灾害的预测存在理论上的困难，多数灾害如震灾、火灾、交通事故、泄漏事故等，事先没有明显的征兆和端倪，即使有一定预警期的灾害，发生的时间、地点以及危害程度和后果也很难预测，其危害因素，如溃堤、管涌、塌方等则表现出更大的不确定性。一旦爆发，往往猝不及防。二是危害因素多样，灾害蔓延迅速。灾害类型多，频率高，强度大，往往呈现出群发性趋势，大量频繁的次生、衍生灾害使灾情变得异常复杂。风灾往往并发风暴潮、海岸洪水、海啸等；震灾经常衍生火灾、水灾、塌方、爆炸、核生化泄漏等灾害；雪灾可能出现寒潮、雪崩、瘟疫等。三是灾害破坏作用巨大，后果严重。灾害的巨大破坏作用主要体现在直接危害人民生命财产安全，危害生产、生活基础设施；可能导致区域性经济瘫痪，破坏国家经济运行秩序；污染、破坏生态环境，损害生产、生活资源；大量家庭解体，不良的心理影响、巨大的精神创伤影响人们的情绪稳定；不法分子趁机作乱，影响国家安全和社会稳定等。据不完全统计，20世纪90年代以来，我国因自然灾害造成的直接经济损失占国家财政收入的1/6至1/4，因灾死亡人数平均每年1万至2万人。

从灾害发生、发展规律和破坏后果来看，抢救灾害行动不仅直接关系到人员生与死、物资财产存与毁、经济损失大与小，而且关系到国家的安全稳定和发展。部队抢险救灾行动展开得越早，次生、衍生灾害就越可以得到有效地预防和控制，抢险救灾行动组织的复杂程度就越低，抢险救灾行动的成效就越好。

（二）行动保障困难

一是指挥保障不便。灾害发生后，指挥效能将受到极大影响。由于自然灾害引起的气候异常、大气层结构发生变化，无线通信稳定程度降低。灾区通信基础设施严重损害，对高度分散在各抢险作业场（区）的部队来讲，实施有效、不间断指挥的难度增大。交通道路阻塞和中断，机动指挥效能难以充分发挥。电力保障困难，自动化指挥手段运用受到一定影响。

二是救援保障不稳定因素多。由于灾情多变，任务转换频繁，救援保障工作强度和难度明显增大。首先，保障基本部署难确定。抢险救灾行动多是应急行动，包括保障在内的各项准备时间都非常有限；到达灾区之初，由于灾害信息比较散乱且模糊不清，部队行动的决心难以完整、系统地确定和下达，保障工作因缺少必要地依据而缺乏针对性。其次，保障要素不确定。抢险救灾行动，点多线长面宽，部队（分队）没有固定的作业场所，流动性大，保障方向不断变化；保障对象上，既有成建制的分队，又有非建制或多建制独立行动的分队；既可能承担部分地方抢险队伍的保障，也可能临时满足灾民生活的需要，保障对象纷繁多样。第三，生活保障缺乏基本依托。部队持续的、大量的救援器材和物资，都需要依靠地方的保障力量来解决，需要与地方共同筹措、调拨，但由于灾区的交通、电力、通信、供水系统往往受到严重破坏，大部分救援物资都需要由外地调入，保障系统本身就很脆弱，加之部队任务地区不断变化，与地方保障机构的关系也极不稳定，从而增大了保障工作的变数。第四，部队自身装备技术保障能力有限。抢险救灾行动需要综合救援能力，部队抢险救灾行动受到装备技术的限制。

（三）遂行任务繁重，危险性大

部队在遂行抢险救灾行动时，通常要担负多项救援任务，不仅要救人，还要保卫重要目标安全、转运物资、维护社会稳定等。同时，遂行这些任务往往都带有很大的危险性，这种危险性主要来自两个方面：首先，原生灾害的持续发展、扩大，次生灾害、衍生灾害的不断出现，如风灾、洪灾中暴风雨袭击、建筑物坍塌、堤坝溃决、流行病传播；震灾中的余震、火灾、水灾等次生灾害和爆炸、核生化泄漏的衍生灾害；雪灾中冻伤、瘟疫等，使抢险工作面临着巨大威胁。抢险救灾是在灾情持续发展情况下进行的，参加抢险的部队官兵既是救援的生力军、突击队，也可能成为新的蒙难对象。其次，与抢险作业相关联的险情，既可能对抢险目标造成二次伤害，也可能危及抢险人员的生命。抢险救灾危险性大的特点，要求陆军部队在抢险救灾行动中，必须坚持实事求是的原则，科学组织抢险救灾行动，选择正确的作业方式、方法和步骤，坚决克服鲁莽行为，积极做好自身防护，避免救援对象遭受新的伤害。

二、军队参加抢险救灾行动的主要样式

根据灾害分类，军队参加抢险救灾行动的主要样式有以下几种。

（一）抗洪抢险行动

抗洪抢险，是针对由大面积降雨、冰雪融化、堤坝崩溃等原因导致洪涝灾害的抢救行动。洪灾发生频繁，成灾面积大，危害程度高，造成的经济损失和人身伤亡位居群灾之首。部队参加抗洪抢险任务繁重多样，力量配置分散，物资消耗巨大。例如，新中国成立后，我军先后参加抗洪抢险上万次。

（二）灭火救灾行动

灭火救灾，就是针对火灾造成的危害而采取的紧急抢险行动。火灾是一种终极型、毁灭

性灾害，发生频率高、蔓延速度快、破坏力强。陆军部队参加灭火救灾应坚持快速准备、快速开进、快速展开、快速扑救的总体要求，积极抢险救灾群众，保护国家和人民的生命财产等。

（三）抗震抢险救灾行动

抗震救灾，是对地震造成的地表建筑物坍塌、生产生活设施毁坏、人员伤亡等危害的抢救，是控制和消除由地震引发的火灾、水灾、滑坡、泥石流和核生化泄露等次生灾害及其危害的行动。震灾突发性强，继发性突出，次生灾害群发特征明显，破坏程度高。部队参加抗震救灾必须做到快速反应，果断处理，多种抢救作业平行展开，原生灾害救援和次生灾害控制相结合。

（四）抵御风灾行动

抵御风灾，是人们抵御来自台风（包括热带风暴、强热带风暴）、寒潮、热浪和特殊地理环境中龙卷风、布拉风、焚风、沙尘暴等的袭击，消除其危害的行为。风灾的发生、发展是一种自然现象。抗风救灾往往因受到风雨阻碍，难度大，效率低，尤其遇到特大风暴的袭击时，人力难以抗拒，抢救作业无法展开。部队在遂行抵御风灾任务时，应坚持防抗结合、以防为主，先人后物、救命为先的原则，在预警期内采取坚决而有重点的避防措施；在抢险行动中，以保护灾区人民生命安全为中心环节，组织疏散人群和搜救行动，果断排除险情，转移物资。

（五）抗击冰雪灾害行动

抗击冰雪灾害，是对因雪灾、雪崩等造成的灾害实施的抢险救灾行动。雪灾是一种慢性灾害，受灾范围广，持续时间长，由于恶劣气象条件、积雪等的不利影响，加之受灾地区通常居住分散，抢救行动难度较大。抗雪抢险救灾必须利用灾害形成期，主动了解掌握情况，合理确定救援方案，明确抢救行动方式和协同事项，尽量削弱各种不利因素的困扰。1978年以来，我军部队先后参加了新疆阿勒泰地区、青海玉树和果洛地区、西藏那曲地区等数百次抗雪救灾。

（六）处置突发公共卫生事件

突发公共卫生事件，是指突然发生、可能造成严重社会危害，需要采取应急处置予以应对的重大传染性疾病、因其他原因导致中毒等事件。由于环境污染日益加剧，重大疫情在中国时有发生。帮助群众抗病除灾，保障人民群众生命安全与身体健康，是部队的一项重要任务。

（七）核生化事故抢险行动

核生化事故抢险是针对生物制剂、核化原料或产品大量泄漏的抢险救灾行动。核生化事故危害严重，部队在协助专业救援力量实施抢险救灾行动时，应严密组织，合理进行力量编组，依靠技术装备，严格操作规程，确保安全。

（八）交通事故抢险行动

交通事故抢险是对交通工具（包括车辆、航空航天器、船舶等）在通行（航天）过程中因意外情况遭受严重损害或毁灭而造成的事故的抢险救灾行动。交通事故连锁性强，往往继发起火、爆炸或污染物泄漏等，险情隐患突出，抢救行动技术要求高。

三、军队参加抢险救灾行动的地位及作用

新中国成立以来的历史实践证明，我军部队在历次抢险救灾行动中，都发挥了重要作

用。《中华人民共和国宪法》规定，中华人民共和国武装力量的任务之一就是"参加国家的建设事业，努力为人民服务"。《中华人民共和国国防法》也规定，"现役军人应发扬人民军队的优良传统，热爱人民，保护人民，积极参加社会主义物质文明和精神文明建设，完成抢险救灾等任务。"

（一）军队是参加抢险救灾的突击力量

抢险救灾实践证明，军队是抢险救灾的重要力量，发挥着不可替代的主力军作用。每当发生重大灾害，部队官兵总是奋勇当先，赴汤蹈火，全力抢救国家和人民群众的生命财产。据不完全统计，新中国成立以来，我陆军部队共参加抢险救灾40余万次，出动官兵1 800多万次，动用飞机舰船10余万架（艘）次、机械车辆140万台次，抢救和转移群众500万人，抢救各种物资近4 000万吨，并支援灾区群众大批给养、被装、医药等物品，对巩固社会主义建设成果和保证国家改革开放的顺利进行做出了突出贡献。

（二）军队是维护灾区社会稳定的骨干力量

灾害发生后短期内，灾区社会秩序较为混乱，一些不法分子趁灾打劫，各类刑事犯罪活动也将十分猖獗，有的不法分子还会借此造谣扰乱人心，这都给灾区人民带来了极大的威胁，此时地方治安力量也十分有限。因此，军队往往要在组织抢救作业的同时，按照"掌握政策，军地协同，快速展开，争取主动"的要求，适时派出力量维护社会秩序，确保灾区社会稳定。如遂行疏导道路交通、警卫重要目标、协助地方维护灾区社会治安等任务，可以说几乎涵盖了灾区维护社会稳定的所有任务，是维护灾区社会稳定的骨干力量。

（三）军队是灾后重建的重要力量

我军部队具有战斗队、工作队、宣传队的光荣传统，与其他社会集团相比，具有组织严密，纪律严明，突击力量强，政治工作有力，各种保障及时等优势。因此，在抢险救灾中，军队不但能够担负急难险重任务，关键时刻上得去、顶得住，能够发挥突击作用和应急"拳头"作用，而且在必要时，还可以协助地方人民政府开展灾后重建工作，尤其在重特大灾害的抢险救灾行动中，军队参加灾后重建具有重要作用。《军队参加抢险救灾条例》第三条规定"必要时，军队可以协助地方人民政府开展灾后重建等工作。"因此，协助地方人民政府开展灾后重建历来是我军部队抢险救灾行动的重要任务，其本身也是灾后重建的重要力量。2008年汶川抗震救援中，中国人民解放军总政治部先后3次组织"抗震救灾心理服务专家组"78名专家，115支心理应急干预分队，分赴5个责任区为受灾群众提供心理抚慰，开展心理疏导。我军某部还派出100多名装备技术人才帮助30多家企业抢修损毁设施、设备，协调恢复生产所需技术人员和资金等。

思 考 题

1. 非战争军事行动的含义是什么？
2. 非战争军事行动的特点是什么？
3. 如何认识军队在参加抢险救灾行动中的地位作用？

第 七 章

中国人民解放军共同条令

条令，是中央军委以简明条文的形式发布给全军的命令。它是军队战斗、训练、工作、生活的法规和准则。条令按规定的范围分类很多，如《内务条令》《纪律条令》《队列条令》《步兵战斗条令》《政治工作条令》，还有机关、军衔、各种武器装备、器材和技术条令等。

《内务条令》《纪律条令》《队列条令》是我军各军种、兵种的共同条令，是每个军人必须遵守的法典。我军从创建之日起就重视条令建设。如红军时期颁发过《内务条令》（后改为内务条令和纪律条令），并参照列宁创建前苏联红军时颁发的步兵战斗条令第一部分进行队列训练。以后，随着军队建设的发展，根据毛泽东同志关于人民军队建军原则，制定了我军的内务、纪律、队列三大条令，并在实践中不断充实完善。现行的三大条令是根据21世纪我军建设的新情况、新要求，对2002年3月我军颁布的三大条令进行修订，经2010年5月4日中央军委常务会议通过，已于2010年6月15日起施行。

我军是执行政治任务的武装集团，主要任务是打仗。军队的使命要求部队要有高度的集中统一和严格的组织纪律观念。而军队成员来自五湖四海，出身、经历、生活习惯各不相同，文化教育、思想修养、觉悟程度和道德观念也不完全一样。如果没有一个从生活到工作，从训练到作战的统一准则规范部队的行动，那必然是没有战斗力的部队，也就不能完成军队所担负的以作战为中心的各项任务。

努力把我军建设成为现代化正规化的革命军队，是全军的战略目标，也是毛泽东、邓小平、江泽民三代领导人和以胡锦涛同志为首的新一代党中央领导集体的共同期望。军队的现代化和正规化，是不可分割的整体。为了建设一支21世纪能够打赢信息化战争的革命军队，必须进行正规化建设。正规化是现代化不可缺少的条件，没有正规化就不能实现现代化；越是现代化越需要正规化。

军队现代化是指现代先进科学技术普遍运用于军事领域，使军队的武器装备等与社会生产力所达到的水平相适应。军队的正规化就是用与现代化相适应的统一规格或标准来规范军队的各项工作和军人的一切行动。这个统一的规格和标准就是条令。从这种意义上讲，正规化就是按条令办事，就是条令化。一切生活、训练、工作、战斗都照条令进行，并达到条令所规定的标准，这就是正规化的具体表现。因此，军队现代化越高，正规化要求就越高，条令的要求也就越严。没有条令的贯彻执行，正规化建设无从谈起，军队现代化就没有保障。

第一节 共同条令简介

一、《内务条令》教育

我军在不同的历史发展时期，都非常重视军队内务制度的建设。《内务条令》对于严格规范军人的行为，建立良好的内外关系和正规的秩序，巩固军队内部的团结统一，提高军队的战斗力，保证军队的正常运转和圆满完成作战及其他各项任务，具有十分重要的作用。

（一）《内务条令》的概念

《内务条令》是规定军队内部关系、生活制度和军人职责的条令，是全军进行行政管理教育的依据。

（二）《内务条令》的基本内容

《内务条令》共分21章、58节、420条，并有附录11项。

第一章：总则。是整个条令的纲要。集中阐述了我军的性质和任务；提出了我军新时期建军的总方针；明确了内务建设的基本任务。强调了：必须坚持以提高战斗力为根本标准；必须坚持政治工作生命线地位；必须坚持依法治军、从严治军；必须坚持和发扬优良传统；各级首长和机关必须按级负责，各司其职。

第二章：军人宣誓。提出公民入伍后，必须进行军人宣誓。军人誓词是："我是中国人民解放军军人，我宣誓：服从中国共产党的领导，全心全意为人民服务，服从命令，严守纪律，英勇战斗，不怕牺牲，忠于职守，努力工作，苦练杀敌本领，坚决完成任务，在任何情况下，决不背叛祖国，决不叛离军队。"另外，对军人宣誓的要求、宣誓大会的程序，以及军人退役集体向军旗告别等均作了规定。

第三章：军人职责。该章规定了士兵和军官（首长）的一般职责，并对各级军政主官，乃至技师、正副班长和连勤人员职责都作了明确规定。

第四章：内部关系。本章对军人相互关系、官兵关系、机关相互关系和部队（分队）相互关系都作了明确规定。体现了一种人民军队特有的内部关系；强调了"军人不论职位高低，在政治上一律平等，相互之间是同志关系"，但是"部属、下级必须服从首长、上级"。

第五章：礼节。主要讲军队内部的礼节、军队和分队对军外人员的礼节和其他时机和场合的礼节规定。指出军人讲礼节，表达了军人相互间的尊重和友爱，是对地方人员、外宾的礼貌，是精神文明建设在部队的一种良好体现。值得一提的是，本条令在军人敬礼的要求上，首次明确规定"着军服戴军帽或者不戴军帽，通常行举手礼"，这主要便于与国际军队间的接轨。

第六章：军容风纪。详细规定了军人着装、仪容和举止的具体要求。提出"军人必须按规定着军装，保持军容严整"。"军人必须举止端正，谈吐文明，精神振作，姿态良好。"并且，还对军容风纪检查的方式、方法作了明确规定。

第七章：对外交往。这是条令新增设的一项内容。提出"军人在对外交往中必须遵纪守法，坚决维护国家和军队的利益"。同时，对军人应该参加哪些社会活动，不应该参加哪些社会活动均作了明确规定。

第八章：作息。一是讲一日时间分配，指出："工作日通常保持八小时工作（操课）和八小时睡眠，并规定起床、早操、洗漱、开饭、课外活动和点名时间。星期六可用于两用人才培训、科学文化学习、文体活动、农副业生产等。星期日和节假日除特殊情况外应该安排休息。"二是讲连队一日生活的具体项目、内容和要求。三是讲机关一日生活秩序。

第九章：日常制度。部队的日常制度通常包括：行政会议；请示报告；连队内务设置；登记统计；请假销假；查铺查哨；军官留营住宿；点验；交接；接待；证件和印章管理；保密。

第十章：值班。值班是部队常备不懈，指挥不间断的保障。该章由值班制度、值班人员职责、交接班和换班各节构成。

第十一章：警卫。警卫是为了保卫机关、部队和装备、物资的安全。本章提出了警卫要求、注意事项和一般守则。

第十二章：零散人员管理。本章要求各级首长、机关应加强对公勤人员、单独执行任务人员、探亲休假人员、伤病员的管理教育，使他们保持良好的军人形象，维护军队的荣誉。

第十三章：日常战备和紧急集合。本章要求部队（分队）必须高度重视战备工作，紧密结合形势和任务，经常进行战备教育，增强战备观念，建立正规的战备秩序，保持良好的战备状态。为锻炼部队（分队）紧急行动能力，检查战斗准备情况，通常连每月、营每季、团（旅）每半年进行一次紧急集合。

第十四章：装备日常管理。本章要求部队（分队）必须严格执行装备管理的有关条例和规章制度，加强日常管理，防止装备丢失、损坏、锈蚀和腐烂变质，保证装备经常处于良好状态。

第十五章：财务和伙食、农副业生产管理。财务管理方面，要求部（分）队建立健全经费管理、实物验收、账目公布、财务交接等管理制度；伙食管理方面，保证每个军人的伙食达到营养标准，重视伙食卫生，尊重少数民族官兵的饮食习惯。同时，要求团以下部队应当因地制宜的发展农副业生产，改善部队伙食，补助生活。

第十六章：卫生。既规定军人个人卫生内容、要求和卫生保障制度，又明确室内外环境卫生标准和卫生清扫、检查制度。

第十七章：营区、营产管理。强调了部（分）队首长应当加强营区管理，维护良好的工作和生活秩序；要重视营区土地、营房、营具、场地、道路和水屯、取暖、卫生、消防等设备以及营区林木等营产的管理，教育部属爱护营产，遵守有关管理规定。

第十八章：野营管理。部（分）队野营要认真做好准备，进行思想动员和政策纪律教育，要妥善保管好武器装备，遵守群众纪律，维护军政、军民团结。同时，也提出了十条注意事项。

第十九章：安全工作。安全工作是部队的一项经常性、综合性工作，是加强部队全面建设的重要方面。本章对安全工作提出了基本要求，并要求做好各项常见事故的预防工作。

第二十章：国旗、军旗、军徽的使用和国歌、军歌的奏唱。本章对国旗的使用和国歌的奏唱，军旗、军徽的使用和军歌的奏唱均做出了具体规定。指出军人必须维护和捍卫祖国的尊严，维护军威、国威。

第二十一章：附则。说明了本条令适用范围和解释权限。

附录。介绍了军旗（包括了陆、海、空三军军旗）式样、军徽式样；登载了《中国人民解放军军歌》；列举了报告词示例；介绍了帽徽、肩章、军种（专业技术）符号和领花的佩带与缀钉方法；规范了连队宿舍内物品放置秩序；示意了男女军人参照发型。并且对军人外出证和连队要事日记式样也做了规定。

（三）贯彻《内务条令》的要求

《内务条令》是部队实施管理教育的依据，是军队生活的准则，也是部队战斗力形成的保障。因此，每个军人必须认真、坚决地贯彻执行。贯彻好《内务条令》应该做好如下四点。

第一，加强《内务条令》的学习和教育，提高全体人员执行条令的自觉性。通过条令的学习和教育，使全体人员弄懂执行条令的目的、意义和要求。要认识到贯彻执行条令，不仅仅是为了维护部队平时的内务秩序，根本的着眼点是培养和锻炼部队具有适应现代战争的各种能力，确实从思想上提高贯彻执行《内务条令》的自觉性。

第二，理论联系实际，严格按照条令办事。执行条令，不仅是口头上讲，而且贵在落实。在日常生活、工作、训练中要严格地按条令办事，养成良好的习惯，使军人的一切行动和部队工作的方方面面都按照条令的要求去做，切实把条令落到实处。

第三，抓好养成教育。要把条令变成全体军人的自觉行动，必须在养成教育上下工夫。各级机关和干部，要从一点一滴，一言一行抓起，一抓到底；特别是基层干部，要做到身教重于言教，以榜样的力量带动下级；要做到腿勤、眼勤、嘴勤，及时发现问题，纠正违反条令的现象；发挥群众工作的威力，互相监督，互相教育，使部队养成按条令办事的习惯，形成良好风气。

第四，搞好检查评比工作。检查评比是推动部队贯彻条令的一项重要措施。通过检查评比奖励先进，鞭策后进，带动中间；检查评比要公正平等，讲求实效，不做表面文章；要坚持赏罚严明，赏好罚差，充分调动全体人员贯彻落实条令的积极性。

二、《纪律条令》教育

我军的《纪律条令》是在长期的军事斗争和军队建设实践中逐步形成和完善起来的。我军自建军之日起，就把加强组织纪律性放在各项工作首位。红军井冈山斗争时期，就制定了"三大纪律六项注意"（后改为"三大纪律八项注意"）。"加强纪律性，革命无不胜。"我军就是靠着铁的纪律，才由小到大，由弱到强。在新时期，我军以一切为打赢为主要战略目标，就必须继承和发扬纪律建军的优良传统，加快实现我军的现代化、正规化建设。

（一）《纪律条令》的概念

《纪律条令》就是规定军队纪律的条令，是全军维护和巩固纪律的依据。它规定了军队纪律的具体内容，同时对模范执行纪律和违反纪律的行为，作出了奖励和处分的具体规定。

（二）《纪律条令》的基本内容

《纪律条令》共7章、16节、179条，并有附录8项。

第一章：总则。着重阐述了我军纪律产生的基础、目的和基本内容；维护和巩固纪律的方法、措施；并对各级首长和全体军人如何巩固和维护纪律提出了总要求。

第二章：奖励。明确了奖励的目的在于调动广大官兵的积极性，发扬爱国主义、共产主义和革命英雄主义精神，保证作战和其他各项任务的完成；规定了奖励的项目、条件、权限和奖励的要求、手段和形式。

第三章：处分。明确了处分的目的在于惩前毖后，治病救人，增强团结，加强集中统一，提高部队的战斗力；规定了处分的项目、条件、权限和实施的具体要求、方法。

第四章：特殊措施。本章规定了为制止严重违纪行为和预防事故、案件发生，必要时可由各级采取行政看管措施，但不应超越权限；明确了在各种特殊情况下发生问题处理的原则和方法，以及所负的责任。

第五章：控告和申诉。明确了控告和申诉的目的，军人实施控告和申诉的条件、程序和形式；保障军人控告、申诉权利的要求。

第六章：首长责任和纪律监察。提出：各级首长负有维护纪律的直接责任。要以身作则，严于律己；要按条令的规定和程序，正确地实施奖惩，不得以权谋私；要行使各级军人代表会议、连队军人委员会民主权利，敢于批评和揭露不良倾向以及违法乱纪行为。

第七章：附则。规定了本条令使用的范围和奖章、奖状、立功证书等制发的机关。

附录。主要有："三大纪律八项注意"内容；个人、单位奖励登记表和处分登记表、行政看管审批表等式样。

（三）贯彻《纪律条令》的要求

第一，坚持以思想教育为主的方针。这一方针既是纪律条令本身的明确要求，也是我军维护和巩固纪律的光荣传统。首先，要经常组织部队官兵认真学习马列主义、毛泽东思想、邓小平理论和"三个代表"的重要思想，不断提高思想政治觉悟。执行纪律问题，说到底是个思想觉悟和世界观问题。高度的政治觉悟，是自觉遵守纪律的基础，而一切非无产阶级的思想，则是违法乱纪的思想根源。其次，要经常进行道德、法制和纪律教育，不断增强法制和纪律观念，让全体人员懂得什么是纪律，为什么要遵守纪律，怎样去遵守纪律。并结合正反两个方面的实例，紧密联系实际进行教育，进而在思想上、理论上奠定遵守纪律的坚实基础。

第二，坚持赏罚严明的原则。正确地实施奖惩，是维护纪律的必要措施。要使纪律真正得到执行，成为大家自觉遵守的准则，正确的实施赏罚就起到关键的作用。赏罚严明要坚持实事求是，坚持原则，不徇私情，才能使纪律顺利执行。

第三，干部要做执行《纪律条令》，遵纪守法的模范。在贯彻落实《纪律条令》中，各级干部必须以身作则，正人先正己，正己而后正人。一是自己带头遵纪守法，并要做到执法、护法，及时同各种违法乱纪现象作斗争。二是要明确行动是无声的命令，如果干部能够自觉的执行纪律，给部属做出好样子，部属就愿意服从干部的管理，就能使我军的纪律成为每个军人的自觉行动准则。

三、《队列条令》教育

《队列条令》是随着军队武器装备和作战样式的发展变化，为适应军队的建设和作战需要而产生和发展的。新中国成立以来，我军先后颁发了8次《队列条令》，对加强我军的正规化建设，巩固提高军队的战斗力，都具有十分重要的作用。

（一）《队列条令》的概念

《队列条令》是规定部队和单个军人队列动作的条令，是全军队列训练和队列生活的依据。该条令从适应我军优良作风的培养和军事训练需要出发，以培养个人的良好姿态，严整的军容，协调一致的动作，优良的战斗作风，提高部队的组织纪律性，增强我军的战斗力为目的。

（二）《队列条令》的基本内容

《队列条令》共 11 章 71 条，并有附录 4 项。

第一章：总则。论述了《队列条令》的立法目的、适用范围，阐明了队列训练的意义、目的，明确了首长、机关的责任，规定了队列纪律。

第二章：队列指挥。规定了队列指挥员的指挥位置、指挥方法，并提出了具体要求。

第三章：队列队形。明确了队列的三种基本队形和队列间距；介绍了班、排、连、营、团队形的排列序列。

第四章：单个军人队列动作。规定了单个军人徒手队列动作，以及操枪、操筒（炮）时的基本队列动作。

第五章：班、排、连、营、团的队列动作。规定了班、排、连、营、团的队列动作（如集合、离散、整齐、报数、队形变换、方向交换等）。

第六章：分队乘坐汽车、火车、舰艇（船）和飞机。规定了分队乘坐汽车、火车、舰艇（船）和飞机的组织程序、实施方法和要求，明确了应注意的事项和具体规定。.

第七章：敬礼。规定了单个军人和分队在不同场合的敬礼动作。

第八章：国旗的掌持、升降和军旗的掌持、授予与迎送。规定了国旗、军旗掌持动作要领，升降国旗和迎送军旗时的队形和队列人员的动作要求。

第九章：阅兵。明确了阅兵的时机和形式，规定了（步兵团）阅兵式和分列式的组织程序和分队的动作要领。

第十章：晋升（授予）军衔、授枪和纪念。规定了晋升（授予）军衔、授枪及纪念仪式。

第十一章：附则。说明了条令的适用范围及解释权限。

附录。规定了队列口令下达要领、半自动步枪操枪及行进间托枪、端枪的互换要领，以及队列符号等。

（三）贯彻落实《队列条令》的要求

第一，深入进行《队列条令》教育，提高对队列练重要意义的认识，增强执行《队列条令》的自觉性。通过《队列条令》的教育训练，使大家认识到：队列训练是培养部队高度组织纪律观念的重要措施，严格的队列训练，可以使部队养成"讲军容、讲礼貌、讲纪律、讲团结"的良好作风。同时，也有助于部队的体质锻炼，增强战斗力。

第二，贯彻"严格要求，严格训练"的训练方针。条令是法典，每个军人都必须遵守。队列训练要严格，"严"就是严肃、认真，一丝不苟；"格"就是规格，规格就是条令。队列训练就要以《队列条令》的规定动作、队形为标准，规范其行为举止，不允许有半点马虎和走样。

第三，贯彻"教养一致"的原则。《队列条令》总则指出：全体军人必须严格执行本条令，加强队列训练，培养良好的军姿、严整的军容、过硬的作风、严格的纪律性和协调一致的动作，促进军队正规化建设，巩固和提高战斗力。进行队列训练，必须从实际出发，要扎扎实实，讲究实效。在操场上要按照条令、条例、教程、教范规定的动作要领严格训练；在日常生活中，也要严格要求、大胆管理，养成良好习惯，做到教养一致。不能在操场上严，日常生活中松。要把操场上队列训练的动作，贯彻于一切生活中去，培养军人有教养、讲礼貌的良好习惯。队列训练要有"团队精神"，要培养"整齐划一，令行禁止"的集体主义观念。通过严格的训练和平时的养成，培养干部、战士贯彻条令的自觉性。只有这样，才能把《队列条令》落到实处。

第四，干部以身作则，搞好传、帮、带是贯彻好条令的关键。古今中外的著名将领，都十分重视对军队的队列训练。朱德同志讲过："干部不怕死，战士就勇敢了，干部肯吃苦，战士就再苦也甘心。"干部的行动就是无声的命令，喊破嗓子也不如做出样子。贯彻条令，也要这样。干部本身要做好，要做表率，以自己的模范行动去影响部队、带动部队，万众一心，才能把《队列条令》贯彻到底。

第二节　队列动作

队列动作是对单个军人和部（分）队所规定的队列训练、队列生活和日常生活的制式动作；是战斗动作的基础，是培养"团队精神"，提高战斗力的一种必要形式。

一、单个军人的队列动作

（一）立正

立正是军人的基本姿势，是队列动作的基础。军人在宣誓、接受命令、进见首长和向首长报告、回答首长问话、升降国旗和军旗、奏国歌和军歌等严肃庄重的时机和场合，均应当自行立正。

口令：立正。

要领：两脚跟靠拢并齐，两脚尖向外分开约60°；两腿挺直；小腹微收，自然挺胸；上体正直，微向前倾；两肩要平，稍向后张；两臂下垂自然伸直，手指并拢自然微曲，拇指尖贴于食指第二节，中指贴于裤缝；头要正，颈要直，口要闭，下颌微收，两眼向前平视（见图7-1）。

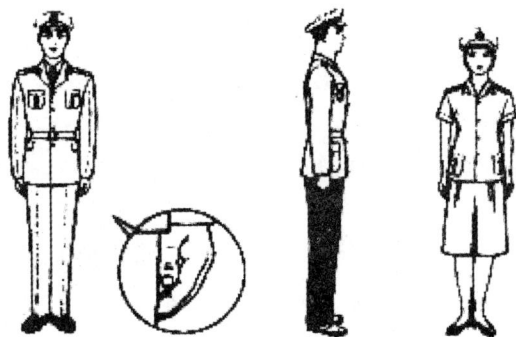

图7-1　立正

携枪的要领：肩冲锋枪和81式自动步枪时，右手在右胸前握背带（拇指由内顶住），右大臂轻贴右胁，枪身垂直，枪口向下（见图7-2）。

（二）跨立

即跨步站立。主要用于军体操、状勤和舰艇上分区列队等场合。可以与立正互换。

口令：跨立。

要领：左脚向左跨出约一脚之长，两腿挺直，上体保持立正姿势，身体重心落于两脚之间。两手后背，左手握右手腕，拇指根部与外腰带下沿（内腰带上沿）同高；右手手指并拢自然弯曲，手心向后。携枪时不背手（见图7-3）。

图7-2 携枪的要领　　　　　图7-3 跨立

（三）稍息

口令：稍息。

要领：左脚顺脚尖方向伸出约全脚的2/3，两腿自然伸直，上体保持立正姿势，身体重心大部分落于右脚。携枪时，携带的方法不变，其余动作同徒手。稍息过久，可以自行换脚。

（四）停止间转法

1. 向右（左）转

口令：向右（左）——转。半面向右（左）——转。

要领：以右（左）脚跟为轴，右（左）脚跟和左（右）脚掌前部同时用力，使身体协调一致向右（左）转90°，体重落在右（左）脚，左（右）脚取捷径迅速靠拢右（左）脚，成立正姿势。转动和靠脚时，两腿挺直，上体保持立正姿势。半面向右（左）转，按照向右（左）转的要领转45°。

2. 向后转

口令：向后——转。

要领：按照向右转的要领向后转180°。

3. 持枪时的动作

持枪转动时，除按照徒手动作要领外，听到预令，将枪稍提起，拇指贴于右胯，使枪随身体平稳转向新方向，托前踵轻轻着地，成持枪立正姿势。

（五）行进

行进的基本步法分为齐步、正步和跑步，辅助步法分为便步、踏步和移步。

1. 齐步

齐步是军人行进的常用步法。

口令：齐步——走。

要领：左脚向正前方迈出约75厘米，按照先脚跟后脚掌的顺序着地，同时身体重心前移，右脚照此法动作；上体正直，微向前倾；手指轻轻握拢，拇指贴于食指第二节；两臂前后自然摆动，向前摆臂时，肘部弯曲，小臂自然向里合，手心向内稍向下，拇指根部对正衣扣线，并与最下方衣扣同高（着夏季作训服时，与第四衣扣同高；着冬季作训服时，与第五衣扣同高；着水兵服时，与腰带同高），离身体约25厘米向后摆臂时，手臂自然伸直，手腕前侧距裤缝线约30厘米（见图7-4）。行进速度每分钟116～122步。

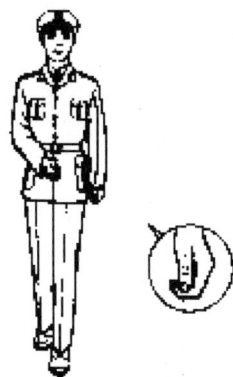

图7-4　齐步

2. 正步

正步主要用于分列式和其他礼节性场合。

口令：正步——走。

要领：左脚向正前方踢出约75厘米（腿要绷直，脚尖下压，脚掌与地面平行，离地面约25 cm），适当用力使全脚掌着地，同时身体重心前移，右脚照此法动作；上体正直，微向前倾；手指轻轻握拢，拇指伸直贴于食指第二节；向前摆臂时，肘部弯曲，小臂略成水平，手心向内稍向下，手腕下沿摆到高于最下方衣扣约10厘米处（着夏季作训服时，约与第三衣扣同高；着冬季作训服时，约与第四衣扣同高；着水兵服时，手腕上沿距领口角约15厘米），离身体约10厘米；向后摆臂时（左手心向右，右手心向左），手腕前侧距裤缝线约30厘米（见图7-5）。行进速度每分钟110～116步。

3. 跑步

跑步主要用于快速行进。

口令：跑步——走。

要领：听到预令，两手迅速握拳（四指蜷握，拇指贴于食指第一关节和中指第二节），提到腰际，约与腰带同高，拳心向内，肘部稍向里合。听到动令，上体微向前倾，两腿微弯，同时左脚利用右脚掌的蹬力跃出约85厘米，前脚掌先着地，身体重心前移，右脚照此法动作（见图7-6）；两臂前后自然摆动，向前摆臂时，大臂略直，肘部贴于腰际，小臂略平，稍向里合，两拳内侧各距衣扣线约5厘米；向后摆臂时，拳贴于腰际。行进速度每分钟170～180步。

图7-5　正步

图7-6　跑步

4. 便步

便步用于行军、操练后恢复体力及其他场合。

口令：便步——走。

要领：用适当的步速、步幅行进，两臂自然摆动，上体保持良好姿态。

5. 踏步

踏步用于调整步伐和整齐。

停止间口令：踏步——走。行进间口令：踏步。

要领：两脚在原地上下起落（抬起时，脚尖自然下垂，离地面约 15 厘米；落下时，前脚掌先着地），上体保持正直，两臂按照齐步或者跑步摆臂的要领摆动（见图 7 - 7）。

6. 移步

在 5 步以内使用，用于调整队列位置。

（1）右（左）跨步

口令：右（左）跨 X 步——走。

要领：上体保持正直，每跨 1 步并脚一次，其步幅约与肩同宽，跨到指定步数停止。

图 7 - 7　踏步

（2）向前或后退

口令：向前 X 步——走。后退 X 步——走。

要领：向前移步时，应当按照单数步要领进行（双数步变为单数步）。向前 1 步时，用正步，不摆臂；向前 3、5 步时，按照齐步走的要领进行。向后退时，从左脚开始，每退 1 步靠脚一次，不摆臂，退到指定步数停止。

7. 持枪行进

持枪时，听到行进口令的预令，将枪提起，使枪身略直，拇指贴于右胯，使枪身稳固，其余要领同徒手。

（六）立定

口令：立——定。

要领：齐步和正步时，听到立定令，左脚再向前大半步着地（脚尖向外约 30°），两腿挺直，右脚取捷径迅速靠拢左脚，成立正姿势。跑步时，听到口令，再跑 2 步，然后左脚向前大半步（两拳收于腰际，停止摆动）着地，右脚靠拢左脚，同时将手放下，成立正姿势。踏步时，听到口令，左脚踏 1 步，右脚靠拢左脚，原地成立正姿势（跑步的踏步，听到口令，继续踏 2 步，再按照上述要领进行）。持枪立定时，在右脚靠拢左脚后，迅速将托底钣轻轻着地，其余要领同徒手。

（七）步法变换

步法变换，均从左脚开始。齐步、正步互换，听到口令，右脚继续走 1 步，即换正步或者齐步行进。齐步换跑步，听到预令，两手迅速握拳提到腰际，两臂前后自然摆动；听到动令，即换跑步行进。齐步换踏步，听到口令，即换踏步。跑步换齐步，听到口令，继续跑 2 步，然后，换齐步行进。跑步换踏步，听到口令，继续跑 2 步，然后换踏步。踏步换齐步或者跑步，听到"前进"的口令，继续踏 2 步，再换齐步或者跑步行进。

（八）行进间转法

1. 齐步、跑步向右（左）转

口令：向右（左）转——走。

要领：左（右）脚向前半步（跑步时，继续跑 2 步，再向前半步），脚尖向右（左）约

45°，身体向右（左）转90°时，左（右）脚不转动，同时出右（左）脚按照原步法向新方向行进。半面向右（左）转走，按照向右（左）转走的要领转45°。

2. 齐步、跑步向后转

口令：向后转——走。

要领：左脚向右脚前迈出约半步（跑步时，继续跑2步，再向前半步），脚尖向右约45°，以两脚的前脚掌为轴，向后转180°，出左脚按照原步法向新方向行进。转动时，保持行进时的节奏，两臂自然摆动，不得外张；两腿自然挺直，上体保持正直。

（九）坐下、蹲下、起立

1. 坐下

口令：坐下。枪靠右肩——坐下。

要领：左小腿在右小腿后交叉，迅速坐下（坐凳子时，听到口令，左脚向左分开约一脚之长），手指自然并拢放在两膝上，上体保持正直。携枪坐下时，枪靠右肩（枪面向右、筒面向左），右手自然扶贴护木（折叠式冲锋枪，移扶复进机盖后端），左手手指自然并拢，放在左膝上。肩冲锋枪、81式自动步枪坐下时，听到预令，将枪取下，右手移握护木，使枪背带从肩上滑下；肩折叠式冲锋枪时，右手移握散热孔，将枪口转向左前，左手虎口向右握弹匣，右手打开枪托后，移握散热孔。背背包时，听到"放背包"的口令，两手握背包带，取下背包，转体向右，右手将背包横放在脚后，背包口向左，按照口令坐在背包上。携枪放背包时，先置枪或两腿夹枪，然后放背包。

2. 蹲下

口令：蹲下。

图7-8 蹲下

要领：右脚后退半步，前脚掌着地，臀部坐在右脚跟上（膝盖不着地），两腿分开约60°，手指自然并拢放在两膝上；上体保持正直（见图7-8）。蹲下过久，可以自行换脚。持枪时，右手移握护木（冲锋枪、81式自动步枪的携带方法不变），左手手指自然并拢，放在左膝上。

3. 起立

口令：起立。

要领：全身协力迅速起立，成立正姿势或者成持枪、肩枪立正姿势。

图7-9 脱帽

（十）脱帽、戴帽

1. 脱帽

口令：脱帽。

要领：双手捏帽檐或者帽前端两侧，将帽取下，取捷径置于左小臂，帽徽向前，掌心向上，四指扶帽檐或者帽墙前端中央处，小臂略成水平，右手放下（见图7-9）。

2. 戴帽

口令：戴帽。

要领：双手捏帽檐或者帽前端两侧，取捷径将帽迅速戴正。

3. 携枪脱戴帽

携枪时，用左手脱、戴帽。

4. 夹帽

口令：夹帽。

要领：将帽夹于左腋下，左手握帽墙，帽徽向前，帽顶向左。

（十一）整理着装

通常在立正的基础上进行。

口令：整理着装。

要领：双手（持81式自动步枪时，将枪夹于两腿间）从帽子开始，自上而下，将着装整理好。必要时，也可以相互整理。整理完毕，自行稍息。听到"停"的口令，恢复立正姿势。

（十二）冲锋枪手和81式自动步枪手的探枪

1. 肩枪、挂枪互换

（1）肩枪换挂枪

口令：挂枪。

要领：右手移握护木（79式冲锋枪，握导气箍），右臂前伸将枪口转向前，左手掌心向下在右肩前握背带；两手协力将背带从头上套过，落在左肩，使枪身在胸前约成45°（表尺中央部位位于衣扣线）；右手移握枪颈（折叠式冲锋枪，捏复进机盖后端），左手放下（阅兵等时机左手可握护木），成挂枪立正姿势（见图7－10）。

（2）挂枪换肩枪

口令：肩枪。

要领：右手移握护木，左手移握背带；两手协力将背带从头上套过，落在右肩，枪口向下，枪身垂直；右手移握背带（拇指由内顶住），左手放下，成肩枪立正姿势。

2. 肩枪、背枪互换

（1）肩枪换背枪

口令：背枪。

要领：左手在右肩前握背带，右手掌心向后移握准星座；两手协力将枪上提，左手将背带从头上套过，落在左肩；两手放下，成背枪立正姿势（见图7－11）。

图7－10　肩枪、挂枪互换　　　　　　图7－11　肩枪、背枪互换

（2）背枪换肩枪

口令：肩枪。

要领：右手掌心向后握准星座；左手在左肩前握背带；两手协力将背带从头上套过，落

在右肩；右手移握背带（拇指由内顶住），左手放下，成肩枪立正姿势。

（3）挂枪换背枪

口令：背枪。

要领：右手握准星座，稍向上提，左手在左肩前握背带；两手协力将枪转到背后；两手放下，成背枪立正姿势。

（4）背枪换挂枪

口令：挂枪。

要领：右手掌心向前移捏准星座，稍向上提，左手在右肋前提背带；两手协力将枪转到胸前；右手移握枪颈（折叠式冲锋枪，握复进机盖后端），左手放下或者握护木，成挂枪立正姿势。

4. 81 式自动步枪（打开枪托，上刺刀）的提枪、枪放下

（1）提枪

口令：提枪。

要领：右手将枪提到右肩前，枪身垂直，距身体约 10 厘米，枪面向后，手约同肩高，大臂轻贴右肋，同时左手握护木；右手移握握把，右臂伸直；将枪轻贴右侧，枪身要正，并与衣扣线平行；右大臂轻贴右肋，左手迅速放下，成提枪立正姿势（见图 7 – 12）。

（2）枪放下

口令：枪放下

要领：左手迅速握护木，右手移握准星座附近；左手放下的同时，右手将枪放下，使托前踵轻轻着地，成持枪立正姿势。

5. 81 式自动步枪的提枪、端枪互换

（1）提枪换端枪

口令：端枪。

要领：行进时，听到"端枪"的口令，继续向前 3 步，于左脚着地时，右手将枪移至右肩前，同时左手接握护木（准星同肩高）；右脚再向前 1 步的同时，右手移握枪颈；于左脚着地时，两手将枪导向前，枪面向上，左手掌心转向右，枪颈紧贴右胯，右肘与两肩成一线，刺刀尖约与下颌同高，并在右肩的正前方（见图 7 – 13）。

图 7 – 12　提枪　　　　　　　　　　　　图 7 – 13　提枪换端枪

（2）端枪换提枪

口令：提枪。

要领：听到"提枪"的口令，继续向前 3 步，于左脚着地时，左手收至右胸前，右手向

前下方推枪；右脚再向前1步，右手移握握把；于左脚着地时，将枪收至提枪位置，左手放下。

二、班排队列动作

（一）集合、离散

1. 集合

集合是使单个军人、分队、部队按照规范队形聚集起来的一种队列动作。集合时，指挥员应当先发出预告或者信号，如"全连（或者×排）注意"，然后，站在预定队形的中央前，面向预定队形成立正姿势，下达"成××队——集合"的口令。所属人员听到预告或者信号，原地面向指挥员成立正姿势；听到口令，跑步到指定位置面向指挥员集合（在指挥员后侧的人员，应当从指挥员右侧绕过），自行对正、看齐，成立正姿势。

（1）班集合

口令：成班横队（二列横队）——集合。

要领：基准兵迅速到班长左前方适当位置，成立正姿势；其他士兵以基准兵为准，依次向左排列，自行看齐。成班二列横队时，单数士兵在前，双数士兵在后。

口令：成班纵队（二路纵队）——集合。

要领：基准兵迅速到班长前方适当位置，成立正姿势；其他士兵以基准兵为准，依次向后排列，自行对正。成班二路纵队时，单数士兵在左，双数士兵在右。

（2）排集合

口令：成排横队——集合。

要领：基准班在指挥员前方适当位置，成班横队迅速站好；其他班成班横队，以基准班为准，依次向后排列，自行对正、看齐。

口令：成排纵队——集合。

要领：基准班在指挥员右前方适当位置，成班纵队迅速站好；其他班成班纵队，以基准班为准，依次向右排列，自行对正、看齐。

口令：成连纵队——集合。

要领：队列内的连指挥员或者基准排，在指挥员前方适当位置，成纵队迅速站好；各排和连部成纵队，以连指挥员或者基准排为准，依次向后排列，自行对正、看齐。

口令：成连并列纵队——集合。

要领：队列内的连指挥员或者基准排，在指挥员左前方适当位置，成纵队迅速站好；各排和连部成纵队，以连指挥员或者基准排为准，依次向左排列，自行对正、看齐。

（3）营集合

通常规定集合的时间、地点、方向、队形、基准分队以及应当携带的武器、器材和装具等事项。各连按照营的规定，由连长整队带往营的集合地点，随即向基准分队取齐，然后，跑步到距主持集合的指挥员5~7步处报告人数。例如："营长同志，步兵第×连，应到××名，实到××名，请指示。"

2. 离散

离散是使列队的单个军人、分队、部队各自离开原队列位置的一种队列动作。

（1）离开

口令：各营（连、排、班）带开（带回）。

要领：队列中的各营（连、排、班）指挥员带领本队迅速离开原列队位置。

（2）解散

口令：解散。

要领：队列人员迅速离开原列队位置。

（二）整齐、报数

1. 整齐

整齐，是使列队人员按照规定的间隔、距离，保持行、列齐整的一种队列动作。整齐分为向右（左）看齐和向中看齐。

口令：向右（左）看——齐。向前——看。

要领：基准兵不动，其他士兵向右（左）转头（持枪时，听到预令，迅速将枪、炮稍提起，看齐后自行放下），眼睛看右（左）邻士兵腮部，前四名能通视基准兵，自第五名起，以能通视到本人以右（左）第三人为度。后列人员，先向前对正，后向右（左）看齐。听到"向前——看"的口令，迅速将头转正，恢复立正姿势。

口令：以××为准，向中看——齐。向前——看。

要领：当指挥员指定"以××为准（或者以第×名为准）"时，基准兵答"到"，同时左手握拳高举，大臂前伸与肩略平，小臂垂直举起，拳心向右。听到"向中看——齐"的口令后，其他士兵按照向左（右）看齐的要领实施。听到"向前——看"的口令后，基准兵迅速将手放下，其他士兵迅速将头转正，恢复立正姿势。

一路纵队看齐时，可以下达"向前——对正"的口令。

2. 报数

口令：报数。

要领：横队从右至左（纵队由前向后）依次以短促洪亮的声音转头（纵队向左转头）报数，最后一名不转头。数列横队时，后列最后一名报"满伍"或者"缺×名"。连集合时，由指挥员下达"各排报数"的口令，各排长在队列内向指挥员报告人数，如"第×排到齐"或者"第×排实到××名"。

必要时，连也可以统一报数。

要领：连实施统一报数时，各排不留间隔，要补齐，成临时编组的横队队形。报数前，连指挥员先发出"看齐时，以一排长为准，全连补齐"的预告，尔后下达"向右看——齐"口令，待全连看齐后，再下达"向前——看"和"报数"的口令，报数从一排长开始，后列最后一名报"满伍"或者"缺×名"。

（三）出列、入列

单个军人和分队出、入列通常用跑步（5步以内用齐步，1步用正步），或者按照指挥员指定的步法执行；然后，到指挥员右前侧适当位置或者指定位置，面向指挥员成立正姿势。

1. 单个军人出列、入列

（1）出列

口令：××（或者第×名），出列。

要领：出列军人听到呼点自己姓名或者序号后应当答"到"，听到"出列"的口令后，应当答"是"。

位于第一列（左路）的军人，按照本条上述规定，取捷径出列；位于中列（路）的军人，向后（左）转，待后列（左路）同序号的军人向右后退1步（左后退1步）让出缺口后，按照本条的上述规定从队尾（纵队时从左侧）出列；位于"缺口"位置的军人，待出列军人出列后，即复原位；位于最后一列（右路）的军人出列，先退1步（右跨1步），然后，按照本条有关规定从队尾出列。

（2）入列

口令：入列。

要领：听到"入列"口令后，应当答"是"，然后，按照出列的相反程序入列。

2. 班、排出列、入列

（1）出列

口令：第×班（排），出列。

要领：听到"第×班（排）"的口令后，由出列班（排）的指挥员答"到"，听到"出列"的口令后，由出列班（排）的指挥员答"是"，并用口令指挥本班（排），按照本条的有关规定，以纵队形式从队尾（位于第一列的班取捷径）出列。

（2）入列

口令：入列。

要领：听到"入列"的口令后，由入列班（排）指挥员答"是"，并用口令指挥本班（排），以纵队形式从队尾（位于第一列的班取捷径）入列。

（四）行进、停止

横队和并列纵队行进以右翼为基准，纵队行进以左翼为基准（一路纵队行进以先头为基准）。

1. 行进

指挥员应当下达"×步——走"的口令。听到口令，基准兵向正前方前进，其他士兵向基准翼标齐，保持规定的间隔、距离行进。纵队行进时，排、连通常成三路纵队，也可以成一、二路纵队。行进中，需要时，用"一二一"（调整步伐的口令）、"一二三四"（呼号）或者唱队列歌曲，以保持步伐的整齐和振奋士气。

2. 停止

指挥员应当下达"立——定"的口令。听到口令，按照立定的要领实施，分队的动作要整齐一致。停止后，听到"稍息"的口令，先自行对正、看齐，再稍息。

三、敬礼

敬礼分为举手礼、注目礼和举枪礼。

（一）敬礼

1. 举手礼

口令：敬礼。

图7－14 举手礼

要领：上体正直，右手取捷径迅速抬起，五指并拢自然伸直，中指微接帽檐右角前约2厘米处（戴无檐帽或者不戴军帽时微接太阳穴，与眉同高），手心向下，微向外张（约20°），手腕不得弯曲，右大臂略平，与两肩略成一线，同时注视受礼者（见图7－14）。

2. 注目礼

要领：面向受礼者成立正姿势，同时注视受礼者，并目迎目送（右、左转头角度不超过45°）。

3. 举枪礼

用于阅兵式或者执行仪仗任务。

口令：向右看——敬礼。

要领：右手将枪提到胸前，枪身垂直并对正衣扣线，枪面向后，离身体约10厘米，枪口（半自动步枪准星护圈）与眼同高，大臂轻贴右胁；同时左手接握表尺上方（持半自动步枪时虎口对准枪面并与标尺上沿取齐），小臂略平，大臂轻贴左胁；同时转头向右（见图7－15）注视受礼者，并目迎目送（右、左转头角度不超过45°）。

（二）礼毕

口令：礼毕。

要领：行举手礼者，将手放下；行注目礼者，将头转正；行举枪礼者，将头转正，右手将枪放下，使托前踵（半自动步枪托底钣）轻轻着地，同时左手放下，成持枪立正姿势。

（三）单个军人敬礼

要领：单个军人在距受礼者5~7步处，行举手礼或者注目礼。徒手或者背枪时，停止间，应当面向受礼者立正，行举手礼，待受礼者还礼后礼毕；行进间（跑步时换齐步），转头向受礼者行举手礼（手不随头转动），并继续行进，左臂仍自然摆动（见图7－16），待受礼者还礼后礼毕。携带武器（除背枪）等不便行举手礼时，不论停止间或者行进间，均行注目礼，待受礼者还礼后礼毕。

图7－15 举枪礼

图7－16 单个军人敬礼

1. 停止间敬礼

要领：当首长进到距本分（部）队适当距离时，指挥员下达"立正"的口令，跑步到首长前5~7步处敬礼。待首长还礼后礼毕，再向首长报告。例如："团长同志，步兵第×连正在进行队列训练，全连应到××名，实到××名，请指示，连长×××。"报告完毕，待首长指示后，答"是"，再敬礼。待首长还礼后礼毕，尔后跑步回到原来位置，下达"稍息"口令或者继续进行操练。

2. 行进间敬礼

要领：由带队指挥员按照单个军人行进间敬礼的规定实施，队列人员按照原步法行进。

四、国旗的掌持、升降

（一）国旗的掌持

国旗由一名掌旗员掌持，两名护旗兵护旗，护旗兵位于掌旗员两侧。掌旗员和护旗兵应当具备良好的军政素质和魁梧匀称的体形。掌持国旗的姿势为扛旗。扛旗要领：右手将旗扛于右肩，旗杆套稍高于肩，右臂伸直，右手掌心向下握旗杆，左手放下。听到"齐步——走"的口令，开始行进。

（二）国旗的升降

要领：升旗时，掌旗员将旗交给护旗兵，由两名护旗兵协力将国旗套（挂）在旗杆绳上并系紧，掌旗员将国旗抛展开的同时，由护旗兵协力将旗升至旗杆顶。降旗时，由护旗兵解开旗杆绳并将旗降下，掌旗员接扛于肩。升、降国旗时，掌旗员应当面向国旗行举手礼。

第三节 阅 兵

一、阅兵权限和阅兵形式

（一）阅兵权限

阅兵，由党和国家领导人，中央军事委员会主席、副主席、委员以及团以上部队军政主要首长或者被上述人员授权的其他领导和首长实施。通常由一人检阅。

（二）阅兵形式

阅兵，分为阅兵式和分列式。通常进行两项，根据需要也可以只进行一项。

二、阅兵程序

阅兵分为上级首长检阅和本级首长检阅。当上级首长检阅时，由本级军事首长任阅兵指挥；当本级军政主要首长检阅时（由一人检阅，另一名位于阅兵台或者队列中央前方适当位置面向部队），由副部队长或者参谋长任阅兵指挥。步兵团阅兵程序如下。

（一）迎军旗

迎军旗在阅兵式开始前进行。基本程序：将展开的军旗持入队列时，部队应当按预先规定的队形列队。整队举行迎军旗仪式。步兵团迎军旗时，主持迎军旗的指挥员下达"立正""迎军旗"的口令，听到口令后，掌旗员（扛旗）、护旗兵齐步行进，当由正前或者左前方向本团右翼进至距队列40~50步时，主持迎军旗的指挥员下达"向军旗——敬礼——"的口令，听到口令后，位于指挥位置的军官行举手礼，其余人员行注目礼；掌旗员（由扛旗换端旗）、护旗兵换正步，取捷径向本团右翼排头行进，当超过团机关队形时，主持迎军旗的指挥员下达"礼毕"口令，部队礼毕；掌旗员（由端旗换扛旗）、护旗兵换齐步。军旗进至团指挥员右侧3步时，左后转弯立定，成立正姿势。

（二）阅兵式

团阅兵式的队形，通常为营横队团横队或者由团首长临时规定。阅兵式程序如下。

1. 阅兵首长接受阅兵指挥报告

当阅兵首长行至本团队列右翼适当距离时或者在阅兵台就位后（当上级首长检阅时，

通常由团政治委员陪同入场并陪阅），阅兵指挥在队列中央前下达"立正"的口令，随后跑到据阅兵首长5～7步处敬礼，待阅兵首长还礼后礼毕并报告。如："师长同志，步兵第×团列队完毕，请您检阅。"报告后，左跨一步，向右转，让首长先走，然后在其右后侧（当上级首长检阅时，团政治委员在团长右侧）跟随陪阅。

2. 阅兵首长向军旗敬礼

阅兵首长行至距军旗适当位置时，应立正向军旗行举手礼（陪阅人员向军旗行注目礼）。

3. 阅兵首长检阅部队

当阅兵首长行至团机关、各营部、各连及后勤分队队列右前方时，团机关由副团长或参谋长、各营部由营长、各连由连长、后勤分队由团指定的指挥员下达"敬礼"的口令。听到口令后，位于指挥位置的军官行举手礼，其余行注目礼，目迎目送首长（左、右转头不超过45°）。当首长问候："同志们好！"或者"同志们辛苦了！"，队列人员应当齐声洪亮的回答："首——长——好！"或者"为——人民——服务！"，当首长通过后，指挥员下达"礼毕"的口令，队列人员行礼毕。

4. 阅兵首长上阅兵台

阅兵首长检阅完毕后上阅兵台，阅兵指挥跑步到队列中央前，下达"稍息"口令，队列人员稍息。当上级首长检阅时，团政治委员陪同首长上阅兵台，然后跑步到自己的队列队列位置。

（三）分列式

团分列式队形由团阅兵式队形调整变换，或者由团首长临时规定。团分列式应当设四个标兵。一、二标兵之间，三、四标兵之间的间隔各为15米，二、三标兵之间的距离间隔为40米。标兵应携带81式自动步枪或者半自动步枪，并在枪上插标兵旗。分列式程序如下。

1. 标兵就位

分列式开始前，阅兵指挥在队列中央前，下达"立正""标兵，就位"的口令。标兵听到口令，成一路纵队持枪跑步到规定位置，面向部队成持枪立正姿势。

2. 调整部（分）队为分列式队形

标兵就位后，阅兵指挥下达"分列式，开始"的口令，然后，跑步到自己的队列位置。听到口令后，各分队按规定的方法携带武器（掌旗员扛旗），团营指挥员分别进到团机关和营部的队列中央前，各分队指挥员进到本分队队列中央前，下达"右转弯，齐步——走"的口令，指挥分队变换成分列式队形。

3. 开始进行

阅兵指挥下达"齐步——走"口令。听到口令后，全员起步前进。其余分队依次待前一分队离开约15米时，分别由营、连长及后勤分队指挥员下达"齐步——走"的口令，指挥本分队人员前进。

4. 接受首长检阅

各分队行至第一标兵处，将队列调整好；进到第二标兵处，掌旗员下达"正步——走"的口令，并和护旗兵同时由齐步换正步，扛旗换端旗（掌旗员和护旗兵不转头）。此时，阅兵首长和陪阅人员应当向军旗行举手礼。阅兵指挥是和各分队指挥员分别下达"向右——看"的口令，队列人员听到口令后（可喊"一、二"），按照规定换正步（步枪手换端枪）

行进，并在左脚着地的同时向右转头（位于指挥位置的军官行举手礼，并向右转头，各列右翼第一名不转头）不超过45°注视阅兵首长，此时，阅兵台最高首长行举手礼，其他人员行注目礼。

进到第三标兵处，掌旗员下达"齐步——走"的口令，并与护旗兵由正步换齐步，同时换扛旗；其他分队由上述指挥员分别下达"向前——看"的口令，队列人员听到口令后，在左脚着地时礼毕（将头转正），同时换齐步（步枪手换托枪）行进。

当上级首长检阅时，团长和团政治委员通过第三标兵后，到阅兵首长右侧陪阅。各分队通过第四标兵，换跑步到指定的位置。待最后一个分队通过第四标兵，阅兵指挥兵式下达"标兵，撤回"的口令，标兵按照相反顺序跑步撤至预定位置。

（四）阅兵首长讲话

分列式结束后，阅兵指挥调整好队形，请阅兵首长讲话。讲话完毕，阅兵指挥下达"立正"口令，向阅兵首长报告阅兵结束。当上级首长检阅时，由团政治委员陪同阅兵首长离场。

（五）送军旗

送军旗在阅兵首长讲话后或者分列式结束后进行。

步兵团送军旗时，主持送军旗的指挥员下达"立正""送军旗"的口令。听到口令后，掌旗员（成扛旗姿势）、护旗兵按照迎军旗路线相反方向齐步行进。军旗出列后行至团机关队形右侧前时，主持送军旗的指挥员下达"向军旗——敬礼"的口令。听到口令后，掌旗员（由扛旗换端旗）、护旗兵换正步，全团按照迎军旗的规定敬礼。当军旗离开距队列正面40~50步时，主持送军旗的指挥员下达"礼毕"的口令，部队礼毕；掌旗员（由端旗换扛旗）、护旗兵换齐步，返回原出发位置。

第八章

轻武器射击

第一节　轻武器常识

一、81-1式自动步枪的战斗性能

81-1式自动步枪与81式班用轻机枪组成班用枪族，活动机件和弹匣、弹鼓可以互换，并能用实弹直接从枪管发射40毫米枪榴弹，使射手具有全面杀伤和反装甲的能力，是近战中消灭敌人有生力量的自动武器和步兵分队反装甲目标的辅助武器。对单个目标在400米内射击效果最好，集中火力可射击500米内的敌人飞机、伞兵以及集团目标，弹头在1 500米处仍有杀伤力。在290米内使用枪榴弹可杀伤敌有生力量和击毁敌装甲目标。

射击方法：可实施短点射（2~5发），还可实施长点射（6~10发）和单发射。

战斗射速：点射每分钟90~110发，单发射每分钟40发。

理论射速：每分钟680~750发。

使用56式普通弹在100米距离上能射穿6毫米厚的钢板，15厘米厚的砖墙，30厘米厚的土层和40厘米厚的木板。使用杀伤枪榴弹，在290米距离内射击时，有效杀伤半径为14米（有效杀伤破片约400片），使用破甲枪榴弹在290米内射击时，其静破甲能力为250毫米。

二、81-1式自动步枪主要机件的名称、用途及自动原理

（一）主要机件的名称和用途

81-1式自动步枪由刺刀（匕首）、枪管、瞄推具、活塞及调节塞、机匣、枪机、复进机、击发机、弹匣和枪托十大部组成（图8-1），另有一套附品。

1. 刺刀（匕首）

刺刀（匕首）（图8-2）用以刺杀敌人。

刺刀上有刺刀柄、连接环、限制凸笋及卡笋，平时作匕首用，并装入刀鞘挂在腰带上，战时结合在枪上。

2. 枪管

枪管（图8-3）用以赋予弹头及枪榴弹的飞行方向。

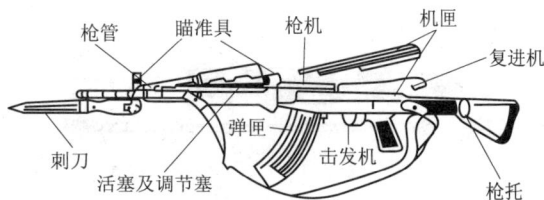

图8-1　自动步枪十大部机件

枪管内是枪膛，枪膛分为弹膛和线膛。弹膛用以容纳子弹，线膛能使弹头在前进时旋转运动，以保持飞行的稳定性。线膛有四条右旋膛线（阴膛线），两膛线间的凸起部分叫阳膛线，两条相对的阳膛线间的距离是枪的口径。

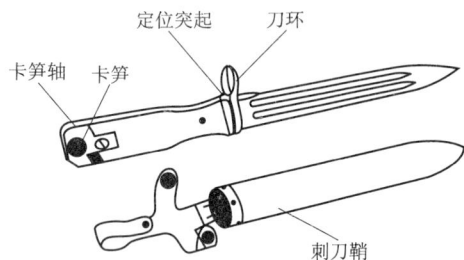

图 8 - 2　刺刀

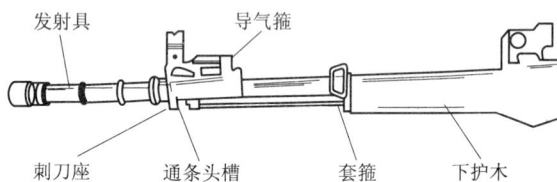

图 8 - 3　枪管

枪管前端有枪榴弹发射具。发射具前端下方有凹槽，用以控制刺刀的安装位置。

枪管外有导气箍，用以引导火药气体冲击活塞。导气箍上刻有"0""1""2"的数字，用以表示火药气体冲击活塞的大小。下护木，便于操作和携带。枪管外有刺刀座、通条头槽。

3. 瞄准具

瞄准具（图 8 - 4）由表尺和准星组成，用以瞄准。表尺板上有缺口和护铁。缺口用以通视准星向目标瞄准，护铁用以保护缺口。表尺转轮，用以装定所需的表尺分划和固定活塞护盖，转轮上刻有 0—5 的分划，"0"分划用以分解结合，"1—5"的分划，每一分划相应100 米。表尺座侧面圆点为表尺定位点，用以指示所装定的分划。

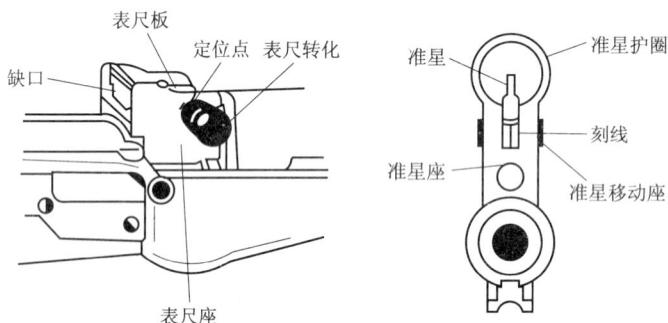

图 8 - 4　瞄准具

准星可拧高、拧低，准星移动座可左右移动，准星移动座和准星座上刻有一条刻线，用以检查准星位置是否正确。准星座上还有护圈。

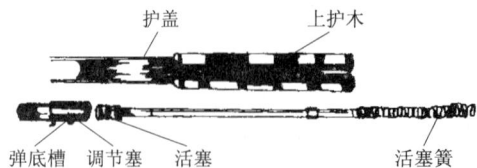

图 8 - 5　活塞及调节塞

4. 活塞及调节塞

活塞及调节塞（图 8 - 5）用以承受火药气体的压力，推压枪机向后。活塞簧，用以使活塞回到前方位置，护盖上有护木和活塞定位凸笋。导气箍上的"1""2"，分别表示调节塞上的小孔和大孔，通常装定在"1"

上，当武器过脏来不及擦拭或在严寒的条件下射击时装定在"2"上。变换调节塞位置可用弹壳底部卡入弹底槽。

当发射枪榴弹时，必须将调节塞转动到"0"的位置，以防损坏活动机件。

5. 机匣

机匣（图8-6）用以容纳枪机、复进机、固定击发机和弹匣。

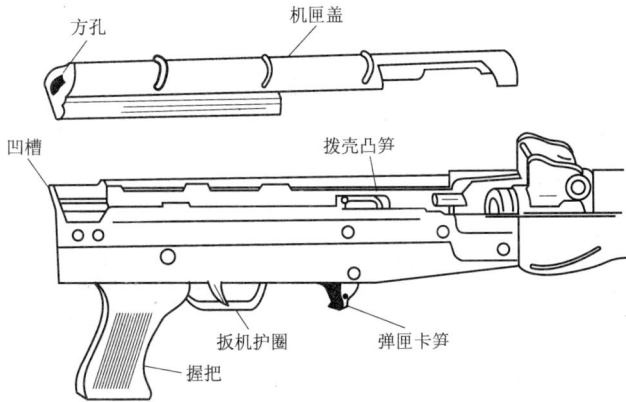

图8-6　机匣

机匣外有机匣盖，用以保护机匣内部免沾污垢。机匣外还有握把、扳机护圈和弹匣卡笋。

机匣内有闭锁卡槽，能保证枪机闭锁枪膛。枪机阻铁，当弹匣内无子弹时，能使枪机停在后方位置。凹槽用以容纳复进机导管座。拨壳凸笋用以拨出弹壳（子弹）。

6. 枪机

枪机（图8-7）由机栓和机体组成。用以送弹、闭锁、击发和退壳，并能使击锤向后成待发状态。

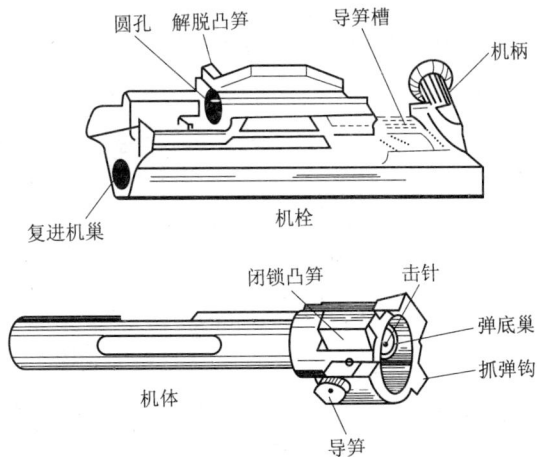

图8-7　枪机

机栓上有圆孔和导笋槽，用以容纳机体，并引导机体旋转形成闭锁和开锁。机栓上还有解脱凸笋、机柄和复进机巢。

机体上有：击针，用以撞击子弹底火；抓弹钩，用以从膛内抓出弹壳（子弹）。机体上还有导笋、送弹凸笋、闭锁凸笋和弹底巢。

7. 复进机

复进机（图8-8）由导管、导杆、导管座、复进簧和支撑环组成。用以使枪机回到前方位置。导管座上有机匣盖卡笋。

8. 击发机

击发机（图8-9）用以与枪机相互作用形成待发和击发。

击发机上有：击发控制机，能在枪机闭锁枪膛前防止击发；保险机，用以保险和控制单发射、连发射（"1""2""0"分别为单发射、连发射、保险）。击发机上还有击发阻铁、单发阻铁、击锤和扳机。

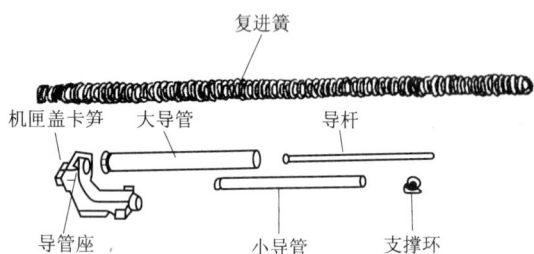

图8-8　复进机

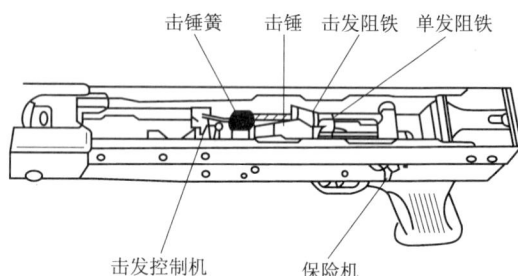

图8-9　击发机

9. 弹匣

弹匣（图8-10）用以容纳和托送子弹。可装30发子弹。弹匣由弹匣体、托弹板、托弹板簧、固定板、弹匣盖组成。弹匣体上有：凹槽和挂耳，用以将弹匣固定在枪上；检查孔，当看到子弹时，则已装满子弹。

10. 枪托

枪托（图8-11）便于操作。

枪托上有枪颈、托底钣、附品盒巢和枪托卡笋组成，平时成打开状态，必要时可折叠。

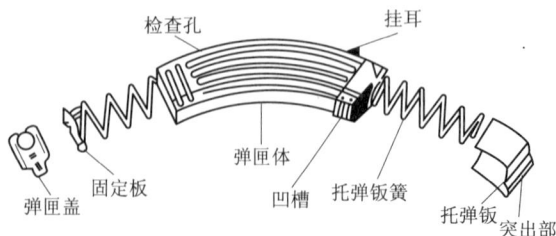

图8-10　弹匣

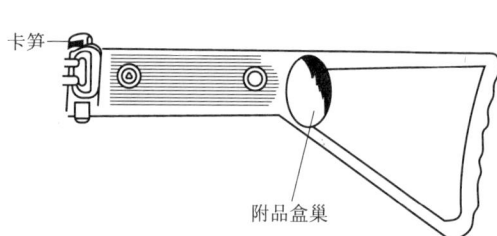

图8-11　枪托

附品（图8-12）：用以分解结合、擦拭上油、携带和排除故障。附品包括擦拭杆、鬃刷、铳子、附品盒、通条、油壶、背带和弹匣袋。

（二）自动原理

扣扳机后，击锤打击击针，撞击子弹底火，点燃发射药，产生火药气体，推送弹头沿膛线向前运动；弹头一经过导气孔，部分火药气体通过导气孔，涌入导气箍，冲击活塞，推动枪机向后，压缩复进簧，完成开锁、抛壳，并使击锤向后成待发状态；枪机退到最后方时，由于复进簧的伸张，使枪机向前运动，推动次一发子弹入膛、闭锁。此时，如保险定在连发位置，扳机未松开，击发阻铁不能卡住击锤，击锤再次打击击针，形成连发，如保险定在单发位置，击锤被单发阻铁卡住不能向前，若再次发射，必须松开扳机，再扣扳机。

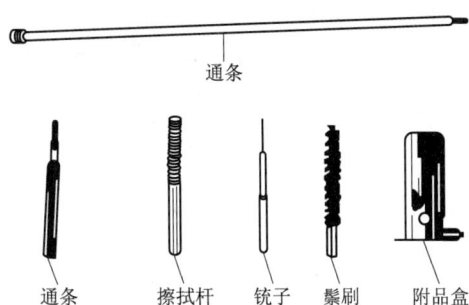

图 8 - 12　附品

三、分解结合

（一）目的和要求

分解结合是为了擦拭、上油、检查和排除故障。

（1）分解前必须验枪。

（2）分解结合应按顺序和要领进行，不要强敲硬卸。

（3）分解下来的机件应按次序放在干净的物体上。

（4）除所讲的分解内容外，未经许可，不准分解其他机件。

（5）结合后，应拉送枪机数次，检查机件结合是否正确。

（二）分解

1. 卸下弹匣（图 8 - 13）

左手握护木，枪面稍向左，右手握弹匣，拇指按压弹匣卡笋（也可右手掌心向上握弹匣，以手掌肉厚部分推压卡笋），前推取下。

2. 拔出通条和取出附品盒（图 8 - 14）

左手握护木，右手向外向上拔出通条。然后，用中、食指顶压附品盒底部，使卡笋脱离圆孔，取出附品盒，并从附品盒内取出附品。

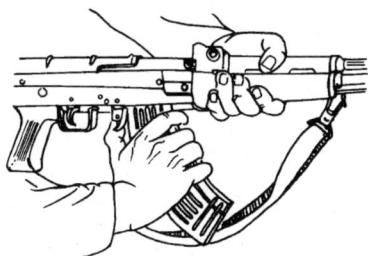

图 8 - 13　卸下弹匣

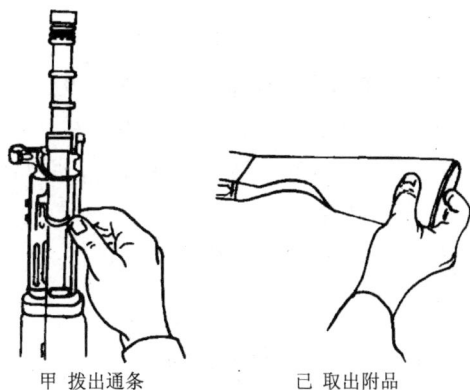

甲 拔出通条　　　　　已 取出附品

图 8 - 14　拔出通条和取出附品盒

3. 卸下机匣盖（图 8 - 15）

左手握枪颈，以拇指按机匣盖卡笋，右手将机匣盖上提取下。

4. 抽出复进机（图 8-16）

左手握枪颈，右手向前推导管座，使其脱离凹槽，向后抽出复进机。

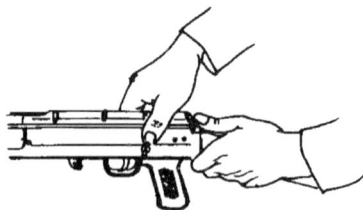

图 8-15　卸下机匣盖

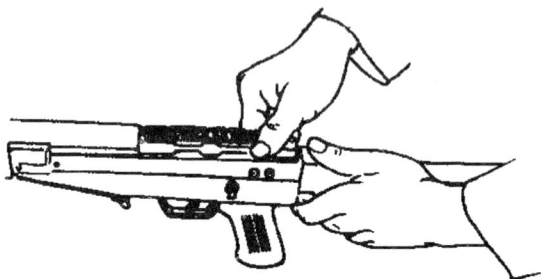

图 8-16　抽出复进机

5. 取出枪机（图 8-17）

左手握枪颈，右手拉枪机向后到定位，向上向后取出，左手转压机体向后，使导笋脱离导笋槽，再向前取出机体。

6. 卸下护盖（图 8-18）

右手握上护木，左手将表尺转轮定到"1"上，再向左拉转轮装定在"0"上，然后，左手握下护木，右手向上向后卸下护盖。

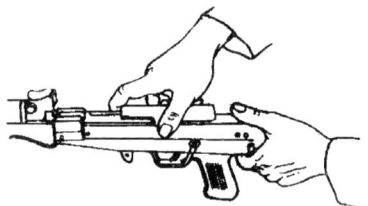

图 8-17　取出枪机

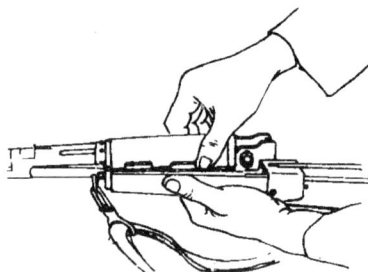

图 8-18　卸下护盖

7. 卸下活塞及调节塞（图 8-19）

左手握下护木，右手将活塞向右（左）转动到定位，压缩活塞杆簧，使调节塞前端脱离导气箍，向前卸下活塞及调节塞，并将活塞及调节塞分开。

（三）结合

结合时，按分解的相反顺序进行。

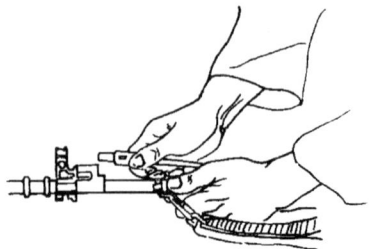

图 8-19　卸下活塞及调节塞

1. 装上活塞及调节塞

将调节塞、活塞簧套在活塞上，左手握下护木，右手将活塞杆插入表尺座的圆孔内，压缩活塞簧，使调节塞前端进入导气箍，并向左转动调节塞，使下凸起进入导气箍限制槽。

2. 装上护盖

左手握下护木，右手将护盖前端两侧卡在导气箍上，按压护盖后部到定位。左手转动表尺转轮使分划

"3"对正定位点。

3. 装上枪机

右手握机栓，使导笋槽向上。左手将机体结合在机栓上，使导笋进入导笋槽并转到定位。左手握枪颈，右手将枪机从机匣后部装入机匣，前推到定位。

4. 装上复进机

左手握枪颈，右手将复进机插入复进机巢内，向前推压，使导管座进入凹槽内。

5. 装上机匣盖

左手握枪颈，右手将机匣盖前端对正半圆槽，使后部的方孔对正机匣盖卡笋，向前下方推压机匣盖，使卡笋进入方孔内。

6. 装上附品盒和通条

将附品装入附品盒内，左手握护木，右手将附品盒装入附品盒巢内，用中、食指顶压附品盒底部，使附品盒卡笋进入圆孔。然后，将通条插入通条孔内，并使通条头进入通条头槽。

此时，拉送枪机数次检查机件结合是否正确，扣扳机，关保险。

7. 装上弹匣

左手握护木，枪面稍向左，右手握弹匣并将弹匣口前端插入结合口内，扳弹匣向后，听到响声为止。

四、爱护、保管和检查

（一）爱护武器的要求

爱护武器、子弹（枪榴弹）是军官、士兵的重要职责，是一项经常性的战备措施，也是预防故障的有效方法。为此，必须做到：勤检查、勤擦拭、不碰摔、不生锈、不损坏、不丢失。如发现机件损坏、丢失，应及时送修或请领，使武器经常保持完好状态。

（二）保管使用规则

（1）武器和子弹应放在安全、干燥和通风的地方。在营房内，应放在枪架上，送回击锤，关上保险，表尺转轮定在表尺"3"上。刺刀（匕首）应装在刀鞘内。在居民地宿营时，不得将武器和子弹（枪榴弹）放在门窗附近。

（2）行军作战和训练时，应尽量避免武器碰撞和沾上污物。长时间射击时，应及时向枪机上涂油。乘车（船）时，应将武器妥善保管，防止碰撞和丢失。

（3）在潮湿和沿海地区，应特别注意防止机件和子弹（枪榴弹）生锈。在风沙较多的情况下，应防止灰沙进入枪内。在炎热季节，应尽量避免长时间曝晒。

（4）教练弹和实弹严禁混放在一起，严禁用实弹当教练弹操练使用。分队不准存有待修及废品枪弹。

（三）擦拭上油

1. 擦拭上油的时机和要求

实弹射击后，应用浸透油或碱水（肥皂水）的布，将武器的烟渣、污垢擦拭干净，并用干布擦干后再上油，在以后的三四天内每天擦拭一次；训练演习后，应适时地用干布和油布进行擦拭；不经常使用时，每周至少擦拭一次。在严寒的室外将枪带到室内时，应待出水珠后再擦拭上油。枪被海水浸过或遭受毒剂和放射性物质沾染后，应先用淡水冲洗后再擦拭，擦拭上油后，应放在通风干燥处晾干，严禁火烤和曝晒。

2. 擦拭上油的方法

擦拭前，应分解武器，准备擦拭工具。结合通条（图8－20）时，将两节通条结合好，再将通条从附品盒上的大孔穿过小孔，拧紧擦拭杆，然后用镜子穿过盒体和通条头上的圆孔，将通条和附品盒连接在一起。

图8－20　结合好的通条

（1）擦拭枪膛时，把布条缠在擦拭杆上，并插入枪膛、沿枪膛全长均匀地来回擦拭（弹膛应从后面擦拭）直到擦净。再用布条或鬃刷涂油。

（2）擦拭导气箍、调节塞时，用通条或竹（木）杆缠布擦拭，擦净后涂油。

（3）擦拭其他机件时，应先擦净表面的烟渣和污垢，对孔、槽、缝隙等部分，可用竹（木）签缠上布进行擦拭，再薄薄地涂上一层油。

（四）检查

1. 检查外部

检查外部时，看金属部分是否有污垢、锈痕和碰伤；木质部分有无裂缝和碰伤；各部机件号码是否一致；准星是否弯曲和松动，刻线是否与矫正结果一致；表尺转轮转动是否自如并能固定在各个分划上。

2. 检查枪膛

检查枪膛时，看是否有污垢、生锈和损伤。

3. 检查机能

检查机能时，将装有教练弹的弹匣装在枪上，拉枪机向后到定位松开，枪机应有力地向前并推送一发教练弹入膛；关上保险扣板机时，击锤不应向前；将保险机定在单发位置上扣扳机时，应能听到击锤打击击针的响声；扣住扳机，拉枪机向后到定位，膛内的教练弹应被抛出，松开枪机应推送一发教练弹入膛，击锤应停在后方位置；此时，松开扳机，再扣扳机时，应能听到击锤打击击针的声音。将保险机定在连发位置时，扣住扳机，拉枪机向后到定位并慢慢送回，应听到击锤打击击针的声音。当弹匣内无子弹时，拉枪机向后到定位松开，枪机应被枪机阻铁卡在后方位置。

4. 检查附品和子弹

检查附品和子弹时，看附品是否齐全完好，子弹（枪榴弹）有无锈蚀、凹陷、裂缝、结合部松动等现象。

五、预防和排除故障

（一）预防故障的措施

（1）严格按规则爱护保管和使用武器、子弹（枪榴弹）。有毛病的机件应及时送修或更换，有毛病的子弹（枪榴弹）不准使用。

（2）战斗中应抓紧战斗间隙擦拭武器。来不及擦拭时，应向活动机件注油，或调整调节塞增大火药气体的压力。

（3）在寒冷的条件下使用武器时，不能过多上油，以防冻结，影响机件活动。在寒区，入冬后应换用冬季枪油，并彻底清除夏用枪油。在装子弹前，应将枪机拉送数次或向活动部分注少量汽油（煤油或酒精）。

（二）排除故障的方法

射击中，若发生故障，通常拉枪机向后，重新装弹继续射击。如仍然故障，应迅速查明原因予以排除。如排除不了，应迅速向指挥员报告。可能发生的故障、原因和排除的方法见表8-1。

表8-1　可能发生的故障、原因和排除的方法

故障现象	发 生 原 因	排 除 方 法
不送弹	1. 弹匣过脏或损坏 2. 机件过脏、枪机后退不到位	1. 擦拭过脏机件 2. 更换弹匣
不发火	1. 子弹底火失效 2. 击锤簧弹力不足或击针损坏	1. 更换子弹 2. 更换击针或击锤簧
不退壳	1. 子弹、枪机、机匣、弹膛及火药气体通路过脏，枪机后退不到定位 2. 抓弹钩过脏或损坏	1. 捅出弹壳 2. 擦拭过脏机件 3. 更换抓弹钩 4. 调整调节塞的位置
断壳	1. 子弹有毛病 2. 弹膛过脏	1. 将取壳器放入弹膛，送枪机到定位猛拉枪机取出断壳 2. 擦拭弹膛并涂油
枪机未前进到定位	1. 弹膛、机匣、枪机和复进机过脏或枪油凝结 2. 子弹或弹匣口变形	1. 推枪机到定位 2. 擦拭过脏机件 3. 更换子弹或弹匣
不抛壳	1. 火药气体通路过脏 2. 机件过脏，枪机后退不到定位	1. 卸下弹匣，取出弹壳 2. 擦拭过脏机件
不连发	1. 调节塞装定不正确 2. 导气箍、枪机和机匣过脏	1. 正确装定调节塞 2. 擦拭过脏机件

第二节　简易射击学原理

简易射击学理是射击学的组成部分，是射击的基础理论知识。目的是研究、说明武器在发射过程中的物理、化学变化和外界条件对射击的影响，使射手了解射弹散布的规律、弹道形状及实用意义，熟练掌握正确选定表尺分划和瞄准点的方法，提高命中精度，发挥武器的最大效力。

一、发射与后坐

（一）发射

1. 什么叫发射

火药气体压力将弹头从膛内推送出去的现象，叫发射。

2. 发射的过程

击针撞击子弹底火，使起爆药发火，火焰通过导火孔引燃发射药。产生大量火药气体，在膛内形成很大的压力，迫使弹头脱离弹壳，沿膛线旋转加速前进，直至推出枪口。

发射过程时间极短促，现象却很复杂，整个过程可分为四个阶段（图 8 - 21）。

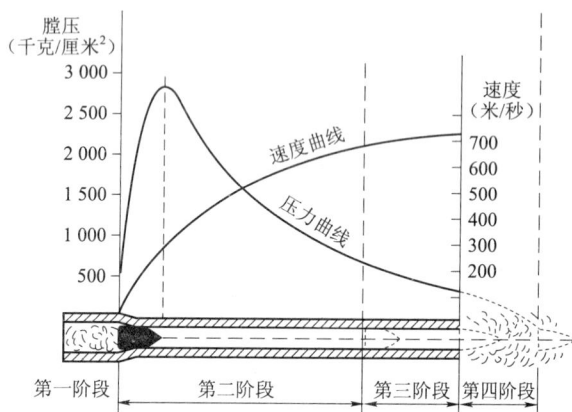

图 8 - 21　发射的四个阶段

第一阶段（准备阶段）：由发射药开始燃烧起至弹头开始运动时止。在此阶段中，发射药在密闭的固定的容积内（弹壳内）燃烧并产生气体，气体逐渐增加，从而使压力逐渐增大，当气体压力足以克服弹头运动阻力（弹壳口对弹头的摩擦力及阻止弹头嵌入膛线的抗力）时弹头即从静止转为运动，脱离弹壳，嵌入膛线。弹头完全嵌入膛线所需要气体压力，称为起动压力。各种枪的起动压力约为 $250 \sim 500 \ kg/cm^2$。

第二阶段（基本阶段）：自弹头开始运动到发射药燃烧完为止。在此阶段内，发射药在迅速变化的容积内燃烧，膛内压力随气体的增加迅速加大，弹头运动速度随之加快。当弹头在膛内前进 6~8 厘米时，膛内的压力最大，此压力称为最大膛压。各种枪的最大膛压为 $1\ 400 \sim 3\ 400$ 千克/厘米^2。由于弹头加速前进，使弹头后面的空间迅速扩大，扩大的速度超过气体增加的速度，因而，压力开始下降，但到发射药燃烧完毕时，火药气体仍保持一定的压力，而弹头的速度随着火药气体对弹头作用时间的增长还在不断增加，使弹头继续加速前进。

第三阶段（气体膨胀阶段）：自发射药燃烧完到弹头底部脱离枪口前切面时止。在此阶段内，弹头是在高压灼热气体膨胀作用下运动的。虽然没有新的火药气体产生，但原有的气体仍储有大量的能，继续做功使弹头加速运动，直至脱离枪口。弹头脱离枪口瞬间的气体压力，称为枪口压力。各种枪的枪口压力为 $200 \sim 600 \ kg/cm^2$。

第四阶段（火药气体作用的最后阶段）：自弹头底部脱离枪口前切面时起到火药气体停止对弹头作用时止。弹头飞出枪口时，火药气体形成一股气流，从膛内喷出，其速度比弹头速度大得多，因此，在距枪口一定距离上（各种枪为 5~50 厘米），火药气体仍继续对弹头底部施加压力，并加大弹头的运动速度，直至火药气体压力与空气阻力相等时为止。此时，弹头飞行的速度最大。

从发射的四个阶段可知，膛压的变化规律是：从小急剧增大，尔后逐渐下降。弹头速度的变化规是：由静止到运动，由慢到快，始终是加速运动。

（二）后坐

1. 什么叫后坐

发射时，武器向后运动的现象，叫后坐。

2. 后坐的形成

发射药燃烧时，产生的气体同时作用于各个方向（图 8－22），作用于膛壁周围的压力为膛壁所抵消；向前作用于弹头后部的压力推送弹头前进；向后作用于弹壳底部的压力经过枪机传给整个武器，使武器向

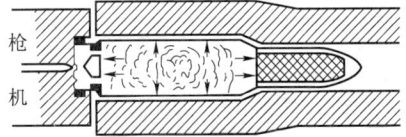

图 8－22 火药气体作用的方向

后运动，形成后坐。武器的后坐和弹头的运动是同时开始的。在弹头脱离枪口瞬间，大量的火药气体随弹头后部从膛内向外喷出，形成了反作用力，使武器后坐更加明显。

3. 后坐对命中的影响

后坐对单发（连发首发）射击的命中影响极小。因为弹头在膛内运动的时间极短（约千分之一秒），并且枪比弹头重得多（95 式自动步枪 786 倍，95 式班用轻机枪 940 倍），所以弹头在脱离枪口以前，枪的后坐距离只有 1 毫米多，而且是正直向后运动的，加之衣服和肌肉的缓冲，射手是感觉不出来的。射手感觉到的后坐，主要是弹头在脱离枪口的瞬间，火药气体猛烈向枪口外喷出形成的反作用力造成的。此时，弹头已脱离枪口。因此，后坐对单发（连发首发）射击的命中影响极小。

后坐对连发射击的命中有一定的影响。因为连发射击时，第一发子弹发射后，由于枪的明显后坐变动了原来的瞄准线，所以对第二发以后的射弹命中有一定的影响。但只要射手据枪要领正确，适应连发武器射击时的后坐规律，就能减小后坐对连发命中的影响，提高射击精度。

二、弹道的形状及实用意义

（一）弹道及其形成

1. 什么叫弹道

弹头（火箭弹）运动中，其重心所经过的路线，叫弹道。

2. 弹道的形成

弹头（火箭弹）脱离枪（筒）口后，如果没有地心吸引力和空气阻力的作用，它将保持其所获得的速度，沿着发射线无止境地成匀速直线飞行。（图 8－23）。

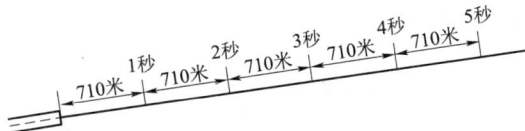

图 8－23 在没有地心吸力和空气阻力作用下弹头的飞行

实际上，弹头脱离枪（筒）口在空气中飞行时，同时受到地心吸力和空气阻力的作用，使弹道不能成为一条直线。地心吸力的作用：物体在空中如果没有别的力量支持它，就会向下降落，这就是地心吸力的作用。射击时，当弹头一离开枪、筒口，就受到地心吸力的作用，使弹头一面向前飞行，一面逐渐离开发射线向下降落，最后落到地上。

空气阻力的作用：当跑步或乘车时，会感到迎面有股阻力在影响着我们前进，这就是空气阻力的作用。运动速度越快，阻力就越大。弹头在飞行中也同样受到空气阻力的作用，使飞行的力量逐渐减小，速度越飞越慢。

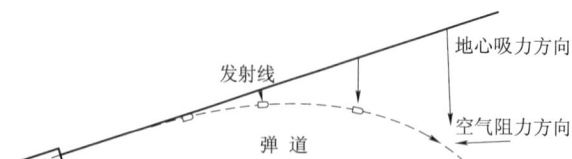

图 8 - 24　弹道的形成

由于上述两个原因，弹头在空气中飞行时，一面受到地心吸力的作用，逐渐下降；一面受到空气阻力的作用，越飞越慢。因此，形成了一条不均等的弧线。升弧较长较直，降弧较短较弯曲（图 8 - 24）。

（二）弹道实用意义

研究弹道的实用意义主要体现在对危险界、遮蔽界和死角的认识和了解。懂得了危险界、遮蔽界和死角，在战斗中就能更好地隐蔽身体，发扬火力，灵活地利用地形地物，隐蔽地运动、集结和转移，以避开或尽量减少敌火力的杀伤。在组织火力配系时，就能正确地选择射击位置和组织火力，千方百计地力求增大危险界和减少射击地带内的遮蔽界和死角，并善于运用弯曲弹道和各种武器的侧射、斜射火力消灭隐蔽在遮蔽界和死角内的敌人。

附注：

表尺危险界的计算公式：

（1）表尺危险界 $= \dfrac{\text{目标高 } 1\,000}{\text{落角（密位）}}$

（2）表尺危险界 = 目标高 × 危险界系数

实地危险界的计算公式：

$$\text{实地危险界} = \dfrac{\text{目标高 } 1\,000}{\text{命中角}}$$

命中角 = 落角 ± 地形倾斜角 −（± 高低角）

（正斜面地形倾斜角加，反斜面地形倾斜角减）

三、选定表尺（瞄准镜）分划和瞄准点

（一）瞄准具（镜）的作用

由于地心吸力和空气阻力的作用，如果用枪管（筒身）瞄向目标射击，射弹就会打低打近（图 8 - 25）。

为了命中目标，必须将枪（筒）口抬高，使火身轴线与瞄准线之间形成一定的角度即瞄准角（图 8 - 26）。

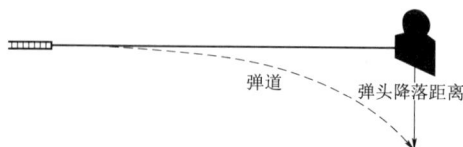

图 8 - 25　用枪管直接瞄准目标射击的景况

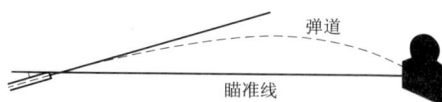

图 8 - 26　抬高枪口对目标射击的景况

瞄准角的大小，是根据射弹在不同距离上的降落量来确定的。距离越远，降落量越大，所需要的瞄准角也就越大；距离越近，降落量越小，所需要的瞄准角也就越小（图8-27）。

瞄准具（镜）就是根据上述原理设计的。由于缺口上沿到火身轴线的高度大于准星尖到火身轴线的高度，射击时，是通过缺口上沿中央（觇孔中央）和准星尖的平正关系（关系位置）来对目标进行瞄准的，因

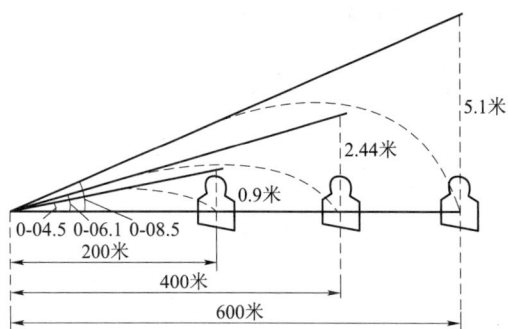

图8-27 射击距离与瞄准角的关系

此，就抬高了枪（筒）口，使火身轴线与瞄准线之间构成了一定的瞄准角（图8-28）。表尺位置高，瞄准角就大，相应的射击距离就远；表尺位置低，瞄准角就小，相应的射击距离就近。各种枪（筒）的表尺钣（瞄准镜）上都刻有不同的表尺（距离）分划，装定表尺（距离）分划，就是改变表尺的高低位置，实际上也就是装定瞄准角。

由此可见，瞄准具的作用，就是对一定距离上的目标射击时赋予武器相应的瞄准角和射向。射击时，只要按照目标的距离装（选）定相应的表尺（瞄准镜）分划瞄准射击，就能命中目标。因此，正确地选定表尺（瞄准镜）分划，对准确命中目标有着决定性的意义。

（二）瞄准要素（图8-29）

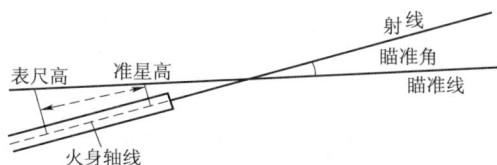

图8-28 瞄准角的构成

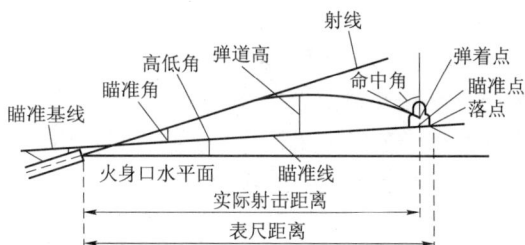

图8-29 瞄准要素

瞄准基线：缺口的上沿中央（觇孔中央）到准星尖的直线。

瞄准线：视线通过缺口上沿中央（觇孔中央）和准星尖的延长线。

瞄准点：瞄准线所指向的一点。

瞄准角：射线与瞄准线的夹角。

高低角：瞄准线与火身口水平面的夹角（目标高于火身口水平面时，高低角为"+"；目标低于火身口水平面时，高低角为"-"）。

瞄准线上的弹道高：弹道上任何一点到瞄准线的垂直距离。

落点：弹道降弧与瞄准线的交点。

弹着点：弹道与目标表面或地面的交点。

命中角：弹着点的弹道切线与目标表面或地面所夹的角。命中角通常以小于90°的角计算。

表尺距离：起点到落点的距离。

实际射击距离：起点到弹着点的距离。

（三）选定表尺分划和瞄准点

为了使射弹准确地命中目标，射击时，射手应根据目标的距离、大小和武器的弹道高低，正确地选定表尺分划和瞄准点。

1. 定实距离表尺分划，瞄目标中央

目标距离为百米整数时，可根据目标的距离装定相应的表尺分划。瞄准点选在目标中央。如 95 式自动步枪对 100 米距离上人胸目标射击时，定表尺"1"；88 式狙击步枪用第一个立标"八"尖点瞄准目标中央射击，即可命中目标中央（图 8-30）。

2. 定大于或小于实距离表尺分划，适当降低或提高瞄准点

目标距离不是百米整数时，通常选定大于实距离的表尺分划，根据武器在该距离上的弹道高，相应降低瞄准点射击。如 95 式班用轻机枪对 350 米距离上人胸目标射击时，定表尺"4"，在 350 米处的弹道为 17.3 厘米，这时，瞄准目标下沿中央射击，即可命中目标中央（图 8-31）。

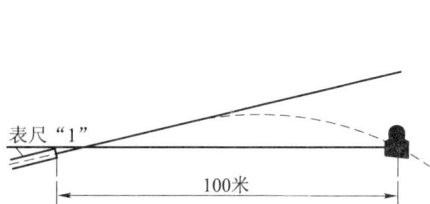

图 8-30　定实距离表尺分划射击景况

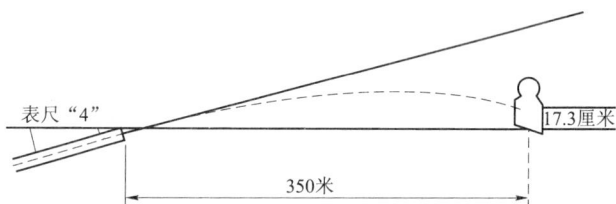

图 8-31　定大于实际距离表尺分划射击景况

也可选定小于实距离表尺分划，根据武器在该距离上的负弹道高，相应提高瞄准点射击。如 88 式狙击步枪对 350 米距离上的人头目标（高 30 厘米）射击时，定表尺"3"，在 350 米处的弹道高为负 14 厘米，这时，瞄准目标头顶中央射击，即可命中目标中央（图 8-32）。

战斗中，对 300 米或 400 米（狙击步枪）距离以内的目标射击时，通常定常用表尺（表尺"3"或"4"）分划，小目标瞄下沿，大目标瞄中央射击，即可命中（图 8-33）。如 81 式自动步枪定常用表尺对 300 米以内人胸目标（高 50 厘米）射击时，瞄目标下沿，则整个瞄准线上最大弹道为 35 厘米，没有超过目标高，目标在 300 米距离内，都会被杀伤。

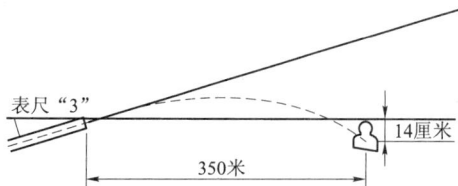

图 8-32　定小于实际距离表尺分划射击景况

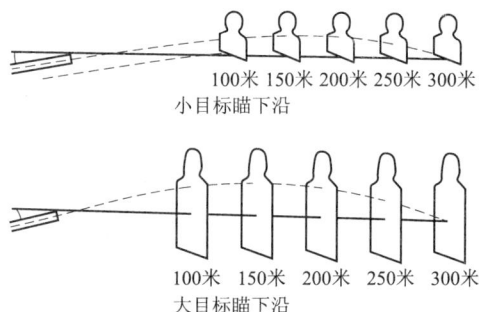

图 8-33　定常用表尺对 300 米以内目标射击景况

在战场上，目标出现突然，大小暴露不一，且距离不断变化。用此种方法，对 300 米或 400 米（狙击步枪）以内的目标不需要变更表尺分划即可实施射击，这样可以争取时间，提高战斗射速，增大射击效果。因此，此种方法在实战中有着重要的实用意义，是战斗中常用

的一种方法。

（四）观察弹着和修正偏差

射击时，由于测距、瞄准的误差和外界条件对射击的影响，以及射手操作不正确等原因，会使射弹产生偏差。因此，射手（副射手）应注意观察弹着（炸点），及时修正偏差，以提高射击效果。

1. 观察弹着

观察弹着时，应根据射弹击起的尘土、水花的位置，曳光迹和目标状况的变化等情况，判断射弹是否命中目标或偏差量的大小。各种枪对草地、湿地、硬土地上的目标射击时，弹着不易观察，可用曳光弹射击，确定其偏差量。

2. 修正方法

发现偏差时，应认真分析，找出原因，正确地进行修正。如是武器、风造成的偏差，偏差多少就修正多少。修正时，应以预期命中点为准，向偏差相反的方向修正。

（1）修正方向偏差时，可用改变瞄准点的方法进行修正。射弹偏右，瞄准点向左修；射弹偏左，瞄准点向右修。

（2）修正高低偏差时，可用提高、降低瞄准点或增减表尺分划的方法进行修正。射弹偏高时，降低瞄准点或减少表尺分划；射弹偏低时，提高瞄准点或增加表尺分划。

四、风、气温、阳光对射击的影响及修正

武器弹道基本诸元的计算，都是在标准条件（见附录注）下进行的。射击时，若外界条件不符合标准条件，就会改变弹道的形状，影响射击精度。要使射弹准确地命中目标，就要了解外界条件对射击的影响，学会修正和克服的方法。

（一）风对射弹的影响及修正

风是一种具有速度和方向的气流，它能改变射弹的飞行方向和距离。在各种外界条件中，风对射弹的影响最大。因此，必须准确地判定风向和风力，根据风对射弹的影响进行修正，以保证射弹准确命中目标。

横（斜）风能对弹头的侧面施加压力，使射弹偏向一侧，产生方向偏差（斜风还能使射弹产生距离偏差，因偏差很小，故不考虑）。风力越大，距离越远，偏差就越大。风从左吹来，射弹偏右；风从右吹来，射弹偏左（图8-34）。

各种枪射击时，为了使射弹准确地命中目标，必须根据射弹受风影响的偏差量，将瞄准点或横表尺向风吹来的方向修正。修正时，以横方向的和风修正量见相关表格为准，强风加一倍，弱风减一半。斜方向的强（和或弱）风，应按横方向的强（和或弱）风的修正量减一半。修正量从预期命中点算起，偏差多少，就修正多少。横表尺修正后，瞄准点不变。

各种武器在射击中对横和风的修正量（人体），可按如下口诀概略求出：距离200米，修1/4人体；表尺

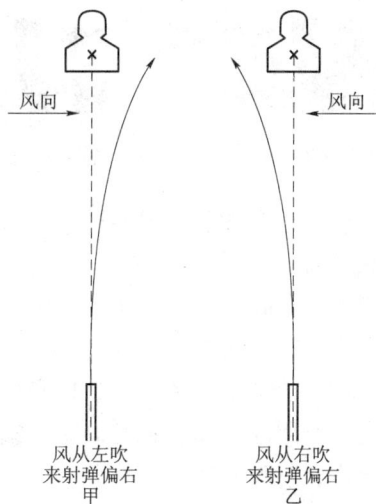

图8-34 横风对射弹的影响

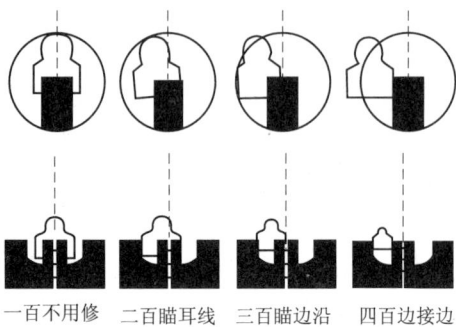

一百不用修　二百瞄耳线　三百瞄边沿　四百边接边

图 8－35　横和风时的修正景况

3、4、5，减去 2.5；强风加一倍，弱（斜）风减一半。

为运用方便，将在横和风条件下，对 400 米内的目标射击时的瞄准景况归纳为如下口诀：

一百不用修，二百瞄耳线，三百瞄边沿，四百边接边（图 8－35）。

使用瞄准镜，在有横（斜）风条件下射击时，为了使射击更准确，可运用密位分划进行修正。修正的方法：将确定修正的密位值与目标所在的距离分划的水平线垂直交点，指向目标。在斜风条件下射击时，修正量减去一半。

用机械瞄准具，在有横（斜）风条件下，对重点目标或精度射击时，应按气象条件和弹道变化修正量表中数据进行修正。

（二）阳光对瞄准的影响及克服方法

1. 阳光对瞄准的影响

在阳光下瞄准时，由于阳光照射作用，缺口部分产生虚光（现孔式瞄准具不产生虚光），形成三层缺口：虚光部分、真实缺口、黑实部分（图 8－36）。如不注意辨清真实缺口的位置，就容易产生误差，使射弹产生偏差。

（1）若用虚光瞄准，射弹就偏向阳光照来的方向（图 8－37）。阳光从右上方照来时，缺口左边和上沿产生虚光，用虚光部分瞄准，准星实际上偏右高。因此，射弹偏右上。阳光从左上方照来时，射弹则偏左上。

虚光部分
真实缺口
黑实部分

图 8－36　缺口部分产生虚光形成三层缺口

图 8－37　用虚光部分瞄准，射弹偏向阳光照来的方向

（2）若用黑实部分瞄准，射弹就偏向阳光照来的相反方向（图 8－38）。阳光从右上方照来时，用黑实部分瞄准，准星实际上偏左低。因此，射弹偏左下。阳光从左上方照来，射弹则偏右下。

（3）在阳光照射下，缺口和准星尖同时产生虚光时，若用虚光部分瞄准，射弹偏低；若用黑实部分瞄准，射弹偏高。

2. 克服的方法

（1）可在不同方向的阳光下练习瞄准，采取遮

图 8－38　用黑实部分瞄准，射弹偏向
阳光照来的相反方向

光瞄准不遮光检查，或不遮光瞄准遮光检查的方法，反复练习，确实辨清真实缺口的位置和正确瞄准的景况。

（2）在阳光下瞄准的时间不宜过长，以免眼花而产生误差。

（3）平时要注意保护好瞄准具，不使其磨亮反光。

（三）气温对射弹的影响及修正

1. 气温对射弹的影响

气温就是空气的温度。它随着天气的炎热和寒冷而变化。气温变化时，空气密度也会随着改变，对射弹的阻力也就不同。因而，影响射弹的飞行速度，使弹道形状发生变化。

气温升高时，空气密度减小（稀薄），射弹飞行中受到的空气阻力就小；射弹就打得远（高）。

气温降低时，空气密度增大（稠密），射弹在飞行中受到的空气阻力就大，射弹就打得近（低）。

2. 修正方法

由于各地区和各季节的气温不同，很难与标准气温（＋15 ℃）条件相符。因此，应在当时当地的气温条件下矫正武器的射效，并以矫正射效时的气温条件为准。射击时，若气温差别不大，在 400 米（狙击步枪、重机枪 500 米）内对射弹命中的影响较小，不必修正。若气温差别很大或对远距离目标射击时，应适当提高或降低瞄准点射击（各种武器修正量见气象和弹道变化修正量表），气温降低时，提高瞄准点或增加表尺分划；气温升高时，降低瞄准点或减小表尺分划。

气温修正量可用公式求出：

距离（高低）修正量 = 气温差 × 气温每增减 10 ℃时的距离（高低）修正量

例：95 式班用轻机枪矫正射效时的气温为 25 ℃，现在零下 25 ℃对 400 米距离上的目标射击时，应如何修正？

解：

（1）气温差为 25 ℃ － （ － 25 ℃）＝ 50 ℃

（2）查表得知：气温每增加 10 ℃时在 400 米上的距离修正量为 8 米；高低修正量为 0.03 米。

（3）代入公式

$$距离修正量 = 5 \times 8 = 40（米）$$
$$高低修正量 = 5 \times 0.03 = 0.15（米）$$

所以，射击时应增加半个表尺分划或提高瞄准点 15 厘米。

第三节　轻武器射击动作

一、验枪

验枪是一项保证安全的重要措施。使用武器前后及必要时，均应验枪，认真检查弹膛、弹匣和教练弹中有无实弹。验枪时，严禁枪口对人。

口令："验枪""验枪完毕"。

动作要领：听到"验枪"的口令后，以右脚掌为轴，身体半面向右转，左脚顺势向前迈出一步（两脚约与肩同宽），同时右手移握护木，将枪向前送出（背带从肩上脱下），左手接握下护木，左大臂紧靠左胁，枪托贴于右胯，准星约与肩同高，右手掌心向下，虎口向前，拇指打开保险（图8－39），卸下弹匣（使弹匣口向后弯曲部朝上）交给左手握于护木右侧，移握机柄。

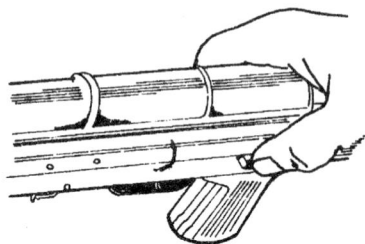

图8－39 打开保险

当指挥员检查时，拉枪机向后，验过后，自行送回枪机，装上弹匣，扣扳机，关保险，移握枪颈。

听到"验枪完毕"的口令后，左手反握护木，将枪倒置于胸前，上背带环约与肩同高，右手挑起背带，身体半面向左转，在右脚靠拢左脚的同时，两手协力将枪送上右肩，恢复肩枪姿势。

二、装退子弹及定复表尺

（一）向弹匣内装子弹

左手握弹匣，使弹匣口向上，挂耳向前，右手将子弹放于受弹口，两手协力将子弹压入弹匣内。

（二）卧姿装退子弹及定复表尺

口令："卧姿——装子弹""退子弹——起立"。

动作要领：听到"卧姿——装子弹"的口令后，右手移握上护木，使枪口向前（背带从肩上脱下），左脚向右脚尖前迈出一大步（也可右脚顺脚尖方向迈出一大步），左臂伸出，掌心向下，手指稍向右，按照膝、手、肘的顺序顺势卧倒。以身体左侧、左肘支持全身。右手将枪向目标方向送出，左手接握下护木，枪面稍向左，枪托着地，右手卸下空弹匣（弹匣口朝后，弯曲部朝上）交给左手握于护木右侧，解开弹袋扣取出并换上实弹匣（图8－40）。

将空弹匣装入弹袋内并扣好，拇指打开保险，拉枪机送子弹上膛，关上保险。右手拇指和食指转动表尺转轮，使所需分划对正表尺座一侧定位点（图8－41）。然后，右手移握握把，全身伏地，两脚分开约与肩同宽，身体右侧与枪身略成一线，目视前方，准备射击。

图8－40 卧姿装子弹

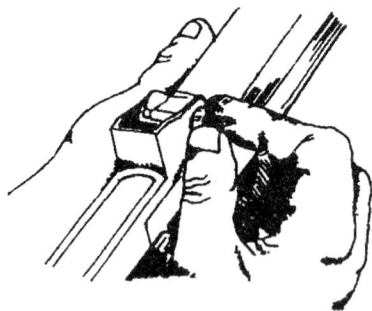

图8－41 装定表尺的动作

听到"退子弹——起立"的口令后，稍向左侧身，右手卸下实弹匣交给左手，打开保险，拇指慢拉枪机向后，余指接住从膛内退出的子弹（图8－42），送回枪机。

将子弹压入弹匣内，解开弹袋扣，取出并换上空弹匣，将实弹匣装入弹袋内并扣好。扣扳机，关保险，表尺转轮分划归"3"，移握上护木，将枪收回，同时左小臂向里合，屈左腿于右腿下。

图 8－42 退子弹的动作

以左手和两脚撑起身体，右脚向前一大步，左脚再向前一步，左手反握护木，将枪倒置于胸前，右手挑起背带，在右脚靠拢左脚的同时，两手协力将枪送上右肩，恢复肩枪姿势。

（三）跪姿装退子弹及定复表尺

口令："跪姿——装子弹""退子弹——起立"。

动作要领：听到"跪姿——装子弹"的口令后，右手移握上护木，使枪口向前（背带从肩上脱下），左脚向右脚前方迈出一步，右手将枪向目标方向送出，左手接握下护木，同时右膝向右跪下，臀部坐在右脚跟上，左小腿略成垂直，两腿约成90°角，左小臂放在左大腿上，枪面稍向左，准星约与肩同高。然后，按要领换上实弹匣，打开保险，拉枪机送子弹上膛，关上保险，定表尺，右手移握握把，目视前方，准备射击。

听到"退子弹——起立"的口令后，按要领卸下实弹匣，打开保险，退出膛内子弹，换上空弹匣，将实弹匣装入弹袋内并扣好。扣扳机，关保险，表尺转轮分划归"3"，移握上护木，左脚尖向外打开同时起立，左手反握护木，将枪倒置于胸前，右手挑起背带，在右脚靠拢左脚的同时，两手协力将枪送上右肩，恢复肩枪姿势。

（四）立姿装退子弹及定复表尺

口令："立姿——装子弹""退子弹"。

动作要领：听到"立姿——装子弹"的口令后，右手移握上护木，以右脚掌为轴，身体大半面向右转，左脚顺势向前迈出一步（两脚分开约与肩同宽），体重落在两脚上，右手将枪向目标方向送出，（背带从肩上脱下）。左手接握下护木，左大臂紧靠左胁，枪托贴于右胯，准星约与肩同高。然后，按要领换上实弹匣，打开保险，拉枪机送子弹上膛，关上保险，定表尺，右手移握握把，目视前方，准备射击。

听到"退子弹"的口令后，按要领卸下实弹匣，打开保险，退出膛内子弹，换上空弹匣，将实弹匣装入弹袋内并扣好。扣扳机，关保险，表尺转轮分划归"3"，右手移握上护木，身体大半面向左转，左手反握护木，将枪倒置于胸前，右手挑起背带，在右脚靠拢左脚的同时，两手协力将枪送上右肩，恢复肩枪姿势。

三、装退枪榴弹及定复表尺

（一）卧姿装退枪榴弹及定复表尺

口令："卧姿——装弹""退弹——起立"。

动作要领：听到"卧姿——装弹"的口令后，右手移握上护木，使枪口向前（背带从肩上脱下），左脚向前迈出一步，右膝向右跪下，右手将枪于身体前端置地，两手握背带协力将枪榴弹背具取下，置于身体右侧（筒口朝左），两手半握拳，在左脚前撑地，两脚向后顺势卧倒，以身体左侧、左肘支持全身，左手握上护木、枪面稍向左，右手取出一发子弹（教练弹、弹壳），将调节塞处于闭气"0"位，放回子弹（教练弹、弹壳），卸下空弹匣（弹匣口朝后，弯曲部朝上）交给左手握于护木右侧，解开弹袋扣，取出并换上实弹匣，将空弹匣装入弹袋内并扣好，将枪置于地上，两手打开包装筒盖，取出枪榴弹，左手握弹尾，右手取下引信保护帽（杀伤枪榴弹），右手握护木，两手协力将枪榴弹套进步枪发射具，左手竖起表尺，若步枪准星座遮挡表尺照门孔时，转动枪榴弹，使表尺中心与步枪准星座轴线成一角度（转动角度以准星座遮挡不住照门孔即可）。左手移握下护木，右手移握握把，全身伏地，两脚分开约与肩同宽，身体右侧与枪身略成一线，目视前方，准备射击。

听到"退弹——起立"的口令后，稍向左侧身，右手移握上护木，将枪稍向后收，左手握枪榴弹尾管，将枪榴弹从发射具上取下，右手将枪置于地上，将枪榴弹表尺放倒，装上引信保护帽（杀伤枪榴弹），将枪榴弹装入包装筒内，盖好筒盖，左手握枪上护木，右手卸下实弹匣，交给左手握于护木右侧，取出空弹匣装在枪上，将实弹匣装入弹袋内并扣好，取出一发子弹（教练弹、弹壳）将调节塞调至"1"或"2"的位置，放回子弹（教练弹、弹壳），左手将枪置于地上，两手半握拳将身体撑起，左脚向前一步，右膝顺势向右跪下，两手握背带，背上弹药背具。右手握步枪上护木，取枪的同时起立，左手反握护木，将枪倒置于胸前，右手挑起背带，在右脚靠拢左脚的同时，两手协力将枪送上右肩，恢复肩枪姿势。

注：装弹时一般不送子弹上膛。

（二）跪姿装退枪榴弹及定复表尺

口令："跪姿——装弹""退弹——起立"。

动作要领：听到"跪姿——装弹"的口令后，右手移握上护木，使枪口转向前，左脚向前一步，右膝向右跪下，右手将枪于身体前端置地，两手协力将枪榴弹背具取下，置于身体右侧（筒口向左）。左手握上护木取枪，此时臀部坐在右脚跟上，左小腿略成垂直，两腿约成90度角，左小臂放在左大腿上，枪面稍向左，准星略与肩同高，右手取出一发子弹（教练弹、弹壳）将调节塞处于闭气"0"位，放回子弹（教练弹、弹壳），卸下空弹匣，（弹匣口朝后，弯曲部朝上）交给左手握于护木右侧，解开弹袋扣，取出并换上实弹匣，将空弹匣装入弹袋内并扣好，将枪置于地上，两手协力打开包装筒盖，取出枪榴弹，左手握弹尾，右手取下引信保护帽（杀伤枪榴弹），右手握上护木取枪，两手协力将枪榴弹套进步枪发射具，左手竖起表尺，若步枪准星座遮挡表尺照门孔时，转动枪榴弹，使表尺中心与步枪准星座轴线成一角度（转动角度以准星座遮挡不住照门孔即可）。左手移握下护木，右手移握握把，目视前方，准备射击。

听到"退弹——起立"的口令后，右手移握上护木，左手握弹尾，两手协力将枪榴弹从发射具上取下，右手将枪置于地上，将枪榴弹表尺放倒，装上引信保护帽（杀伤枪榴弹），两手协力将枪榴弹装入包装筒内，盖好筒盖，左手握上护木，右手卸下实弹匣，交给左手握于护木右侧，取出空弹匣装在枪上，将实弹匣装入弹袋内并扣好，取出一发子弹（教练弹、弹壳）将调节塞调至"1"或"2"的位置，放回子弹（教练弹、弹壳），左手将枪置于地上，两手握背带，背上弹药背具，右手握步枪上护木，取枪的同时起立，左手反握护木，将枪倒置于胸前，右手挑起背带，在右脚靠拢左脚的同时，两手协力将枪送上右肩，恢复肩枪姿势。

四、81-1式自动步枪据枪、瞄准、击发

据枪、瞄准、击发是相互联系和相互影响的动作，稳固持久的据枪，正确一致的瞄准，均匀正直的击发，三者正确的结合，是准确射击的关键，也是射击训练的基础。因此，必须

刻苦练习，熟练掌握。

（一）有依托据枪、瞄准、击发

1. 依托物的利用

为了获得更好的射击效果，应力求利用地物和构筑依托物实施射击。依托物的高低应以射手的身体而定，一般为25～30厘米，依托物内侧应陡些。在紧急情况下，还应善于利用不同高度的依托物实施射击。

2. 卧姿有依托据枪、瞄准、击发

（1）据枪

卧姿有依托据枪时，下护木前端放在依托物上，身体右侧与枪身略成一线。左手握弹匣（也可托握下护木）。左肘着地外撑。右手拇指将保险机扳到所需的位置，虎口向前紧握握把，食指第一节靠在扳机上，右大臂略成垂直，右肘着地外撑（肘皮控制在内前侧）。两肘保持稳固。胸部挺起，身体稍前跟（右肘不离地），上体自然下塌，两手用力保持不变，使枪托确实抵于肩窝。头稍前倾，自然贴腮（图8－43）。

图8－43 卧姿有依托据枪

（2）瞄准

首先使瞄准线自然指向目标。若未指向目标，不可迁就而强扭枪身，必须调整姿势。需要修正方向时，可左右移动身体或两肘。需要修正高低时，可前后移动整个身体或两肘里合、外张（连发射击时，右肘不宜外张），也可适当调整依托物。

（3）击发

用右手食指第一节均匀正直地向后扣压扳机（食指内侧与枪应有不大的空隙），余指力量不变。当瞄准线接近瞄难点时，开始预压扳机，并减缓呼吸。当瞄准线指向瞄准点时，应停止呼吸，继续增加对扳机的压力，直至击发。击发瞬间应保持正确一致的瞄准。若瞄准线偏离瞄准点或不能继续停止呼吸时，应既不增加也不放松对扳机的压力，待修正或换气后，再继续扣压扳机。

操纵点射时，应稳扣快松，扣到底松开为2～3发，在扣扳机的过程中，应始终保持姿势稳固，据枪力量不变，以提高连发射击命中精度。

3. 掩体内跪姿有依托据枪、瞄准、击发

掩体内跪姿有依托据枪时，通常跪左膝，右膝靠掩体前崖或右脚向右后蹬，也可跪双膝。上体紧靠掩体前崖，两肘抵在臂座上（图8－44）。

瞄准需要修正方向时，可左右移动膝或脚。其他要领同卧姿。

图8－44 掩体内跪姿有依托据枪

图 8 - 45 掩体内立姿有依托据枪

4. 掩体内立姿有依托据枪、瞄准、击发

掩体内立姿有依托据枪时，上体左前侧紧靠掩体前崖，左腿微屈，右脚向后蹬，两肘抵在臂座上（图 8 - 45）。

瞄准需要修正方向时，可左右移动两脚。其他要领同卧姿。

（二）无依托据枪、瞄准、击发

1. 卧姿无依托据枪、瞄准、击发

（1）据枪

卧姿无依托据枪时，左手托握下护木或握弹匣（弹匣可着地），小臂尽量里合于枪身下方，小臂与大臂约成90°角，将枪自然托住。右手握握把，大臂略成垂直，两肘保持稳固。两手正直向后用力，使枪托确实抵于肩窝，自然贴腮（图 8 - 46）。

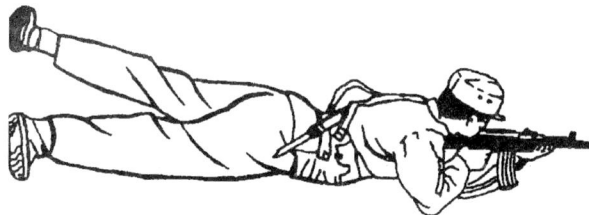

图 8 - 46 卧姿无依托据枪

（2）瞄准

首先应选择好瞄准点（区）。尔后，使瞄准线自然指向瞄准点（区）。若未指向瞄准点（区），不可迁就而强扭枪身，必须调整姿势。需要修正方向时，可左右移动身体或两肘。需要修正高低时，可前后移动整个身体或两肘里合、外张，也可适当移动左手托握下护木或弹匣的位置。

（3）击发

当瞄准线接近瞄准点（区）时，开始预压扳机，并减缓呼吸。当瞄准线在瞄准点附近（瞄准区内）轻微晃动时，应停止呼吸，继续增加对扳机的压力，果断击发（切忌为捕捉瞄准点而猛扣扳机），击发瞬间应保持正确一致的瞄准。若瞄准线偏离瞄准点较远（瞄准区外）时，则不增加也不放松对扳机的压力，应迅速修正，再继续扣压扳机。

2. 跪姿无依托据枪、瞄准、击发

跪姿无依托据枪时，左手托握下护木或握弹匣，左肘平面略过左膝盖前或膝盖后，使枪、左小臂、左小腿略在同一垂直面上。右手握握把，大臂自然下垂，上体稍前倾，两手正直向后用力，使枪托确实抵于肩窝（图 8 - 47）。

瞄准需要修正方向时，可移动左脚或右膝。其他要领同卧姿。

3. 立姿无依托据枪、瞄准、击发

立姿无依托据枪时，左手握弹匣，大臂紧靠左胁，小臂尽量里合于枪身下方。也可左手托握下护木，大臂不靠左胁。右手握握把，大臂自然抬起，两手正直向后用力，使枪托确实抵于肩窝外侧（图 8 - 48）。

瞄准需要修正方向时，可移动两脚。其他要领同卧姿。

图 8 - 47　跪姿无依托据枪

图 8 - 48　立姿无依托据枪

第四节　实弹射击的组织与实施

射击规则是轻武器射击时应遵循的组织原则、实施程序和安全规定等。

一、组织实施实弹射击的有关规定和安全措施

（一）对射击指挥员的要求

指挥员在组织实弹射击时，要遵循以下要求。

（1）组织实弹射击，必须从实战需要出发，从难从严要求，注意培养射手独立自主地完成射击任务的能力。不能降低标准，不得拼凑尖子、弄虚作假。

（2）组织实弹射击，必须依据总参谋部颁发的最新条令、教令以及《军事训练成绩评定标准》，严格按其规定的条件和标准组织实施。

（3）组织基本射击时，必须在对射手进行武器常识、射击学理、射击动作和方法训练之后实施。

（4）组织实弹射击，事先必须进行周密、细致的准备工作。制定具体、明确的安全措施，防止各种事故的发生。

（5）严格按组织程序办事。实弹射击前应向上级主管部门请示（或根据教学计划），射击完毕后报告。不得随意延长和更改实弹射击的计划，更改实弹射击的场地。

（6）射击终止，严密组织清理场地。

（二）组织实施实弹射击的有关规定

（1）各种武器实弹射击的第一练习，可在良好的天候条件下实施（其他练习不受天候限制）。

（2）实弹射击时，必须使用手中武器。如因武器机件损坏或射效不合格而无法校正，射手不能使用手中武器时，必须经连以上领导批准。

（3）组织基本射击时，射手进到出发地线后，指挥员令发弹员发弹，给射手规定射击目标，发出射击准备信号，待靶壕竖起红旗或用其他规定的方法发出可以射击的信号后，下达向射击地线前进的口令。射手进入射击地线后，按指挥员的口令做好射击准备。指挥员按规定时间发出开始射击的口令或显示目标的信号，射手即行射击。射击完毕后在原地验枪，验枪完毕，发出检（报）靶信号。

（4）组织战斗射击时，要从实战需要出发，场地要选择在复杂的地形上，目标设置要尽量符合战术要求。锻炼射手在近似实战条件下，独立观察目标、测定距离、装定表尺、选择姿势、准确迅速地消灭各种目标的技能。指挥员不得以任何方式给射手指示目标。射手严格按规定着轻装。射手位置和目标位置要严密伪装。

（5）凡规定点射次数的射击，每出现一次单发，算一次点射。超过一次点射，降低成绩一等。凡有时间限制的练习，规定时间一到，指挥员应立即下达停止射击的口令，射手立即停止射击。

（6）射手打错靶算脱靶。被打错者，如当时能判明打错的弹着即扣除；如当时不能判明打错的弹着，应扣除超过发射弹数的弹着，如系环靶、扣除环数最少的弹着。

（7）射击中发生故障，如属射手操作原因，应自行排除后继续射击，如条件允许，也可重新射击。

（8）对环靶射击时，命中环线算内环。跳弹命中靶子不算成绩；实弹射击成绩，分为优秀、良好、及格、不及格四等。不及格者可补射一次，算个人成绩，不算单位成绩。

（三）射击场安全措施

（1）射击场必须具备可靠的靶挡和确保安全的靶壕及掩蔽部并应避开高压线、交通要道和居民区。

（2）实弹射击前，必须仔细搜索靶场警戒区，预先派出警戒并设置警戒旗。必要时，应预先将射击开始和结束的时间、危险区域及射击场有关信号，通知当地有关单位。

（3）射击前应向全体人员明确规定各种信号。如开始射击、停止射击、检（报）靶和射击终止等信号。全体人员应严格执行。

（4）发出准备射击信号后，靶壕人员应迅速隐蔽并竖起红旗，未经射击指挥员许可，不得外出。射击指挥员未接到靶壕内发出可以射击的信号，不得下令射击。靶壕内若发生特殊情况，需立即停止射击时，应出示白旗或用其他规定的方法向射击指挥员报告射手看到白旗或听到停止射击的口令，应立即停止射击，并关上保险。

（5）动用武器前后必须验枪。无论枪内有无子弹，射手都不得将枪口对人。严禁将装有实弹的武器随意放置或交与他人，不准将实弹和教练弹混在一起。没有射击指挥员的命令，射手不准装弹。报靶时，严禁在射击地线摆弄武器或向靶区瞄准。

（6）射击场应标示出发地线和射击地线，无关人员不得越过出发地线。

二、射击场的组织及主要人员

射击场的组织应由射击指挥员、地段指挥员、靶壕指挥员和警戒、信号（观察）、示靶、发弹、记录、修械、医务等人员组成。其职责主要如下。

1. 射击指挥员

负责场地设置，派遣勤务，组织指挥射击，监督全体人员遵守射击场的各项规定和安全规则，处理有关问题。

2. 地段指挥员

在射击指挥员的领导下，负责本地段的射击指挥。

3. 靶壕指挥员

在射击指挥员的领导下，负责组织设靶、示靶、报靶、检（补）靶及处理有关问题。

4. 警戒人员

负责全场的警戒任务，严禁任何人员和牲畜进入警戒区。发现险情应立即发出信号并向射击指挥员报告。

5. 信号（观察）员

根据指挥员的指示，发出各种信号，负责警戒区的观察，发现险情立即报告。

6. 示靶员

负责设靶、示靶和检靶等工作。

7. 发弹员

根据射击指挥员的指示，按规定弹种、弹数发给射手子弹，收回剩余子弹，射击终止后，负责清查弹药和收缴弹壳。

8. 记录员

负责记录射手的成绩和统计单位成绩。

三、射击场的设置

基本射击场应选择在地形平坦、视界开阔的地方。在山地设置基本射击场时，仰俯角不得超过15°。在靶场的两侧、出发地线、通向靶区的路口均以红旗（夜间用红灯）标示警戒区。

1. 目标设置

设置目标应根据场地情况、射击的人数等情况确定相应的靶子数量和位置。通常由右至左排序（并在靶子右上角注明序号）。靶子之间的间隔一般取3米为宜，并尽可能高度一致。在靶壕靠近射手一方，整组目标的中间位置插上一小红旗，以示靶壕地段在靶壕地段旗的正后方设置靶壕红、白信号旗。

2. 设置出发地线和射击地线

出发地线是射手做好射击前各项准备工作的界限。（限制无关人员接近射击地线）出发地线应距射击地线20米以上，并有明显的标记。射击地线按规定的距离确定在与靶壕平行的直线上，并按靶子右上角的序号设置靶位牌。在射击地线和出发地线的中间与靶壕地段旗相对应位置，设置地段旗。

3. 标示射击指挥员和勤务人员的位置

射击指挥员的位置，设在射击场中央距出发地线10米左右。指挥员后方相应位置分别设置信号员、记录员、医务人员、发弹员和修械员位置（图8-49）。

四、报靶的方法

1. 用报靶杆报靶

报靶杆圆头，直径约15厘米，一面红色，一面白色。放在靶子不同位置表示环数。红

色报环数，白色报弹着偏差和脱靶。（图 8 – 50）

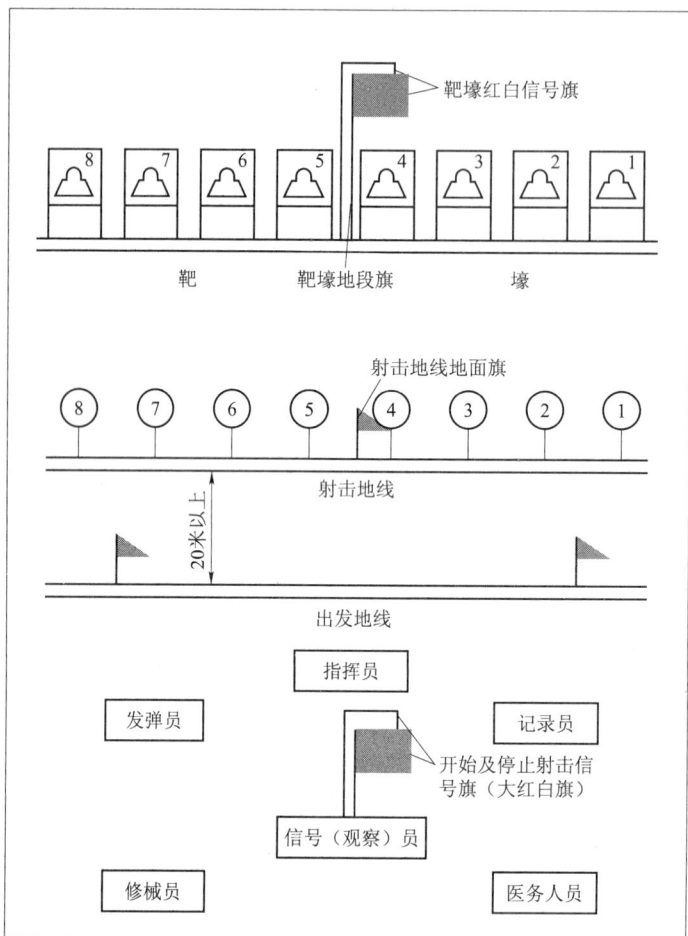

图 8 – 49　射击指挥员和勤务人员的位置

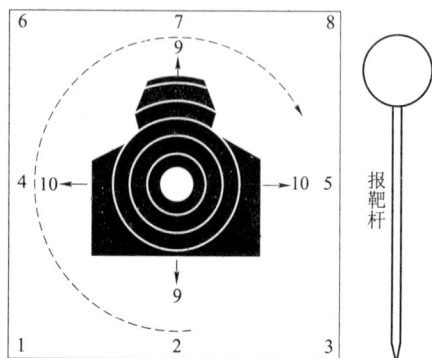

图 8 – 50　报环靶的方法

左下角为 1 环、正下方为 2 环、右下角为 3 环、左中间为 4 环、右中间为 5 环、左上角为 6 环、正上方为 7 环、右上角为 8 环、在靶板中央上下移动为 9 环、在靶板中央左右摆动为 10 环、围绕靶板划圆圈为脱靶（白色）。

表示弹着点偏差时，报出环数后，将报靶杆圆头（白面向外）放在靶子中央，再慢慢向弹着点偏差方向移出靶板 2 次。

2. 用红、白旗报靶

示靶手位于靶子一侧，以红、白旗放在靶子的不同方向表示环数。

白旗：举在靶板左侧为 1 环、举在靶板右侧为 2 环、高举不动为 3 环、垂直上下移动为

4 环、左右摆动为 5 环。

红旗：举在靶板左侧为 6 环、举在靶板中央为 7 环、举在靶板右侧为 8 环、垂直上下移动为 9 环、左右摆动为 10 环。

红白旗一起绕靶板划圈为脱靶。

指示弹着点偏差时，用旗杆头指在靶板中央，向偏差方向移动 2 次。

五、其他准备工作

1. 熟悉有关规定

指挥员应根据本次射击条件，组织有关人员学习教令、熟悉有关规定和信（记）号等。

2. 准备器材

实弹射击前应拟定好所需器材计划，器材数量应根据练习条件和靶位数量来确定。

（1）武器（包括矫正射效）、弹药。

（2）靶子、靶纸、浆糊及报靶杆。

（3）靶位号牌、射击位置号牌及勤务人员位置标示牌。

（4）通讯、信号器材及各种旗帜。

（5）指挥员及勤务人员袖章、望远镜、秒表、成绩登记表等。

3. 射击编组

根据参加实弹射击的人数、靶位数编组，并指定小组长。

六、实弹射击的组织实施

（一）实弹射击开始前的组织工作

组织实弹射击前，指挥员首先应组织勤务人员按本次射击的需要设置好靶场；检查武器、器材的准备情况。尔后，下达课目，宣布射击条件；明确有关规定及注意事项；提出要求并宣布名单；规定各种信（记）号；派出警戒，严密搜索警戒区；视情况发出准备射击信号，各勤务人员迅速就位并严格履行职责。

红旗：举在靶板左侧为 6 环、举在靶板中央为 7 环、举在靶板右侧为 8 环、垂直上下移动为 9 环、左右摆动为 10 环。

红白旗一起绕靶板划圈为脱靶。

指示弹着点偏差时，用旗杆头指在靶板中央，向偏差方向移动 2 次。

（二）实施方法

（1）靶壕竖起红旗或发出可以射击的信号后，指挥员令信号员发出"开始射击"的信号，并指挥第一组射手进入出发地线。

（2）指挥员令发弹员按规定的弹数发给每个射手子弹。射手检查后装入弹匣（夹），放入弹袋并扣好；同时指挥员应在出发地线给每个射手规定射击位置和射击目标。

（3）指挥员下达"向射击地线前进"的口令。射手前进到射击地线后，对正自己的射击位置自行立定。尔后，指挥员下达装子弹的口令，射手按要领装子弹、定表尺，做好射击准备。第一练习，准备好即可射击；其他练习，射手发现目标自行射击。

（4）规定的射击时间一到或目标隐蔽，指挥员即下达"停止射击"的口令，射手应立即停止射击，并按指挥员的口令（退出剩余子弹）动作。

（5）指挥员下达"验枪"的口令，地段指挥员应严格检查，逐个验枪，并收缴剩余子弹；验枪后，指挥员下达"向×号射手靠拢"的口令。尔后令组长按规定路线带到指定地点，擦拭武器，座谈射击体会。

（6）指挥员发出检靶的信号或用电话通知示靶长检靶，靶壕应竖起白旗。示靶长组织示靶员检靶、补靶。

其他各组依此法进行，直至射击完毕。等待射击的各组可由射击指挥员指定专人负责组织预习。射击完毕后，视情况可组织不及格人员补射。

（三）实弹射击完毕后的工作

（1）组织验枪、收缴剩余子弹。

（2）检查武器装具、清理现场、整理器材。

（3）发出射击结束信号，召回勤务和警戒人员。

（4）宣布射击成绩，讲评射击情况，评价训练效果。

第 九 章

军体拳和格斗

第一节　军 体 拳

军体拳由拳打、脚踢、摔打、夺刀、夺枪等格斗基础动作组成。它是一种节奏分明、套路连贯、攻防意识较强的军事实用拳术。它遵循由简到繁，从基本功到基本动作，运动量由小到大的原则编成。动作上吸取了长拳舒展大方、动作灵活的特点，以及南拳步稳、动作刚劲有力的风格。实践证明，进行军体拳训练，人体各部位"一动无有不动"，几乎都参加运动，使人体身心都得到全面锻炼，能改善人体机能，发展肌肉的力量和关节的灵活性，达到强身健体和发展专项运动素质的目的。此外，练军体拳时，不受场地和器材的限制，天气影响也不大。对培养学生吃苦耐劳，坚韧不拔，勇敢顽强的作风，具有重要的意义。

一、基本功

（一）手型

拳：四指并拢卷握，拇指紧扣食指和中指的第二节，如图9－1。

掌：四指并拢伸直，拇指弯曲紧扣于虎口处，分立掌（图9－2（1））、插掌（图9－2（2））和八字掌（图9－2（3））。

图9－1

图（1）

图（2）

图（3）

图9－2

勾：五指第一节捏拢在一起，屈腕，如图9－3。

（二）步型

马步：两脚平行开立（约为足长的三倍半），脚尖正对前方，屈膝半蹲，膝部不超过脚尖，大腿接近水平，全脚掌着地，重心落于两腿之间，挺胸，塌腰，两拳抱于腰间，掌心向上，目视前方，如图9－4。

图9－3

弓步：两拳抱于腰间，拳心向上，左（右）脚向前一步，左（右）腿屈膝半蹲，右（左）腿在后挺直，脚尖里扣，自然挺胸，目视前方，如图9－5。左脚在前为左弓步，右脚在前为右弓步。

图9－4   图9－5

虚步：两手叉腰，右腿屈膝下蹲，左脚向前，微屈膝，脚跟离地，脚尖稍向内扣，虚点地面，重心落于后腿，挺胸、塌腰、目视前方，如图9－6。左脚在前为左虚步，右脚在前为右虚步。

仆步：两脚左右开立，右腿屈膝全蹲，全脚掌着地，脚和膝外展，臀部接近小腿。左脚挺直仆平，脚尖里扣，全脚掌着地。左掌置于右胸前，右拳抱于腰间，目向左平视，如图9－7。仆左腿为左仆步，仆右腿为右仆步。

图9－6   图9－7

二、军体拳第一套

（一）动作名称

第一段：

预备姿势（1）弓步冲拳 （2）穿喉弹踢 （3）马步横打 （4）内拨下勾

　　　　（5）交错侧踹 （6）外格横勾 （7）反击勾踢 （8）转身别臂

第二段：

预备姿势（9）虚步砍肋 （10）踢裆顶肘 （11）反弹侧击 （12）弓步靠掌

·　　　（13）上步砸肘 （14）仆步撩裆 （15）挡击绊腿 （16）击腰锁喉 结束姿势

（二）动作说明

预备姿势：当听到"军体拳第一套——预备"的口令后，在立正基础上，身体稍向左转，同时右脚向右前撤一步，两脚略成"八字形"，屈膝，体重大部分落于右脚；两手握拳，前后拉开，屈肘，左拳与肩同高，拳眼向内上，右拳置于小腹前约10厘米处，拳眼向上，自然挺胸，目视前方，如图9-8、图9-9。

图9-8　　　　　　　　　　　　　　　　图9-9

1. 弓步冲拳

动作要领：右拳从腰间猛力向前旋转冲出，拳心向上，同时左拳收于腰间，成左弓步，如图9-10。

用途：击面、胸、腰部。

2. 穿喉弹踢

动作要领：左拳变掌并向前上猛插，掌心向上，右拳收于腰间，左脚蹬直同时抬右腿，大腿略平，脚尖向下绷直，猛力向前弹踢，并迅速收回，如图9-11。

用途：插喉，弹踢裆或小腹。

图9-10　　　　　　　　　　　　　　　图9-11

3. 马步横打

动作要领：右脚向前落地成右弓步，同时左手前伸变八字掌，右拳自然后摆，如图

9 - 12；左转身成马步的同时，左手抓拉收于腰间，右拳由后向前猛力横击，臂微屈，拳与肩同高，拳心向下，如图 9 - 13。

用途：击头、肋、腰部。

图 9 - 12　　　　　　　　　　　　图 9 - 13

4. 内拨下勾

动作要领：右转身成右弓步，同时右臂内拨后摆，左拳后摆并由后向前上方猛击，拳与下颌同高，拳心向里，左脚自然向左移动，如图 9 - 14。

用途：击下颌、喉、腹、裆部。

5. 交错侧踹

动作要领：右转身，右脚尖外摆，抬左腿，大腿略平，脚尖里勾，两臂在胸前交错，如图 9 - 14；左脚向左侧猛踹，并迅速收回，同时两臂上下外格，右臂屈肘，拳与头同高，拳眼向后，左臂自然后摆，拳心向后，如图 9 - 15。

用途：踹膝关节、肋部。

图 9 - 14　　　　　　　图 9 - 15　　　　　　　图 9 - 16

6. 外格横勾

动作要领：左脚向前落地，左转身成左弓步，同时左臂上挡、外格、后摆，右拳以扭腰送胯之合力由后向前猛力横击，拳与眼同高，拳心向下，如图 9 - 17。

用途：击头、面部。

7. 反击勾踢

动作要领：左脚尖外摆，起右脚，脚尖里勾，两手在胸前交错，如图 9 - 18；右脚由后向左猛力勾踢，同时两臂猛力外格，左臂屈肘，拳与头同高，拳眼向后，右臂自然后摆，拳心向下，如图 9 - 19。

用途：勾踢脚跟、脚腕部，将对方摔倒。

图 9 - 17   图 9 - 18   图 9 - 19

8. 转身别臂

动作要领：右转身，右脚尖外摆并猛力下踏，如图 9 - 20；上左脚成左弓步，同时右手向前上挑，左手抓握右小臂，如图 9 - 21；右后转体成右弓步的同时，右拳变掌屈肘下压，掌心向下，两小臂略平置于腹前，如图 9 - 22。

用途：别臂压肘。

图 9 - 20   图 9 - 21   图 9 - 22

9. 虚步砍肋

动作要领：收右脚成右虚步，同时两手变掌，由外稍向里猛砍，大臂夹紧，小臂略平，掌心向上，两掌约距 20 厘米，如图 9 - 23。

用途：砍肋、腰部。

10. 踢裆顶肘

动作要领：两掌变拳收于腰间。拳心向上，左脚蹬直同时抬右腿，脚尖向下绷直，猛力向前弹踢并迅速收回，如图9－24；右脚落地成右弓步，同时右臂屈肘，左手抓握右拳置于左胸前，两手合力将右肘向前推顶，右大、小臂夹紧略平，拳心向下，如图9－25。

用途：脚踢裆、腹部、肘顶心窝、头部。

图9－23　　　　　　图9－24　　　　　　图9－25

11. 反弹侧击

动作要领：右拳向前反弹，拳心向内上，如图9－26；左掌沿右臂下向前猛挑成立掌，同时收右掌于腰间成右虚步，如图9－27；右脚向前滑动，左转身成马步，同时左手抓拉变拳收抱于腰间，右拳向右侧冲出，拳眼向上，拳与肩同高，目视右拳，如图9－28。

用途：反弹面部。左手挑掌解脱，右拳击肋和腹部。

图9－26　　　　　　图9－27　　　　　　图9－28

12. 弓步靠掌

动作要领：上体左移，体重大部分落于左脚，两拳变掌交叉于裆前，右脚微收成右虚步，如图9－29；右转身，右脚猛力下踏的同时，左脚自然屈膝，两掌上下反拨，收于右肋前，掌心向前，如图9－30；左脚向前落地成左弓步，同时两掌合力向前推出，左手在上，右手在下，掌心向前，两手腕自然靠拢，目视前方，如图9－31。

用途：推胯、肋，将对方推倒。

13. 上步砸肘

动作要领：右脚向前上步成右弓步的同时右拳后摆，左手成抓拉姿势，虎口向右，如图9－32；左转身成左弓步的同时，左手抓拉收于腰间，挥动右臂屈肘向左下猛砸，大臂夹紧，小臂略平，拳心向上，如图9－33。

用途：砸、压肘关节。

图 9 - 29

图 9 - 30

图 9 - 31

图 9 - 32

图 9 - 33

14. 仆步撩裆

动作要领：左膝深屈，右腿伸直，右拳变立掌置于左胸前，左拳抱于腰间，上体前倾，重心右移成左仆步，如图 9 - 34，右手变勾，经右脚面，如图 9 - 35；向后搂手外拨后摆，转身成右弓步，同时左手变掌由后向前猛撩，掌心向上，目视前方，如图 9 - 36。

用途：勾手搂步，撩掌打裆。

图 9 - 34

图 9 - 35

图 9 - 36

15. 挡击绊腿

动作要领：左脚向前上步，左手变拳上挡护头，拳高于头，拳眼向下，身体稍下蹲的同时，右拳向前下猛力冲击，拳心向下，右腿自然跟上屈膝，如图 9 - 37；左拳变掌砍切右手腕的同时，右脚前扫，右拳收于腰间，拳心向上，如图 9 - 38；右腿后绊成左弓步，同时右拳变掌下按，掌心向下，虎口向里，同时左掌变拳收下腰间，如图 9 - 39。

用途：击裆、腹部，推胸绊腿。

图 9 - 37   图 9 - 38   图 9 - 39

16. 击腰锁喉

动作要领：右掌变拳屈臂上挡外格，右脚向前上步，同时左拳向前猛力冲击，拳心向下，如图 9 - 40；右拳变掌前插，左手抓握后手腕的同时，右掌变拳，两手合力回拉下压，右肩前顶，成右弓步，目视前下方，如图 9 - 41。

用途：由后击腰锁喉。

结束姿势：左转身，右脚靠拢左脚，呈立正姿势。

图 9 - 40   图 9 - 41

第二节 格 斗

格斗是以踢、打、摔、拿、击、刺等技击动作为主要内容，按攻防进退等规律进行的以克敌制胜为目的的实用性技能。它是把掌握的技击方法和体内积蓄的力量一同进发出来，以保证在短兵相接中稳操胜券。它具有悠久的历史传统和广泛的群众基础，是中华民族的一项宝贵文化遗产。

一、基本步法

步法是实践格斗中运用进攻与防守技术技能时脚步移动的基本方法。步法在格斗中是十分重要的，步法的好坏直接影响到格斗技术的掌握、运用和发挥。步法灵活则身手敏捷。在实践中，敌我双方之间距离不断变化，若要起脚功敌、靠近摔敌，或是躲避对手的击打，都需要快速灵活的胸步移动。可以说步法是格斗技术中一切动作的先导。

1. 前滑步

身体向前移动时，后脚先蹬地，推动前脚向前滑动。前脚向前滑动时，应擦地前进，落地时应以前脚掌先着地。当前脚掌着地后，后脚迅速前滑跟上，其前移的距离与前脚移动的距离相同。向前移动的步幅，可根据各人的身高不等而有所不同，一般为 30 ~ 50 厘米。在滑步时，身体应保持原有的基本姿势，避免上下、左右摇摆，身体重心随着两脚的前滑而平稳地向前移，两脚着地后，身体重心仍应保持在两脚之间（图 9 - 42）。左脚在前为左前滑步，右脚在前为右前滑步。在实战中如需要调整步距，每次移动的步距以 10 ~ 20 厘米较合适。

2. 后滑步

与前滑步的方向相反，滑步时前脚蹬地，后脚先向后滑动，后脚着地后，前脚迅速跟回，向后滑动的步幅与前滑步的步幅相同。滑步时要保持原有的基本姿势，身体重心随脚的移动平稳后移（图 9 - 43）。左脚在后为左后滑步，右脚在后为右后滑步。

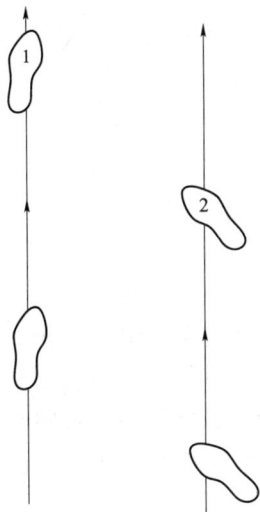

图 9 - 42

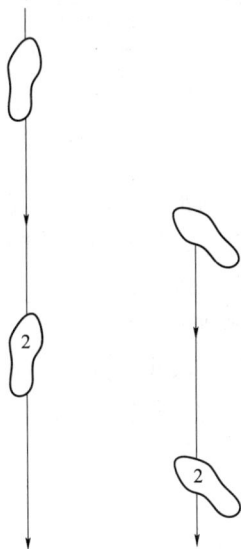

图 9 - 43

3. 冲刺步

冲刺步近似于滑步，但要比一般滑步更加迅速敏捷，蹬地的力量要比滑步大，冲刺滑动的距离也比一般滑步要长，一次冲刺滑动为 50 ~ 70 厘米。当身体准备向前冲刺时，在保持基本姿势的基础上，后脚先用力蹬地，前脚迅速前滑冲进，前脚着地后，后脚迅速跟上。身体重心随着两脚的前滑冲刺而急速前移，动作完成后，仍保持原有的基本姿势（参见图9－42）。左脚在前为左冲刺步，右脚在前为右冲刺步。实战中如需调整步距，两脚间站立距离可略大于本人肩宽，使身体重心不致超出支撑面。

4. 急退步

急退步与冲刺步意义相同，但方向相反，是急速远离敌人、向后滑动的步法。急退步与向后滑步的动作相似，滑动时，前脚掌用力蹬地后脚先向后迅速急退滑动，随着后脚落地的同时，前脚也应急速向后跟上。身体重心随着脚的后滑急退而向后急速移动，完成动作后，应仍保持原有的基本姿势。向后急退滑动的距离，一般为50～70厘米（参见图9－43）。左脚在后为左急退步，右脚在后为右急退步。

5. 向左滑步

向左滑步时，右脚先蹬地，左脚掌向左擦地横向滑动，待左脚着地后，右脚随即向左横滑跟上，其距离与左脚滑动的距离相同，一般滑动距离为30～50厘米。身体重心向左移动时，先由右脚移至横滑的左脚上，持右脚横滑着地后，重心由左脚再移至两脚之间；完成滑步后，仍保持原有的基本姿势（图9－44）。

6. 向右滑步

向右滑步的要求与向左滑步的相同，只是方向相反。向右滑步时，左脚蹬地，右脚先向右滑动，左脚随即迅速向右跟上，身体重心再移至两脚之间，保持原基本姿势（图9－45）。

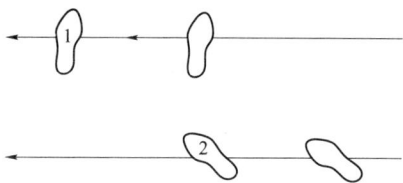

图9－44

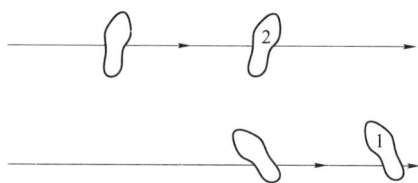

图9－45

在向左、右滑步时，为了使身体在重心移动之后仍能保持稳定，应注意使先滑动的脚的脚掌外缘先着地，以避免身体倾斜过大而失去平衡；在制动身体重心的过程中，上体和下肢的动作要协调一致。

7. 左环绕步

这是一种在敌我双方对峙时，为了寻找对敌击打的空隙和进攻的机会，围绕着敌人连续向斜前方滑动的一种步法。向左作环绕滑动时，右脚蹬地，左脚向左斜前方滑移，着地后右脚迅速向同一方向跟进，身体重心随着两脚的移动，由原来的位置向斜前方移动，在移动中要保持基本姿势不变（图9－46）。

8. 右环绕步

右环绕步与左环绕步动作要领相同，但方向相反。滑动时，左脚蹬地，右脚先向右斜后方移动；右脚着地后，左脚迅速跟上，滑动的距离与右脚相同；滑动时应保持身体的基本姿势。向右滑动时，要特别注意两脚移

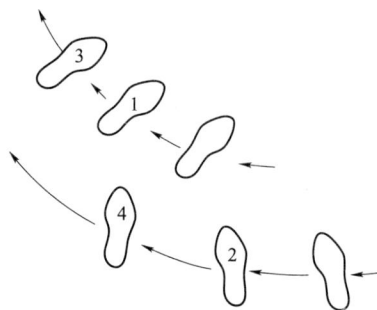

图9－46

动的距离不宜过大，并应始终保持侧对敌人的身体中心轴线。

9. 前滑并步

身体在向前滑并步时，应先以左脚开始向前滑移，脚跟先着地，随后脚掌着地，左脚前移 25～35 厘米，同时右脚迅速向左脚靠拢，随即左脚向前冲刺一步，步幅 50～70 厘米，右脚迅速跟上，完成动作后，应保持原基本姿势（图 9－47）。左脚在前为左前滑并步，右脚在前为右前滑并步。

10. 后滑并步

后滑并步与前滑并步要求相同，只是方向相反。右脚先向后滑动，随即左脚向右脚靠拢，同时右脚再迅速向后滑动，左脚再跟回，身体重心由前向后急速平稳地移动。左脚在后为左后滑并步，右脚在后为右后滑并步。

11. 向左滑并步

左脚先向左移 20～30 厘米，同时右脚向左斜上方靠拢左脚，随即左脚再向左滑一步，步幅 30～50 厘米，右脚向左斜后方跟进，身体保持原基本姿势，重心由右向左移动（图 9－48）。

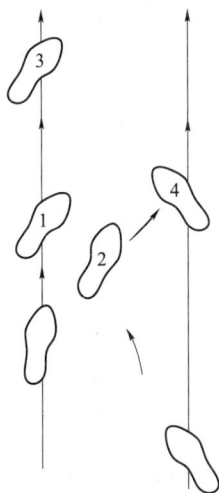

图 9－47

12. 向右滑动并步

右脚向右移 20～30 厘米，同时左脚向右斜后方靠拢右脚，随即右脚向右再滑一步，步幅 30～50 厘米，左脚向右斜前方迅速跟进。身体应保持原本姿势，重心由左向右移动。

13. 左斜进步

先以左脚向左斜前方作冲刺滑步，后面的脚用力蹬地，前脚滑动后，后脚迅速跟上，重心前移至前脚上，以前脚掌着地。完成动作后，身体重心应处于两脚之间，使自己的身体处于敌人身体的右侧（图 9－49）。

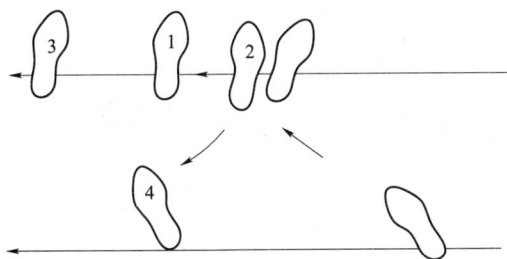

图 9－48

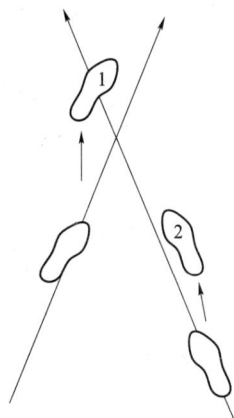

图 9－49

14. 右斜进步

以左脚向右斜前方 45°冲刺滑进，后脚用力蹬地，前脚滑动后，后脚迅速跟上，重心前移至前脚上，完成动作后，身体重心仍应处于两脚之间，使自己身体处于敌身体的左侧。

15. *左斜退步*

在保持原基本姿势的基础上，前脚用力蹬地，后脚向左斜后方退一步，前脚迅速向后跟回，身体重心由前向后移动。

16. *右斜退步*

在保持原基本姿势的基础上，前脚用力蹬地，后脚向右斜后方滑退一步，前脚随后脚向同方向滑退，身体重心由前向后移于两脚之间。

17. *左闪步*

以右脚掌为轴，脚跟向右移转 45°，身体突然向左转体改变方向，左脚迅速向右后方移动，改变基本姿势的方向，将敌甩在自己身体的侧面（图 9－50）。

18. *右闪步*

以左脚掌为轴，脚跟向左转 45°，身体突然向右转体改变方向，右脚迅速向左跟上，身体重心移于两脚之间，将敌人甩在自己身体的侧面。

19. *左跨右闪步*

左脚先向左跨，当左脚落地时，迅速以左脚掌为轴向左转脚跟，同时右脚蹬地，身体突然右转，右脚向左成原基本姿势（图 9－51）。

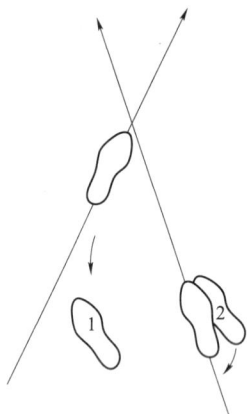 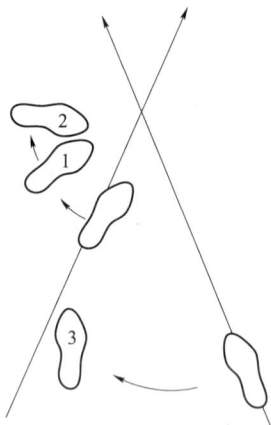

图 9－50　　　　　　　　　　　　　　图 9－51

20. *右跨左闪步*

右脚先向右跨，当右脚落地时，迅速以右脚掌为轴向右转脚跟，同时左脚移向右后方，身体突然左转，改变方向，身体重心由左移到右，动作完成后，仍保持原基本姿势。

21. *交叉步*

将右脚跟提起，以脚掌擦地，向左腿前插步，落于左脚左前侧，两腿交叉协调用力，将重心移于两脚之间，向左插步为左交叉步，向右插步为右交叉步。

二、基本手法

格斗擒敌技术的基本手法包括：拳法、掌法和肘法。它的特点是打击距离短、攻击速度快、击打刚猛有力而又连续不断，故运用娴熟者命中率高。手法在实战格斗中占有相当重要的地位，对实战的成败起着关键作用。在实战格斗中出手速度快，可以达到击中敌要害部位和保护自己要害部位的双重目的。不管是使用单一的手法进行攻防战斗，还是使用复杂的手法连续击敌，都应当结合自身所处的姿势而相应变换距离，以克敌制胜。格斗技术的基本手法有以下几项。

（一）基本拳法

1. 直拳

左直拳：左格斗姿势站立，左脚蹬地，同时左拳内旋向前冲出，约与眼睛同高，拳心向下，上体稍向右转，拧腰，转髋，爆发伸肘，呼气发力，力达拳面，击打后迅速收回，成原格斗姿势。

右直拳：左格斗姿势站立，右脚蹬地，同时右拳内旋向前冲出，约与眼睛同高，拳心向下，上体稍向左转，蹬腿、扭腰，爆发伸肘，呼气发力，力达拳面，击打后迅速收回右拳，成原左格斗姿势。

【用途】用于击敌头部、胸部。

【要求】拳要打平、着力点于拳面，出拳要有弹性，迅速连贯，不要有预发动作，转体顺肩和出拳要协调一致。

2. 摆拳

左摆拳：左格斗姿势站立，左脚蹬地，同时左拳内旋，由左向前弧形摆出，呼气发力，力达拳峰，拳约与头同高，拳心向左，拳眼向下，拳面向右，右拳护于头侧，击打后，迅速收回成原格斗姿势。

右摆拳：左格斗姿势站立，右脚蹬地，同时右拳内旋由右向前弧形摆出，呼气发力，力达拳峰，拳约与头同高，拳心向右，拳眼向下，拳面向左前，左拳护于头右侧前，击打后收回成原格斗姿势。

【用途】用于摆击敌人头部两侧太阳穴。

【要求】摆击要迅速，出拳不要有预摆动作，蹬腿转髋要协调连贯。

3. 勾拳

（1）上勾拳

左上勾拳：右格斗姿势站立，身体左转，同时左拳下沉、外旋，以蹬腿、扭腰、送髋之合力，由后向前上屈臂猛力勾击，呼气发力，拳心向上稍向内，击出后约下颌同高，击打后迅速收回成原格斗姿势。

右上勾拳：左格斗姿势站立，身体右转，同时右拳下沉，外旋，以蹬腿，扭腰，送胯之合力，由后向前上屈臂猛力勾击，呼气发力，拳心向内上，约于下颌同高，击打后迅速收回成原姿势。

【用途】用于勾打敌下颌、胸、腹部位。

【要求】勾打不要有预摆动作，上勾，转体，送髋要协调一致，勾击要有力，要迅速突然，连贯，收拳迅速。

（2）平勾拳

左平勾拳：左格斗姿势站立，左臂肘关节外展，大臂与小臂的角度约90°左右，左拳经左侧向右前方屈肘弧形平击，呼气发力，力达拳面，拳高于鼻尖，拳心向下，眼视左拳，击打后迅速收回成原格斗姿势。

右平勾拳：左格斗姿势站立，右臂肘关节外展，大臂与小臂的角度约90°左右，右拳经右侧向左前方屈肘弧形平击，呼气发力，力达拳面，高于鼻尖，拳心向下，眼视右拳，击打后迅速收回成原格斗姿势。

【用途】用于平勾击敌部两侧，配合下蹲闪可攻击敌腹、肋、裆部。

【要求】平勾拳击打时引臂动作不宜过大，要有催肩爆发力，蹬腿，转腰，与催肩发力要协调配合。

（3）斜上勾拳

左斜上勾拳：左格斗姿势站立，左臂屈肘，左腿蹬地，身体稍右转，握拳以蹬腿，扭腰，送胯之合力由下向上猛力斜上勾击，呼击发力，力达拳面，拳眼朝右上，拳心向右，击打后迅速收回成原姿势。

右斜上勾拳：左格斗姿势站立，右脚蹬地，身体稍向左转，右臂屈肘握拳以蹬腿，扭腰，送胯之合力由下向左上猛击打后迅速收回成原姿势。

【用途】用于击打敌下颌部位。

【要求】充分利用蹬腿、扭腰、送胯之配合的爆发力，勾击迅速。

4. 反弹拳（也称盖拳，反扣拳）

左反弹拳：左格斗姿势站立，左臂屈肘，稍向外旋，拳心向内上，拧腰、沉肩、伸肘，拳背由上向下盖打，呼气发力，力达拳背。击打后迅速回成原格斗姿势。

右反弹拳：右格斗姿势站立，身体左转，右臂屈肘稍向外旋，拳心向内上，拧腰、沉肩伸肘，拳背由上向下盖打，呼气发力，力达拳背，击打后，迅速收回成原格斗姿势。

【用途】用于击打敌面部、头部。

【要求】反弹要快，猛弹快收，肩、肘关节要放松，爆发力要强。

5. 转身鞭拳

右转身鞭拳：左格斗姿势站立，左脚向前滑半步，同时虚发左直拳，然后右脚后插步，以左脚前脚掌为轴，向右后转体180°，同时右拳由后向前横击，呼气发力，力达拳轮，高于头平，击打后迅速收回。

左转身鞭拳：右格斗姿势站立，右脚向前滑半步，同时虚发右直拳，然后左脚向右脚后插步，以右脚前脚掌为轴，向左后转体180°，同时左拳由后向前横击，呼气发力，力达拳轮，高于头平，击打后迅速成左格斗姿势。

【用途】转身鞭拳用于击打敌头部、面部。

【要求】击打时肩、肘关节要放松，转体迅速有力，协调一致，重心要稳。

（二）基本掌法

1. 扇掌

左扇掌：左格斗姿势站立，重心稍前移，左拳变掌左臂内收，随即左掌猛力前伸，用掌背向前猛力扇击，呼气发力，力达掌背、五指，目视前方。击打后迅速收回成原格斗姿势。

右扇掌：右格斗姿势站立，身体左转，重心稍前移，右手变掌，右臂内收，随即右掌猛力前伸，用掌背向前猛力扇击，呼气发力，力达掌背、五指，目视前方，击打后迅速收回成原格斗姿势。

【用途】用于扇击敌面部及头部两侧。

【要求】扇击要快速有力。

2. 推掌

左推掌：左格斗姿势站立，左拳变掌，旋臂向前，立掌推击，呼气发力，力达掌根或掌外缘，目视左掌。推击后迅速收回，成原格斗姿势。

右推掌：右格斗姿势站立，右拳变掌，旋臂向前立掌推击，呼气发力，力达掌根或掌外缘，目视右掌，推击后迅速收回，成原格斗姿势。

【用途】用于推击敌面部、肩部。配合下蹲下闪击敌胸腹。

【要求】推击要快速有力，转腰、催肩、抖臂，要求协调一致。

3. 砍掌

左砍掌：左格斗姿势站立，左拳变掌，掌心向右上，随即由左侧向右斜下猛力砍击，呼气发力，力达掌外缘，目视左掌，砍击后迅速收回成原姿势。

右砍掌：左格斗姿势站立，右拳变掌，右臂外旋，掌心向左上，随即由右侧向左斜下猛力砍击，呼气发力，力达掌外缘，目视右手，砍击后迅速收回成原姿势。

【用途】用于砍击敌头部和颈部两侧。

【要求】砍击要协调、迅速，砍击要狠，要借助转腰力量。

4. 插掌

左插掌：左格斗姿势站立，左拳变掌掌心向下，手腕挺直，向前插击，力达五指尖，约与眼同高，目视左手掌，插击后迅速收回成原姿势。

右插掌：左格斗姿势站立，身体左转，右拳变掌，掌心向下，手腕挺直，向前插击，力达五指尖，目视右手掌，插击后迅速回收成原姿势。

【用途】用于插击敌眼睛，喉部。

【要求】插击要快、准，掌背与小臂成直线，迅速收回。

5. 托掌

左托掌：左格斗姿势站立，左前臂外旋，左拳变掌，掌心斜上，随即，向左斜上托击，呼气发力，力达掌心及五指，目视左手掌，托击后迅速收回成原姿势。

右托掌：左格斗姿势站立，身体左转，右臂外旋前伸，同时，右拳变掌，掌心向斜上，随即，右掌向右斜上托击，呼气发力，力达掌心及五指，目视右手掌，托击后迅速收回成原姿势。

【用途】用于托拿敌下颌，托击敌手臂，肘关节及脚跟。

【要求】托击要狠、准，着力点于掌心及五指。

6. 撩掌

前撩掌：右手前撩掌是左格斗姿势站立，右臂落下，右脚蹬地，身体稍左转，转体带肩，右手由下向前上撩抓，力达掌心及五指，目视右手掌，撩抓后迅速收回原姿势。左手前撩掌同右手前撩掌，方向相反。

后撩掌：右手后撩掌是左格斗姿势站立，身体稍向右转，向右后扭头，同时，右拳变掌向后猛力撩抓，力达掌心及五指，目视右手掌，撩抓后迅速收回成原姿势。左手后撩掌同右手后撩掌，方向相反。

【用途】多用于撩抓敌人裆部。

【要求】撩抓动作要快、准、狠。

7. 切掌

左手切掌：左格斗姿势站立，左拳变横掌，由内向外，由屈到伸，猛力向外切击，呼气发力，力达掌外侧，目视掌外侧，目视左掌，切击后迅速收回成原姿势。

右手切掌：左格斗姿势站立，身体左转，右拳变横掌由内向外，由屈到伸，猛力向外切击，呼气发力，力达掌外侧，目视右手掌，切击后迅速收回成原姿势。

【用途】用于切击敌人喉部、及头颈两侧。

【要求】五指并拢，切击时要做到快、准、狠。

（三）基本肘法

拳谚道"远拳、近肘、靠身摔。"肘的力量大于拳的力量，它的爆发力强，着力点集中，出击隐蔽，是近距离进攻的基本方法。拳语有"宁挨十手，不挨一肘"的说法，道出了肘法的威力。

1. 侧顶肘

左侧顶肘：高马步站立，左臂屈肘，由内向外，肘沿水平直线向外侧顶击，呼气发力，力达肘尖，击打后迅速回收成原姿势。

右侧顶肘：同左侧顶肘，方向相反。

【用途】用于侧顶击敌腹、肋和胸部。

【要求】直线向外侧顶击，发力要狠，速度要快，肩部肌肉不可紧张。

2. （平）击肘

左前横（平）击肘：左格斗势站立，左臂屈肘平抬，肘尖向外，前臂回收靠近大臂，右手可扶抓左拳，上体右转，以蹬腿、扭腰、送胯之合力由左向右猛力横（平）击，呼气发力，力达肘前部（或肘尖），目视左肘，击打后迅速收回成原姿势。

右横（平）击肘：与左横（平）击肘方法相同，动作相反。

【用途】用于横（平）击敌头部两侧，配合下闪身可肘击敌肋部、腹部、裆部。

【要求】横击要狠，要借助扭腰的力量，速度要快。

3. 后顶肘

左后顶肘：高马步站立，左臂屈肘，肩关节前屈，随即向左转头、转身、扭腰，肩关节向后猛力肘击，呼气发力，力达肘尖，肘击后迅速收回成原姿势。

右后顶肘：与左后顶肘方法相同，动作相反。

【用途】当敌由后方抱我腰、颈部时，后顶击敌胸、腹、肋部。

【要求】后顶要贴肋后击，发力要狠，速度要快，肩臂肌肉不可紧张。

4. 后横（平）击肘

左后横击肘：左格斗势站立，左臂屈肘，肘关节上抬与肩平（或稍高），拳心向下，随即向左转头、转身、扭腰、展胸、大臂水平外展，以肘后部为力点，向后横击，呼气发力，力达肘后部，击打后迅速收回成原姿势。

右后横击肘：与左后平击肘方法相同，动作相反。

【用途】当敌由后抱我腰部（或贴近时），用于后横（平）击敌头部。

【要求】击肘时要狠，横击时，肩臂部要放松，击肘速度要快。

5. 挑肘

右挑肘：左格斗姿势站立，右臂屈肘握拳，随即以蹬腿、向左转体、挺髋之合力，由下向上猛力挑击，呼气发力，力达肘前部或肘尖，目视右肘，挑击后迅速收回成原姿势。

左挑肘：与右挑肘方法相同，动作相反。

【用途】用于挑击敌下颌，头部。

【要求】蹬腿、髋挺与挑击要协调一致，挑击要狠。

6. 砸肘

右砸肘：高马步站立，右臂上抬，肘尖向右，上体稍向左转，右腿屈膝身体迅速下沉的同时，右小臂内旋，右肘由上向下猛力砸击，呼气发力，力达肘尖，目视右肘，砸击后迅速收回还原成格斗姿势。

左砸肘：与右砸肘动作要领相同，唯动作相反。

【用途】当敌抱我腰、腿时，用力砸击敌背部、后脑。

【要求】发力要狠，速度要快，沉身下砸要协调。

三、格斗技术的基本腿法

格斗的腿法是下肢带攻防变换的方法，不仅能够使人前进、后退、左闪、右躲、跳跃，保持身体的平衡，还能用腿脚同时击打敌要害部位。在格斗实战中，运用腿法发力击打敌要害部位时，往往能给敌人造成重创，使其丧失抵抗能力。格斗擒敌技术的基本腿法包括基本脚法和膝法。

（一）基本脚法

脚法是格斗技术的重要内容之一，是格斗技术的主体。拳谚有："手是两扇门，全凭脚打入。"在实战格斗中脚法熟练程度如何，是取得胜利的关键。

1. 蹬腿

蹬腿分为正蹬腿和后蹬腿两种。

（1）正蹬腿

右正蹬腿：左格斗势站立，左腿微屈支撑，右腿屈膝抬起勾脚尖，随即由屈到伸向前蹬出，呼气发力，力达脚跟，两臂自然后摆助力，目视前方，蹬击后收回成原姿势。

左正蹬腿：与右正蹬腿要领相同，动作相反。做左正蹬腿时，右脚可自然向前垫一步，左脚正蹬。

【用途】正蹬击敌腹部、挡部、腰部、背部及大腿部。

【要求】蹬腿要直，要快速有力，猛蹬快收。

（2）后蹬腿

左后蹬腿：左格斗势站立，右腿微屈支撑，左腿屈提起，左腿由屈到伸，勾脚尖，向后蹬击，呼气发力，力达脚跟，目视蹬击方向，蹬击后迅速收回成原姿势或左脚落地成右格斗姿势。

右后蹬腿：与左后蹬腿要领相同、动作相反。做右后蹬腿时，左脚一般向后垫步。

【用途】当敌由后接近时，后蹬击敌腹、肋、裆部。

【要求】直线后蹬击，力达脚跟，发力要狠，猛蹬快收，上体微前倾，重心要稳。

2. 弹踢腿

弹踢有正弹踢和侧弹踢两种。

（1）正弹踢

右脚正弹踢：左格斗势站立，左腿微屈站立支撑，右腿屈膝提起，脚面绷直，膝盖对准目标，大腿带动小腿，猛力向前弹出，呼气发力，力达脚背或脚尖，弹踢后迅速收回成原姿势或右脚落地成右格斗势。

左脚正弹踢：与右脚正弹踢要领相同，动作相反，一般做左正弹踢时，右脚可向前垫一步。

【用途】用于踢敌裆部、小腹及手腕等部位。

【要求】弹踢发力要狠，猛弹快收，重心要稳。

（2）侧弹踢

右脚侧弹踢：左格斗势站立，上体转90°左腿微屈支撑，身体重心稍后移，右腿提膝抬平，内转、屈膝、膝向左前方，脚背绷直，随即向左前猛力弹击，呼气发力、力达脚背或脚尖，目视踢击方向，踢击后迅速收回成原姿势，或右脚落地成右格斗势。

左脚侧弹踢：与右脚侧弹踢要领相同，动作相反，一般做左侧弹踢时，右脚可向前垫一步。

【用途】用于侧弹踢击敌腰部、肋部、大腿外侧及手腕部。

【要求】侧踢速度要快，猛弹快收，重心要稳。

3. 侧端

左格斗势，右脚向前垫一步，重心后移，身体右转，右腿支撑，左脚提膝抬平，屈膝，膝盖向右侧，勾脚尖，随即左脚由屈到伸向前端出，呼气发力，力达脚底、脚跟，目视攻击方向，端击后迅速收回成原姿势。侧端一般都以前腿端，端击有三个高度（即人体线的三个目标）：高端头、肩部，中部腰肋部，低端膝关节及小腿胫骨。

【用途】用于端敌头、胸、肋部。

【要求】侧端击要快速有力，猛端快收，重心要稳。

4. 边腿（也称横扫腿）

右边腿：左格斗姿势站立，左脚外摆，左腿微屈支撑，身体稍向左转的同时，右大腿抬平屈膝，脚背绷平，大腿带动小腿，由右向左由屈到伸猛力横扫，呼气发力，力达脚背，踢击后迅速收回成原姿势，或右脚落地成右格斗势。

左边腿：与右边腿要领相同，动作相反，一般做左边腿时，右脚可向前垫一步。

【用途】用于横扫踢敌头部、腰部、肋部、大腿部。

【要求】转体要快，横扫要狠，猛扫快速，重心要稳，横扫腿踢击三个目标：高踢头部、中踢胸部、低踢腰、腹、肋部。

5. 截腿

（1）前截腿（也称前腿低端击）

左格斗姿势站立，重心后移，右脚蹬地向前垫一步，右腿微屈支撑，左腿屈膝抬起，脚尖内扣，随即，挺胯伸膝向前下截击，呼气发力，力达脚底、脚跟，截击后迅速收回落地成原姿势。

【用途】用于截击敌前腿膝关节、小腿部。

【要求】发力要狠，速度要快。

（2）后截腿（也称铲脚）

左格斗姿势站立，重心后移，左脚微屈支撑，右脚屈膝抬起，右小腿外旋，脚尖外摆，伸膝向前下方铲击，呼气发力，目视铲击方向，铲击后迅速收回成原姿势。

【用途】用于铲击敌小腿胫骨部。

【要求】铲击要快速有力，发力要狠。

6. 勾踢

右勾踢腿：左格斗姿势站立，重心前移，左脚外摆，微屈支撑，脚跟内旋，右脚抬起，脚尖内扣，以大腿带动小腿，由后向左前猛力勾踢，高手膝平，右臂后摆助力，呼气发力，力达脚内侧，勾踢后，右脚迅速落地成右格斗姿势。

左勾踢腿：左格斗姿势站立，右脚向前垫一步，重心前移，右脚微屈支撑，左脚抬起勾脚尖，以大腿带动小腿，由左后向右前猛力勾踢，呼气发力，力达脚内侧，勾踢后，左脚迅速落地还原成左格斗势。

【用途】用于勾踢敌脚跟、小腿部位。

【要求】勾踢要猛，重心要稳。

7. 后撩腿

右后撩腿：左格斗势站立，左脚后撤半步，身体右转，左脚微屈支撑、重心前倾，右脚向后上撩踢，呼气发力，力达前脚掌或脚跟，目视撩击方向，撩击后迅速收回成原姿势。

左后撩腿：与右后撩腿动作相同，可以不向后垫步，直接用左脚向后撩踢。

【用途】距离目标远时，后撩敌面部、头部；距离目标中等时，半屈膝后撩，脚尖勾起，力达脚后跟，后撩勾踢敌腹部；近距离时，直接屈膝，屈小腿后撩，力达脚跟，后撩勾踢敌裆部。

【要求】转体撩踹要快，发力要猛，迅速收回。

8. 转身后旋踢

右脚后旋踢：左格斗姿势站立，左脚微屈支撑，以左脚前脚掌为轴转动，以上体猛向右后拧转的力量，带动右脚向右后方平摆旋踢，呼气发力，脚尖绷直，力达前脚掌，旋踢后迅速还原成原姿势。

左脚后旋踢：右格斗姿势站立，右脚微屈支撑，以右脚前掌为轴转动，以上体猛向左后拧转的力量，带动左脚向左后方平摆旋踢，呼气发力，脚尖绷直，力达前脚掌，旋踢后迅速还原成原姿势。

【用途】用于旋踢敌头部、胸部。

【要求】转身旋踢要快速有力，不要有预摆的动作，重心要稳。

9. 转身后扫

右腿后扫：左格斗势站立，重心稍后移，左脚支撑下蹲，同时脚内扣，随即向右后转体180°的同时，右腿伸直向右后扫出，呼气发力，力达脚后跟，扫击后迅速起立，恢复成原姿势。

左脚后扫：右格斗势站立，重心稍后移，右脚支撑下蹲，同时脚内扣，随即向左后转体180°左脚伸直贴地向蹲向左后扫击，呼气发力，力达脚后跟，扫击后，迅速起立，恢复成原姿势。

【用途】扫绊敌前小腿、脚跟，将其摔倒。

【要求】转体下蹲后扫要快、要猛，重心要稳，扫击后迅速还原成格斗姿势。

（二）基本膝法

膝法是以膝顶、撞等攻击敌人的方法，通常是在改贴近我并抱住我的腰、腿时采用。膝法可分为正顶膝、侧顶膝、前撞（冲）膝、侧撞（冲）膝和跪膝五种。

（1）正顶膝

右正顶膝：左格斗势站立，重心前移，左脚微屈支撑，屈右膝，由下向前上猛力顶撞，呼气发力，力达膝盖，约于腹部同高，顶膝时，两手向下按拉击，用以助力，顶击后迅速收回成原姿势。

左正顶膝：同右正顶膝要领相同，动作相反。

【用途】用于正顶击敌腹、裆部。

【要求】收腹提膝动作要迅速，两手配合协调一致，发力要狠。

（2）侧顶膝

右侧顶膝：左格斗势站立，左脚尖稍向外摆，左脚微屈支撑，右脚抬起屈膝，髋关节外展，大小腿略成水平，上体左转，由右由左猛力撞击，呼气发力，力达膝盖，两手由斜上方向下按压，以加大顶击力量，顶击后迅速收回成原姿势。

左侧顶膝：与右侧顶膝要领相同，动作相反。

【用途】用于顶击敌胸、腹、裆部。

【要求】收腹提膝动作要快，发力要狠。

（3）前撞（冲）膝

右前冲膝：左格斗势站立，左脚支撑，右膝上抬，随即，上体后仰，送髋，膝前冲，向前撞击，呼气发力，力达膝尖，目视攻击方向，撞击后迅速收回成原姿势。

左前冲膝：与右前冲膝要领相同，动作相反。

【用途】用于撞击敌裆，腹部。

【要求】抬膝要高，要快，提膝送髋动作要连贯，撞击发力短促，要狠，重心要稳。

（4）侧撞（冲）膝

左侧撞膝：左格斗势，右腿微屈支撑，脚和膝外展，左腿屈膝抬起，身体向右转，大小腿水平，以膝盖前上部为力点，向右前横线撞（冲）击，力达膝尖，撞击后迅速收回成原姿势。

右侧撞膝：与左侧撞（冲）膝要领相同，动作相反。

【用途】多用于侧闪后撞（冲）敌胸、腹、肋部。

【要求】抬膝转体要协调，收腹展髋，撞击要猛。

（5）跪膝

右跪膝：高马步站立，上体左转，右腿屈膝，以膝盖力点向下跪击，呼气发力，力达膝盖，目视右膝。

左跪膝：动作同右跪膝，方向相反。

【用途】跪膝的作用是将敌摔倒后，以跪膝跪压敌头、腹、胸、肋、裆部。

【要求】跪击要狠，要借助身体下沉的力量。

第三节　基本动作组合

经常练习基本技术动作组合能提高神经系统的反应能力，对增强身体的灵活性、协调性起到良好的练习作用。练习基本技术要持之以恒。

一、直拳摆拳与格挡

（1）甲乙双方面对成格斗势。甲用左直拳击乙面部，乙右臂屈抬，右小臂由外向内格挡甲左小臂（图9－52）。

（2）甲收回收左拳，再用右摆拳摆击乙左侧太阳穴，乙收回右臂，用左小臂由里向外挡甲右小臂（图9－53）。

图9－52　　　　　　　　　　　图9－53

（3）乙收回左臂，用有右直拳击甲面部，甲用左小臂由外向里格挡乙右小臂（图9－54）。

（4）乙收左拳，再用右摆拳摆击甲左侧太阳穴，甲用左小臂由里向外格挡乙右小臂（图9－55）。

图9－54　　　　　　　　　　　图9－55

动作说明及要点：

在做动作时，出拳要连贯，格档准确、及时，两人配合反复循环练习。其主要练习直、摆拳的进攻、防守时机、格档准确度。

二、直拳勾拳与拍击格压

（1）甲乙双方由格斗姿势开始。甲出左直拳击乙面部，乙右手由外向里拍（推）甲左小臂（图9－56）。

（2）甲收左拳，再用右拳下勾乙腹部，乙左小臂由上向下格压甲右小臂（9－57）。

图9－56

图9－57

（3）乙用右拳下勾甲腹部，甲用左小臂由上向下格压乙右小臂（图示9－58）。

（4）乙收回右拳，再用左直拳击甲面部，甲后闪身，同时右手由外向里拍击乙左小臂（图9－59）。

图9－58

图9－59

攻防动作要点及说明：

在做动作时，出拳要连贯，拍击、格压要及时、准确。两人配合反复循环练习，其主要练习出直拳、勾拳的速度及连贯性，防守准确性及反应能力。

三、前弹侧摆与拍压格架

（1）甲乙双方由格斗姿势开始。甲屈抬左腿，左脚前弹乙档部（图9－60），乙双手由上向下拍压甲左脚面（图9－61）。

图9－60

图9－61

（2）甲左脚落步，再用右腿侧摆踢乙左肋（头）部（图9－62）；乙右左脚撤步，体左转，双臂屈肘，俩小臂格架甲右小腿（图9－63）。

图9－62

图9－63

（3）甲左腿落步，同时乙右转体，起右脚向前弹踢甲挡部，甲双手拍压乙右脚面（图9－64）。

（4）乙右脚落步，体右转，起左腿侧摆踢甲右肋；甲右撤步，体右转同时双小臂格架乙左小腿（图9－65）。

图9－64

图9－65

攻防动作要点及说明：在做动作时，腿攻击要有连贯性，转体快，拍压、格架准确、及时。其主要练习两人攻击的速度、连贯及拍压、格架的准确度，防守的反应能力和转体的协调性。

四、前蹬侧弹与挂屈截腿

（1）两人由面对格斗姿势开始。甲屈抬左腿，左脚前蹬乙腹部（图9－66），乙左脚向左侧上步，左闪身，右臂下伸，右小臂由外向里格（挂）挡甲左小腿（图9－67）。

图9－66

图9－67

（2）甲左脚落步，再用右腿侧弹踢乙左侧太阳穴，乙左小臂截挡甲右小腿（图9－68）。

（3）甲右腿收回，同时乙右脚前蹬乙腹部，甲左小臂格挂乙右小腿（图9－69）。

（4）乙收右腿，再用左腿侧弹踢甲右肋部，甲右小臂截挡住乙左小腿（图9－70）。

攻防动作要点及说明：

在做动作时，腿法攻击要连贯，路线要正确，挂腿、截腿要及时、有力。两人反复循环练习，其交要练习腿法攻击的连贯性、突然性及挂腿、截腿的准确、身法的变换和两人配合默契。

图9－68　　　　　　　　图9－69　　　　　　　　图9－70

五、直拳弹踢与拍击拍压

（1）甲乙双方面对成格斗势。甲出左直拳击乙面部，乙左手拍击甲左小（图9－71）。甲再用右直拳击乙面部，乙左手拍击甲右小臂（图9－72）。

图9－71　　　　　　　　　　　　图9－72

（2）甲收回右拳，起有腿前弹乙裆部，乙双手拍压甲右脚面（图9－73）。

（3）甲收回右腿，同时乙用左、右直拳连续击甲面部，甲左、右手拍击乙左、右小臂（图9－74，9－75）。

图9－73　　　　　　　　　　　　图9－74

（4）乙前弹踢甲裆部，甲双手拍压乙右脚面（图 9 - 76）。

图 9 - 75

图 9 - 76

攻防动作要点及说明：

在做动作时，攻击拳法与腿法要连贯，姿势正确，拍击、拍压及时、准确。两人反复循环练习，其主要练习拳、腿结合的协调性、连续性和拍击、拍压的准确和防守的反应能力。

六、摆拳前蹬与格挡挂腿

（1）甲乙双方面对成格斗势开始。甲用左直拳击乙面部，乙右手拍击甲左小臂（图 9 - 77），甲收左拳，再用右摆拳击乙头部，乙左小臂由里向外格挡甲右小臂（图 9 - 78）。

图 9 - 77

图 9 - 78

（2）甲起右腿前蹬乙腹部，乙左撤步，右闪身，右小劈下伸，外挂甲右小腿（图 9 - 79）。

（3）甲收右腿，同时乙用左直拳击甲面部，甲右手拍击乙左小臂（图 9 - 80），乙右摆拳击甲头部，甲左小劈格挡乙左小臂（图 9 - 81）。

图 9 - 79

图 9 - 80

（4）乙收右拳，同时起右脚前蹬甲腹部，甲向左侧闪身，左小臂挂格乙右小腿（图9－82）

图9－81

图9－82

攻防动作要点及说明：

在做动作时，进攻动作要连贯，防守动作要准确、及时。两人配合反复循环练习，其主要练习立拳、摆拳与前蹬腿的连贯性及攻击的速度，拍击、格挡、挂腿的准确性及反应能力。

第四节　军体游戏

一、奔跑类游戏

（一）夺红旗

做法：制作高度约十五公分的小红旗（可用纸做）若干面，按附图设置场地。将参加游戏的人分成人数相等的甲乙两队，各排成一列横队，每队第一名站在出发点上，听到裁判员的哨音后，迅速跑到禁区边沿，看谁能采取灵活的方法，将红旗夺取后立即返回安全线即为胜利。如夺旗者在进入安全线前被对方追上并被拍击时，即为失败，应把红旗交给对方。以下人员依次按上述方法进行。最后，各队把夺得的红旗举起，红旗多者为胜（图9－83）。

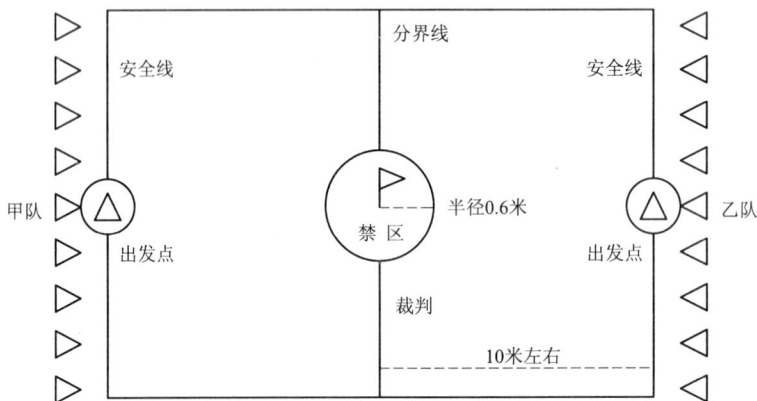

图9－83

规则：

（1）争夺红旗时，双方不得越过分界线和踏入禁区。

（2）只准用一只手拔旗，另一只手背在身后。

（二）挑战

做法：在场地两端各画一条横线，线后是甲乙队双方各自的"大本营"。两营之间的距离，视参加游戏人数多少和场地条件而定，一般为三十至四十公尺。甲乙两队的人数相等，各选出队长一人。游戏开始前，双方都在"大本营"里站成横队并报数。先行挑战的队，由队长指定报任何数的一个队员到对方"大本营"去挑战。应战一方的全体队员将右手伸出，手掌向下，迎接挑战。挑战者在应战一方任何人的手掌上拍击一下即转身向本方的"大本营"奔跑。被拍击的队员立即追赶挑战者，并设法在其进入"大本营"之前捉住他（用手拍击对方）。挑战者被捉住后，即参加到应战一方的行列。如应战者未捉住挑战者即站到挑战一方的行列。然后由原应战一方向原挑战一方进行挑战，依此类推，直至双方所有的人都充当过挑战者。最后看哪个队人数多即为胜利。

规则：

（1）挑战者只准拍击应战者的手掌，确实拍击着对方之后才能转身往回跑。

（2）应战者确实被拍击后才能追赶对方。追击时不准推、绊、撞对方，否则无效。如挑战一方的队长被捉住，可另选一人担任队长。

（三）阵前出击

做法：在地上划一条长四十公尺的跑道，在跑道上每隔十公尺分别放置手榴弹袋、子弹袋、步枪和十个步枪子弹壳（也可放别的物品，但要有意义，简便易做）。设裁判员若干名。

将参加游戏的人员分成若干组，每组人数相等，各成一路纵队站在起跑线上。当总裁判发令后，每组第一名开始跑，跑到十米处，将手榴弹袋背上，在二十米处把子弹袋背上，在二十米处把步枪背上，到终点线时将散放着的子弹壳抬起，然后往起点线跑，并把手榴弹袋等分别放回原处。当跑到起点线时，掐一下本队第二名的手，第二名照第一名的做法做，依次进行。最后看哪个队先跑完，领先者为胜。

规则：

（1）游戏时可计算集体成绩，也可计算个人成绩。无论计算集体或个人成绩，均以正确、快速为准。

（2）凡未按规定完成动作者，必须回到起点线重做。

（3）两队成绩相等时，犯规次数少者为胜。

（四）追击战

做法：参加人数不限。在地上划两条攻击线，两线之间的距离为两米。在两条攻击线的正前方二十至三十米处，各划一条安全线。将参加游戏的人分为人数相等的甲乙两队，排成二列横队背对背站在攻击线上。如听到"甲队——攻击！"的口令，甲队队员立刻转身追击乙队队员；乙队队员迅速向自己的安全线跑去，在奔跑途中如甲队队员拍着乙队队员，即为胜利。反之，如听到"乙队——攻击！"的口令，乙队队员则以同样动作追击甲队队员。各做若干次，看哪个队追拍上的人数多，多者为胜。

规则：

（1）未闻动令，追击者不得先转身。

（2）追击时用手轻拍对方即为拍着，不得重打或脚绊。

（3）被追击者只能在攻击线和安全线两端的延长线范围，如跑出规定的范围就算被拍着。

二、跳跃类游戏

（一）跳远接力

做法：把参加游戏的人平分成几个组，如十六人参加游戏，就分成四个组，每组四人。在场地的一端划一条长约一丈的横线，每组第一人在横线上间隔两步站成横队。脚尖抵在横线上，双脚站立宽度略与肩同。听到"预备——跳"的口令后，四个组的第一名，就像田径训练中的"立定跳远"的动作，尽力往前跳。然后，由裁判员在每个人的脚跟处划一横线，作为每组第二个人的起跳点。第二个人的起跳姿式同前，以下人员依此类推。各组第四个人跳完后，丈量全组跳的距离，哪个组跳得远即为优胜。

规则：起跳时应双脚同时起跳，同时落地，如脚分前后站立，按后脚跟计算跳的距离。

（二）跳山羊

做法：全连以十人为一组，站成若干路纵队，个人前后之间的距离为七至九步，各组之间的间隔为三至四步。各组除排尾一人直立外，其余的人上体前倾九十度，两手支撑在膝盖上，做"山羊"状。当听到哨音后，各组排尾站立的人，像跳山羊那样连续跳跃，跳过最后一人后再向前跑七至九步，同其他人一样屈膝、俯身、支撑。新的排尾照前一个人的动作连续跳跃，依次进行，哪个组先跳完即为胜利。

规则：

（1）做"山羊"者的姿势要符合规定，不得故意降低或抬高姿势。

（2）跳跃者一定要像跳"山羊"那样进行跳跃，跳"山羊"时不要用力过大、过猛。

三、力量类游戏

（一）背伤员

做法：全连分成人数相等的两路纵队，按身体高矮次序站在起点线后边（图9-84）。哨音响后，各队第一人背负第二人向终点奔跑，到达终点后，被背的人迅速跑回起点，再背下一个人向终点奔跑，以下人员依次进行。已背过的人在终点线外列队。先背完的队为胜。

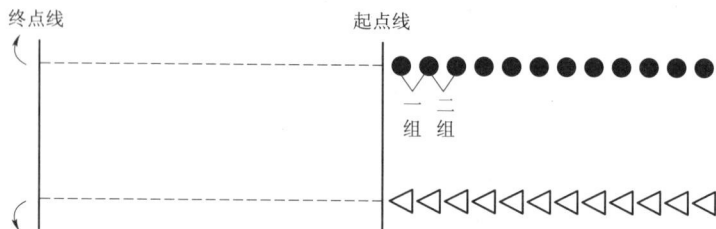

图9-84

规则：

（1）背人时不得越过起点线。

（2）不到达终点不得将被背的人放下；中途落地，应在落地处重背。

（二）炮轰敌营

做法：在地上用白灰划三个直径分别为三、五、七米的圆圈，表示"敌指挥部""敌业务部门""敌哨所"（图9-85）。把参加游戏的人分成两路纵队，分别站在距圆圈二十五米处的"我方阵地"上。两个队用练习手榴（代表"炮弹"），向"敌人"所在地投去（发射"炮弹"），弹着"敌指挥部"得十分，弹着"敌业务部门"得六分，弹着"敌哨所"得二分。最后按各队积分多少评定胜负。

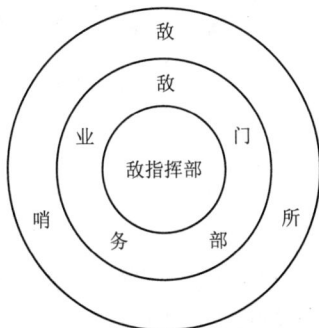

图9-85

规则：

（1）投弹时不得越过"我方阵地"线。

（2）把手榴弹投到白线上按投到白线外的区域计算分数。

（三）四方拔河

做法：预备一根四丈长而牢固的粗绳，将两端结牢，成为一个绳圈。每次四人游戏，站成一个正方形，每边二人的距离约九尺。游戏者面朝角外，每人前面约两尺的地上放一块手帕或练习手榴弹。游戏开始时，四个人各将绳圈的一边搭在自己的颈肩上（像背背包那样）。当裁判员一声令下，四个人各自使劲往外拉，并俯身尽力拾起自己前面的手帕（或手榴弹），谁能拾起来即为胜利。余下的三个人，可再把绳圈拉成三角形，继续比赛；然后两个人再拉。

这个游戏也可不背绳子，改成每人用一只手往外拉。

规则：

（1）每人与手帕（或手榴弹）之间的距离必须相等。

（2）不论背绳或用手拉绳，都不能突然松手或向后退步，以免发生危险。

（3）绳子的长短，人与要取的东西的距离，可视具体情况而定。

（四）夺手榴弹

做法：准备一条长约二、三公尺的绳子和两个练习手榴弹。把绳子拉直放在地上，在距离绳子两头三公尺处各放一个练习手榴弹。两个游戏者各握住绳子的一头（不得在绳头上打结或把绳子缠绕在手腕上），当听到裁判员的哨音后，双方即将绳子往自己一边拉，努力拉到手榴弹处，并拾起手榴弹；能够拾到的人为胜利（图9-86）。这个游戏也可以班与班、排与排竞赛，哪个班、排获胜的人多为胜。

规则：

（1）游戏时两个人都不能松手，以免摔倒。

（2）游戏时间不能过长，如果在二、三分钟内还未决定胜负，可以调换其他人。

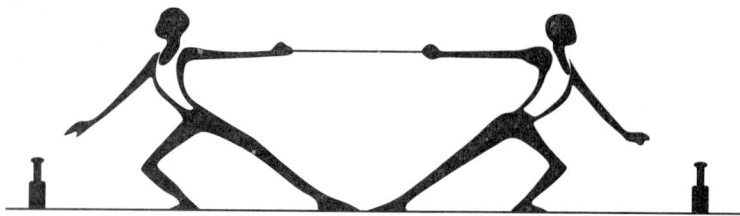

图 9 - 86

四、球类游戏

（一）火线运输

做法：参加人数不限。在场地上划出起点和终点线，起点和终点的距离视场地条件而定。将参加游戏的人分成若干组，每组人数相等。各组成纵队站在起点线上，组与组之间的间隔为两米左右。每组第一名手持乒乓球拍，拍上放着一个乒乓球（也可用赛跑的接力棒竖立在手掌上）。听到裁判员的哨音后，持球拍托着乒乓球（或手托着竖立的接力棒）向终点跑去。如在途中乒乓球落在地上或接力棒倒在手中，可拾起托好后继续跑，跑至终点后再跑回起点，把乒乓球拍和乒乓球（或接力棒）交给本组第二人继续比赛，直至最后一人跑完为止，先跑完的组为胜。

规则：

（1）只准用一只手持乒乓球拍托着球（或一只手托着接力棒）跑，另一只手不得辅助。乒乓球或接力棒落地后，必须拾起托好后再跑，不能边跑边放。

（2）前一名跑回起点时，下一名接好乒乓球拍和乒乓球（或接力棒）后才能接着跑，不能越过起点线去接应。违犯上述规定时，应退到犯规处重跑。

（二）阻止传球

做法：十多个人围坐成一个圆圈，互相传递一个篮球（或用其他球代替）。另一个人在圆圈外跑动去拍持球人的肩部。接到球的人必须立即把球传出去。传球方向不限。别人传来的球不能不接。如接球者在末把球传出之前被圈外跑动的人拍到肩部，两个人互换位置，游戏继续进行。

规则：

（1）游戏开始时，拍击者须站在持球者对面圈外。

（2）拍击者不能拍打接球人的头部。

（3）如参加游戏的人数较多，拍击者的人数可适当增加。

（三）过桩间

"桩间"是坦克训练中设置的一种限制路。这种游戏可以帮助领会通过桩间的要领，也有助于普及足球运动。

做法：由二十个人或二十根标杆（竹竿、秫秸均可）设两个"桩间"。将参加游戏的人平分成两个队，列于出发线上（图 9 - 87）。听到口令后，各队第一名同时开始用脚带球，按规定路线通过"桩间"，绕过标记，再按上述方法通过"桩间"返回出发线。哪个队先结束即为胜利。

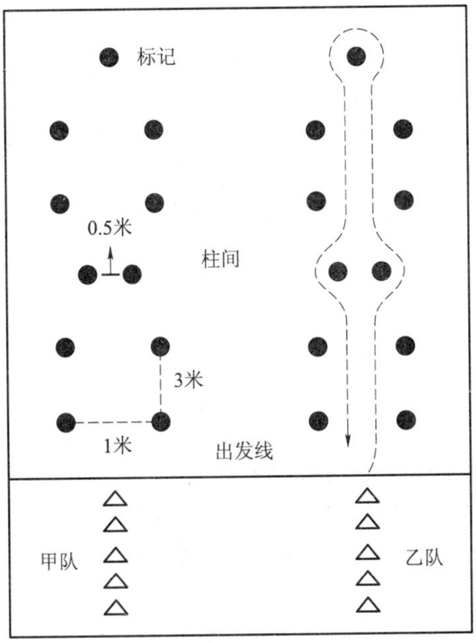

图 9 - 87

规则：

（1）带球时只准用脚。

（2）通过"桩间"时，如球在"桩间"的任何间隙滚出或球触桩，则为犯规，应退出"桩间"重新通过。

（3）如用标杆作"桩间"时，"桩间"旁应设一名检查员。

（四）篮球接力

做法：将参加游戏的人，分成人数相等的两个队，分别成一路纵队站在篮球架右侧端线外。听到裁判员鸣笛后，各队第一名同时运球前进，并到对方篮下投篮，投中后把球运回，并传给下一名，比赛继续进行。哪个队先结束即为胜利。

规则：

（1）运球时不许持球跑。

（2）运球时在哪里脱手，再从哪里运球前进。

（3）下一名接球时，不得进入球场端线。

（五）无架篮球赛

场地：如图 9 - 88 设置场地，场地大小可因地制宜；一般每场以十七人为宜（队员十六人，裁判员一人）。

做法：开始前，各队派一名接球员进入本队接球区，另派两名守球员，进入对方守球区，其余队员按篮球比赛的位置站好。比赛按篮球比赛规则进行。各队队员得球后，要设法投给本队的接球员，接球员接住球即为得分。对方的守球员要设法拦截，不让球落入接球员手中。如守球员接到球，即传给本队队员，比赛继续进行。

规则：

（1）接球员不得越过接球区，守球员不得超越守球区，其余队员均不得进入守球区。

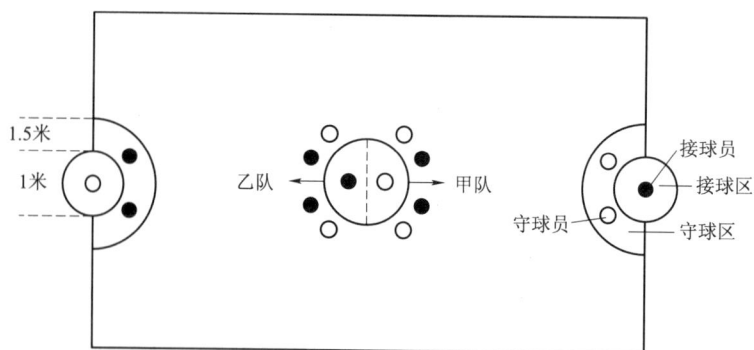

图 9 - 88

否则算犯规，由对方在附近的边线外发球继续比赛。

（2）进攻的队员可以从空中或地面把球传给接球员。

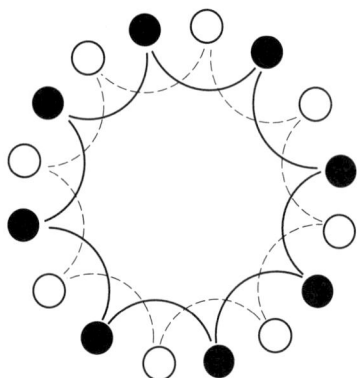

图 9 - 89

（六）交叉传球比赛

做法：游戏者十人以上。一人担任裁判员，其他人分成人数相等的甲、乙两队。甲队与乙队的队员一个隔一个地站成一个大圆圈，面向圆心。游戏开始时，甲乙两队的两个人各拿一球，按裁判员的口令，顺同一个方向传球，每队都传给本队的人（即一个隔一个地传，如图 9 - 89，黑线和虚线表示两队各自传球的路线）。视参加游戏的人数多少规定传球的圈数，哪个队先把球传到开始传球的人即为胜利。

规则：

（1）球落地时可以拾起来再传。

（2）只能一个人隔一个人地传，不能隔几个人传球。

（七）截断空中球

做法：在场上划一个或两个直径为五至六米的圆圈，准备两个篮球（也可用排球、足球、手球）。把参加游戏的人分成一个或两个队，分别站在圆圈外，做传球人；每个队选两个人做抢球人，站在圈内。发给每队传球人一个球（图 9 - 90）。裁判员发令后，各队站在

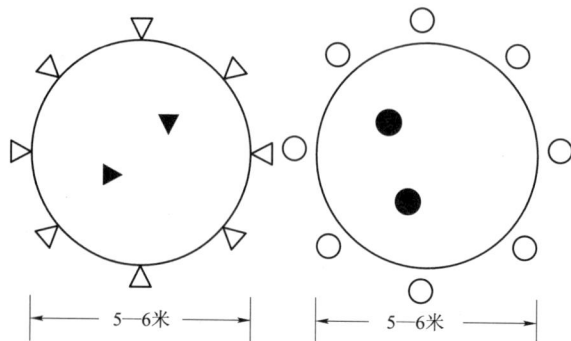

图 9 - 90

圈外做传球的人用各种方法互相传接球，圈内的两个人进行抢、断球，如果站在圈内的人得球或把球打落在地，抢、断球成功的人与传球失误的人调换位置。

规则：

（1）抢球人可以从传球人手中抢球，但不能发生身体接触。抢球人只能用手抢、断球，不能用脚踢球或用头顶球。

（2）传球时，球不得高过抢球人跳起可触及的高度。传球人不得进圈传球，抢球人不得出圈抢球。

（八）"8"字运球接力

做法：在地上划一条起跑线，在线前十五至二十米远的地方，并排划两组直径四米的圆圈（一组两个圆圈），横排两个圆圈相隔三至五米，把参加游戏的人分成人数相等的两队，分别站在线后排成一路纵队（图9－91），每队第一人手持篮球站好。裁判员发令后，每队持球人按图中所示路线运球前进，跑一个"8"形。跑回本队后将球交给第二个人，自己站在排尾。第二人接球后继续按"8"字路线运球。其余人用同样的方法做，最后以先运球完的队为胜。

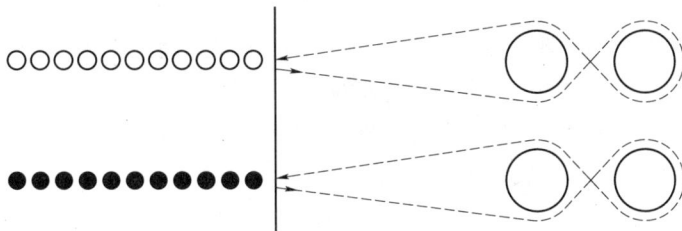

图9－91

规则：

（1）交接球不得越过起跑线。

（2）按照规定路线运球，运球时不得踏圈或进入圈内。

（3）交接球时，如球落在地上，由传球人拾起交给接球人再运球前进。

（4）运球时如球落地，必须拣起在失误处继续运球前进。

（九）抛球接力

做法：在地上划一个正方形，边长十至十五公尺。在正方形中划一个半径一公尺的圆圈。准备四个篮球（其他球也可）。参加游戏的人分成人数相等的四个组（如球少也可分成两组）。每组在正方形的一条边线外排成横队，面对圆圈。每队有一个人站在圆圈内，面对本队队员，背向圆圈中心（图9－92）。裁判员鸣笛后，站在圆圈中的人，把球抛给本队右翼第一名队员后，立即跑到本队排尾；接球的队员拍球跑到圆圈内，然后再将球抛给本队右翼，依次进行，直到原第一个队员再获得球时为止。哪个队先做完即为优胜。

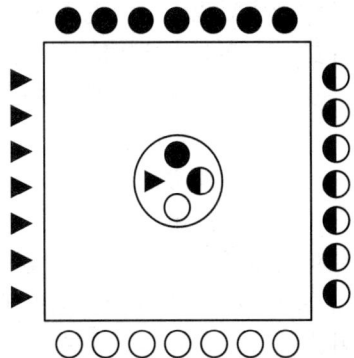

图9－92

规则：

（1）抛球和接球者均不得越线。

（2）抛球不到位时，应由抛球者把球拾回圆圈内重抛。

（3）接球者如未接到球，应拾球回到原位置上，再运球跑到圆圈内。

（4）拍球的动作按篮球规则。

五、其他类游戏

（一）紧急集合

做法：把参加游戏的人分成人数相等的班，各班成班横队，前后距离为三至四步。根据班数多少设裁判员一至数名。当听到"报数"的口令后，各班排头开始报数，报至排尾时，最后一人报数后立即从排尾跑至排头，站在本班原第一名的右翼。站好后，报"一"数，原来报"一"数者变为"二"数，以下人员依次类推。最后看哪个班先恢复开始报数的队形，先恢复者为胜。

规则：

（1）报数时不得漏报、抢报。否则需重报。

（2）报数时要快速、准确，声音洪亮。

（二）斗智

做法：全排围成一个圆圈，各班推选一个人参加游戏，两个人为一组。裁判员将写了一个字的方形纸（纸和字要大些），贴在每个人的背上。游戏开始后，个人背上的字要设法不被对方看见。每个人把手背在身后，互相斗智，看谁能看见对方背上的字，先看到而且看得准者为胜利。这个游戏也可分成若干组同时进行。

规则：

（1）第一组分出胜负以后，负者和另一个班的代表继续游戏。

（2）站在圆圈上的人不得向游戏者提示背上的字。

（三）连续爆破

做法：准备两个插有小黄旗的假设敌碉堡，两个假设炸药包。在长约三十米、宽约十米的场地上设置三道障碍：第一道是用白灰画出的地雷区，第二道是用白灰画出的壕沟，第三道是用绳子或带子架成的铁丝网。指定两个人担任裁判员。将参加游戏的人员平分成甲乙两个队，各队成一路纵队列于出发线外。当指挥员发出爆破"敌碉堡"的命令时，各队第一人持"炸药包"迅速跳过"雷区""壕沟"，穿过"铁丝网"绕过"碉堡"，然后，按原路线越过各道"障碍"，返回出发线，并将"炸药包"交给本队第二人。第二人按第一人的做法继续进行游戏，直到本队最后一人将"炸药包"放入"碉堡"内，并将小黄旗拔回交给指挥员。先交回小黄旗的队为胜。

规则：按规定路线依次通过各道障碍，否则裁判员应令其重新通过。

（四）穿插追击

做法：参加游戏的人手拉手（间隔一米）围成一个圆圈。自愿报名或指定两个人分别担任"侦察兵"和"假设敌"。"侦察兵"和"假设敌"在圆圈中相隔两个人站好。当听到裁判员鸣笛后，代表"假设敌"的乙，迅速穿插前进，代表"侦察兵"的甲，立即穿插追击（图9-93）。在规定的时间或圈数内，如甲追上乙，甲为胜，乙为败。否则甲为败，乙为胜。然后由另外两个人进行游戏。这项游戏也可采取对抗形式进行：将参加游戏的人分成甲乙两队，各队每次派出一人，轮流担任"侦察兵"和"假设敌"。最后根据胜负和犯规人数多少确定优胜队。如人多圈大时，也可两对"侦察兵"
和"假设敌"同时进行游戏。

规则：

（1）"侦察兵"和"假设敌"必须从人与人的间隙中
逐个穿插前进，不准一次超越两个人或攀撞他人。

（2）追击时，站在圆圈上的人不能把手放下。

（五）三人攻防战

做法：将参加游戏的人员分成人数相等的甲乙丙三个
队，三个队排头和排尾相接，围成一个单行圆圈，大家面向
圆心。游戏开始时，各队第一名进入圆圈成等边三角队形站
好。裁判员发出口令后开始攻防，其顺序是：甲攻乙防丙，
乙攻丙防甲，丙攻甲防乙。当其中一人被抓住时（摸着不算）裁判员应发出停止的口令，
被抓住者站到胜者一队的排尾。既末被别人抓住，又未抓住别人者回到原队。然后再由名队
第二名、第三名……依次按相同的方法进行游戏，直至全队人员做完为止。最后以人数多的
队为胜。

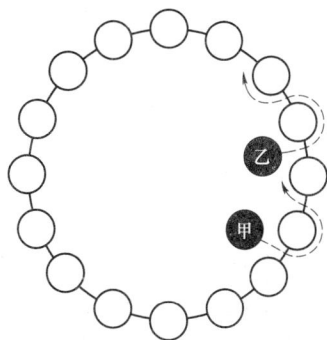
图 9 - 93

规则：

（1）要按攻防的顺序依次进行。

（2）攻防者均不得越出圈外。

（六）打碉堡

做法：参加人数最好在五十人左右。参加游戏的人员每人间隔一米，围成一个圆圈。圆
圈中间用几根木棍（或教练木枪）架成"碉堡"，按站队顺序指定前三名为"碉堡"守卫
者。站在圆圈上的人，用一个排球（或其他球）向"碉堡"抛打十次（或二十次）。守卫
者要千方百计将球挡住，不让球打着"碉堡"。攻打"碉堡"的人，可像打手球那样互相传
球，以调动守卫者，使之顾此失彼而打中"碉堡"。打中"碉堡"后，再按站在圆圈上的人
的站队顺序去三个人担任守卫者，并依次进行游戏。

规则：

（1）攻打者只准在原地用球攻打"碉堡"，不得向前移动抛打，不准有意打人。

（2）守卫者可以用手、身、腿、脚阻挡击来的球。

（七）投得准，躲得快

做法：人数不限。将参加游戏的人分成甲乙两队。甲队围成一个圆圈，乙队分散在圆圈
内。由裁判员掌握游戏时间。游戏开始时，甲队队员用一个球（排球、手球均可）投圈内
人员膝盖以下部位。站在圈内的人设法躲闪不被击中，如谁被击中就从圈内出来。到预定时
间（三分钟或五分钟），裁判员宣布停止，并记住乙队留在圈内的人数，然后，甲乙两队调
换位置，游戏重新开始，直到预定的同样时间，看哪个队留在圈内的人数多，多者为胜。

参 考 文 献

［1］时轮，等．中国军事百科全书［M］．北京：军事科学出版社，1997.

［2］李有祥．军事高技术与信息化战争［M］．南京：东南大学出版社，2010.

［3］王小敏．军事理论与技能教程［M］．南京：南京大学出版社，2009.

［4］陆华．中外军事思想的历史发展与战争实践［M］．南京：河海大学出版社，2009.

［5］吴温暖，匡璧民．军事理论教程［M］．北京：高等教育出版社，2002.

［6］匡璧民，谢元兴．军事教程［M］．南昌：江西教育出版社，2003.

［7］涂俊峰．军事教程［M］．北京：军事科学出版社，2005.

［8］彭慧兰．高等学校军事教程［M］．北京：中国友谊出版社，2009.

［9］徐焰．中国国防导论［M］．北京：国防大学出版社，2006.

［10］王强．高等院校集中军事训练教材［M］．第二版．北京：对外经济贸易大学出版社，2000.

［11］《高校军训教程》编委会．高校军训教程［M］．北京：中国矿业大学出版社，2005.

［12］朱听昌．中国周边安全环境与安全战略［M］．北京：时事出版社，2002.